5 STEPS TO A 5™

AP Spanish Language and Culture

2019

5 STEPS TO A 5™

AP Spanish Language and Culture

2019

Dennis Lavoie

Mc
Graw
Hill
Education

New York Chicago San Francisco Athens London Madrid
Mexico City Milan New Delhi Singapore Sydney Toronto

1 2 3 4 5 6 7 8 9   LHS   23 22 21 20 19 18

ISBN   978-1-260-13204-5 (set)
MHID   1-260-13204-8 (set)

ISBN   978-1-260-12924-3 (book for set)
MHID   1-260-12924-1 (book for set)

e-ISBN   978-1-260-13205-2
e-MHID   1-260-13205-6

The series editor was Grace Freedson, and the project editor was Del Franz.
Series interior design by Jane Tenenbaum.

CONTENTS

STEP 5 Build Your Test-Taking Confidence

PREFACE

Welcome to the AP Spanish Language and Culture review book. If you let yourself, you will learn a lot. This book contains the major concepts and ideas to which you were exposed over the past year in your AP Spanish class, as well as the concepts that you have been working with since you started your study of the Spanish language.

There are many books in the market that contain the same information as this one. However, I have approached the material a bit differently. Rather than providing you with endless "drill and kill" types of activities in isolation, to review the thousands of grammatical concepts you have studied over the past four to five years, I am giving you the opportunity to practice with questions just like those you will find on the various parts of the AP Spanish exam. And, instead of giving you a simple answer key, I have tried to provide you with a brief and easily understood explanation of each answer given.

Both the design and content of this new edition have been extensively revised. The explanations, which are given in simple terms, are derived from my own analysis as well as from observations that my students have made with regard to the various types of questions.

There is definitely a lot to learn and review to prepare you for the AP exam; remember how long you have been studying the Spanish language! Also remember that a course that might lead to college credit has to be tough. I am not going to say that you do not need to study to do well on this exam; you actually need to prepare quite a bit. This book will walk you through step-by-step, section-by-section, and question type-by-question type. As you practice and correct your errors, you may wish to make notes based on the explanations given. Be sure to try to use as many of the study tips as possible provided at the beginning of each chapter. These tips come from my many years of experience as both a teacher and a student. They also come from students just like you who have taken this examination over the years. Be sure to take the two practice tests. Do not take them just to see how you will do; take them also to see what types of questions you particularly need to practice. Do the practice essays that I have included to be well prepared for the essays on test day. Also, get used to the format of the essays as well as the types of test questions you will encounter on the examination.

Now it's time to begin! First, take the diagnostic exam in Step 2. After taking it, look through the answers and explanations to see where you stand before you dive into the practice-review process. Be sure to look carefully at the hints at the beginning of each chapter; these will help you become more comfortable and successful at answering the types of questions you will be asked. Finally, you might want to consider forming a study group with some friends. Working together is more fun, and it *sometimes* helps to discuss out loud possible answers to the questions. **¡Buena suerte!**

ACKNOWLEDGMENTS

I would like to thank those who made this book possible: my wife, Allegra Beahan-Lavoie; my parents, Jim and Mary, for always believing in and supporting me; Grace Freedson and Grace Freedson's Publishing Network for giving me this opportunity. I would also like to thank the reviewers, for their insights and professionalism, and Rita Soto and Marie Metzger, who introduced me to the language and culture of the Hispanic world. Finally, I would like to thank my colleagues, students, and administrators at Fairport Central School for their friendship, understanding, and all they have taught me. I would also like to thank Andrea Ferscey, Nancy Anderson, David Baum, June Phillips, Mimi Met, and all with whom I have worked and learned through various curriculum and test development projects. Special thanks too to Alice Matulić without whose help, careful eye, wisdom, and encouragement this book would not have been possible. I owe a special debt of gratitude to Douglas Kaukeinen, math instructor and friend, who worked out the mathematical and statistical details to enable the user to see what score he or she would receive. And last, but certainly not least, my thanks to José Diaz, who made this foray into my professional growth possible.

ABOUT THE AUTHOR

DENNIS LAVOIE has taught AP Spanish Language and Culture and other college-level courses at Fairport High School in Fairport, New York, a suburb of Rochester, New York, for more than 34 years. He worked with the College Board's Pacesetter Spanish program from 1993 to 2002 as a trainer, writer, and member of the test development and teacher certification committees. He has also presented workshops and taught at summer institutes at the local, state, and national levels on Pacesetter Spanish and Advanced Placement Spanish Language. In addition, he has served as a reader at the national reading for the AP Spanish exam. Mr. Lavoie has served on the NAEP (National Assessment of Educational Progress) Foreign Language Standing Committee and also on its item-writing committee. He has been a mentor teacher in the Fairport Central School District and a cooperating teacher with college foreign language teacher training programs.

After earning his bachelor's degree from Saint John Fisher College (Rochester, New York) and his master's degree from Middlebury College (Vermont), Mr. Lavoie received his C.A.S. from the State University College at Brockport (Brockport, New York) in Public Administration. He also holds professional certification in French and is a certified trainer in 4MAT Lesson Development and Smart Board technology. In December 2007, Mr. Lavoie received his certificate in World Languages Other than English (WLOE) from the National Board of Professional Teaching Standards (NBPTS). In addition, he has studied at the Universities of Madrid, Granada, Santiago de Compostela, and Salamanca, and l'Université Catholique de l'Ouest (Angers, France).

INTRODUCTION: THE 5-STEP PROGRAM

The Basics

Not too long ago, you agreed to enroll in AP Spanish. Maybe the allure of becoming fluent in Spanish was just too much to resist, or maybe a respected teacher encouraged you to challenge yourself and you took the bait. Either way, you find yourself here, flipping through a book that promises to help you culminate this enriching experience with the highest of honors, a 5 in AP Spanish. Can it be done without this book? Sure—there are many excellent teachers of Spanish out there who teach, coax, and cajole their students into a 5 every year. But I am here to tell you that, for the majority of students in your shoes, the comprehensive review and practice exams in this book will make it much easier for you to achieve that goal.

Introducing the 5-Step Preparation Program

This book is organized as a 5-step program to prepare you for success on the exams. These steps are designed to provide you with the skills and strategies vital to taking the exam and the practice that can lead you to that perfect 5. Each of the five steps will provide you with the opportunity to get closer and closer to that prize trophy 5. Here are the 5 steps.

Step 1: Set Up Your Study Program

In this step you'll read a brief overview of the AP Spanish exam, including the number and types of questions that will be used to test your level of achievement in Spanish. You will also follow a process to help determine which of the following preparation programs is right for you:

- Full school year: September through May
- One semester: January through May
- Basic training: Six weeks prior to the exam

Step 2: Determine Your Test Readiness

In this step you'll take a diagnostic exam in Spanish. This pretest should give you an idea of how prepared you are to take the real exam. It will also help you identify your weaknesses before you begin to study for the real exam.

- Go through the diagnostic exam step-by-step and question-by-question to build your confidence level.
- Review the correct answers and explanations to gauge where you are and to determine what you need to work on.

Step 3: Develop Strategies for Success

In this step you'll learn strategies that will help you do your best on the multiple-choice and free-response sections of the exam.

- Learn how to read multiple-choice questions.
- Learn how to answer multiple-choice questions.
- Learn how to plan and write an effective interpersonal e-mail reply and a presentational persuasive essay.
- Learn how to participate effectively in interpersonal conversations and prepare for a presentational speaking cultural comparison.

Step 4: Review the Knowledge You Need to Score High

In this step you'll review the knowledge and learn the strategies that will help you do your best in the exam. These strategies cover various types of reading and listening, as well as written and oral presentation. This step, which takes up the bulk of this book, includes:

- Interpretive communication with printed texts
- Interpretive communication with printed and audio texts
- Interpretive communication with audio texts
- Answers and explanations for each
- Interpersonal writing: E-mail reply
- Presentational writing: Persuasive essay
- Interpersonal speaking: Conversation
- Presentational speaking: Cultural comparison

Step 5: Build Your Test-Taking Confidence

In this step you'll check your preparation by testing yourself on practice exams. I have provided you with *two* complete exams, solutions, and (sometimes more important) ways to avoid common mistakes. Once again, this edition is updated to reflect more accurately the types of questions tested on recent AP exams. Be aware that these practice exams are *not* reproduced questions from actual AP Spanish exams, but they mirror the types of questions you will see in the actual exam.

Finally, at the back of this book you'll find additional resources to aid your preparation. These include:

- A list of words to help you write and speak more fluently
- Common errors English speakers make in Spanish
- Common verbal expressions
- Expressions for convincing, persuading, giving information, getting information, expressing preference, and expressing opinion
- Spanish verbs that require prepositions; verbs that require prepositions in English but not in Spanish; and common prepositional phrases
- Useful expressions for writing
- A list of websites related to the AP Spanish exam
- A list of useful resources to help prepare for the new cultural comparison presentational speaking

The Graphics Used in This Book

To emphasize particular skills and strategies, we use several distinctive icons throughout this book. An icon in the margin will alert you that you need to pay particular attention to the accompanying text. We use these icons:

This icon indicates a very important concept or fact that you should not pass over.

This icon calls your attention to a strategy that you may want to try.

This icon alerts you to a tip that you might find useful.

This icon indicates a listening passage that is provided on the accompanying recording.

Throughout the book you will also find marginal notes, boxes, and starred areas. Pay close attention to these areas because they can provide tips, hints, strategies, and further explanations to help you reach your full potential.

5 STEPS TO A 5™

AP Spanish Language and Culture

2019

STEP 1

Set Up Your Study Program

CHAPTER 1

What You Need to Know About the AP Spanish Exam

IN THIS CHAPTER

Summary: Learn how you will be tested, how the test is scored, and basic test-taking information.

KEY IDEA

Key Ideas
✪ Most colleges will award credit for a score of 4 or 5.
✪ Multiple-choice questions account for half of your final score.
✪ Free-response questions account for half of your final score.
✪ Your composite score on the two test sections is converted to a score on the 1–5 scale.
✪ There is no deduction for wrong answers. Therefore it is in your best interest to thoughtfully answer **all** multiple-choice questions.

Background Information

The AP Spanish Language and Culture exam that you are taking was first offered by the College Board in 1956. In 1956, only 1,229 students took any AP examination. Since then, the number of students taking the test has grown rapidly, and by 2012 the number of students taking the Spanish exam alone had increased to approximately 130,000.

Some Frequently Asked Questions About the AP Spanish Exam

Why Take the AP Spanish Language and Culture Exam?

Most of you take the AP Spanish exam because you are seeking college credit. The majority of colleges and universities regard a 4 or 5 as acceptable credit for their Spanish language course. A small number of schools will sometimes accept a 3 on the exam. This means you are one course closer to graduation before you even begin. Even if you do not score high enough to earn college credit, the fact that you elected to enroll in AP courses tells admission committees that you are a high achiever and serious about your education. In 2012, 72.7 percent of students taking the Spanish exam scored a 3 or higher.

What Is the Format of the Exam?

The examination is divided into two sections: Section I (reading, listening and reading combined, and listening) is multiple choice; Section II (writing and speaking) is free response. Sections I and II are each worth 50 percent of the total score. If you complete Section I before time is called, you may go back and check any part of it that you wish. When time is called, you will turn in the booklet and have a short break. You will then move on to Section II and will not be able to look at Section I again.

The following table summarizes the format of the AP Spanish Language and Culture exam.

AP Spanish Language and Culture

SECTION I MULTIPLE CHOICE	NUMBER OF QUESTIONS	TIME LIMIT
Part A. *Interpretive Communication: Printed Texts.* Exercises with one or two printed texts followed by multiple-choice questions.	30	40 minutes
Part B		
1. *Interpretive Communication: Print and Audio Texts Combined.* Exercises with both a printed passage and an audio selection followed by multiple-choice questions.	35	Approximately 55 minutes
2. *Interpretive Communication: Audio Texts.* One or more audio selections followed by multiple-choice questions.		

Total time for Section I: Approximately 95 minutes

SECTION II FREE RESPONSE	NUMBER OF QUESTIONS	TIME LIMIT
A. *Writing* 1. Interpersonal writing: Responding to an e-mail	1 prompt	Approximately 15 minutes

SECTION II FREE RESPONSE	NUMBER OF QUESTIONS	TIME LIMIT
2. Presentational writing: Document-based writing, which involves reading two texts, listening to a related passage, and using these three sources to respond to a question. You must compare and contrast the different viewpoints and express your own viewpoint and defend it using all sources.	1 prompt	Approximately 55 minutes (about 10 minutes for reading and listening, about 5 minutes for planning, and about 40 minutes for writing your response)
	Total time for Part A	Approximately 70 minutes
B. *Speaking* 1. Interpersonal speaking: Based on a role-playing situation, you will read an outline of the simulated conversation and hear some background information before beginning the conversation.	5 prompts	Approximately 10 minutes (with 20 seconds to respond to each prompt)
2. Presentational speaking: You will make an oral presentation to your class on a specific topic. You will have 4 minutes to read the topic and prepare your 2-minute presentation.	Prepare an oral presentation on a cultural topic.	Approximately 6 minutes
	Total time for Part B	Approximately 20 minutes

Total time for Section II: Approximately 90 minutes

Who Writes the AP Spanish Exam?

Development of each AP exam is a multi-year effort that involves many education and testing professionals and students. At the heart of the effort is the AP Spanish Development Committee, a group of college and high school Spanish teachers who are typically asked to serve for three years. Their job is to ensure that the annual AP Spanish exam reflects what is being taught and studied in college-level Spanish language classes at high schools.

The committee and other college professors create a large pool of multiple-choice questions. These questions are then pre-tested with college students enrolled in third-year Spanish courses for accuracy, appropriateness, clarity, and assurance that there is only one possible answer.

The free-response essay questions, presentational and interpersonal, that make up Section II go through a similar process of creation, modification, pre-testing, and final refinement so that the questions are at an appropriate level of difficulty and clarity.

At the conclusion of each AP reading and scoring of exams, the exam itself and the results are thoroughly evaluated by the committee and by ETS (Education Testing Service, of Princeton, New Jersey, developers of the actual exam). In this way, the College Board can use the results to make suggestions for course development in high schools and to plan future exams.

Who Grades My AP Spanish Exam?

Every June a group of Spanish teachers and college professors gather for a week to assign grades to your hard work. Each of these "Faculty Consultants" spends a day or so getting trained on one question and one question only. Because each reader becomes an expert on that question, and because each exam book is anonymous, this process provides a very consistent and unbiased scoring of that question. During a typical day of grading, a random sample of each reader's scores is selected and cross-checked by other experienced "Table Leaders" to insure that consistency is maintained throughout the day and the week. Each reader's scores on a given question are also statistically analyzed to make sure that they are not giving scores that are significantly higher or lower than the mean scores given by other readers of that question. All measures are taken to maintain consistency and fairness for your benefit.

Will My Exam Remain Anonymous?

Absolutely. Even if your high school teacher happens to randomly read your booklet, there is virtually no way he or she will know it is you. To the reader, each student is a number and to the computer, each student is a bar code.

What About That Permission Box on the Back?

The College Board uses some exams to help train high school teachers so that they can help the next generation of Spanish language students avoid common mistakes. If you check this box, you simply give permission to use your exam in this way. Even if you give permission, your anonymity is still maintained. Please note, if you choose not to give permission, this will in no way affect your grade.

How Is My Multiple-Choice Exam Scored?

The multiple-choice section of each exam contains 65 questions and is worth half of your final score. Your answer sheet is run through the computer, which adds up your correct responses. The resulting score is then multiplied by statistically determined factors for the different question types (reading, reading and listening combined, and listening). The two numbers are then added and rounded to the nearest whole number. This sum becomes the weighted score for Section I.

How Is My Free-Response Exam Scored?

Your performance on the free-response section is worth half of your final score. The interpersonal and presentational writing are scored on a scale of 0–5, with 5 being the highest possible score. This score is multiplied by 3.000. The 0–5 scale is a rubric. A sample rubric is provided at the end of Chapters 7 and 8.

Interpersonal and presentational speaking are also graded on a scale of 0–5, then, that score is multiplied by 2.000. The 0–5 scale is a rubric. A sample rubric appears at the end of Chapters 9 and 10. The two oral sections are evaluated in the same manner as the essays.

How Is My Final Grade Determined and What Does It Mean?

The weighted scores from Sections I and II are added together and rounded to the nearest whole number. (Remember that each section is 50 percent of the examination.) This is the composite score.

The following table gives you a very rough example of a conversion, and as you complete the practice exams, you may use this to give yourself a hypothetical grade. Keep in mind that the conversion changes slightly every year to adjust for the difficulty of the questions. You should receive your grade in early July.

AP Spanish Language and Culture

COMPOSITE SCORE RANGE	AP SCORE	INTERPRETATION	EQUIVALENT COLLEGE GRADE
117–150	5	Extremely Well Qualified for College Credit	A
99–116	4	Well Qualified	B
86–98	3	Qualified	C
71–85	2	Possibly Qualified	D
0–70	1	No Recommendation	-

How Do I Register and How Much Does It Cost?

You do not have to enroll in the AP course to register for and complete the AP exam. When in doubt, the best source of information is the College Board's website: www.collegeboard.com.

The fee for taking the AP Spanish Language and Culture exam is $93 for each exam in the U.S., U.S. Territories, U.S. Common Wealths, and Canada. (Your school may charge an additional fee for proctoring and other test related expenses. Check with your test administrator.) Students who demonstrate financial need may receive a $31 refund to help offset the cost of testing. So the final fee for these students is $62 per exam. Finally, most states offer exam subsidies to cover all or part of the cost. You can learn more about fee reductions and subsidies from the coordinator of your AP program, or by checking specific information on the official website: www.collegeboard.com. For U.S. Department of Defense Dependents Schools the fee is $123.

There are also several optional fees that must be paid if you want your scores rushed to you or if you wish to receive multiple grade reports.

The coordinator of the AP program at your school will inform you where and when you will take the exam. If you live in a small community, your exam may not be administered at your school, so be sure to get this information.

What Should I Bring to the Exam?

On exam day, it is a good idea to bring the following items:

- Several pencils and an eraser that doesn't leave smudges
- Black or blue colored pens for the free-response section
- A watch so that you can monitor your time. You never know if the exam room will, or will not, have a clock on the wall. Make sure you turn off the beep that goes off on the hour
- Your school code
- Your photo identification and social security number
- Tissues

What Should I NOT Bring to the Exam?

It's probably a good idea to leave the following items at home:

- A cell phone, beeper, PDA, or walkie-talkie
- Books, a dictionary, study notes, flash cards, highlighting pens, correction fluid, a ruler, or any other office supplies
- Portable music of any kind. No CD players, MP3 players, or iPods
- Clothing with any Spanish on it

CHAPTER 2

How to Plan Your Time

IN THIS CHAPTER

Summary: The right preparation plan for you depends on your study habits and the amount of time you have before the test.

Key Idea

✪ Choose the study plan that's right for you.

Three Approaches to Preparing for AP Exams

What kind of preparation program for the AP exam is right for you? Should you carefully follow every step, or are there perhaps some steps you can bypass? That depends not only on how much time you have, but also on what kind of student you are. No one knows your study habits, likes, and dislikes better than you do. So you are the only one who can decide which approach you want and/or need to adopt. This chapter presents three possible study plans, labeled A, B, and C. Look at the brief profiles below. They should help you determine which of these three plans is right for you.

You're a full-school-year prep student if:

1. You are the kind of person who likes to plan for a vacation or the prom a year in advance.
2. You're always early for appointments.
3. You like detailed planning and everything in its place.
4. You feel that you must be thoroughly prepared.

5. You hate surprises.
6. You have been studying Spanish for four years or less.

If you fit this profile, consider **Plan A**.

You're a one-semester prep student if:

1. You begin to plan for your vacation or the prom four to five months before the event.
2. You are willing to plan ahead to feel comfortable in stressful situations, but are okay with skipping some details.
3. You feel more comfortable when you know what to expect, but a surprise or two is okay.
4. You're always on time for appointments.
5. You've been studying Spanish for four to five years.

If you fit this profile, consider **Plan B**.

You're a six-week prep student if:

1. You accept or find a date for the prom a week before the big day.
2. You work best under pressure and tight deadlines.
3. You feel very confident with the skills and background you've learned in your AP Spanish Language class.
4. You decided late in the year to take the exam.
5. You like surprises.
6. You feel okay if you arrive 10–15 minutes late for an appointment.
7. You've been studying Spanish for six or more years.
8. You are a heritage or native speaker of Spanish.

If you fit this profile, consider **Plan C**.

Calendar for Each Plan

Plan A: You Have a Full School Year to Prepare

Check off the activities as you complete them.

SEPTEMBER
— Take the Diagnostic Exam
— Week 1: Print texts 1–2 (Ch. 5)
— Week 2: Print and audio texts 1–2 (Ch. 6)
— Week 3: Audio texts 1–2 (Ch. 6)
— Week 4: Presentational writing 1 (Ch. 8)
— Also: Culture review: Spain

OCTOBER
— Week 1: Print texts 3–4 (Ch. 5)
— Week 2: Print and audio texts 3–4 (Ch. 6)
— Week 3: Audio texts 3–4 (Ch. 6)
— Week 4: Presentational writing 2 (Ch. 8)
— Also: Culture review: Mexico

NOVEMBER
— Week 1: Print texts 5–6 (Ch. 5)
— Week 2: Print and audio texts 5–6 (Ch. 6)
— Week 3: Audio texts 5–6 (Ch. 6)
— Week 4: Presentational writing 3 (Ch. 8)
— Also: Culture review: Countries of Central America

DECEMBER
— Week 1: Print texts 7–8 (Ch. 5)
— Week 2: Print and audio texts 7–8 and audio texts 7–8 (Ch. 6)
— Week 3: Interpersonal writing 1–10 (Ch. 7)
— Week 4: Presentational writing 4–5 (Ch. 8)

JANUARY
— Week 1: Print texts 9–10 (Ch. 5)
— Week 2: Print and audio texts 9–10 and audio texts 9–10 (Ch. 6)
— Week 3: Interpersonal writing 11–20 (Ch. 7)
— Week 4: Presentational writing 6 (Ch. 8)
— Take Practice Exam 1
— Also: Culture review: Dominican Republic, Cuba, Puerto Rico

FEBRUARY
— Week 1: Presentational writing 7–8 (Ch. 8)
— Week 2: Interpersonal speaking 1–7 (Ch. 9)
— Week 3: Presentational speaking 1–3 (Ch. 10)
— Also: Culture review: Ecuador, Venezuela, Colombia, Bolivia

MARCH
— Week 1: Presentational writing 9 (Ch. 8)
— Week 2: Interpersonal speaking 8–15 (Ch. 9)
— Week 3: Presentational speaking 4–6 (Ch. 10)
— Also: Culture review: Peru, Argentina, Uruguay, Paraguay

APRIL–MAY
— Week 1: Presentational writing 10 (Ch. 8)
— Week 2: Presentational speaking 7 (Ch. 10)
— Week 3: Presentational speaking 8 (Ch. 10)
— Week 3: Presentational speaking 9 (Ch. 10)
— Week 4: Presentational speaking 10 (Ch. 10)
— Week 5: Take Practice Exam 2
— Get a good night's sleep before the exam.

GOOD LUCK ON THE TEST!!

Plan A: Each month, beginning in September, concentrate on one area of the exam and one type of question. Each month after September, remember to go back and review one activity type from the prior month. As you practice, it is a good idea to use a separate piece of paper, instead of writing your answers in the book, so that you can go back and redo the exercises.

In addition, for each month of the plan, you should write one to three of the essays and have a friend, parent, tutor, or teacher critique your work. In February, March, and April, you should time your essay writing, giving yourself only 45 minutes (5 minutes to outline and 40 minutes to write)—after having spent 7 minutes reading the two sources, listening to the third source, and taking notes on each.

You should look at the vocabularies provided in the Appendixes of this book (the connecting word list; the common mistakes list; the list of common verbal expressions; the list of expressions for convincing/persuading, giving/receiving information, and expressing feelings; the list of verbs and verbal expressions requiring prepositions; and the useful expressions). Divide the number of words in each list by the number of weeks between the beginning of school and the exam, and take that many words from each list to study each week. Make flash cards to hang on your bathroom mirror, bedroom mirror, or bedroom door, where you can take a quick look at them a couple of times each day. You might wish to record them to listen to on the way to school.

Be sure to check the suggested resources appendix for sources to review culture from all Spanish-speaking countries during the year.

Plan B: You Have One Semester to Prepare

JANUARY
__ Take the Diagnostic Exam
— Week 1: Print texts 1–6 (Ch. 5)
— Week 2: Print and audio texts 1–6 (Ch. 6)
— Week 3: Audio texts 1–6 (Ch. 6)
— Week 4: Presentational writing 1–3 (Ch. 8)
— Also: Culture review: Spain, Mexico, Central America

FEBRUARY
— Week 1: Print texts 7–10 (Ch. 5)
— Week 2: Print and audio texts 7–10 and audio texts 7–10 (Ch. 6)
— Week 3: Interpersonal writing 1–10 (Ch. 7)
— Week 4: Presentational writing 4–6 (Ch. 8)
— Also: Culture review: Dominican Republic, Cuba, Puerto Rico

MARCH
— Take Practice Exam 1
— Week 1: Interpersonal writing 11–15 (Ch. 7)
— Week 2: Presentational writing 7–9 (Ch. 8)
— Week 3: Interpersonal speaking 1–8 (Ch. 9)
— Week 4: Culture review: Ecuador, Colombia, Venezuela, Bolivia

APRIL
— Week 1: Interpersonal writing 16–18 (Ch. 7)
— Week 2: Presentational writing 10 (Ch. 8)
— Week 3: Interpersonal speaking 9–15 (Ch. 9)
— Week 4: Presentational speaking 6–8 (Ch. 10)
— Also: Culture review: Peru, Argentina, Uruguay, Paraguay

MAY
— Presentational speaking 9–10 (Ch. 10)
— Interpersonal writing 19–20 (Ch. 7)
— Take Practice Exam 2
— Get a good night's sleep before the exam.

GOOD LUCK ON THE TEST!!

Plan B: Starting in January, you have 16 to 17 weeks to prepare. Every 2 weeks, concentrate on one area of the examination and one type of question. Every 2 weeks, starting the end of January, remember to go back and practice one activity type from the prior month.

In addition, for each month of the plan, you should write one to two of the essays and have a friend, parent, tutor, or teacher critique your work. In February, March, and April, you should time your essay writing, giving yourself only 45 minutes (5 minutes to outline and 40 minutes to write)—after having spent 7 minutes reading the two sources and listening to the third source, taking notes on each.

You should look at the vocabularies provided in the Appendixes of this book (the connecting word list; the common mistakes list; the section on verbal expressions; the list of expressions for convincing/persuading, giving/receiving information, and expressing feelings; the list of verbs and verbal expressions requiring prepositions, and the useful expressions). Divide the number of words in each list by the number of weeks between the beginning of January and the examination and take that many words from each list to study each week. Make flash cards to hang on your bathroom mirror, bedroom mirror, or bedroom door where you can take a quick look at them a couple of times a day. You might wish to record them to listen to on the way to school.

Be sure to check the suggested resources appendix for sources to review culture from all Spanish-speaking countries during the semester.

Plan C: You Have Six Weeks to Prepare

WEEK 1
— Take the Diagnostic Exam
— Chapter 5: Print texts
— Chapter 7: Interpersonal writing 1–5
— Chapter 8: Presentational writing 1–2
— Chapter 9: Interpersonal speaking 1–3
— Also: Culture review: Spain, Mexico, Central America

WEEK 2
— Chapter 6: Print and audio texts plus audio texts
— Chapter 7: Interpersonal writing 6–9
— Chapter 8: Presentational writing 3–4
— Chapter 9: Interpersonal speaking 4–6
— Also: Culture review: Dominican Republic, Cuba, Puerto Rico

WEEK 3
— Chapter 7: Interpersonal writing 10–14
— Chapter 8: Presentational writing 5–6
— Chapter 9: Interpersonal speaking 7–9
— Take Practice Exam 1
— Also: Culture review: Ecuador, Colombia, Venezuela

WEEK 4
— Chapter 7: Interpersonal writing 15–17
— Chapter 8: Presentational writing 7–8
— Chapter 9: Interpersonal speaking 10–12
— Also: Culture review: Peru, Bolivia, Chile

WEEK 5
— Chapter 7: Interpersonal writing 18–20
— Chapter 8: Presentational writing 9–10
— Chapter 9: Interpersonal speaking 13–15
— Chapter 10: Presentational speaking 1–5
— Also: Culture review: Argentina, Paraguay, Uruguay

WEEK 6
— Chapter 10: Presentational speaking 6–10
— Take Practice Exam 2
— Get a good night's sleep before the exam.

GOOD LUCK ON THE TEST!!

In addition, for each week of the plan, you should write one to two of the essays and have a friend, parent, tutor, or teacher critique your work. You should time your essay writing, giving yourself only 45 minutes (5 minutes to outline and 40 minutes to write)—after having spent 7 minutes reading the two sources, listening to the third source, and taking notes on each.

You should look at the vocabularies provided in the Appendixes of this book (the connecting word list; the common mistakes list; the section on verbal expressions; the list of expressions for convincing/persuading, giving/receiving information, and expressing feelings; the list of verbs and verbal expressions requiring prepositions; and the useful expressions. Divide the number of words in each list by six and take that many words from each list to study each week. Make flash cards to hang on your bathroom mirror, bedroom mirror, or bedroom door where you can take a quick look at them a couple of times a day. You might wish to record them to listen to on the way to school.

Be sure to check the suggested resources appendix for sources to review culture from all Spanish-speaking countries during these 6 weeks.

STEP **2**

Determine Your
Test Readiness

CHAPTER 3

Take a Diagnostic Exam

IN THIS CHAPTER

Summary: This exam is intended to give you an idea of where you currently stand with your preparation in Spanish. The questions have been written to approximate the coverage of material that you will see on the AP exam and are similar to the practice questions that you will see in the chapters that follow. Once you are done with the exam, check your work against the given answers, which are grouped and labeled to indicate where you can find the corresponding material in the book. I also provide you with a way to convert your score to a rough AP score.

Key Ideas

- ✪ Practice the kind of multiple-choice questions you will be asked on the real exam.
- ✪ Answer questions that approximate the type of material you will need to handle on the real exam.
- ✪ Check your work against the given answers.
- ✪ Determine your areas of strength and weakness.
- ✪ Earmark the pages to which you must give special attention.

AP Spanish Language and Culture Diagnostic Exam

SECTION I: Multiple Choice

For this section of the actual examination, you will have 95 minutes—40 minutes for Part A (Interpretive Communication: Print Texts) and approximately 55 minutes for Part B (Interpretive Communication: Audio Texts and Print and Audio Texts Combined). Section I counts for 50 percent of your score.

SECTION I, Part A
Interpretive Communication: Print Texts

Set your timer for 40 minutes.

In this section of the test you will need to read some passages and answer some multiple-choice questions about their content. On this diagnostic test give yourself 40 minutes to do this reading. If you finish before the 40 minutes is up, you may go back and look over your work in part A. The answers for the reading comprehension questions can be found starting on page 39–46.

- Set a timer for 40 minutes.
- Look at the questions first.
- Read through once and underline or asterisk with your pen or pencil where you think the answers are found.
- Reread the questions.
- Reread the passage and answer the questions.

Selección número 1
Fuente número 1

Introducción: Ésta es la historia de un chico que sirvió al líder de la independencia de la Argentina.

El mensajero de San Martín[1]

El general don José de San Martín leía unas cartas en su despacho. Terminada la lectura, se volvió para llamar a un muchacho de unos dieciséis años que esperaba de pie junto a la puerta.

    —Voy a encargarte una misión difícil y honrosa. Te conozco bien; tu padre y tres hermanos tuyos están en mi ejército y sé que deseas servir a la patria. ¿Estás resuelto a servirme?

    —Sí, mi general, sí —contestó el muchacho.

    —Debes saber que en caso de ser descubierto te fusilarán —continuó el general.

    —Ya lo sé, mi general.

    —Entonces, ¿estás resuelto?

    —Sí, mi general, sí.

    —Muy bien. Quiero enviarte a Chile con una carta que no debe caer en manos del enemigo. ¿Has entendido, Miguel?

---

[1]«El mensajero de San Martín», *Galería Hispánica*, McGraw-Hill © 1979, 1971, 1965. Used with permission.

—Perfectamente, mi general —respondió el muchacho. Dos días después, Miguel pasaba la cordillera de los Andes en compañía de unos arrieros.

Llegó a Santiago de Chile; halló al abogado Rodríguez, le entregó la carta y recibió la respuesta, que guardó en su cinturón secreto.

—Mucho cuidado con esta carta —le dijo también el patriota chileno. —Eres realmente muy joven; pero debes ser inteligente y buen patriota.

Miguel volvió a ponerse en camino lleno de orgullo. Había hecho el viaje sin dificultades, pero tuvo que pasar por un pueblo cerca del cual se hallaba una fuerza realista al mando del coronel Ordóñez.

Alrededor se extendía el hermoso paisaje chileno. Miguel se sintió impresionado por aquel cuadro mágico; mas algo inesperado vino a distraer su atención.

Dos soldados, a quienes pareció sospechoso ese muchacho que viajaba solo y en dirección a las sierras, se dirigieron hacia él a galope. En la sorpresa del primer momento, Miguel cometió la imprudencia de huir.

—¡Hola! —gritó uno de los soldados sujetándole el caballo por las riendas. —¿Quién eres y adónde vas?

Miguel contestó humildemente que era chileno, que se llamaba Juan Gómez y que iba a la hacienda de sus padres.

Lo llevaron sin embargo a una tienda de campaña donde se hallaba, en compañía de varios oficiales, el coronel Ordóñez.

Fuente número 2

Introducción: Ésta es una fotocopia de un billete de 5.000 pesos mexicanos antiguos.

Jóvenes que se sacrificaron por su patria

El billete conmemora la valentía de seis cadetes de la ciudadela de Chapultepec que se sacrificaron en vez de ser capturados por los invasores durante la Guerra de Tejas, que se llama la Guerra Mexicana en los Estados Unidos. En 1847 cuando las tropas americanas atacaron el Castillo de Chapultepec, que se usaba entonces como una escuela militar, seis cadetes, Vicente Suarez, Juan Escutia, Juan de la Barrera, Fernando M de Oca, Francisco Márquez y Agustín Melgar, que defendían el Castillo, al verse atrapados, se tiraron de las paredes del castillo envueltos en la bandera mexicana y gritando «¡viva México!».

1. ¿Cómo es que el general lo conoce bien a Miguel?
   - (A) Ya conoce a miembros de su familia.
   - (B) Es su padre.
   - (C) Es su secretario.
   - (D) Lo ha conocido por 16 años.

2. ¿Qué le pasará al chico si es descubierto?
   - (A) Lo arrestarán.
   - (B) Lo mandarán a Chile.
   - (C) Lo denunciarán a su padre.
   - (D) Lo matarán.

3. ¿Cómo estaba Miguel ante su misión?
   - (A) miedoso
   - (B) resignado
   - (C) dispuesto
   - (D) emocionado

4. ¿Por qué estaba orgulloso el joven?
   - (A) Porque no tuvo problemas.
   - (B) Porque conoció a Rodríguez.
   - (C) Porque conoció al coronel Ordóñez.
   - (D) Porque llevó a cabo su misión.

5. ¿Por qué sospechaban los soldados de Miguel?
   - (A) Porque viajaba de noche.
   - (B) Porque viajaba en dirección de las montañas.
   - (C) Porque viajaba con dos arrieros.
   - (D) Porque era joven.

6. ¿Qué error hizo Miguel entonces?
   - (A) Se echó a correr.
   - (B) Se le dejó caer la carta que llevaba.
   - (C) Ignoró a los soldados.
   - (D) Se distrajo.

7. Cuando los soldados lo interrogaron, Miguel…
   - (A) cooperó.
   - (B) les mintió.
   - (C) no les contestó.
   - (D) les dio sólo su nombre.

8. Los soldados entonces…
   - (A) lo llevaron a sus padres.
   - (B) lo soltaron.
   - (C) lo llevaron a su jefe.
   - (D) lo metieron en una tienda de campaña.

9. ¿Por qué se llama el cuento «El mensajero de San Martín»?
   - (A) Porque Miguel era un correo de San Martín.
   - (B) Porque Miguel le llevó mensajes al coronel Ordóñez en secreto.
   - (C) Porque el arresto de Miguel serviría de ejemplo a otros que ayudaran a San Martín.
   - (D) Porque Miguel era un ángel en realidad.

10. Las dos lecturas tienen en común el hecho de que…
    - (A) los héroes eran jóvenes.
    - (B) los héroes eran españoles.
    - (C) los héroes eran mayores.
    - (D) los héroes eran indígenas.

11. Los dos eventos tuvieron lugar durante…
    - (A) la lucha por la independencia.
    - (B) la defensa de su país en contra de invasores.
    - (C) una guerra.
    - (D) una revolución.

12. Las dos fuentes muestran que…
    - (A) la valentía es un atributo de los mayores.
    - (B) la valentía es un atributo sin edad.
    - (C) la valentía es sin género.
    - (D) la valentía es cambiante.

Selección número 2
Fuente número 1

Introducción: Este fragmento viene del informe de uno de los hombres que acompañó a Cortés a su reunión con Moctezuma.

Un encuentro con Moctezuma[2]

Yo me partí luego tras ellos, muy acompañado de muchas personas que parecían de mucha importancia, como después pareció serlo; y todavía seguía el camino por la costa de alguna gran laguna. A una legua de la habitación de donde partí, vi dentro de ella, no muy lejos, una ciudad pequeña que podría ser hasta de mil o dos mil vecinos, toda armada sobre el agua, sin haber para ella ninguna entrada, y muy torreada, según lo que de fuera parecía. Otra legua adelante entramos por una carretera tan ancha como una lanza jineta, por la laguna adentro, de dos tercios de legua, y por ella fuimos a dar a una ciudad, la más hermosa aunque pequeña que hasta entonces habíamos visto, así de muy bien obradas casas y torres como de la buena orden que en el fundamento de ella había, por ser armada toda sobre agua.

En esta ciudad, que pequeña hasta de dos mil vecinos, nos recibieron muy bien y nos dieron muy bien de comer. Allí me vinieron a hablar el señor y las personas principales de ella, y me rogaron que me quedase allí a dormir. Aquellas personas que conmigo iban de Moctezuma me dijeron que no parase, sino que me fuese a otra ciudad que está a tres leguas de allí, que se dice Iztapalapa, que es de un hermano de Moctezuma; y así lo hice. La salida de esta ciudad donde comimos, cuyo nombre al presente no me ocurre a la memoria, es por otra calzada que tira una legua grande hasta llegar a la tierra firme.

Llegado a esta ciudad de Iztapalapa, me salió a recibir algo fuera de ella el señor, y otro de una gran ciudad que está cerca de ella, que será obra de tres leguas, que se llama Coyoacán, y otros muchos señores que allí me estaban esperando; me dieron hasta tres o cuatro mil castellanos y algunas esclavas y ropa, y me hicieron muy bien recibimiento.

Fuente número 2

Introducción: Éste es un fragmento de un poema azteca, escrito originalmente en náhuatl. Tiene que ver con la reacción del poeta frente a la conquista española del imperio azteca.

Los últimos días del sitio de Tenochtitlán[3]

Y todo esto pasó con nosotros.
Nosotros lo vimos,
nosotros lo admiramos.
Con esta lamentosa y triste suerte
nos vimos angustiados.

En los caminos yacen dardos rotos,
los caballos están esparcidos.
Destechadas están las casas,
enrojecidos tienen sus muros

[2]«Un encuentro con Moctezuma» por Hernán Cortés, *El Tesoro Hispánico*, páginas 56–57, © 1968 by McGraw-Hill. Used with permission.
[3]http://www.julioarms.es/centro_poesia_conquista.htm#Los%20ultimos%20dias%2011.

Gusanos pululan por calles y plazas,
y en las paredes están salpicados los sesos.
Rojas están las aguas, están como teñidas,
y cuando las bebimos,
es como si bebiéramos agua de salitre...

1. La ciudad que se veía se encontraba...
   (A) por la costa de la laguna.
   (B) en la laguna.
   (C) por una ancha carretera.
   (D) bien armada.

2. Los edificios en la ciudad eran...
   (A) rústicos.
   (B) destruidos.
   (C) sólidos.
   (D) desordenados.

3. ¿Quién vino para hablar con Cortés?
   (A) Moctezuma
   (B) todos los habitantes de la ciudad
   (C) el líder de la ciudad
   (D) el líder de la ciudad y otras personas importantes de ella

4. ¿Qué es lo que querían?
   (A) Que permaneciera en la ciudad.
   (B) Que se fuera de la ciudad.
   (C) Que llevara un mensaje al hermano de Moctezuma.
   (D) Que llevara un mensaje a Moctezuma.

5. Decidieron salir de la ciudad para otra para...
   (A) ver a Moctezuma.
   (B) ver a Iztapalapa.
   (C) ver al hermano de Moctezuma.
   (D) ser mejor recibidos.

6. La ciudad donde se encontraba el hermano de Moctezuma se llamaba...
   (A) Coyoacán.
   (B) Iztapalapa.
   (C) Moctezuma.
   (D) Cortés no se acordaba.

7. Se puede decir que Cortés y sus hombres fueron...
   (A) recibidos con rencor.
   (B) muy bien acogidos.
   (C) expulsados de las ciudades que visitaron.
   (D) recibidos como vencedores.

8. Lo que vio el acompañante de Cortés en la primera lectura nos muestra...
   (A) un mundo de pobreza.
   (B) una civilización subdesarrollada.
   (C) una civilización desarrollada.
   (D) una civilización en caos.

9. Podemos decir que el tono del poema es...
   (A) alegre.
   (B) melancólico.
   (C) alentador.
   (D) risueño.

10. Si comparamos el informe en la primera fuente con el poema escrito por un poeta azteca, vemos...
    (A) lo pacífico que fue el encuentro.
    (B) lo fácil que fue el encuentro.
    (C) lo bueno que se trataban los españoles y los aztecas.
    (D) lo destructivo que fue el encuentro.

Selección número 3
Fuente numeró 1

Introducción: Este artículo trata de cómo se puede calcular el costo y la posibilidad de seguir una educación universitaria.

Consulta a un representante[4]

P: Siempre oí decir que la educación superior es costosa. Mi familia no tiene mucho dinero. ¿Puedo considerar la posibilidad de conseguir una educación superior en el futuro?

R: ¡Claro que sí! La educación superior puede ser parte de tu futuro. Pensar que es extremadamente costosa, es sólo un mito.

Los costos varían según la institución; por lo cual, es importante que investigues y hagas comparaciones. Considera el precio por hora de crédito, luego multiplícalo por la cantidad de créditos que vas a tomar. Agrega cargos y libros a la fórmula, y éste será el "precio" que pagarás por tu educación superior.

Muchos de los folletos contienen esta información; por lo tanto, dedica tiempo a leer el material. También es importante tener en cuenta otros gastos, como por ejemplo el seguro del auto, el alquiler, la comida, etcétera, que varían según la situación de cada persona.

En tal caso, existe la posibilidad de obtener ayuda financiera del gobierno (para los que reúnan los requisitos exigidos) y de organizaciones comunitarias. Debes involucrarte activamente para obtener dicha asistencia. Consulta a todos los que conozcas acerca de obtener becas. Nunca se sabe, aquella tía con quien nunca hablas puede tener información acerca del tema.

Si te encuentras con compañeros de la secundaria, pregúntales acerca de las becas que obtuvieron. Pídele a tu familia que consulte en el trabajo. Otra fuente de información puede ser el consejero escolar de la secundaria, así también las mismas instituciones educativas en las que estás averiguando.

Algunas becas se otorgan a base de calificaciones, servicio comunitario o necesidad económica. Recuerda que todos los que te rodean necesitan dinero para pagar el costo de su educación superior; por lo tanto, concéntrate en fortalecer los dos primeros aspectos. Nunca es tarde para comenzar, o para mejorar tus calificaciones subiendo de C a B. No debes desalentarte, pero no esperes hasta el último momento.

Invertir en una educación superior es la mejor decisión que puedes tomar. ¡A diferencia de otras inversiones, ésta no disminuirá su valor con el tiempo! El esfuerzo de tu familia será recompensado exponencialmente. ¡Sigue adelante, comienza a llenar esos formularios de inscripción!

Fuente número 2

Introducción: Aquí se presenta unas comparaciones de los gastos para una educación universitaria en los Estados Unidos y en España.[5]

---

[4]«Consulta a un representante» por Lina Traslaviña, University of Nebraska at Omaha, *The Next Step Magazine*, latino edition 2007, page 17, 2 W. Main Street, Suite 200, Victor, New York, 14564. http://www.nextStepmag.com. Used with permission.

[5]colegiomayoruniversitariosanaugustin.es, study-in-spain.com/cost-of-attending-college-in-spain, visualeconomics.creditloan.com/how-countries-spend-their-money, http://www.national priorities.org/dederal-budget-101/spending

El costo de una educación universitaria:
España y los Estados Unidos comparados

*La cifa varía mucho. Aquí es el costo de cama y comida en un colegio mayor (dormitorio). Muchos estudiandes viven o en familia, o en un apartamento, o con una familia, que alquila cuartos.

Notas:

- Para ambos países los derechos de matrícula y el costo de cama y comida son más altas en las universidades privadas.
- El costo de libros y provisiones varía mucho según los cursos seguidos. En los Estados Unidos puede costar hasta $1,298 por año. En ciertos cursos en España, el libro consiste en los apuntes dados en clase pero el costo por libros adicionales puede llegar a $1,001.52.
- En los Estados Unidos muchos estudiantes estudian en ciudades y estados diferentes lo que influye en los gastos de cama y comida. En España muchos estudiantes estudian en una universidad cerca de donde viven y siguen viviendo en casa para evitar gastos adicionales.

1. La chica que le pide consejo a Lina piensa que…
   (A) no vale la pena continuar con sus estudios.
   (B) no puede ser importante para su futuro.
   (C) cuesta mucho dinero.
   (D) su familia tiene lo suficiente para los gastos de una educación universitaria.

2. Lina piensa que la educación superior…
   (A) no siempre vale la pena.
   (B) no tiene que ser costosa.
   (C) no es necesariamente parte del futuro de la chica.
   (D) va a costar más o menos igual, no importa adondequiera que vaya.

3. Para determinar el costo, Lina dice que es necesario…
   (A) considerar sólo el precio por hora de crédito.
   (B) considerar el precio por hora de crédito más la comida.
   (C) considerar el precio por hora de crédito más otros gastos.
   (D) considerar la renta de su familia.

4. Lina recomienda que la chica…
   (A) consiga panfletos de las universidades para consultarlos.
   (B) consulte con el consejero de su colegio.
   (C) consulte con estudiantes que van a las universidades adonde ella quisiera ir.
   (D) consulte con un consejero de la universidad adonde quisiera ir.

5. Como muchas becas se dan a base de las notas conseguidas en el colegio y el servicio a la comunidad más la necesidad económica del estudiante, Lina aconseja que la chica…
   (A) trabaje para conseguir las mejores notas que pueda.
   (B) busque oportunidades para servir a la comunidad.
   (C) mejore sus notas y participe en el servicio a la comunidad.
   (D) busque becas que mejor convengan al estudiante que tiene o buenas notas, o servicio comunitario pero no necesariamente los dos.

6. A fin de cuentas, una educación universitaria…
   (A) no es para todos.
   (B) vale la pena.
   (C) a veces no vale la pena.
   (D) puede perder su valor con el tiempo.

7. La educación superior en los Estados Unidos cuesta … la de España.
   (A) más de tres veces
   (B) menos de tres veces
   (C) tanto como
   (D) casi el doble

8. El costo de vivienda y comida es … en los Estados Unidos.
   (A) más económico
   (B) más costoso
   (C) igual
   (D) el doble

9. El gobierno español contribuye … a la enseñanza nacional.
   (A) más que el americano
   (B) menos que el americano
   (C) tanto como el americano
   (D) mucho menos que el americano

10. Una gran diferencia entre la experiencia universitaria americana y la española es…
    (A) más americanos viven con sus familias.
    (B) más americanos viven en residencias universitarias.
    (C) menos americanos viven en residencias universitarias.
    (D) más españoles viven con sus familias.

Selección número 4

Introducción: Este cuento nos muestra un caso de juzgar por apariencia.

El gato de Sèvres[6]

El coleccionista llegó hasta la esquina y después volvió sobre sus pasos, aparentando fastidio e indiferencia. Como quien no quiere la cosa, se detuvo frente al escaparate de la tienda y paseó la mirada desdeñosa por el amontonamiento de cachivaches que se exhibían: violines viejos, mesas y sillas cojas, figurillas de porcelana, óleos desteñidos, pedazos de cacharros supuestamente mayas o incaicos y, en fin, las mil y una menudencias que suelen acumularse en tiendas de esta especie. Con el rabillo del ojo, el coleccionista atisbó una vez más el plato en que bebía leche el gato. No cabía duda: Sèvres legítimo. Posiblemente del segundo tercio del siglo XVIII. Estos animales —pensó el experto, refiriéndose a los dueños… —no saben lo que tienen entre manos…

1. Cuando el coleccionista volvió para ver el escaparate de la tienda, ¿por qué aparentó «fastidio e indiferencia»?
   (A) Porque el gato bebía de un plato en la ventana.
   (B) Porque no quería mostrar su interés en algo en la ventana.
   (C) Porque no había nada de valor en la ventana.
   (D) Porque no quería comprar nada.

2. Según el párrafo, parece que en el escaparate se mostraban…
   (A) cosas de poco valor.
   (B) cosas mayas o incaicas.
   (C) instrumentos musicales.
   (D) cosas de mucho valor.

---

[6]«El Gato de Sèvres» por Marco A. Almazán. *Galería Hispánica*, Copyright © McGraw-Hill, 1979. Used with permission.

3. Lo que le interesaba al coleccionista era…
   (A) el gato.
   (B) un artículo maya.
   (C) algo que podía ser valioso.
   (D) el desorden en que se encontraba todo.

4. Cuando el coleccionista dice «estos animales», él muestra su desdén por…
   (A) los propietarios de la tienda.
   (B) los gatos en general.
   (C) los animales en general.
   (D) las personas que habían vendido los artículos a la tienda.

5. Un buen dicho para resumir el cuento sería…
   (A) tal padre, tal hijo.
   (B) aunque la mona se vista de seda, mona se queda.
   (C) en boca cerrada no entra mosca.
   (D) no se puede juzgar un libro por su portada.

Selección número 5

Introducción: Este artículo anuncia una reunión de un club de libros y el próximo libro que van a comentar.

Grupo literario ConXion lee «El cuento de la isla desconocida»[7]

El escritor portugués José Saramago, ha influenciado la literatura hispana y a sus escritores de distintas maneras. Sus combinaciones únicas de historia, cuentos, leyendas y surrealismo le han otorgado un especial reconocimiento a lo largo del mundo.

Saramago ha sido parte del Partido Comunista Portugués desde 1969 y sus diferentes ideas y posturas han causado controversia en Portugal y muchos otros países.

El grupo literario ConXion leerá uno de los cuentos de Saramago, titulado *El cuento de la isla desconocida*, una fábula simple y directa, con un mensaje significativo para el lector. Es una obra perfecta para comenzar a adentrarse en el estilo e ideología del escritor. Otros libros importantes escritos por Saramago son *El año de la muerte de Ricardo Reis* (1984), *Ensayo sobre la ceguera* (1995) y *Todos los nombres* (1997), entre otros.

Saramago también ha escrito libros de poesía, ensayos y obras de teatro, y recibió el Premio Nóbel de Literatura en 1998.

El grupo literario ConXion se reunirá para conversar acerca de *El cuento de una isla desconocida* el jueves 21 de septiembre a las 7:30 p.m.

1. La obra de José Saramago ha tenido una influencia en…
   (A) autores portugueses.
   (B) autores a lo largo del mundo.
   (C) autores españoles y latinoamericanos.
   (D) autores portugueses y latinoamericanos.

2. Su especialidad literaria es…
   (A) mezclar varios tipos de literatura.
   (B) los cuentos surrealistas.
   (C) las leyendas hispanas.
   (D) la historia hispana.

3. Políticamente, se puede decir que Saramago es…
   (A) conservador.
   (B) derechista.
   (C) izquierdista.
   (D) centrista.

4. Podemos decir que sus ideas políticas…
   (A) le han causado problemas.
   (B) no le han causado problemas.
   (C) han influenciado mucho en su obra.
   (D) no tienen nada que ver con su obra.

[7]Grupo literario ConXion lee «El cuento de la isla desconocida» por Diana Chapoy-Callahan, coordinadora, p. 42, septiembre, 2006 ConXion, la edición mensual en español del *Democrat and Chronicle*, Rochester, New York. Used with permission.

5. Sabemos que Saramago es un autor de categoría porque...
   (A) se expresa a través de varios tipos de obras.
   (B) expresa su ideología a través de su obra.
   (C) ha ganado un premio de renombre.
   (D) ha causado controversia.

6. Este artículo anuncia...
   (A) su nuevo libro *El cuento de una isla desconocida*.
   (B) una nueva fábula de Saramago.
   (C) una colección de su poesía, ensayos y obras de teatro.
   (D) una reunión para un club literario.

Selección número 6
Fuente número 1

Introducción: Este artículo trata de un señor que ganó el Óscar por el tema musical de la película *Brokeback Mountain*.

Argentino Gustavo Santaolalla gana Óscar[8]

La comunidad hispana fue bien representada en la pasada entrega de los premios Óscar con varios nominados y un ganador en la categoría a la mejor canción escrita para una película, el argentino Gustavo Santaolalla, quien compuso el tema de la película *Brokeback Mountain*.

Este premio es un reconocimiento importante a su arduo trabajo y experiencia, la cual va más allá de fronteras y culturas.

«A Love that Will Never Grow Old» le dio un Golden Globe por la canción más original y hace unas semanas se llevó el Óscar presentado por Salma Hayek; no pudo haber dejado el podium de una mejor manera, dedicando su reconocimiento a todos los latinos, «Para todos los latinos, muchas gracias», comentó emocionado el compositor.

Es bueno reconocer el talento de tantos hispanos que día tras día colaboran en la creación del séptimo arte. Esperamos que la lista aumente en la entrega de premios Óscar el año entrante.

Fuente número 2

Introducción: Gustavo Santaolalla es un músico argentino de muchos talentos.

Gustavo Santaolalla[9]

Gustavo Santaolalla, nacido en El Palomar, Argentina, el 19 de agosto, 1951, tiene el honor singular entre artistas hispanos de haber ganado el Premio Óscar dos veces en seguida, en 2005 por *Brokeback Mountain* y en 2006 por *Babel*. Gustavo comenzó su carrera musical en 1967 cuando ayudó formar una banda de la llamada «rock nacional» que es una combinación del rock y de la música folklórica latinoamericana. Se trasladó a los Estados Unidos en 1978 al estado de California. En los años 90 cambió su enfoque a bandas sonoras para películas. Ha trabajado con varios proyectos cinematográficos como *Amores Perros, 21 Grams, The Motorcycle Diaries, Brokeback Mountain, Babel, Where Will Life Take You?, Dhobi Ghat* y *On the Road*.

La obra de Santaolalla incluye tan diversos géneros como el rock latino, el electrotango y bandas sonoras para películas. Ha sido compositor de música para películas, músico y productor. Como instrumentista toca la guitarra, el piano, el contrabajo, el charango (un instrumento folklórico de cuerdas) y también canta.

Gustavo Santaolalla sigue trabajando en Los Ángeles, California donde vive con su familia.

---

[8]«Argentino Gustavo Santaolalla gana Óscar» por Diana Chapoy-Callahan, coordinadora, p. 44, abril 2006, ConXion, la edición mensual en español del *Democrat and Chronicle*, Rochester, New York. Used with permission.
[9]http://en.wikipedia.org/wiki/Gustavo_Santaolalla.

1. La profesión de Gustavo Santaolalla es…
   (A) actor.
   (B) compositor.
   (C) director.
   (D) diseñador.

2. En la entrega de los premios Óscar y Golden Globes se ve…
   (A) la escasa representación de la comunidad hispana.
   (B) la falta de representación de la comunidad hispana.
   (C) la abundante representación de la comunidad hispana.
   (D) la creciente representación de la comunidad hispana.

3. Gustavo le dedicó su Óscar a…
   (A) su familia.
   (B) los hispanos.
   (C) la industria cinematográfica.
   (D) Salma Hayek.

4. Cuando la autora dice «el séptimo arte» se refiere…
   (A) a la música.
   (B) al cine.
   (C) a la actuación.
   (D) a la composición.

5. Leyendo la biografía sobre Gustavo Santaolalla, se puede ver que…
   (A) comenzó su carrera de adulto.
   (B) comenzó su carrera de joven.
   (C) comenzó su carrera en los Estados Unidos.
   (D) comenzó su carrera en California.

6. El género de «rock nacional» es…
   (A) puramente argentino.
   (B) una combinación del rock americano con el rock latinoamericano.
   (C) una mezcla de música moderna y música tradicional de Latinoamérica.
   (D) una combinación de música argentina con música latinoamericana.

7. Podemos decir que la música de Santaolalla pertenece…
   (A) a varios movimientos musicales.
   (B) a la música cinematográfica.
   (C) a la música rock.
   (D) a la música latinoamericana.

8. Podemos decir que la vida profesional de Santaolalla…
   (A) se limita a componer música.
   (B) se limita a tocar música.
   (C) se limita a producir obras musicales.
   (D) incluye todo lo que se menciona arriba.

9. Como instrumentista se puede ver que se dedica principalmente a…
   (A) instrumentos de percusión.
   (B) instrumentos de cuerda.
   (C) instrumentos folklóricos.
   (D) instrumentos de viento.

STOP. END OF SECTION I, Part A.

SECTION I, Part B

Interpretive Communication: Audio Texts and Print and Audio Texts Combined

In this part of the examination, you will hear several audio selections. One or more selections will also be accompanied by a written text. You will be asked questions about each selection. Both the questions and the answer choices will be printed in your test booklet. The total time allowed for this part of the examination is approximately 55 minutes.

For this part of the practice examination, you will find the listening tracks on the accompanying recording. (Scripts for the passages can be found on pages 46–51.) Mark your answers by circling the letter of your choice.

The timing will be done for you on the actual exam. However, for this part of the diagnostic test, you will need a stopwatch or timer. Allow yourself the specific time intervals stated in the instructions to read the introductions, read the printed texts, and answer the questions. You will also need to time the 1-minute interval between hearing the audio selection the first time and replaying it. You do not need to run the timer while you are listening to the audio passages.

- Use the time before the audio selection begins to read the introduction and the questions to get an idea of what you should listen for.
- While the narrator is speaking, give your full attention to what is being said.
- Get a stopwatch or timer. On the actual test the timing will be done for you. However, for the practice in this chapter, you will need to time yourself.
- As with any multiple-choice test, if the answer does not come to you, try to eliminate some of the others as wrong. This increases your chances of choosing the right answer.
- Once you have completed this portion of the diagnostic test, you may wish to read over the scripts and make a list of words that you did not know. Look these up, make flash cards for them, and review them during the months leading up to the examination.
- You may wish to use separate sheets of paper so that way you can later come back to this test and do it again to check your progress.
- If you have a particularly difficult time with this part of the exam, you should be sure to practice Chapter 6 very carefully, taking notes from the scripts after each practice.

Print and Audio Texts Combined: You will read one source and listen to another. Then you will answer questions on both. You will have approximately 4 minutes to read the introduction and print text (*fuente número 1*). Then you will be instructed to go on to the audio selection and you will be given 2 minutes to read the printed introduction and preview the questions. After listening once to the audio selection (*fuente número 2*), you will have 1 minute to start to answer the questions. Then you will hear the audio selection again. After the second listening you will have 15 seconds per question to finish answering.

Audio Selections Only: You will hear an audio selection that will be about 5 minutes in length. You will have 1 minute to read the introduction and preview the questions prior to listening the first time. At the end of the passage you will have 1 minute to begin to answer the multiple-choice questions based on what you heard. Then you will hear the selection again, after which you will have 15 seconds per question to finish answering the questions.

Selección número 1 (Print and Audio Texts Combined)

*Primero tienes **4 minutos** para leer el artículo impreso.*

Fuente numeró 1

Introducción: Este artículo trata de una iglesia sin terminar de la ciudad de Barcelona.

La Sagrada Familia de Antonio Gaudí[10]

Quizá el edificio más conocido y renombrado del arquitecto español, Antonio Gaudí, es la Sagrada Familia, una iglesia comenzada en 1882 que sigue hasta hoy sin terminar. Su estilo ha sido caracterizado como la versión española del Arte Nuevo mientras otros lo clasifican

---

[10]Ésta se informó en parte de la página Web «Great Buildings Online», http://www.greatbuildings.com/architects/Antoni_Gaudi.html y "tourist guide barcelona", http://www.barcelona-tourist-guide.com/sp/gaudi/sagrada-familia.html.

como expresionismo. Al ver la iglesia se puede ver elementos góticos pero sin las líneas rectas y la formalidad tradicionales de la arquitectura gótica. Las torres, que se encuentran por todo el edificio, parecen como si fueran candelas que arden encabezadas con una llama en forma de una cruz y la piedra tallada como la cera que gotea. Las líneas no son rectas como lo son en la arquitectura gótica sino que ondulan. Algunos dicen que el diseño imita la naturaleza, o sea que es naturalista, en que las formas son muy orgánicas, por lo tanto es muy orgánico.

Antonio Gaudí trabajó en la Sagrada Familia, y hasta vivió en el sótano de ella, de 1882 hasta 1926 cuando fue atropellado trágicamente por un tranvía. Ahora hay mucha controversia en cuanto a las tentativas de terminar la construcción comenzada por Gaudí. Los arquitectos modernos tienen que interpretar las intenciones originales de Gaudí usando en algunos casos materiales de construcción que él mismo no hubiera usado y para algunos se puede ver fácilmente donde Gaudí terminó y sus seguidores comenzaron. De todos modos, la Sagrada Familia sigue como símbolo de Barcelona y testamento a la creatividad de Antonio Gaudí.

*Deja de leer. Ahora pasa a la fuente número 2. Tienes **2 minutos** para leer la introducción y prever las preguntas.*

Fuente numeró 2

Introducción: Esta monografía de radio describe el Museo Guggenheim de Frank Gehry en Bilbao.[11]

Ahora escucha la fuente número 2.

PLAY Track 1 on the accompanying audio CD. (The script for Track 1 appears on page 47.)

*Ahora tienes **1 minuto** para empezar a contestar las preguntas para esta selección. Después de 1 minuto vas a escuchar la selección de nuevo.*

PLAY Track 1 again.

*Ahora tienes **3 minutos y 15 segundos** para terminar de responder a las preguntas de esta selección.*

1. La Sagrada Familia, diseñado por Antonio Gaudí, es…
   (A) de estilo gótico.
   (B) de estilo Arte Nuevo.
   (C) de estilo expresionista.
   (D) difícil de categorizar.

2. Las torres de la iglesia son como…
   (A) torres góticas.
   (B) velas que se derriten.
   (C) candelas sin arder.
   (D) en forma de cruces.

3. A diferencia del arte gótico, las líneas del edificio son…
   (A) rectas.
   (B) angulares.
   (C) ondulantes.
   (D) curvadas.

4. Muchas de las esculturas parecen como si vinieran…
   (A) de la naturaleza.
   (B) del arte abstracto.
   (C) de la imaginación.
   (D) de lo inorgánico.

---

[11]Ésta se informó de la página Web «Guggenheim Bilbao Museum», http://www.bm30.es/proyectos/guggy_uk.html y http://www.guggenheim-bilbao.es/ingles/edificio/contenido.htm.

5. La iglesia no fue terminada por Gaudí por…
   (A) una falta de dinero.
   (B) un accidente trágico.
   (C) una falta de materiales de construcción.
   (D) una falta de deseo.

6. El gran problema ahora con terminar la Sagrada Familia tiene que ver con…
   (A) una falta de dinero.
   (B) un accidente trágico.
   (C) una falta de materiales de construcción.
   (D) una falta de conocer los planes de Gaudí.

7. En la monografía de radio, el edificio es…
   (A) una iglesia.
   (B) un museo.
   (C) un edificio gubernamental.
   (D) una escuela.

8. El propósito del edificio es para…
   (A) mostrar obras de arte moderno.
   (B) servicios religiosos.
   (C) funciones nacionales.
   (D) la enseñanza pública.

9. El edificio está construido de…
   (A) mármol y vidrio.
   (B) granito y vidrio.
   (C) madera y cristales.
   (D) metal y cristales.

10. La ciudad de Bilbao es un puerto, y por eso las paredes del edificio parecen a…
    (A) una flor metálica.
    (B) velas de un barco.
    (C) escamas de pez.
    (D) las olas.

11. El Guggenheim fue construido como parte de un esfuerzo de … la ciudad de Bilbao.
    (A) modernizar
    (B) revitalizar
    (C) albergar el arte clásico en
    (D) albergar el arte moderno en

12. La controversia que surgió sobre su construcción tenía que ver con la selección…
    (A) del arquitecto.
    (B) del color.
    (C) de los materiales de construcción.
    (D) del costo.

13. Estos dos edificios se han convertido en … de sus ciudades respetivas.
    (A) símbolos
    (B) monumentos
    (C) controversias
    (D) vergüenzas

Selección número 2 (Audio Text)

*Primero tienes **1 minuto** para leer la introducción y prever las preguntas.*

Introducción: Este diálogo trata de una conversación entre dos estudiantes sobre sus planes para la universidad y su futuro.

Ahora escucha la selección.

TRACK 2

PLAY Track 2 on the accompanying audio CD. (The script for Track 2 appears on page 48.)

*Ahora tienes **1 minuto** para empezar a contestar las preguntas para esta selección. Después de 1 minuto vas a escuchar la selección de nuevo.*

PLAY Track 2 again.

*Ahora tienes **1 minuto y 45 segundos** para terminar de responder a las preguntas de esta selección.*

1. ¿De qué hablan las dos personas?
   (A) de sus planes para el verano
   (B) del trabajo que tienen
   (C) de sus planes para el futuro
   (D) de la dificultad en encontrar trabajo hoy día

2. ¿Qué es la UNAM?
   (A) Es una universidad.
   (B) Es una compañía.
   (C) Es un plan de estudios.
   (D) Es una discoteca.

3. ¿Para qué ha decidido el chico ir a los Estados Unidos?
   (A) para buscar trabajo
   (B) para estudiar
   (C) para casarse
   (D) para pasar unas vacaciones

4. ¿Qué es la informática?
   (A) Es una compañía que da información sobre trabajos disponibles.
   (B) Es una revista sobre computadoras.
   (C) Es un plan de estudios.
   (D) Es el estudio de las computadoras y el manejo de información electrónica.

5. ¿Por qué estudia el chico la materia que estudia?
   (A) Quiere trabajar en un banco.
   (B) Quiere trabajar de profesor.
   (C) Quiere trabajar con computadoras.
   (D) Quiere trabajar en un laboratorio.

6. ¿Por qué dice la chica que habrá oportunidades para ellos?
   (A) Han recibido muy buenas notas en el colegio.
   (B) Hay muchas oportunidades para los que trabajan con computadoras.
   (C) Siempre hay trabajo para los que tienen determinación y talento.
   (D) Hay vuelos muy baratos durante estas vacaciones.

7. ¿Por qué tiene prisa la chica?
   (A) Tiene que visitar a un pariente suyo.
   (B) Tiene que ir a clase.
   (C) Tiene que ir al trabajo.
   (D) Tiene que ir a casa.

Selección número 3 (Audio Text)

*Primero tienes **1 minuto** para leer la introducción y prever las preguntas.*

Introducción: Esta monografía trata de personajes de la literatura española, algunos históricos y otros no, que son ahora arquetipos de la literatura occidental.

Ahora escucha la selección.

TRACK 3

PLAY Track 3 on the accompanying audio CD. (The script for Track 3 appears on page 49.)

*Ahora tienes **1 minuto** para empezar a contestar las preguntas para esta selección. Después de 1 minuto vas a escuchar la selección de nuevo.*

PLAY Track 3 again.

*Ahora tienes **1 minuto y 30 segundos** para terminar de responder a las preguntas de esta selección.*

1. La historia de Don Juan originalmente fue una historia de...
   (A) Tirso de Molina.
   (B) Alejandro Dumas.
   (C) las crónicas de Sevilla.
   (D) Molière.

2. El «donjuanismo» es...
   (A) cuando un hombre maltrata a varias mujeres siempre diciéndoles que las quiere por motivos no muy nobles.
   (B) cuando alguien hace algo raro o idealista.
   (C) cuando alguien se muestra leal, fiel y honrado.
   (D) cuando alguien es soñador, idealista y romántico.

3. Es el símbolo de soñadores, idealistas y románticos.
   (A) Don Juan
   (B) Don Quijote
   (C) El Cid
   (D) Don Giovanni

4. El personaje literario que existió en realidad fue...
   (A) Don Juan.
   (B) Don Quijote.
   (C) El Cid.
   (D) Don Giovanni.

5. El actor de cine que llevó al personaje de Don Quijote a la pantalla fue...
   (A) Charlton Heston.
   (B) Sofia Loren.
   (C) Antonio Banderas.
   (D) Peter O'Toole.

6. De lo que escuchaste en esta conferencia, se puede decir...
   (A) que los autores españoles han contribuido a la literatura mundial.
   (B) que la literatura de la Edad Media contribuyó mucho a la literatura española.
   (C) que los autores españoles han contribuido poco a la literatura mundial.
   (D) que la literatura española ha servido sólo de guiones para películas de Hollywood.

STOP. END OF SECTION I.

SECTION II: Free Response

You are given a total of approximately 1 hour and 35 minutes to do Section II of the examination: 15 minutes for the interpersonal writing, approximately 55 minutes for the presentational writing, approximately 10 minutes for the interpersonal speaking simulated conversation, and finally approximately 6 minutes for the presentational speaking.

Interpersonal Writing: E-mail Reply

In this part of the examination, you will need to write an e-mail message. You are given 15 minutes to read the e-mail and write your response.

- Read the prompt carefully to see what type of message you need to write.
- Decide in what tense to write the passage (present, past, future, and so on).
- Determine whether or not the communication is familiar (*tú, ustedes, vosotros*) or formal (*usted, ustedes*).
- Keep in mind the TYPE of communication.
- Do not forget the salutation (**Familiar:** *Querido[a], Muy amigo[a] mío[a]*; **Formal:** *Muy señor[a] mío[a], Estimado[a] señor[a]*).
- Do not forget an appropriate closing (**Familiar:** *Un abrazo de, Un abrazo fuerte de, Recibe un abrazo fuerte de, Con cariño*; **Formal:** *Atentamente*).
- Be sure to check the rubric at the end of Chapter 7 to see how you will be rated.

Instructions: You are to write a reply to the following e-mail that you have received. You will have a total of 15 minutes to read the e-mail and write your reply. Your reply should include an appropriate greeting and closing. Be sure to answer all questions posed in the e-mail. You should also ask for more information/details about what is mentioned in the e-mail. Do not forget to use the appropriate form of address, formal or informal, depending on to whom you are writing.

Instrucciones: Tienes que escribir una respuesta al mensaje electrónico que has recibido. Tendrás 15 minutos en total para leer el mensaje electrónico y responder a este mensaje. La respuesta debe incluir un saludo y una despedida apropiados. Está seguro/a que contestas todas las preguntas en el mensaje electrónico. Debes también de pedir más información / más detalles sobre lo que se menciona en el mensaje electrónico. No olvides de usar el registro adecuado, formal o informal, según la persona a quien escribes.

Introducción: Este mensaje electrónico es del editor del periódico estudiantil de tu escuela. Has recibido este mensaje porque se lo ha mandado a todos los estudiantes de tu escuela para pedir ideas sobre el tema.

De: Mario López, editor del *La Voz del colegio*

Asunto: Persona del año

¡Hola amigo/a!

Ya llegamos al fin de año y ahora preparamos nuestro último número de La Voz del colegio. En este número queremos honrar a una persona de nuestro colegio que ha mostrado su dedicación a los estudiantes del colegio. Esta persona puede ser otro/a estudiante, un/a profesor/a, un/a administrador/a, un/a secretario/a, un/a portero/a o un miembro de nuestra comunidad. Necesitamos la siguiente información sobre tu candidato para este honor.

¿Cómo se llama el candidato? ¿Qué relación tiene esta persona con el colegio? ¿Cuáles son los atributos salientes de esta persona? ¿Cómo es que esta persona ha influenciado a nuestro colegio? ¿Cómo sirve esta persona de modelo para nuestra escuela?

Si tienes unas preguntas o sugerencias para nuestro proceso, déjanos saberlas.

Espero tu nominación y tus ideas y preguntas con anticipación.

Un abrazo,
Mario

Presentational Writing: Persuasive Essay

In this part of the examination, you will need to write a persuasive essay based on three sources, two printed and one audio. You will have 6 minutes to read the print material. Then you will hear the audio material. You should take notes on what you hear. After you have heard the audio source twice, you will have approximately 40 minutes to write your essay. Your essay must be at least 200 words long.

- Read the introduction and sources carefully to see what your essay topic will be about.
- Decide in what tense to write the passage (present, past, future, and so on).
- While reading the two printed prompts, you may wish to underline key ideas.
- Be sure to take notes while you listen to the audio prompt.
- You must **cite all three sources** appropriately in your essay.
- Be sure to discuss the different points of view in the three sources.
- Clearly indicate *your own* viewpoint and defend it.
- Be sure to organize your essay.
- The timing will be done for you on the actual exam. However, for this diagnostic test you will need a stopwatch or timer. Allow yourself the specific time intervals stated in the instructions for reading the printed texts, reading the introduction to the audio passage, and writing your essay.
- Be sure to look over the rubric at the end of Chapter 8 to see how you will be rated.

Tema del Ensayo: La corrida de toros… ¿espectáculo cultural o cruel?

*Tienes **6 minutos** para leer el tema de este ensayo, la fuente número 1 y la fuente número 2.*

Fuente número 1

Introducción: Este texto trata de la corrida de toros, sus orígenes y su evolución.

La corrida de toros, una tradición milenaria[12]

Muchas veces, cuando se piensa en España, se piensa en la corrida de toros: un deporte, la lucha eterna entre el hombre y la bestia y una metáfora por la vida.

Los orígenes de este espectáculo se han perdido a través de los siglos, pero lo curioso es que un deporte tan asociado con España en realidad no tiene sus comienzos en la península. Se cree que la corrida tiene sus orígenes en la isla de Creta y en Grecia donde existió un culto al toro bravo, el tipo de toro que se usa todavía en la corrida. Su imagen se ve en urnas primitivas de estas culturas. Existen también cuentos de la Biblia en que se ofrecen toros como sacrificio a Dios. En la península misma arqueólogos han encontrado objetos que llevan la figura del toro y hasta una cabeza hecha de bronce de la Edad de Bronce.

En las antiguas culturas españolas el toro tenía una gran importancia también, tanto para los celtas como para los íberos. En las afueras de Numancia hay un templo celtíbero donde ellos sacrificaban toros a sus dioses —probablemente un precursor de la plaza de toros moderna.

Aunque el culto al toro es muy antiguo, fue durante la época romana cuando se convirtió en espectáculo. Se dice que Julio César fue el primero en autorizar las corridas y hasta él mismo lidió en una.

La corrida moderna se evolucionó desde los tiempos de los romanos de una lucha por caballo con lanzas, de la aristocracia, a un espectáculo con varias etapas y personas que hacen papeles distintos. En una corrida moderna hay tres toreros que luchan en contra de seis toros, dos toros por torero. Los picadores entran después del toro para picar su cuello. Después entran los banderilleros con sus banderillas, unas flechas decoradas que meten en el cuello del toro. Finalmente entra el matador que se mete en una especie de baile con el toro

---

[12]Ésta se informó en parte de la página Web *don Quijote*, http://www.donquijote.org/culture/spain/bullfight.

hasta cansarlo suficientemente para matarlo con la espada. Cada etapa del espectáculo se llama un tercio.

En su apogeo había grandes celebridades como el Cordobés y Manolote, tan celebrados en su época como actores y cantantes de hoy día. En tiempos más recientes la corrida se ha convertido en un espectáculo turístico mientras muchos españoles la han dejado por el fútbol. A pesar de todo, todavía sigue siendo popular entre los campesinos que tratan de reunir suficiente dinero para comprar su entrada por lo menos una vez al mes. Si vas una vez a una corrida, cómprate una entrada para las andanadas, las butacas más arriba en la plaza. Allí está donde se sientan los aficionados viejos que vienen del campo cuando tienen dinero para una entrada y, por el costo de una bebida, estos hombres te explicarán todo que se ve en el redondel y hasta te harán una crítica de cada toro, matador y juez.

Fuente número 2

Introducción: Este artículo trata de la decisión de una provincia española de eliminar la corrida de toros.

Cataluña vota a favor de eliminar la corrida de toros[13]

En julio de 2010 el gobierno regional de Cataluña votó por abolir la corrida de toros en Cataluña. El voto no tenía gran impacto como en Cataluña no había más que una plaza de toros que seguía functionando. Pero el voto sí que es simbólico. Durante las últimas décadas, más y más españoles han querido eliminar la fiesta brava por ser cruel. La gente joven ya no acude a la plaza de toros sino que van al estadio para seguir paso a paso a sus héroes futbolistas dejando la corrida para los turistas y la gente mayor. Sólo en los pueblos pequeños todavía tiene cierta importancia la corrida. Antes de que España entrara en el Mercado Común Europeo, el primero de enero 1985, había mucho debate entre los miembros sobre la cuestión de la corrida de toros. Hasta el representante del Reino Unido insistió en que España dejara la práctica antes de ser permitida entrar en la organización. El representante español respondió a esta idea diciendo que cuando el Reino Unido eliminara la caza del zorro España eliminaría la corrida de toros. A pesar de eso, España entró en el Mercado Común y continuaban las corridas. En 2005 el Reino Unido sí eliminó la caza del zorro. Más recientemente el Partido Socialista del Parlamento Europeo ha insistido en que la corrida sea eliminada en España, Portugal y el sur de Francia por ser bárbara e inhumana.

Nadie sabe donde se va a parar el debate pero parece que con el voto en Cataluña la corrida podría desaparecerse por completo algún día en el resto de España.

*Deja de leer. Ahora tienes **30 segundos** para leer la introducción de la fuente número 3.*

---

[13]Ésta se informó ten parte de la página Web BBC News, http://news.bbc.co.uk/2/hi/europe/3605225.stm.

Fuente número 3

Introducción: Ésta es una entrevista sobre el tema de la corrida de toros en la que varias personas expresan sus opiniones.

Ahora escucha la fuente número 3.

TRACK 4

PLAY Track 4 on the accompanying audio CD. (The script for Track 4 appears on page 50.)

Ahora escucha de nuevo.

PLAY Track 4 again.

Now you have **40 minutes** to complete your essay.

Interpersonal Speaking: Conversation

In this part of the examination, you will need to participate in a conversation. The situation will be a role-playing simulated telephone conversation. You will have 1 minute to read a preview of the conversation. Then the telephone call will begin. Be sure to follow the outline. Each time it is your turn to speak, you will have 20 seconds in which to respond. You should participate as fully and appropriately as possible. You will find the recorded message and the recorded portions of the conversation on the accompanying recording. The script appears on page 51.

- Read the introduction and conversation outline carefully to see what the conversation will be about.
- Decide in what tense(s) you might need to respond (present, past, future, and so on).
- While reading the conversation outline you may wish to jot down some verbs, nouns, etc., that you may wish to use.
- While you listen to each line of the dialogue, try to pick out words, expressions, or phrases that you might be able to use. (BE CAREFUL, though, to not just restate what you have heard!)
- Higher scores are awarded for conversations in which complex structures and rich vocabulary are used.
- Be sure to look over the rubric at the end of Chapter 9 to see how you will be rated.

*Tienes **1 minuto** para leer la introducción y el esquema de la conversación.*

Introducción: Ésta es una conversación con tu amiga Juana sobre planes para una fiesta en casa de otra amiga.

[*The shaded lines reflect what you will hear on the recording.* Las líneas en gris reflejan lo que escucharás en la grabación.]

Juana: • *[El teléfono suena.] Contesta el teléfono.*

Tú: • *Salúdala.*
• *Explícale por qué tú la has llamado.*

Juana: • *Te explica por qué te había llamado.*

Tú: • *Responde a la pregunta.*

> Juana: • *Continúa la conversación.*

Tú: • *Expresa tu reacción.*

> Juana: • *Continúa la conversación.*

Tú: • *Contesta su pregunta.*
    • *Invítala a ir contigo.*

> Juana: • *Continúa la conversación.*

Tú: • *Expresa tu opinión.*

> Juana: • *Continúa la conversación.*

Tú: • *Expresa tu opinión.*
    • *Despídete de Juana.*

En este momento va a empezar la conversación. Ahora presiona el botón record.

TRACK 5

PLAY Track 5 on the accompanying audio CD. (The script for Track 5 appears on page 51.)

Presentational Speaking: Cultural Comparison

In this part of Section II of the examination you will make a 2-minute oral presentation to your class on the following topic. You will have 4 minutes to read the topic and prepare your presentation. Once the 4 minutes have passed you will record your 2-minute presentation.

TIP

• Be sure to have a timer.
• Read the topic carefully.
• In your presentation be sure to compare your own community to an area of the Spanish-speaking world that you have studied or about which you have knowledge.
• Be sure to demonstrate your understanding of certain cultural features of the area you have chosen.
• Be sure to have a clear organization for your presentation.

Tema de la presentación: ¿Cómo son las celebraciones para celebrar la mayoría de edad en tu comunidad?

Compara tus observaciones sobre las comunidades en que has vivido con tus observaciones de cómo la celebran en una región del mundo hispanohablante que te sea familiar. En la presentación, puedes mencionar lo que has estudiado, vivido y/u observado.

Listening Scripts, Answers, and Explanations

Section I, Part A
Interpretive Communication: Print Texts

Within the print passages, the answers are in **boldface** and follow the question number in parentheses.

Selección número 1: Repuestas y explicaciones

Tema curricular: Las identidades personales y públicas

Fuente número 1
El mensajero de San Martín

El general don José de San Martín leía unas cartas en su despacho. Terminada la lectura, se volvió para llamar a un muchacho de unos dieciséis años que esperaba de pie junto a la puerta.

　—Voy a encargarte una misión difícil y honrosa. (#1) **Te conozco bien; tu padre y tres hermanos tuyos están en mi ejército** y sé que deseas servir a la patria. ¿Estás resuelto a servirme?

　—Sí, mi general, sí —contestó el muchacho.

　—(#2) **Debes saber que en caso de ser descubierto te fusilarán** —continuó el general.

　—Ya lo sé, mi general.

　—Entonces, (#3) **¿estás resuelto?**

　—**Sí, mi general, sí.**

　—Muy bien. (#9) **Quiero enviarte a Chile con una carta** que no debe caer en manos del enemigo. ¿Has entendido, Miguel?

　—Perfectamente, mi general —respondió el muchacho. Dos días después, Miguel pasaba la cordillera de los Andes en compañía de unos arrieros.

　Llegó a Santiago de Chile; halló al abogado Rodríguez, le entregó la carta y recibió la respuesta, que guardó en su cinturón secreto.

　—Mucho cuidado con esta carta —le dijo también el patriota chileno. —Eres realmente muy joven; pero debes ser inteligente y buen patriota.

　(#4) **Miguel volvió a ponerse en camino lleno de orgullo. Había hecho el viaje sin dificultades**, pero tuvo que pasar por un pueblo cerca del cual se hallaba una fuerza realista al mando del coronel Ordóñez.

　Alrededor se extendía el hermoso paisaje chileno. Miguel se sintió impresionado por aquel cuadro mágico; mas algo inesperado vino a distraer su atención.

　Dos soldados, (#5) **a quienes pareció sospechoso ese muchacho que viajaba solo y en dirección a las sierras**, se dirigieron hacia él a galope. En la sorpresa del primer momento, (#6) **Miguel cometió la imprudencia de huir.**

　—¡Hola! —gritó uno de los soldados sujetándole el caballo por las riendas. —¿Quién eres y adónde vas?

　(#7) **Miguel contestó humildemente que era chileno, que se llamaba Juan Gómez y que iba a la hacienda de sus padres.**

　(#8) **Lo llevaron sin embargo a una tienda de campaña donde se hallaba, en compañía de varios oficiales, el coronel Ordóñez.**

Fuente número 2
Jóvenes que se sacrificaron por su patria

El billete conmemora la valentía de seis (#10) **cadetes** de la ciudadela de Chapultepec que se sacrificaron en vez de ser capturados por los invasores durante la Guerra de Tejas, que se llama la (#11) **Guerra** Mexicana en los Estados Unidos. En 1847 cuando las tropas americanas atacaron el Castillo de Chapultepec, que se usaba entonces como una escuela militar, seis cadetes, Vicente Suarez, Juan Escutia, Juan de la Barrera, Fernando M de Oca, Francisco Márquez y Agustín Melgar, que defendían el Castillo, al verse atrapados, se tiraron de las paredes del castillo envueltos en la bandera mexicana y gritando «¡viva México!».

Questions and Answers

1. ¿Cómo es que el general lo conoce bien a Miguel?
   (A) Ya conoce a miembros de su familia.

2. ¿Qué le pasará al chico si es descubierto?
   (D) Lo matarán.

3. ¿Cómo estaba Miguel ante su misión?
   (C) dispuesto

4. ¿Por qué estaba orgulloso el joven?
   (A) Porque no tuvo problemas.

5. ¿Por qué sospechaban los soldados de Miguel?
   (B) Porque viajaba en dirección de las montañas.

6. ¿Qué error hizo Miguel entonces?
   (A) Se echó a correr.

7. Cuando los soldados lo interrogaron, Miguel…
   (B) les mintió.

8. Los soldados entonces…
   (C) lo llevaron a su jefe.

9. ¿Por qué se llama el cuento «El mensajero de San Martín»?
   (A) Porque Miguel era un correo de San Martín.

10. Las dos lecturas tienen en común el hecho de que…
    (A) los héroes eran jóvenes.

11. Los dos eventos tuvieron lugar durante…
    (C) una guerra.

12. Las dos fuentes muestran que…
    (B) la valentía es un atributo sin edad. (In both cases the protagonist heroes are young.)

Selección número 2: Repuestas y explicaciones

Tema curricular: Las identidades personales y públicas

Fuente número 1
Un encuentro con Moctezuma

Yo me partí luego tras ellos, muy acompañado de muchas personas que parecían de mucha importancia, como después pareció serlo; y todavía seguía el camino por la costa de alguna gran laguna. A una legua de la habitación de donde partí, (#1) **vi dentro de ella, no muy lejos, una ciudad pequeña que podría ser hasta de mil o dos mil vecinos, toda armada sobre el agua**, sin haber para ella ninguna entrada, y muy torreada, según lo que de fuera parecía. Otra legua adelante entramos por una carretera tan ancha como una lanza jineta, por la laguna adentro, de dos tercios de legua, y por ella fuimos a dar a una ciudad, la más hermosa aunque pequeña que hasta entonces habíamos visto, así de (#2) **muy bien obradas casas y torres como de la buena orden que en el fundamento de ella había**, por ser armada toda sobre agua.

En esta ciudad, que pequeña hasta de dos mil vecinos, nos recibieron muy bien y nos dieron muy bien de comer. Allí (#3) **me vinieron a hablar el señor y las personas principales de ella,** (#4) y **me rogaron que me quedase allí a dormir**. Aquellas personas que conmigo iban de Moctezuma me dijeron que no parase, sino que me fuese a otra ciudad que está a tres leguas de allí, que se dice (#6) **Iztapalapa**, que (#5) **es de un hermano de Moctezuma**; y así lo hice. La salida de esta ciudad donde comimos, cuyo nombre al presente no me ocurre a la memoria, es por otra calzada que tira una legua grande hasta llegar a la tierra firme.

Llegado a esta ciudad de Iztapalapa, me salió a recibir algo fuera de ella el señor, y otro de una gran ciudad que está cerca de ella, que será obra de tres leguas, que se llama Coyoacán, y otros muchos señores que allí me estaban esperando; me dieron hasta tres o cuatro mil castellanos y algunas esclavas y ropa, y (#7) **me hicieron muy bien recibimiento**.

Fuente número 2
Los últimos días del sitio de Tenochtitlán

Y todo esto pasó con nosotros.
Nosotros lo vimos,
nosotros lo admiramos.
Con esta lamentosa y (#9) **triste** suerte
nos vimos (#9) **angustiados**.

En los caminos yacen (#10) **dardos rotos**,
los caballos están esparcidos.
(#10) **Destechadas** están las casas,
(#10) **enrojecidos** tienen sus muros.

(#10) **Gusanos** pululan por calles y plazas,
y en las paredes están salpicados los sesos.
Rojas están las aguas, están como teñidas,
y cuando las bebimos,
es como si bebiéramos (#10) **agua de salitre**…

Questions and Answers

1. La ciudad que se veía se encontraba…
   (B) en la laguna.

2. Los edificios en la ciudad eran…
   (C) sólidos.

3. ¿Quién vino para hablar con Cortés?
   (D) el líder de la ciudad y otras personas importantes de ella

4. ¿Qué es lo que querían?
   (A) Que permaneciera en la ciudad.

5. Decidieron salir de la ciudad para otra para…
   (C) ver al hermano de Moctezuma.

6. La ciudad donde se encontraba el hermano de Moctezuma se llamaba…
   (B) Iztapalapa.

7. Se puede decir que Cortés y sus hombres fueron…
   (B) muy bien acogidos.

8. Lo que vio el acompañante de Cortés en la primera lectura nos muestra…
   (C) una civilización desarrollada. (The writer speaks of all the marvelous things he sees.)

9. Podemos decir que el tono del poema es…
   (B) melancólico.

10. Si comparamos el informe en la primera fuente con el poema escrito por un poeta azteca vemos…
    (D) lo destructivo que fue el encuentro.

Selección número 3: Repuestas y explicaciones
Tema curricular: Los desafíos mundiales

Fuente número 1
Consulta a un representante

P: Siempre oí decir que la educación superior (#1) **es costosa**. Mi familia no tiene mucho dinero. ¿Puedo considerar la posibilidad de conseguir la educación superior en el futuro?

R: ¡Claro que sí! La educación superior puede ser parte de tu futuro. (#2) **Pensar que es extremadamente costosa, es sólo un mito.**

Los costos varían según la institución; por lo cual, es importante que investigues y hagas comparaciones. (#3) **Considera el precio por hora de crédito, luego multiplícalo por la cantidad de créditos que vas a tomar. Agrega cargos y libros a la fórmula, y éste será el "precio" que pagarás por tu educación superior.**

(#4) **Muchos de los folletos contienen esta información; por lo tanto, dedica tiempo a leer el material.** También es importante tener en cuenta otros gastos, como por ejemplo el seguro del auto, el alquiler, la comida, etcétera, que varían según la situación de cada persona.

En tal caso, existe la posibilidad de obtener ayuda financiera del gobierno (para los que reúnan los requisitos exigidos) y de organizaciones comunitarias. Debes involucrarte activamente para obtener dicha asistencia. Consulta a todos los que conozcas acerca de obtener becas. Nunca se sabe, aquella tía con quien nunca hablas puede tener información acerca del tema.

Si te encuentras con compañeros de la secundaria, pregúntales acerca de las becas que obtuvieron. Pídele a tu familia que consulte en el trabajo. Otra fuente de información puede ser el consejero escolar de la secundaria, así también las mismas instituciones educativas en las que estás averiguando.

(#5) **Algunas becas se otorgan a base de calificaciones, servicio comunitario o necesidad económica. Recuerda que todos los que te rodean necesitan dinero para pagar el costo de su educación superior; por lo tanto, concéntrate en fortalecer los dos primeros aspectos.** Nunca es tarde para comenzar, o para mejorar tus calificaciones subiendo de C a B. No debes desalentarte, pero no esperes hasta el último momento.

(#6) **Invertir en una educación superior es la mejor decisión que puedes tomar. ¡A diferencia de otras inversiones, ésta no disminuirá su valor con el tiempo!** El esfuerzo de tu familia será recompensado exponencialmente. ¡Sigue adelante, comienza a llenar esos formularios de inscripción!

Fuente número 2

El costo de una educación universitaria: España y los Estados Unidos comparados

Notas:

- Para ambos países los derechos de matrícula y el costo de cama y comida son más altas en las universidades privadas.
- El costo de libros y provisiones varía mucho según los cursos seguidos. En los Estados Unidos puede costar hasta $1,298 por año. En ciertos cursos en España, el libro consiste en los apuntes dados en clase pero el costo por libros adicionales puede llegar a $1,001.52.
- En los Estados Unidos muchos estudiantes estudian en ciudades y estados diferentes lo que influye en los gastos de cama y comida. (#10) **En España muchos estudiantes estudian en una universidad cerca de donde viven y siguen viviendo en casa para evitar gastos adicionales.**

Questions and Answers

1. La chica que le pide consejo a Lina piensa que…
   (C) cuesta mucho dinero.

2. Lina piensa que la educación superior…
   (B) no tiene que ser costosa.

3. Para determinar el costo, Lina dice que es necesario…
   (C) considerar el precio por hora de crédito más otros gastos.

4. Lina recomienda que la chica…
   (A) consiga panfletos de las universidades para consultarlos.

5. Como muchas becas se dan a base de las notas conseguidas en el colegio y el servicio a la comunidad más la necesidad económica del estudiante, Lina aconseja que la chica…
   (C) mejore sus notas y participe en el servicio a la comunidad.

6. A fin de cuentas, una educación universitaria…
   (B) vale la pena.

7. La educación superior en los Estados Unidos cuesta … la de España.
   (D) casi el doble

8. El costo de vivienda y comida es … en los Estados Unidos.
   (B) más costoso

9. El gobierno español contribuye … a la enseñanza nacional.
   (A) más que el americano

10. Una gran diferencia entre la experiencia universitaria americana y la española es…
    (D) más españoles viven con sus familias.

Selección número 4: Repuestas y explicaciones

Tema curricular: La belleza y la estética

El Gato de Sèvres

El coleccionista llegó hasta la esquina y después volvió sobre sus pasos, (#1) **aparentando fastidio e indiferencia. Como quien no quiere la cosa**, se detuvo frente al escaparate de la tienda y paseó la mirada desdeñosa por el amontonamiento de cachivaches que se exhibían: violines viejos, mesas y sillas cojas, figurillas de porcelana, óleos desteñidos, pedazos de cacharros supuestamente mayas o incaicos y, (#2) **en fin, las mil y una menudencias que suelen acumularse en tiendas de esta especie**. Con el rabillo del ojo, (#3) **el coleccionista atisbó una vez más el plato en que bebía leche el gato. No cabía duda: Sèvres legítimo. Posiblemente del segundo tercio del siglo XVIII. (#4) Estos animales —pensó el experto, refiriéndose a los dueños… —**no saben lo que tienen entre manos…

Questions and Answers

1. Cuando el coleccionista volvió para ver el escaparate de la tienda, ¿por qué aparentó «fastidio e indiferencia»?
   (B) Porque no quería mostrar su interés en algo en la ventana.

2. Según el párrafo, parece que en el escaparate se mostraban…
   (A) cosas de poco valor.

3. Lo que le interesaba al coleccionista era…
   (C) algo que podía ser valioso.

4. Cuando el coleccionista dice «estos animales», él muestra su desdén por…
   (A) los propietarios de la tienda.

5. Un buen dicho para resumir el cuento sería…
   (D) No se puede juzgar un libro por su portada. (*You can't judge a book by its cover.* [The man thought he could pull one over on the shopkeeper due to the appearance of the shop.])

Selección número 5: Repuestas y explicaciones

Tema curricular: La belleza y la estética

Grupo literario ConXion lee «El cuento de la isla desconocida»

El escritor portugués José Saramago, (#1) **ha influenciado la literatura hispana y a sus escritores de distintas maneras**. (#2) **Sus combinaciones únicas de historia, cuentos, leyendas y surrealismo** le han otorgado un especial reconocimiento a lo largo del mundo.

(#3) **Saramago ha sido parte del Partido Comunista Portugués desde 1969** y (#4) **sus diferentes ideas y posturas han causado controversia en Portugal y muchos otros países.**

El grupo literario ConXion leerá uno de los cuentos de Saramago, titulado *El cuento de la isla desconocida,* una fábula simple y directa, con un mensaje significativo para el lector. Es una obra perfecta para comenzar a adentrarse en el estilo e ideología del escritor. Otros libros importantes escritos por Saramago son *El año de la muerte de Ricardo Reis* (1984), *Ensayo sobre la ceguera* (1995) y *Todos los nombres* (1997), entre otros.

Saramago también ha escrito libros de poesía, ensayos y obras de teatro, y (#5) **recibió el Premio Nóbel de Literatura en 1998.**

(#6) **El grupo literario ConXion se reunirá para conversar acerca de *El cuento de una isla desconocida*** el jueves 21 de septiembre a las 7:30 p.m.

Questions and Answers

1. La obra de José Saramago ha tenido una influencia en…
   (C) autores españoles y latinoamericanos.

2. Su especialidad literaria es…
   (A) mezclar varios tipos de literatura.

3. Políticamente, se puede decir que Saramago es…
   (C) izquierdista. (la izquierda = socialistas, comunistas, maoístas)

4. Podemos decir que sus ideas políticas…
   (A) le han causado problemas.

5. Sabemos que Saramago es un autor de categoría porque…
   (C) ha ganado un premio de renombre.

6. Este artículo anuncia…
   (D) una reunión para un club literario.

Selección número 6: Repuestas y explicaciones

Tema curricular: La belleza y la estética

Argentino Gustavo Santaolalla gana Óscar

La comunidad hispana fue bien representada en la pasada entrega de los premios Óscar con varios nominados y un ganador en la categoría a la mejor canción escrita para una película, (#1) **el argentino Gustavo Santaolalla, quien compuso el tema de la película *Brokeback Moutain*.**

Este premio es un reconocimiento importante a su arduo trabajo y experiencia, la cual va más allá de fronteras y culturas.

«A Love that Will Never Grow Old» le dio un Golden Globe por la canción más original y hace unas semanas se llevó el Óscar presentado por Salma Hayek; no pudo haber dejado el podium de una mejor manera, (#3) **dedicando su reconocimiento a todos los latinos, «Para todos los latinos, muchas gracias»,** comentó emocionado el compositor.

Es bueno reconocer el talento de tantos hispanos que día tras día colaboran en la creación (#4) **del séptimo arte.** (#2) **Esperamos que la lista aumente en la entrega de premios Óscar el año entrante.**

Fuente número 2

Gustavo Santaolalla

Gustavo Santaolalla, nacido en El Palomar, Argentina, el 19 de agosto, 1951, tiene el honor singular entre artistas hispanos de haber ganado el Premio Óscar dos veces en seguida, en 2005 por *Brokeback Mountain* y en 2006 por *Babel*. (#5) **Gustavo comenzó su carrera musical en 1967** cuando ayudó formar una banda de la llamada «rock nacional» que (#6) **es una combinación del rock y la música folklórica latinoamericana.** Se trasladó a los Estados Unidos en 1978 al estado de California. En los años 90 cambió su enfoque a bandas sonoras para películas. Ha trabajado con varios proyectos cinematográficos como *Amores Perros, 21 Grams, The Motorcycle Diaries, Brokeback Mountain, Babel, Where Will Life Take You?, Dhobi Ghat* y *On the Road*.

(#7) **La obra de Santaolalla incluye tan diversos géneros como el rock latino, el electrotango, y bandas sonoras para películas.** (#8) **Ha sido compositor de música para películas, músico y productor.** (#8 and 9) **Como instrumentista toca la guitarra, el piano, el contrabajo, el charango (un instrumento folklórico de cuerdas) y también canta.**

Gustavo Santaolalla sigue trabajando en Los Ángeles, California donde vive con su familia.

Questions and Answers

1. La profesión de Gustavo Santaolalla es…
   (B) compositor.

2. En la entrega de los premios Óscar y Golden Globes se ve…
   (D) la creciente representación de la comunidad hispana.

3. Gustavo le dedicó su Óscar a…
   (B) los hispanos.

4. Cuando la autora dice «el séptimo arte» se refiere…
   (B) al cine.

5. Leyendo la biografía sobre Gustavo Santaolalla, se puede ver que…
   (B) comenzó su carrera de joven.

6. El género de «rock nacional» es…
   (C) una mezcla de música moderna y música tradicional de Latinoamérica.

7. Podemos decir que la música de Santaolalla pertenece…
   (A) a varios movimientos musicales.

8. Podemos decir que la vida profesional de Santaolalla…
   (D) incluye todo lo que se menciona arriba.

9. Como instrumentista se puede ver que se dedica principalmente a…
   (B) instrumentos de cuerda.

Section I, Part B
Interpretive Communication: Audio Texts and Print and Audio Texts Combined

Within the print passage and the scripts for the listening passages, the answers are in boldface and follow the question number in parentheses.

Selección número 1: Repuestas y explicaciones

Tema curricular: La belleza y la estética

Fuente número 1
La Sagrada Familia de Antonio Gaudí

Quizá el edificio más conocido y renombrado del arquitecto español, Antonio Gaudí, es la Sagrada Familia, una iglesia comenzada en 1882 que sigue hasta hoy sin terminar. Su estilo (#1) **ha sido caracterizado como la versión española del Arte Nuevo mientras otros lo clasifican como expresionismo.** Al ver la iglesia se puede ver elementos góticos pero sin las líneas rectas y la formalidad tradicionales de la arquitectura gótica. Las torres, que se encuentran por todo el edificio, parecen (#2) **como si fueran candelas que arden encabezadas con una llama en forma de una cruz y la piedra tallada como la cera que gotea.** Las líneas (#3) **no son rectas como lo son en la arquitectura gótica sino que ondulan.** Algunos dicen que el diseño (#4) **imita la naturaleza, o sea que es naturalista, en que las formas son muy orgánicas,** por lo tanto es muy orgánico.

Antonio Gaudí trabajó en la Sagrada Familia, y hasta vivió en el sótano de ella, de 1882 (#5) **hasta 1926 cuando fue atropellado trágicamente por un tranvía. Ahora hay mucha controversia en cuanto a las tentativas de terminar la construcción comenzada por Gaudí.** (#6) **Los arquitectos modernos tienen que interpretar las intenciones originales de Gaudí** usando en algunos casos materiales de construcción que él mismo no hubiera usado y para algunos se puede ver fácilmente donde Gaudí terminó y sus seguidores comenzaron. De todos modos, la Sagrada Familia sigue como (#13) **símbolo de Barcelona** y testamento a la creatividad de Antonio Gaudí.

Fuente número 2
El Museo Guggenheim de Frank Gehry en Bilbao

TRACK 1

Script for Audio Text

El 19 de octubre de 1997 se abrió (#7) **el Museo** Guggenheim Bilbao. Este museo, inaugurado por el gobierno vasco, la Fundación Guggenheim y el rey español Juan Carlos I, en poco tiempo se ha convertido en el símbolo de esta ciudad vasca. El museo, diseñado por el arquitecto norteamericano Frank O. Gehry, (#8) **alberga arte moderno del siglo XX de América y Europa. Fue creado con la intención de ser un centro internacional para el arte moderno y contemporáneo.** Algunos han dicho que el edificio, (#9) **hecho de vidrio y titanio**, parece como si fuera una flor metálica. En realidad, el museo es una serie de edificios que se conectan, cada uno con su enfoque particular. Las paredes de titanio (#10) **tienen una textura parecida a las escamas de un pez**.

Este proyecto fue concebido entre 1991 y 1992 (#11) **como parte de un programa de revitalización para la ciudad de Bilbao**. Se clasifica el edificio como modernismo expresionista. Es decir que es un edificio de estilo moderno pero expresionista en que se propone «la intensidad de la expresión sincera aun a costa del equilibrio formal», de acuerdo con el diccionario de la Real Academia Española; Mientras que tiene el propósito de ser un museo de arte moderno, es en su escénica una obra de arte en sí misma.

Había mucha discusión alrededor de su diseño y construcción como el comité escogió a (#12) **un arquitecto ni español ni vasco para realizar el proyecto**. Pero, a pesar de eso, la ciudad de Bilbao y sus ciudadanos están muy orgullosos de su museo que ahora (#13) **simboliza la revitalización de su ciudad**, una ciudad siglo veintiuno.

Questions and Answers

1. La Sagrada Familia, diseñado por Antonio Gaudí, es…
   (D) difícil de categorizar.

2. Las torres de la iglesia son como…
   (B) velas que se derriten.

3. A diferencia del arte gótico, las líneas del edificio son…
   (C) ondulantes.

4. Muchas de las esculturas parecen como si vinieran…
   (A) de la naturaleza.

5. La iglesia no fue terminado por Gaudí por…
   (B) un accidente trágico.

6. El gran problema con terminar la Sagrada Familia tiene que ver con…
   (D) una falta de conocer los planes de Gaudí.

7. En la monografía de radio, el edificio es…
   (B) un museo.

8. El propósito del edificio es para…
   (A) mostrar obras de arte moderno.

9. El edificio está construido de…
   (D) metal y cristales.

10. La ciudad de Bilbao es un puerto, y por eso las paredes del edificio parecen a…
    (C) escamas de pez.

11. El Guggenheim fue construido como parte de un esfuerzo de … la ciudad de Bilbao.
    (B) revitalizar

12. La controversia que surgió sobre su construcción tenía que ver con la selección…
    (A) del arquitecto.

13. Estos dos edificios se han convertido en … de sus ciudades respetivas.
    (A) símbolos

Selección número 2: Repuestas y explicaciones

Tema curricular: La vida contemporánea

TRACK 2   *Script for Audio Text*

Chico: Es increíble que nos graduemos en sólo una semana. (#1) **¿Qué harás el año que viene?**

Chica: Pienso asistir a la UNAM.

Chico: ¿La UNAM?

Chica: (#2) Sí, **la Universidad Nacional Autónoma de México en la Ciudad de México.**

Chico: ¡Fantástico! Yo voy a los Estados Unidos (#3) **para estudiar** en la Universidad de California en Los Ángeles.

Chica: ¿Por qué vas tan lejos?

Chico: Tengo familia allí y puedo quedarme con ellos. ¿Y qué estudiarás?

Chica: (#4) **Informática; me fascinan las computadoras.** ¿Y tú?

Chico: Yo pienso estudiar matemáticas; (#5) **quiero hacerme profesor algún día.**

Chica: ¿De veras? Creo que serás un buen profesor; siempre te ha gustado trabajar con los niños y necesitamos profesores hoy cada vez más.

Chico: Sí, me parece que habrá trabajos cuando me gradúe.

Chica: Yo también pienso que hay muchas oportunidades en el trabajo con computadoras.

Chico: Es verdad que el mundo depende de las computadoras hoy. Estoy seguro que habrá muchas oportunidades muy interesantes.

Chica: (#6) **La verdad es que siempre hay trabajo para los que tienen talento y determinación, y nosotros sí los tenemos.**

Chico: ¡Por eso tendremos éxito!

Chica: ¿Qué hora será?

Chico: Déjame ver... Son las dos y media.

Chica: ¡No me digas! (#7) **Debía de haber estado en casa de mi abuela hace media hora.** Chao, Juan, tengo que ir.

Chico: Hasta mañana, Lucía.

Questions and Answers

1. ¿De qué hablan las dos personas?
   (C) de sus planes para el futuro

2. ¿Qué es la UNAM?
   (A) Es una universidad.

3. ¿Para qué ha decidido el chico ir a los Estados Unidos?
   (B) para estudiar

4. ¿Qué es la informática?
   (D) Es el estudio de las computadoras y el manejo de información electrónica.

5. ¿Por qué estudia el chico la materia que estudia?
   (B) Quiere trabajar de profesor.

6. ¿Por qué dice la chica que habrá oportunidades para ellos?
   (C) Siempre hay trabajo para los que tienen determinación y talento.

7. ¿Por qué tiene prisa la chica?
   (A) Tiene que visitar a un pariente suyo.

Selección número 3: Repuestas y explicaciones

Tema curricular: Las identidades personales y públicas

TRACK 3 *Script for Audio Text*

Gracias a la literatura española, todo el mundo occidental goza de algunos de los grandes personajes literarios. Al mencionar nombres tales como Don Juan, Don Quijote y El Cid, casi todo el mundo reconoce los arquetipos literarios que estos personajes representan.

(#1) *Don Juan* **fue originalmente una historia de las crónicas de Sevilla.** Tirso de Molina captó esta historia en su obra *El burlador de Sevilla* sobre un hombre que hizo una apuesta con un amigo para ver cuál de los dos podría burlarse de más muchachas en el espacio de un año. Esta historia ha pasado al mundo de la ópera en *Don Giovanni*, y ha sido interpretada por Molière, Pushkin, Mérimée, Dumas, Mozart y Strauss. Además, se han hecho muchas películas sobre el personaje de Don Juan. Tan conocido es que su nombre aun se ha convertido en un adjetivo, (#2) **«donjuanesco», para describir a una persona que maltrata a las mujeres con el pretexto de amarlas sin tener otra intención más honorable, y un sustantivo, «el donjuanismo»,** para describir este fenómeno.

Otro arquetipo literario de la literatura española es el Ingenioso (#3) **Don Quijote de la Mancha, el gran soñador, idealista y romántico.** Este personaje, creado por Miguel de Cervantes Saavedra, ha captado la imaginación de lectores por más de cuatro siglos con sus luchas contra molinos de viento y su campaña para mejorar el mundo. En los años sesenta, Hollywood lo llevó a la pantalla con Sofia Loren en el papel de su amada Dulcinea y (#5) **Peter O'Toole en el papel de Don Quijote.** Hay una adaptación para Broadway que todavía se representa en teatros por todo el mundo. También el nombre de este personaje ha pasado a ser parte del vocabulario de algunos idiomas como el adjetivo «quijotesco», en inglés *quixotic*, para describir algo raro o demasiado idealista.

(#4) **El Cid, personaje real y fantástico,** de la Edad Media, es otro personaje bien reconocido de la tradición literaria española. Este hombre, que existió en realidad, representa la fidelidad, lealtad y honra de un caballero, traicionado y calumniado por personas envidiosas, que luchó para restaurar su honra y la de su familia. Este poema épico fue contado por Hollywood también en los sesenta con Charlton Heston en el papel de El Cid.

España siempre ha tenido una gran tradición literaria desde los tiempos de los romanos, y sigue manteniendo esta tradición hasta nuestros días. Entonces se puede decir que (#6) **su producción literaria es una de las más fecundas del mundo literario y ha contribuido a la cultura mundial.**

Questions and Answers

1. La historia de Don Juan originalmente fue una historia de...
   (C) las crónicas de Sevilla.

2. El «donjuanismo» es...
   (A) cuando un hombre maltrata a varias mujeres siempre diciéndoles que las quiere por motivos no muy nobles.

3. Es el símbolo de soñadores, idealistas y románticos.
   (B) Don Quijote

4. El personaje literario que existió en realidad fue...
   (C) El Cid.

5. El actor de cine que llevó al personaje de Don Quijote a la pantalla fue...
   (D) Peter O'Toole.

6. De lo que escuchaste en esta conferencia, se puede decir...
   (A) que los autores españoles han contribuido a la literatura mundial.

Section II: Free Response

Presentational Writing: Persuasive Essay

Tema curricular: La vida contemporánea

Fuente número 3

TRACK 4

Script for Audio Text

Entrevistadora: Buenas tardes radioyentes. Les hablo María Ruiz desde la capital española. La pregunta de hoy es sobre la llamada fiesta nacional, la corrida de toros. Perdone Sr., ¿le puedo hacer una pregunta?

Hombre 1: Sí señora, ¿qué le gustaría saber?

Entrevistadora: ¿Es que usted ha asistido a una corrida de toros recientemente?

Hombre 1: A ver… no muy recientemente. Hace como veinte años.

Entrevistadora: ¿Y qué opina de la corrida en general?

Hombre 1: Pues, yo sé que es una tradición cultural de España, pero a mí no me gusta tanto.

Entrevistadora: ¿Por qué?

Hombre 1: Para mí es muy violento. La última vez que fui fue con un amigo mío norteamericano que quería verla. Yo hubiera preferido asistir al partido de Real Madrid en contra de Barcelona.

Entrevistadora: Ha habido mucha discusión en las últimas décadas sobre eliminar la corrida por ser cruel, ¿qué opina usted?

Hombre 1: Para mí, creo que puede ser el momento de hacerlo. De verdad se ha convertido en un espectáculo en su mayor parte para turistas. Ha perdido su importancia cultural para el español moderno.

Entrevistadora: Muchas gracias señor.

Entrevistadora: Perdone, ¿le importa si le hago unas preguntas? ¿Qué opina de la corrida de toros?

Hombre 2: Pues, hombre, a mí me gusta. Siempre y cuando pueda, yo vengo a la ciudad para asistir a una. Como vivo en el campo no puedo asistir con frecuencia pero sí me gusta venir cuando tenga el tiempo y el dinero para la entrada.

Entrevistadora: ¿Y por qué le gusta tanto?

Hombre 2: Bueno…es que de verdad es un deporte y un arte. El hombre contra el animal luchando hasta la muerte. Cada persona, picador, banderillero y matador necesita grandes destrezas y mucha precisión.

Entrevistadora: Entonces, ¿qué piensa del voto que se realizó en Cataluña?

Hombre 2: ¡Es una estupidez! ¿Cómo es que ellos pueden votar en contra de sus raíces culturales? No tiene sentido. Ni tiene sentido que otros países quisieran obligarnos a dejar la corrida. Ningún otro país tiene el derecho de imponer sus creencias en otro.

Entrevistadora: Muchas gracias por compartir sus opiniones con nosotros hoy. Éste ha sido «La Pregunta del Día» de Radio Nacional. Yo soy Juan Ruiz.

Interpersonal Speaking: Conversation

Tema curricular: La vida contemporánea

TRACK 5

Script for Audio Text

Narrador: Ahora tienes un minuto para leer el bosquejo de la conversación. Ahora empezará la llamada.

Juana: [*Telephone rings twice and is answered.*] ¿Aló?

TONE (20 seconds) TONE

Juana: ¡Gracias por llamarme! Quería hablarte sobre la fiesta en casa de María el sábado. ¿Qué piensas llevar?

TONE (20 seconds) TONE

Juana: Sí, me parece muy bien. Yo pienso llevar un vestido verde claro que compré ayer. ¿Crees que sea demasiado formal?

TONE (20 seconds) TONE

Juana: Bueno, gracias. Mira, ¿cómo irás a la fiesta y con quién?

TONE (20 seconds) TONE

Juana: Muchas gracias, pero vengo con Juan Pablo. ¿Qué te parece?

TONE (20 seconds) TONE

Juana: Bueno, te veo en la fiesta el sábado. Creo que será muy divertido.

TONE (20 seconds) TONE

Scoring and Interpreting Your Results

Once you have taken the Diagnostic Test, look to see what sections were more difficult for you.

If you found a certain section to be more difficult, do extra practice on those types of questions:

Section I: Multiple Choice
- Part A (Interpretive Communication: Print Texts)—Chapter 5
- Part B (Interpretive Communication: Audio Texts and Print and Audio Texts Combined)—Chapter 6

Section II: Free Response
- Interpersonal Writing: E-mail Reply—Chapter 7
- Presentational Writing: Persuasive Essay—Chapter 8
- Interpersonal Speaking: Conversation—Chapter 9
- Presentational Speaking: Cultural Comparison—Chapter 10

Here is a way you can see how you might have done if this had been the actual examination. This is *not* scientific and the results *do not* guarantee that you will do similarly on the actual examination.

Section I: Multiple Choice

Part A: Interpretive Communication:
Print Texts

Part B: Interpretive Communication:
Audio Texts and Print and
Audio Texts Combined

_____ (number correct) × 0.64085
(71 possible)

Section I Score

_____

Section II: Free Response

(In computing Section II **do not** round.)

Interpersonal Writing: E-mail Reply   _____ (0 to 5 on the rubric) × 2.275

Presentational Writing: Persuasive Essay   _____ (0 to 5 on the rubric) × 2.275

Interpersonal Speaking: Conversation   _____ (0 to 5 on the rubric) × 2.275

Presentational Speaking: Cultural Comparison   _____ (0 to 5 on the rubric) × 2.275

Section II Score

_____

Total for Sections I and II (round
to the nearest whole number)

_____

Score		Rubric Score		Letter Grade
71–91	=	5	=	A
60–70	=	4	=	B
52–59	=	3	=	C
43–51	=	2	=	D
0–42	=	1	=	no recommendation

STEP 3

Develop Strategies
for Success

CHAPTER **4** Tips for Taking the Exam

CHAPTER 4

Tips for Taking the Exam

IN THIS CHAPTER

Summary: Use these question-answering strategies to raise your AP score.

Key Ideas

Multiple-Choice Questions

✪ Read the question and the answer choices carefully.

✪ Try your best to answer each and every question by eliminating one or more of the choices that cannot be correct.

✪ Don't spend too much time on any one question.

✪ There is no penalty for guessing, so even if time is running out and you have to guess wildly, you should not leave any answers blank.

Free-Response Questions

✪ Write clearly and legibly.

✪ Only capitalize the first letter of a word that starts a sentence. DO NOT write or print in all capital letters.

✪ For the interpersonal and presentational writings, sketching out a quick outline may help to organize your ideas and keep your response on track.

✪ In the interpersonal and presentational writings, be sure to accomplish *all* parts of the task.

✪ In the presentational writing, be sure to *use and cite all three sources.* Do not just quote but synthesize the information. Be sure to give your opinion using the sources.

✪ In the interpersonal speaking, be sure to answer as fully as possible, even if you run out of time. Explain why you think that way.

✪ In the presentational speaking be sure to use the full 2 minutes.

Section I: Multiple-Choice Questions

Because you are accustomed to the educational testing machine, you have surely participated in more standardized tests than you care to count. You probably know some students who always seem to ace the multiple-choice questions and some students who would rather set themselves on fire than sit for another round of "bubble trouble." I hope that, with a little background and a few tips, you might improve your scores in this important component of the AP Spanish Language and Culture exam.

First, the background. Every multiple-choice question has three important parts:

1. The **stem** is the basis for the actual question. Sometimes this comes in the form of a fill-in-the-blank statement, rather than a question.

    Example: El mejor título para esta lectura sería…

2. The **correct answer option**. Obviously, this is the one selection that best completes the statement, or responds to the question in the stem. Because you have purchased this book, you will select this option many, many times.

    Example: ¿Cuál sería el motivo de su decisión de abandonar su país?

3. **Distractor options**. Just as it sounds, these are the incorrect answers intended to distract the person who decided not to purchase this book. These may actually use words from the text to try to trick you.

Students who do well on multiple-choice exams are so well prepared that they can easily find the correct answer, but other students do well because they are savvy enough to identify and avoid the distractors. Much research has been done on how to best study for multiple-choice questions. You can find some of this research by using your favorite Internet search engine, but here are a few tips that many Spanish students find useful.

1. *Be careful.* You must carefully read the question. This sounds pretty obvious, but you would be surprised how tricky those test developers can be. For example, rushing past and failing to see the use of a synonym for a key word used in the passage or an expression that is replaced with a description of the concept (*el sol se ponía y el cielo adquirió un color azul oscuro = el atardecer*).

    Example: In a passage "el amanecer" is used, but in the answer choices the
        synonym "la madrugada" is used:

    1. ¿Cuándo transcurrió la acción?
    (A) al atardecer
    (B) al anochecer
    (C) en la madrugada
    (D) al mediodía

    A student who is going too fast, and ignores synonyms and descriptive passages, might choose the wrong answer.

2. *Easy is as easy does.* It's exam day and you're all geared up to set this very difficult test on its ear. Question number one looks like a no-brainer. Of course! The answer is choice c. But rather than smiling at the satisfaction that you knew the answer, you doubt yourself. Could it be that easy? Sometimes they are just that easy.

3. *Sometimes a blind squirrel finds an acorn.* Should you guess? Guessing becomes a much better gamble if you can eliminate even one obviously incorrect response. If you can

narrow the choices down to two possibilities by eliminating obvious wrong answers, you might just find that acorn. In fact, since there is no penalty for guessing, you should not leave any answers blank, even if time is running out and you have to guess wildly. After all, you have a 25-percent chance of getting even a wild guess right.

4. *Come back Lassie, come back!* There are 65 questions. If you are struggling with a particular question, circle it in your exam book and move on. You can then go back and quickly slay the beast. But if you spend a ridiculous amount of time on one question, you will feel your confidence and your time slipping away. This leads me to my last tip.

5. *Timing is everything.* You have slightly over one minute for each of the multiple-choice questions. Keep an eye on your watch as you pass the halfway point. If you are running out of time and you have a few questions left, skim them for the easy (and quick) ones so that the rest of your scarce time can be devoted to those that need a little extra reading or thought.

Other things to keep in mind:

- Take the extra half of a second required to clearly fill in the bubbles.
- Don't smudge anything with sloppy erasures. If your eraser is smudgy, ask the proctor for another.
- Absolutely, positively, check that you are bubbling the same line on the answer sheet as the question you are answering. I suggest that every time you turn the page, you double check that you are still lined up correctly.

Section II: Free-Response Questions (FRQs)

Your score on the FRQs amounts to half of your grade on the exam. While you can guess on a multiple-choice question and have a 25-percent chance of getting the correct answer, there is no room for guessing in this section. There are, however, some tips that you can use to enhance your FRQ scores.

1. *Easy to Read = Easy to Grade:* On the interpersonal and presentational writings, organize your responses around the separate parts of the question. Try to use an organizer to structure the information. Be sure to use and *cite* all sources. For the interpersonal writing be sure to address all parts of the prompt and to format the response correctly (i.e., salutations and closing appropriate to use for the person you are addressing).

Other things to keep in mind:

- The free-response interpersonal writing gives you only 15 minutes to read the prompt and write the response. Be sure to address all parts of the prompt. Also, watch to whom it is being addressed to determine whether or not you should use the informal (*tú / ustedes / vosotros*) or the formal (*usted / ustedes*).
- The free-response presentational writing begins with a 10-minute reading/listening period. Use this time to jot down some quick notes to yourself so that when you actually begin to respond, you will have a good start. Be sure to cite all sources in your response.
- The free-response presentational speaking begins with 4 minutes to read the introduction and the question and to prepare your 2-minute talk. Use this time to jot down some quick notes to yourself so that when you actually begin to respond, you will have a good start.

STEP 4

Review the Knowledge You Need to Score High

CHAPTER 5

Exam Section I, Part A

Interpretive Communication: Print Texts

IN THIS CHAPTER

Summary: In this part of the examination, you will need to read printed passages and answer multiple-choice questions testing your understanding of the passages. Passages may be fiction or nonfiction. They may be from literary works (either poetry or prose) or from everyday sources like newspapers or advertisements, and the printed passages may include items like maps, tables, or graphs. Section I, Part A (**Interpretive Communication: Print Texts**) is 40 minutes in length and constitutes about one-fourth of your total test score. In this chapter, you'll find guidance on how to approach this part of the test, opportunities for practice using test-like reading passages followed by multiple-choice questions, and explanations of the correct answers to the multiple-choice questions.

Strategy for Interpretive Communication: Print Texts

You will be given either a single passage or a pair of passages to read. After reading each passage or pair of passages, you'll need to answer multiple-choice questions, which are based on your interpretation of the content of the passage(s). Below are suggestions on how to approach this part of the test in order to score your best:

- Read the introduction and/or skim the passage(s) to see what topic is being discussed (context).
- After reading the introduction to get an idea of the context of the passage(s), look at the questions to determine the type of information you need to look for in the passage.
- You can underline or mark in your test booklet. As you read each passage, mark where you think the answers are found.
- If there are two reading passages, try to determine in what ways they are similar and in what ways they are different (compare and contrast: look for points of agreement and for differences).
- If there are words that you do not understand, try to make an educated guess at their meaning by looking at . . .
  ○ Cognates
  ○ The context of the passage, paragraph, or sentences before and after the word
  ○ Roots (smaller words inside larger ones)
  ○ Sounds (sometimes if you say a word softly to yourself you will hear and recognize it).
- You may want to answer the questions in this chapter on scrap paper rather than marking in the book, so you can go back and work through the practice questions to check your comprehension at a later date.
- Before time is called you may go back and look again at any question about which you were unsure. Mark questions you want to come back to if you have time.
- As with any multiple-choice test, if you do not know the answer immediately, try to eliminate one or two of the possible responses and then make a guess.
- There is no penalty for guessing, so even if time is running out and you have to guess wildly, you should not leave any answers blank. After all, you have a 25 percent chance of getting even a wild guess right!

Practice for Interpretive Communication: Print Texts

In this chapter, there are 10 reading selections followed by multiple-choice questions. Just like on the actual test, some selections contain only one reading passage while others contain two different passages. The reading passages and multiple-choice questions are similar to what you will find on the actual test; use these to practice your reading comprehension skills. On the actual test, you will mark your responses on an answer sheet you have been given. For the questions in this book, you may circle the letter of the correct answer or write the answer on another piece of paper.

Instructions: You are going to read one or more selections. Each selection will be followed by questions. Choose the answer that best answers the question according to the information you have read.

Instrucciones: Vas a leer una selección o más de una. Cada selección va seguida por unas preguntas. Escoge la respuesta que mejor responde a la pregunta según la información que has leído.

Selección Número 1

Tema curricular: Los desafíos mundiales

Fuente número 1

Introducción: Este texto trata del problema con el que el mundo actual enfrenta: cómo asegurar que tengamos la energía que necesitamos ahora y en el futuro.

La energía: ¿De dónde sacarla y cómo asegurarla?

Planteamiento del problema: El reto más grande para la humanidad en el siglo XXI es la cuestión de la energía y de dónde sacarla. Los países ya industrializados tales como los EE.UU., Alemania, Inglaterra y el Japón ya tienen que luchar por el petróleo, un recurso limitado, con países en vías de desarrollo industrial como la China y la India. Mientras la demanda sigue en aumenta, los depósitos de petróleo continúan a disminuir o a encontrarse en lugares donde sacarlos es cada vez más difícil y peligroso para el hombre y el medio ambiente. [1] [5] [10]

Consecuencias: Por ser limitado con una demanda creciente de los países desarrollados y una demanda creciente de países en vías de desarrollo, el precio del petróleo sigue aumentando y a la vez es inestable. Junto con el problema de conseguir el petróleo, algunos dicen que el aumento en el uso de combustibles fósiles contribuye al calentamiento global, la contaminación del aire, de la tierra y del agua. Algunas ciudades en la China y la India sufren ahora de los mismos problemas de los que sufrieron ciudades europeas y americanas durante la revolución industrial y la primera mitad del siglo XX con alertas por el smog y derrames de químicos en ríos y lagos. [15] [20] [25] [30]

¿Hay remedio?: Ahora muchos científicos, ingenieros, inventores y otros buscan fuentes de energía que son seguras, limpias y abundantes. Ellos estudian y experimentan con la energía solar, la energía del viento, la energía nuclear, la energía termoeléctrica y con biocombustibles que emplean maíz, cáñamo, hierbas y aceite de cocina reciclado. Mientras ha habido éxitos hay cuestiones en cuanto a la fiabilidad de estas energías. Por eso hay una resistencia por parte de los consumidores de adoptar nuevas formas de energía y, en algunos casos, las compañías que producen formas de energía tradicionales, como el petróleo y el carbón, trabajan para impedir el desarrollo y el uso de éstas para proteger lo suyo. [35] [40] [45] [50]

Conclusiones: Dado el hecho de que hay y habrá más competencia por formas de energía antiguas, que son limitadas, junto con la creciente preocupación por el calentamiento global y la contaminación, no tendremos más remedio que encontrar otras formas de energía renovables, abundantes y limpias. Ya se puede ver adelantos en Europa, los EE.UU., y el Canadá en la producción de formas alternativas de energía. [55] [60]

Fuente número 2

Introducción: Este texto trata de un evento patrocinado cada año en Europa por la Unión Europea con motivo de promover la energía sostenible.

EUSEW Organiza un Día de la Energía[1]

Cada año cientos de organizaciones e individuos en más de 30 países participan en La Semana de Energía Sostenible de la Unión Europea (EUSEW) por patrocinar eventos y [65] actividades para el Día de la Energía que promueven la energía eficiente y fuentes renovables de la energía. Este año habrá diez días [70]

---

[1]http://eusew.eu/.

cuando se celebrarán varios proyectos en España.

¿Le importa el uso eficiente de la energía y la energía renovable? 75
Si el uso eficaz de la energía y la energía renovable le importa, quizá sea un organizador para un Día de la Energía. Organizadores de años previos han incluido 80

- Una autoridad local o regional;
- Una compañía, empresa, cámara de comercio;
- Una asociación de 85
  consumidores, un grupo de ciudadanos, una universidad, un centro de investigaciones o un think tank.

5 buenas razones por involucrarse 90
1. Elevar el perfil y el imagen de su organización, pueblo, ciudad o región
2. Ser parte de un movimiento europeo
3. Difundir sus tecnologías y 95
   prácticas para la energía sostenible
4. Atraer la atención de medios de comunicación y conseguir los titulares en los periódicos 100
   locales

5. Obtener apoyo y más atención del Secretaría del EUSEW para su evento

Sea parte de este evento por tener un 105
evento, proyecto o actividad con el tema de la energía sostenible en Bruselas o en su propio país entre **el 18 y el 22 de junio.**
Para hacerte un anfitrión oficial, sólo 110
hace falta registrar tu Día de Energía en http://eusew.eu/. Este año anticipamos la participación de más de 500 anfitriones de más de 30 países. No esperes. Crea una cuenta 115
en EUSEW, y hoy registrar su actividad para el Día de la Energía.

O encuentra un Día de la Energía cercano.
Un Día de la Energía se define 120
como un evento, una actividad, un proyecto, una exhibición o muestra sin fines lucrativos que promueve el uso eficiente de la energía o la energía renovable. Es necesario 125
que tenga lugar entre el 18 y el 22 de junio de este año (los fines de semana antes y después de estas fechas son aceptables también).
Ve a http://eusew.eu/ para 130
averiguar donde tendrán lugar eventos este año.

1. El problema más candente que los países industrializados y los en vía de desarrollo encuentran ahora es…
   (A) la falta de energía.
   (B) el suministro de energía.
   (C) la competencia entre países desarrollados y los en vía de desarrollo.
   (D) la lucha por el control del petróleo.

2. Otro problema con fuentes tradicionales de combustibles es que para extraerlos…
   (A) puede costar mucho.
   (B) puede ser peligroso.
   (C) puede dañar centros de población.
   (D) puede dañar el planeta.

3. El uso del carbón, petróleo, madera y turba…
   (A) hace que la Tierra se caliente.
   (B) no produce energía suficiente.
   (C) favorece a la China y la India.
   (D) es costoso.

4. Ahora muchos investigan como producir energía que sea…
   (A) poco segura, sin límite e incontaminada.
   (B) durable, escasa e incontaminada.
   (C) constante, en gran cantidad e incontaminada.
   (D) fiable, insuficiente y nociva.

5. La búsqueda de formas alternativas de energía se dificulta por…
   (A) la falta de dinero para llevar a cabo las investigaciones.
   (B) la falta de interés por parte del público.
   (C) empresas que no quieren compartir sus descubrimientos.
   (D) empresas que quieren proteger sus ganancias.

6. En Europa, los EE.UU. y el Canadá hay … en la producción de energía alternativa.
   (A) progresos
   (B) impedimentos
   (C) falta de interés
   (D) falta de motivaciones

7. Según este anuncio, para ser organizador de un Día de la Energía, hay que…
   (A) ser una compañía.
   (B) ser un grupo de ciudadanos.
   (C) ser alguien a quien le importa la energía.
   (D) ser un órgano gubernamental.

8. La razón más importante, según el anuncio, para participar sería por…
   (A) apoyar un movimiento europeo.
   (B) compartir tecnologías y prácticas para la energía sostenible.
   (C) recibir atención y publicidad para su organización.
   (D) promover la energía eficiente y renovable.

9. Para ser parte oficial de un Día de Energía sólo hay que inscribir tu día…
   (A) en el sitio Web de La Semana de Energía Sostenible de la Unión Europea.
   (B) en el sitio Web de tu gobierno local.
   (C) en el sitio Web de tu gobierno regional.
   (D) en el sitio Web del gobierno de la Unión Europea.

10. Un Día de Energía tiene el propósito de…
   (A) aumentar fondos para tu comunidad.
   (B) adelantar el uso eficaz y renovable de la energía.
   (C) adelantar los usos tradicionales de la energía.
   (D) aumentar fondos para organizaciones no lucrativos.

Selección Número 2

Tema curricular: La vida contemporánea

Fuente número 1

Introducción: Este texto trata de la influencia que la comida peruana tiene en la cocina mundial.

Revolución de los gustos en el Perú[2]

Gastón Acurio se fue a Europa a estudiar derecho. Años más tarde, retornó al Perú con el título de chef graduado del Cordón Bleu de París, aunque él prefiere que lo llamen cocinero y punto. Fue así que en un «raro y fugaz arranque de valentía» como él mismo ha dicho en más de una ocasión, decidió orientar su vida hacia su verdadera pasión: la cocina. Su padre, un respetado político que fue senador y ministro durante los dos gobiernos de Fernando Belaúnde Terry, y que esperaba que su hijo siguiera sus pasos en la política, no tuvo más remedio que apoyarlo frente a semejante giro en su vida: de las cortes y el litigio, a los cucharones y el fogón.

Gastón Acurio es probablemente el miembro más exitoso de la Nueva Cocina Peruana, un título arbitrario —podrían objetar algunos— para un fenómeno culinario que existe y genera mucha expectativa: la revolución iniciada por una generación de cocineros formados en prestigiosas escuelas europeas, que hoy, despercudidos de tanto afrancesamiento, emplean sus técnicas para revalorizar la riqueza de la milenaria gastronomía peruana.

[2]«Revolución de los gustos en el Perú», la revista *Américas*, páginas 45–49 [fragmento], junio 2006. Reprinted from *Américas*, a bimonthly magazine printed in separate English and Spanish editions; published by Prie General Secretariat of the Organization of American States (www.oas.org). Used with permission.

En la actualidad, la comida
peruana está considerada como   35
una de las doce mejores del planeta,
según los entendidos, debido al
exquisito resultado del sincretismo
de sabores procedentes de diversos
puntos del globo. En esta fusión de   40
sabores, primó sobremanera el
encuentro de dos mundos con
absoluto desenfado y sin rencores:
el andino y europeo.

«Fue en el terreno   45
gastronómico en el cual los nativos e
invasores se entendieron mejor; de
seguro porque el aspecto más
permeable en cualquier cultura es
el más cercano al placer, la   50
necesidad y el hambre», sugiere
Rodolfo Hinostroza, poeta y experto
en asuntos culinarios.

Este «mestizaje» dio inicio
a una suculenta creación de comidas   55
durante el virreinato, sobre las cuales
se forjó la cocina peruana tal como
la conocemos en la actualidad. Pero
la fusión no acabó ahí, por suerte.
Las migraciones de africanos, chinos,   60
árabes, japoneses y europeos
(especialmente del sur de España
y la costa de Liguria en Italia) sólo
contribuyeron a enriquecer e innovar
el uso de productos e ingredientes   65
en una de las regiones con
mayor biodiversidad del planeta.

Acurio refuerza este concepto:
«La gran virtud de la cocina peruana
es que somos una fusión de sabores.   70
Siempre hemos dado la bienvenida a
todo lo rico que hay, ya sea chino,
francés, español, italiano o japonés.
Pero más aún, el Perú es un país
despensa. Uno consigue todo el año   75
ochenta tipos de vegetales y sesenta
tipos de frutas. Además, un centenar
de microclimas en el país aseguran
que nunca faltará ninguna variedad
de nada. En España sólo se pueden   80
comer espárragos seis meses al año,
y en Chile la albahaca sólo se

consigue durante tres. Los cocineros
de climas mediterráneos están
obligados a reinventar las cartas de   85
los restaurantes en cada cambio de
estación. Pero aquí en Lima sólo lo
hacemos por el pánico a pasar de moda
en un mercado miniatura, despiadado,
conocedor y tragón.»   90

En la actualidad, la comida
peruana genera un inusitado interés
en todo el mundo, en donde cada vez
es más común encontrar un buen
restaurante que ofrezca comida   95
peruana, ya sea en Nueva York,
Madrid, São Paulo, Montreal o
Seattle. A su vez, Lima es una
activa y bulliciosa plaza donde
se han abierto en los últimos años   100
catorce escuelas de cocina incluyendo un
proyecto con Le Cordon Bleu. La apertura
de nuevos restaurantes en Lima y otras ciudades
del país —que pese a crear preocupación entre
otros propietarios por sentir que no se 105
genera un incremento de comensales,
sino más bien una sobre oferta— pareciera
ser una señal de que a todos les va
muy bien. A esta «revolución», se
suma una «evolución» constante y   110
contundente de la comida peruana sin
perder su esencia. Por citar un caso: el
cebiche. Bajo el mismo nombre, se
consumen versiones distintas desde
el Perú hasta México. Sin embargo,   115
el origen de un plato tan sencillo y
exquisito fue en las costas soleadas
del Perú. La razón se remonta al
poder y la influencia que se
expandió desde Lima al resto de   120
Sudamérica, por más de cuatro
siglos durante el virreinato. Las recetas
gastronómicas no fueron una
excepción. Así, un cebiche fue
tomando cuerpo y sabor según la   125
región que abrazaba el nuevo potaje;
de ahí las variedades. Y sigue siendo
el caso que la Nueva Cocina Peruana
continúa incluyendo elementos
extranjeros y sigue evolucionando según las 130
áreas adonde se ha extendido.

Fuente número 2

Introducción: Este gráfico muestra el intercambio de alimentos que ocurrió gracias al encuentro entre Europa y el Nuevo Mundo.

1492, un encuentro culinario

chile
cacao
maíz
cacahuete
papa
calabaza
tomate
vainilla
batata
judías comunes

manzanas
brócoli
coliflor
col
café
té
ajo
lechuga
aceitunas
cebolla
arroz
trigo

A pesar de las tragedias que el encuentro produjo en las Américas, hubo un encuentro de ingredientes que ha enriquecido ambas, la cocina del Nuevo Mundo y la del Viejo produciendo un mestizaje de sabores. 135

1. Gastón Acurio se fue a Europa originalmente para estudiar para…
   (A) político.
   (B) abogado.
   (C) juez.
   (D) cocinero.

2. Gastón le pone mucha importancia de haber graduado del Cordon Bleu.
   (A) Sí, tiene mucho orgullo de haber graduado del Cordon Bleu.
   (B) No, no le importa tanto el título.
   (C) No, porque nunca lo hizo.
   (D) Sí, porque es bueno para el negocio.

3. La Nueva Cocina Peruana viene…
   (A) de Francia donde las escuelas prestigiosas tomaron la comida peruana y la renovaron con sus técnicas.
   (B) de las nuevas escuelas culinarias que se han establecido en el Perú.
   (C) del descubrimiento de textos del tiempo de la conquista.
   (D) de un grupo de cocineros que estudiaron en el extranjero y aplicaron lo aprendido a la cocina peruana.

4. La comida peruana tiene mucha popularidad…
   (A) sólo en el Perú.
   (B) sólo en las Américas.
   (C) en todo el mundo.
   (D) en Francia.

5. Cuando dice en las líneas 40–44: «En esta fusión de sabores, primó sobremanera el encuentro de dos mundos con absoluto desenfado y sin rencores: el andino y el europeo.» quiere decir…
   (A) la combinación de sabores de distintas partes del mundo ha ocurrido naturalmente y sin dificultades.
   (B) ha habido dificultades de superar en combinar los sabores.
   (C) la fusión de sabores no ha tenido éxito siempre.
   (D) por muchos años lo indígena y lo europeo no se mezclaron.

6. Según el poeta Rodolfo Hinostroza,…
   (A) la comida separó a los invasores de los indígenas.
   (B) el hambre provocó conflictos entre los invasores y los indígenas.
   (C) la comida unió a los indígenas y a los invasores.
   (D) los indígenas sufrieron del hambre por los invasores.

7. La palabra «mestizaje» en la línea 54 quiere decir…
   (A) la combinación de cosas de una manera para crear algo nuevo.
   (B) la dominación de los productos venidos de otras partes.
   (C) el empobrecimiento de la cocina nacional.
   (D) el control ejercido sobre las colonias en el tiempo del virreinato.

8. El Perú, a diferencia de otros países del mundo,…
   (A) ha tenido gran éxito en la combinación de comidas de otras partes del mundo.
   (B) sólo puede producir ciertos productos durante ciertas estaciones del año.
   (C) tiene que revisar sus cartas con cada estación por la falta de ciertos productos.
   (D) puede proveer una variedad de productos a lo largo del año gracias a sus muchas zonas climáticas.

9. Una muestra de la popularidad de la comida peruana es que…
   (A) se puede encontrar restaurantes que ofrecen comida peruana en todo el mundo.
   (B) se han abierto escuelas de cocina peruana en la Ciudad de Nueva York, Madrid, São Paulo, Montreal y Seattle.
   (C) el Cordon Bleu ha establecido escuelas de cocina peruana en Nueva York, Madrid, São Paulo, Montreal y Seattle.
   (D) muchos viajan a Lima para probar este fenómeno gastronómico.

10. Según este artículo, la comida peruana…
    (A) ha perdido su carácter especial.
    (B) ha pasado por cambios sin perder su identidad.
    (C) no se ha cambiado desde los tiempos de la colonia.
    (D) el cebiche es igual no importa si se come en el Perú o en México.

11. Se puede decir que el encuentro de 1492…
    (A) empeoró la dieta del Nuevo y del Viejo Mundos.
    (B) no cambió la dieta del Viejo Mundo.
    (C) no cambió la dieta del Nuevo Mundo.
    (D) mejoró la dieta del Nuevo y del Viejo Mundos.

12. Del artículo y del gráfico podemos ver como…
    (A) la cocina de un país puede superar la de otro.
    (B) la cocina de unos pueden influir en la de otros.
    (C) la cocina de un país puede sobrevivir la invasión de otro.
    (D) la cocina de un país no siempre tiene éxito en otro.

Selección número 3

Tema curricular: La ciencia y la tecnología

Fuente número 1

Introducción: Este texto trata de una manera verde de construcción que puede ayudar a conservar nuestros recursos naturales.

Audaz artífice de bambú colombiano[3]

No importa adónde lo lleve su
trabajo, ya sea la Florida, el Brasil,
México o Indonesia, hay algo que el
arquitecto colombiano Simón Vélez
siempre trae de regreso en su   5
maleta: plantas. Pequeñas plantas
de bambú. Y según dice, nunca
tiene problemas con la aduana
porque, después de todo, son
para fines científicos, y una vez   10
en suelo colombiano las planta y
las estudia. Pero, dice, «sin ser
nacionalista, no he encontrado
una especie más fuerte, derecha
y fácil de cosechar que la *Guadua*   15
angustifolia», que crece en su
propio país.

Durante los últimos veinte
años, Vélez ha diseñado y
construido casas, hoteles, centros   20
de convenciones, puentes y
prácticamente todo lo que puede
con la planta que domina
«prodigio de la naturaleza».

Asegura que es más fuerte   25
que el hierro, más flexible —es
decir, que soporta mejor el tipo de
presión que enfrentan los edificios
durante los terremotos—, y crece más
rápido que cualquier otra planta, lo   30
que la convierte en un recurso
renovable ideal; pero durante gran
parte de la historia humana moderna,
el bambú ha sido ignorado como
material de construcción, excepto   35
por los pobres. Esto es, hasta que
intervino Vélez.

Durante las últimas dos
décadas, sus heterodoxos diseños,
técnicas y materiales han ganado   40
adeptos desde la Florida hasta el
Brasil y en una media docena de
países, algunos tan alejados como
China, y han dejado sus huellas en
Alemania y Francia. Su trabajo es   45
el tema central del libro *Grow Your
Own House: Simón Vélez and
Bamboo Architecture*, y se describe
en varios otros.

Para lograr lo que Mehta   50
llama «la calidad orgánica… en
la manera que los materiales
naturales se relacionan con uno»,
Vélez ha tenido que convencer a
prosaicos burócratas de todo el   55
mundo de que él puede construir
con bambú en lugar de los materiales
más ampliamente aceptados, como
el ladrillo y la argamasa. En una
oportunidad, tuvo que construir en   60
Colombia una versión de un pabellón
antes de que los ingenieros de
Alemania lo aceptaran en la Expo
2000.

A lo largo de su trayectoria,   65
quizá tan importante como sus
casas, puentes, techos y torres, se
encuentran las legiones de conversos
a la causa del bambú que ha dejado
a su paso en todo el mundo, y en   70
muchos casos, incluso en lugares
donde no ha estado, mediante
referencias o libros que presentan
sus fuertes pero graciosas, y firmes
pero flexibles edificaciones.   75

---

[3]«Audaz artífice de bambú colombiano», la revista *Américas*, adoptado de las páginas 13–20, febrero 2006. Used with permission.

La arquitecta Gale Beth Goldberg dice que recientemente el grupo de arquitectos y otros profesionales influidos por Vélez que están trabajando o apoyando 80 el uso del bambú han hecho una diferencia: un grupo de arquitectos logró que los revisores del Código Internacional de la Construcción aprobaran una especie de bambú 85 para usar como material de construcción después de realizar pruebas en el estado de Washington. Sin embargo, la especie *Bambusa stenostachya* es sólo una de lo que 90 deben ser miles en todo el mundo.

«Pero sienta el precedente», dice Goldberg refiriéndose a la aprobación.

Al mismo tiempo, dice, en 95 países desarrollados como los Estados Unidos, los departamentos de construcción locales no están preparados para aceptar el bambú como material, y las madererías 100 locales todavía no lo venden.

En cualquier caso, el mismo Vélez dice que el tipo de innovación que ha marcado su carrera es prácticamente imposible en el 105 mundo desarrollado por otro motivo: los abogados.

«En los países del primer mundo, nadie experimenta con materiales nuevos porque tienen 110 miedo de que los demanden», dice.

Inesperadamente, el veterano arquitecto terminó la conversación de larga distancia diciendo: «de todas maneras, no estoy tratando de 115 convencer a nadie de que use el bambú. No quiero que me encasillen, como Sean Connery con James Bond. Además, ni siquiera sé cómo vender mi propio trabajo, y mucho 120 menos el bambú».

En lo que respecta al futuro, dice: «no tengo objetivos claros». Y luego, repitiendo un dicho típico de la región de donde proviene, 125 rica en expresiones heredadas de España, dice: «de todas maneras, nunca se sabe para qué lado va a saltar el conejo».

Fuente número 2

Introducción: El bambú es una planta que se puede usar para muchas aplicaciones.

Las muchas aplicaciones del bambú[4]

El bambú, planta milagrosa, se presta 130 a muchos usos. Se puede usar para comer, vestirse, construir y fabricar cosas de uso cotidiano. Además es una materia verde que es fácil de cultivar, crece muy rápidamente y no requiere 135 ni mucho agua ni pesticidas.

Aquí hay una lista parcial de productos que se pueden hacer del bambú: cestas, jaulas, persianas, barcos, puentes, cuadros para bicicletas, canoas, baldes, 140 cepillos, ropa, utensilios para la cocina, carretas, pañales, abanicos, cercas, leña, cañas de pescar, muebles, útiles para el jardín, sombreros, instrumentos musicales, papel, plumas, tubería, paraguas, juguetes, 145 bastones, palillos, retretes, cubiertos para la mesa, andamiaje para la construcción, techos y hasta comida.

Éstos son sólo algunos de los usos de este producto verde, renovable 150 y sostenible. ¡Considérelo cuando haga la compra!

---

[4]http://www.greenlivingtips.com/articles/191/1/Uses-of-Bamboo.

1. Simón Vélez nunca tiene problemas en llevar plantas a Colombia de otras partes porque…
   (A) es un arquitecto famoso.
   (B) las declara para el estudio científico.
   (C) las esconde en su maleta.
   (D) tiene conexiones con la aduana.

2. A través de sus estudios, Vélez…
   (A) no ha encontrado una planta más fuerte que la que crece en su propio país.
   (B) no ha visto mucha diferencia entre las plantas de distintos orígenes.
   (C) no es adecuado para la construcción.
   (D) tiende a ser menos flexible que el hierro.

3. Cuando Vélez dice en la línea 24 que el bambú es «prodigio de la naturaleza» él quiere decir que…
   (A) es un desperdicio de la naturaleza.
   (B) es un milagro de la naturaleza.
   (C) es un producto de la naturaleza.
   (D) está en peligro de extinción.

4. Quizá la cosa más importante con relación a la preservación del medio ambiente es que…
   (A) es una planta abundante.
   (B) requiere menos terreno para su cultivo.
   (C) crece rápidamente entonces es un material de construcción que se reestablece pronto.
   (D) su cultivo produce menos contaminación.

5. El problema más grande que ha tenido Vélez es…
   (A) obtener ayuda financiera para sus proyectos.
   (B) obtener suficientes plantas para realizar obras grandes.
   (C) asegurar que sus estructuras puedan aguantar los terremotos.
   (D) convencer a los oficiales que él puede sustituir el bambú por otros materiales más convencionales.

6. A pesar de todo, hay esperanzas para extender el uso del bambú en visto de que…
   (A) hay cada vez menos recursos naturales para las construcciones.
   (B) un grupo de arquitectos ha aprobado el uso de un tipo de bambú para la construcción.
   (C) muchos burócratas han aprobado su uso.
   (D) el Código Internacional de la Construcción ha aprobado el uso de un tipo de bambú para la construcción.

7. En cuanto a los Estados Unidos…
   (A) los departamentos de construcción locales no están dispuestos a usar el bambú en la construcción.
   (B) se puede conseguir fácilmente en las madererías.
   (C) los departamentos de construcción locales son líderes en el uso del bambú.
   (D) las madererías están en contra de vender el bambú.

8. En los países industrializados, a diferencia de los países en vías de desarrollo, muchos tienen miedo de usar el bambú por…
   (A) la influencia de las madererías.
   (B) razones políticas.
   (C) miedo de pleitos.
   (D) la desconfianza de los consumidores.

9. El deseo más fuerte de Vélez es de…
   (A) extender el uso del bambú como materia prima de construcción por todo el mundo.
   (B) ser conocido como padre de este movimiento.
   (C) no ser sólo conocido como padre de este movimiento.
   (D) poder vender su propio trabajo.

10. La expresión en las líneas 128 y 129, «nunca se sabe para qué lado va a saltar el conejo» quiere decir…
    (A) nadie sabe cómo va a resolverse la cuestión del uso del bambú.
    (B) él no ve claramente su futuro como arquitecto.
    (C) que todo no se resolverá a su medida.
    (D) que es una cuestión sin resolución.

11. El bambú es una planta que tiene…
    (A) una utilidad diversa.
    (B) una utilidad escasa.
    (C) una utilidad limitada.
    (D) una utilidad reducida.

12. El bambú se puede usar…
    (A) para la construcción.
    (B) para el vestuario.
    (C) para implementos.
    (D) para todo lo de arriba y más.

13. Quizá el uso más sorprendente del bambú es como…
    (A) material de construcción.
    (B) material de instrumentos musicales.
    (C) material de alimento.
    (D) material de muebles.

14. Lo bueno del bambú es que…
    (A) requiere mucha atención.
    (B) requiere mucho riego.
    (C) requiere poca atención.
    (D) requiere tierra muy fértil.

15. De los dos artículos, podemos decir que el bambú puede…
    (A) reemplazar materias primas de construcción.
    (B) reemplazar materias primas en muchas aplicaciones.
    (C) reemplazar la madera.
    (D) reemplazar el acero.

Selección número 4

Tema curricular: La vida contemporánea

Fuente número 1

Introducción: Este texto trata de la llamada «festival nacional», la corrida de toros, y como se desarrolla.

Un paseo por el mundo taurino[5]

La corrida de toros es una celebración española considerada como deporte por su competitividad y como arte por el vestuario, música y movimientos elegantes. Durante la prehistoria, el toro era venerado, representaba un símbolo de fortaleza, y se podían apreciar imágenes de hombres luchando contra este animal. Por su parte, durante la época del Imperio Romano se llevaban a cabo enfrentamientos entre hombres a pie y a caballo contra animales salvajes, incluyendo toros. Asimismo, fiestas taurinas se realizaban durante la Edad Media para celebrar acontecimientos de cierta importancia, como las bodas reales y nacimientos de príncipes.

Las corridas de toros son prácticas que se han propagado por varias partes del mundo. FortuneCity.com indica que en el continente americano naciones como México, Venezuela, Ecuador, Colombia, Perú, Bolivia, Costa Rica, Guatemala, Panamá y Nicaragua participan en esta tradición.

A pesar de ser una actividad muy popular, muchos desconocen cómo se efectúa una corrida de toros.

La tradición

Clarines y timbales suenan al ritmo del pasodoble, ante los espectadores aparece la comitiva taurina constituida por dos alguaciles a caballo, aquellos que de manera simbólica solicitan ante la autoridad la llave de los toriles, donde se encuentran los toros. El resto de la comitiva compuesto por tres toreros, vestidos de trajes de luces y con sombreros de tres picos, son quienes por orden de antigüedad lucirán sus faenas y lidiarán con seis toros, dos para cada uno. Detrás de ellos se encuentran los miembros de sus cuadrillas constituidos por sus subalternos o banderilleros, los picadores y el personal de la plaza. Esta entrada lleva el nombre de paseíllo y se encarga

1

5

10

15

20

25

30

35

40

45

50

55

60

---

[5]«Un paseo por el mundo taurino» por Rose Quiñones, prensa «ConXion», the Rochester *Democrat and Chronicle*'s monthly bilingual newspaper, page 13, April 2006. Used with permission.

de abrir de una manera formal
una corrida de toros, tal como
lo explica la enciclopedia
virtual Wikipedia.

La corrida de toros se   65
divide en tres tercios, los cuales
van marcados con el toque de
clarines y timbales. En la
primera parte, se da el
encuentro inicial entre el toro y   70
el torero y es cuando el matador
torea con su capote. Los dos
picadores entran montados a
caballo, los cuales tienen los
ojos cubiertos, y cada uno de   75
los picadores se coloca en un
extremo de la plaza. En ese
momento se lleva a cabo la
suerte o el lance de varas para
probar la bravura del animal y   80
dosificar su fuerza.
Durante el segundo tercio se
realiza la denominada
suerte de banderillas, con
la finalidad de enaltecer el   85
temperamento del animal. En
el tercer tercio, se efectúa la
parte decisiva de la corrida, la
llamada suerte suprema, y se
produce cuando el diestro torea   90
con una muleta, que consiste

en un bastón que lleva pendiente
a lo largo una capa; el torero
espera que el animal lo embista
y en el momento más indicado   95
procederá a la muerte del toro
utilizando su espada.

Si durante la jornada el
diestro hace una excelente
actuación, la multitud grita   100
«¡Ole!» para manifestar su
aprobación. Al final de la
corrida se le entrega al matador
algunos de los trofeos que se
mencionan aquí en orden de   105
importancia: dos orejas y
el rabo, dos orejas y una oreja.

La atracción de las corridas
de toros radica en la
admiración del público al valor   110
y destreza que tiene el torero al
enfrentarse al toro. Sin embargo,
desde hace muchos años y en
varias partes del mundo ha
surgido la oposición hacia esta   115
fiesta taurina, debido a la
violencia que representa matar
al toro. Luego del ingreso de
España en la Comunidad
Europea algunas personas   120
sugirieron terminar estas
prácticas.

Fuente número 2

Introducción: El fútbol se ha convertido en un fenómeno mundial, especialmente en países de habla española.

¡Goooooool![6]

El fútbol se ha convertido en un fenómeno
mundial y aunque muchos dicen que la
corrida de toros es la fiesta nacional,   125
la verdad es que en España, como
en el resto de los países de habla española,
el fútbol se ha convertido desde hace
muchos años en el deporte nacional.

El fútbol llegó primero a la Península   130
Ibérica con trabajadores extranjeros,
sobre todo de Inglaterra, en el siglo XIX.
Aunque había evidencia de otros, el primer
club de fútbol se fundó oficialmente

en 1889 y se llamó Real Club Recreativo   135
de Huelva. De ahí se desarrollaron varios
clubes y en 1902 nació la primera

[6]http://es.wikipedia.org/wiki/fútbol_en_España.

competición nacional, la Copa de la
Coronación que sigue hoy como
la Copa del Rey. Durante los años 1990   140
los clubes se convirtieron en sociedades
anónimas (S.A.) que les permitió cobrar
dinero por la emisión de sus partidos por la
tele y este dinero les permitió contratar
con jugadores de la mayor categoría.   145
Con el creciente interés mundial
por el fútbol, las transmisiones por la

tele de partidos comunitarios, nacionales
e internacionales, y cierto orgullo de
ciudadanos de las ciudades, regiones   150
y países representados por los equipos,
el fútbol definitivamente ha reemplazado
la corrida en los corazones de la mayoría
de los españoles y en muchos casos
la corrida se ha convertido en una   155
curiosidad cultural para turistas.

1. Algunos consideran la corrida de toros como un deporte…
   (A) porque es una competencia entre el hombre y el animal.
   (B) por los movimientos del torero y del toro.
   (C) por su aspecto de celebración.
   (D) porque se práctica en todos los países de habla española.

2. En tiempos prehistóricos el toro…
   (A) representaba la fertilidad.
   (B) representaba la lucha entre el hombre y la naturaleza.
   (C) representaba la sobrevivencia del hombre gracias a su carne.
   (D) representaba la fuerza.

3. Durante la Edad Media se utilizaban las corridas…
   (A) para el entretenimiento del público.
   (B) para venerar al animal que era símbolo de fortaleza.
   (C) para celebrar acontecimientos importantes.
   (D) para mostrar la valentía de los hombres.

4. Según la descripción de cómo se presenta la corrida, podemos decir que…
   (A) es un evento muy parecido a cómo se realiza eventos como el fútbol.
   (B) es un evento lleno de tradición y ceremonia.
   (C) es un evento en que sólo los que participan en la lucha se desfilan.
   (D) es un evento que se hace de maneras distintas en lugares distintos.

5. En cada corrida siempre hay…
   (A) tres matadores y sus subalternos que luchan en contra de tres toros.
   (B) seis matadores y sus subalternos que luchan en contra de seis toros.
   (C) seis matadores y sus subalternos que luchan en contra de tres toros.
   (D) tres matadores y sus subalternos que luchan en contra de seis toros.

6. La función de los picadores es de…
   (A) matar al toro.
   (B) ver la fuerza del toro y de apreciar el grado de su fuerza.
   (C) elevar el temperamento del animal.
   (D) torear con una muleta que es un bastón cubierto por una capa.

7. El honor más grande que puede recibir el torero si su actuación ha sido excelente es…
   (A) los gritos de ¡Ole! de los espectadores.
   (B) una oreja del animal.
   (C) las orejas y el rabo del animal.
   (D) el rabo del animal.

8. Lo atractivo de la corrida para algunos es…
   (A) la habilidad y la valentía del matador.
   (B) la violencia.
   (C) lo artístico de los movimientos.
   (D) la tradición y la historia del deporte.

9. De todos modos, algunas personas se oponen a la corrida…
   (A) porque es peligroso.
   (B) porque ya no es tan popular.
   (C) porque la Comunidad Europea no la aprueba.
   (D) por la crueldad hacia el toro.

10. Después de leer este artículo podemos decir que...
    (A) la corrida es una expresión artística.
    (B) la corrida es muy popular por todo el mundo.
    (C) la corrida simboliza la cultura hispánica.
    (D) la corrida tiene raíces históricas que predatan España.

11. Ahora, según el segundo artículo, se puede decir que...
    (A) el fútbol es el deporte nacional de España.
    (B) la corrida sigue siendo el deporte nacional de España.
    (C) el fútbol es tan popular entre los españoles como la corrida.
    (D) la corrida atrae a muchos aficionados españoles también.

12. El fútbol...
    (A) nació en el norte de España.
    (B) nació en Huelva.
    (C) llegó con inmigrantes.
    (D) fue establecido en España por la corona.

13. El fútbol recibió un gran empuje cuando...
    (A) se estableció la Copa del Rey.
    (B) se establecieron más clubes después de él de Huelva.
    (C) se establecieron corporaciones de fútbol.
    (D) se establecieron competiciones al nivel mundial.

14. Podemos decir que la corrida de toros...
    (A) sigue como la fiesta nacional.
    (B) sigue como espectáculo más bien turístico.
    (C) ya no se practica en España.
    (D) sigue muy popular en el mundo hispano.

Selección número 5

Tema curricular: Las identidades personales y públicas

Fuente número 1

Introducción: Este texto trata del origen y de la contribución de un grupo de inmigrantes a Puerto Rico.

Rastreando nuestras raíces familiares: explorando una parte ignorada de las historia de Puerto Rico[7]

Cuando pensamos en Puerto Rico, regularmente pensamos en un clima cálido, música de calidad mundial, playas hermosas y por supuesto estupendo café. Podemos enorgullecernos de nuestro «puertorricanismo multicultural» y de la increíble mezcla de influencias tainas, españolas y africanas. [10]

Mientras que disfrutamos nuestro café recién hecho, muchos de nosotros no conectamos la industria del café con la inmigración de familias de la isla de Córcega. [15]

Además de la industria del café, los inmigrantes de Córcega han influenciado la música, cocina y política. Su influencia es todavía muy fuerte en nuestros días. [20]

Córcega, la cuarta isla más grande del mar Mediterráneo, está localizada en la parte oeste de Italia y el sur de Francia. Muchas personas de Córcega comenzaron a inmigrar a Puerto Rico en 1850, cuando España realizó la Real Cédula de Gracias, alentando a ciudadanos de España, Irlanda, Alemania y Francia a mudarse al Caribe o Sudamérica. [25] [30] [35]

---

[7]«Rastreando nuestras raíces familiares: explorando una parte ignorada de la historia de Puerto Rico» por José Olivieri Rivera, prensa «ConXion», the Rochester *Democrat and Chronicle*'s monthly bilingual newspaper, October 2006. Used with permission.

Se estima que actualmente hay más de 400.000 descendientes de Córcega viviendo en Puerto Rico; muchos de los que se mudaron debido a las similitudes con su isla nativa. 40

Aunque muchos han perdido sus conexiones con Córcega, todavía les interesa la historia detrás de sus apellidos ya que la mayoría son italianos o franceses. 45

Individuos y familias pueden mantener conexión con Córcega por medio de la Asociación de Corzos de Puerto Rico. Este grupo organiza viajes a Córcega y ayuda a las personas a explorar su herencia. 50, 55

Según la página de Internet Corsu Lista, alrededor de 1800, colonizadores de Córcega habían establecido un mercado de café fuerte y viable en Europa, donde «se vendía por un precio alto». Durante 1890, Puerto Rico se estableció como el sexto más grande productor de café del mundo. Por esta razón, muchos países intentaron copiar los modelos de producción de café de Puerto Rico. Aunque se producía café en varias regiones de Puerto Rico, según el historiador puertorriqueño Otto Sievenz Irizarry, Yauco fue el pueblo conocido como el lugar del café original. 60, 65, 70, 75

«Yauco era el pueblo» mencionó en una entrevista telefónica, «en donde muchos de los dueños de grandes plantaciones tenían sus residencias principales». 80

El café de Yauco era vendido a los «reyes y reinas de toda Europa».

«Bajo el nombre de San Carlos, el café puertorriqueño fue disfrutado por el Papa y fue reconocido como el café oficial del Vaticano.» 85

Una de las plantaciones más grandes de Puerto Rico fue nombrada «La hacienda del Tomino» por el pueblo de Tomino en Córcega. La Tomino fue comenzada por Domingo Olivieri (Dominique en francés) que emigró a Puerto Rico a mitades de 1840 para unirse a su familia. 90, 95

El padre de Olivieri, Antonio Olivieri y Antongiorgi, vivía en Yauco de 1818 a 1847, cuando regresó a Córcega, donde murió en 1848. Tras su llegada a Puerto Rico, Olivieri comenzó a establecer su distinción en la industria del café. Los límites originales de La Tomino se extienden en la actualidad de Yauco, Adjuntas y Guayanilla. 100, 105, 110

Domingo José Olivieri explicó, «La mayoría del café es vendida a mayoristas, quienes venden el café a grandes corporaciones para mezclarlo y distribuirlo bajo importantes marcas americanas.» 115

Olivieri continuó diciendo que «están orgullosos del trabajo que ellos hacen y del legado que las personas de Córcega nos heredaron, aunque seamos puertorriqueños de corazón.» 120, 125

Fuente número 2

Introducción: Se ha dicho que los EE.UU. son un crisol de culturas, pero muchas veces no conocemos las contribuciones de ciertas culturas en regiones inesperadas.

Amerikanuak

Cuando pensamos en la historia de los Estados Unidos y la migración hacia el oeste pensamos en los exploradores, vaqueros, campesinos y pastores que poblaron las tierras del oeste. Muchos [130] de éstos vinieron del este de los Estados Unidos en busca de riqueza mientras otros inmigraron de otras partes del mundo buscando una vida mejor. Entre éstos que vinieron y contribuyeron a la colonización [135] del oeste hubo un grupo que quizá pueda sorprendernos. Este grupo que sigue manteniendo una importancia económica y cultural vino del norte de España y del sur oeste de Francia. Ellos son los vascos o sean *Eukal*. [140]

Hubo tres muy grandes períodos de inmigración vasca. El primero ocurrió durante las Guerras Carlistas que tuvieron lugar en España en los 1830 sobre la sucesión al trono español tras la muerte de Fernando [145] VII. El segundo ocurrió en los 1860 con el descubrimiento del oro en los territorios del oeste de los EE.UU. El último tuvo que ver con la tragedia de la Guerra Civil Española, 1936–1939, cuando los vascos eran el [150] blanco de las fuerzas fascistas.

Estos pioneros vascos en muchos casos continuaban la ocupación que tenían en su país natal, la de pastores de ovejas. Aunque la llamada del oro era fuerte, muchos [155] pastores vascos pronto se dieron cuenta de que podían ganar más vendiendo carne y lana a los mineros en los campamentos.[8] La tradición de pastor de su tierra natal les daba una [160] entrada muy grande y hasta animó a más jóvenes vascos a venir.

Los vascos desarrollaron esta industria pero también con el paso del tiempo contribuyeron al desarrollo del oeste en otros [165] campos. Por ejemplo, Dominique Amestoy, que fue pastor y banquero, era uno de los mayores productores de lana en el sur de California en los 1860, y en 1871 ayudó establecer el Farmers and Merchants Bank [170] en Los Ángeles, California. Al fin de su vida, Amestoy poseía 4.500 acres de tierra y 30.000 ovejas. Hoy lo que era parte de sus terrenos incluyen las comunidades de Sherman Oaks y Encino. Tuvo tanto impacto [175] en el sur de California que nombraron una escuela y una avenida en honor de su familia.[9]

La mayoría de los descendientes de los primeros vascos viven en California, Idaho, Nevada, Washington y Oregón. Quizá el [180] estado más vinculado con la cultura vasca es Idaho donde hay celebraciones vascas y hasta un centro cultural en Boise. No importa dónde se encuentren, donde hay comunidades de herencia vasca mantienen [185] clubes y eventos culturales para preservar su cultura, sus tradiciones y hasta su lengua.

Los vascos y sus descendientes, o sea los Amerikanuak, han contribuido mucho a los Estados Unidos en otras maneras también. [190] Algunos de éstos incluyen David Archuleta (cantor), Ted Williams (beisbolista), Joseph A. Unanue (hombre de negocios), Paul Laxalt (senador), Frank Bergon (novelista) y Earl W. Fasion (pintor y [195] escultor), Jimmie Heuga (piloto de esquí, ganador de una medalla olímpica en 1964) y Jedediah Smith (explorador de las Montañas Rocosas).

[8] http://knowledgecenter.unr.edu/sheepherders/basques.html.
[9] http://en.wikipedia.org/wiki/Dominique_Amestoy.

1. El término «puertorricanismo multicultural» en la línea 8 viene…
   - (A) de la influencia que ha tenido el turismo en la isla.
   - (B) de la influencia que diferentes culturas han aportado a la isla.
   - (C) de la música puertorriqueña.
   - (D) del comercio internacional de café de que ha gozado la isla.

2. La industria del café se debe en gran parte a…
   - (A) los inmigrantes de España.
   - (B) los inmigrantes del continente de África.
   - (C) los inmigrantes tainos.
   - (D) los inmigrantes de una isla mediterránea.

3. La ola grande de inmigración del siglo XIX fue gracias…
   - (A) a una invitación de España a inmigrantes europeos a venir a las Américas.
   - (B) a una guerra entre Francia y Alemania.
   - (C) a problemas políticos en Córcega.
   - (D) al hambre causado por la escasez de la papa en Irlanda.

4. Se puede decir que lo atractivo para los inmigrantes corsos fue…
   - (A) que la isla les parecía mucho a Córcega.
   - (B) que la industria del café necesitaba trabajadores.
   - (C) que muchos descendientes suyos vivían en la isla.
   - (D) que existía una asociación de corsos en la isla para ayudarlos.

5. Muchos otros países trataron de copiar los modelos de producción de café de Puerto Rico…
   - (A) por la calidad de su café.
   - (B) por el precio que recibía su café.
   - (C) por el éxito que su industria tenía.
   - (D) porque tenía un mercado en Europa.

6. La grandeza del café puertorriqueño se veía en que…
   - (A) se vendía mucho en Europa.
   - (B) se vendía a las casas reales de Europa.
   - (C) se vendía a precios muy altos.
   - (D) se producía sólo en un lugar, Yauco, lo cual lo hizo muy raro.

7. Hoy día el café de La Hacienda del Tomino se vende…
   - (A) en la isla de Córcega.
   - (B) en el Vaticano.
   - (C) a familias reales de Europa.
   - (D) a compañías estadounidenses que lo venden bajo sus nombres.

8. ¿Qué quiere decir Olivieri en las líneas 120–125 cuando dice «están orgullosos del trabajo que ellos hacen y del legado que las personas de Córcega nos heredaron, aunque seamos puertorriqueños de corazón»?
   - (A) Los descendientes de los inmigrantes corsos se sienten todavía más corsos que puertorriqueños.
   - (B) Los descendientes de los inmigrantes corsos se consideren puertorriqueños y al mismo tiempo tienen orgullo de su herencia.
   - (C) A los descendientes de los inmigrantes corsos no les importa su herencia corsa.
   - (D) Muchos descendientes de los inmigrantes corsos ya no trabajan en la industria del café.

9. La migración vasca recibió su mayor empuje históricamente por…
   - (A) el deseo de hacerse rico.
   - (B) conflictos en su tierra natal.
   - (C) el descubrimiento de oro.
   - (D) el deseo de la aventura.

10. La pericia que los inmigrantes vascos llevaron a su nuevo país tenía que ver con…
    - (A) la minería.
    - (B) las finanzas.
    - (C) la agricultura.
    - (D) la ganadería.

11. La pericia que los inmigrantes corsos de la primera lectura llevaron a su nuevo país tenía que ver con…
    - (A) la minería.
    - (B) las finanzas.
    - (C) la agricultura.
    - (D) la ganadería.

12. Mientras muchos buscaban su fortuna en el oro, muchos inmigrantes vascos descubrieron que podían…
    (A) ganarse mejor la vida proveyendo productos a los mineros.
    (B) ganarse mejor la vida juntándose en asociaciones.
    (C) ganar más estableciendo bancos para los mineros.
    (D) ganar más en los campos de oro.

13. Se puede decir que los inmigrantes vascos…
    (A) no han dejado huella en los EE.UU.
    (B) han dejado huella en los EE.UU.
    (C) han sido olvidados en los EE.UU.
    (D) han dejado su estampa en la industria financiera de los EE.UU.

14. La mayor concentración de personas de ascendencia vasca se encuentra en … de los EE.UU.
    (A) el suroeste
    (B) el noroeste
    (C) el oeste
    (D) el suroeste

15. Los «Amerikanuak» son…
    (A) los inmigrantes vascos españoles.
    (B) los inmigrantes vascos franceses.
    (C) los vascos americanos.
    (D) los inmigrantes españoles y franceses.

Selección número 6

Tema curricular: La belleza y la estética

Fuente número 1

Introducción: Este texto trata de la belleza y la estética, cómo se determina y el deseo de alcanzarla.

La belleza, ¿cómo se determina y se define siempre de la misma manera?

La preocupación por la belleza hoy en día tiene un gran impacto en la sociedad tanto con los mayores como con los jóvenes. Hay un deseo promovido por la prensa, la televisión y el cine de ser joven, delgado/a y guapo/a. Por años las estrellas de Hollywood, hombres y mujeres, han servido de modelo de la belleza. No sólo es un fenómeno en los EE.UU. sino también, y con un inverosimilitud más grande, en países como México donde la población es mayormente mestiza pero los presentadores de televisión y las estrellas son de apariencia más europea. La inverosimilitud entre la población en general y lo que se ve en las fuentes de comunicación empuja a algunos a tomar medias drásticas para tratar de ser como las personas que ven.

Por años las estrellas de Hollywood y de televisión han recurrido a la cirugía estética o plástica para eliminar defectos que ellos mismos perciben o para tratar de parar o retroceder su envejecimiento natural. Ahora la cirugía estética es accesible a todos que tengan el dinero para hacerlo y no es sólo para los ricos y famosos. Entonces la gente normal ahora puede tratar de transformarse para que sean más como sus actores y modelos favoritos.

Como cualquier cirugía, la cirugía estética lleva consigo ciertos riesgos. Cada año la Sociedad de Cirujanos Plásticos calcula que hay una muerte por cada 57.000 intervenciones médicas.[10] El riesgo es bajo pero todavía hay riesgo, no sólo de la muerte sino también de

---

[10]http://www.newimage.com/resource-center/is-plastic-surgery-safe.html.

un resultado no deseado. Ha habido muchos casos de personas famosas que han tenido estas cirugías que las han dejado deformadas y hasta grotescas. 40

Claro la cirugía estética no siempre es para cambiar la apariencia física, también existe para reparar defectos de nacimiento, lesiones causadas por accidentes, incendios y ataques de animales. En estos casos la cirugía es para la reconstrucción física y no cosmética y el motivo es de mejorar la vida de la persona lesionada. 45 50

La cosa es que el concepto de la belleza es algo que siempre ha sido fluido. Para cada generación puede ser algo bien diferente. Si uno ve un cuadro de Rubens, por ejemplo, las figuras son bastante corpulentas o sea gordas. Pero, durante su época, una mujer bella era corpulenta y también la gordura de una persona era una muestra de su riqueza porque podía comprar y comer lo que le diera la gana. 55 60

Antes de tomar una medida tan drástica se debe reflexionar bien en el motivo por el deseo y decidir si de verdad vale la pena y el riesgo. 65

Fuente número 2

Introducción: Este anuncio trata de un regalo quizá un poco raro para la quinceañera.

Para alguien muy especial, qué se cumplan todos sus deseos. Haz los quince muy especial con el regalo de cirugía estética. Padres, padrinos, abuelos, tíos y amigos ya pueden darle este regalo, no sólo memorable sino perdurable.
Llamen al Centro Quirúrgico Sueños Realizados al (212)-HERMOSA. Ofrecemos vales para comprar un regalo a precios razonables. Hasta podemos arreglar un préstamo bancario a una tasa de interés módico.
¡Contáctennos hoy!

Venezuela tiene mucha fama por el número de sus mujeres que han ganado el concurso de Miss Universe. Desde 1952 seis mujeres venezolanas han sido premiadas con la corona de Miss Universe. Estos éxitos han ayudado motivar la preocupación con la belleza hasta tal punto que anuncios tales como él a la izquierda aparecen no sólo para adultos y mayores sino también para niñas que van a cumplir los 15. La situación ha sido tan surreal que el mismo presidente de la república venezolana ha denunciado este fenómeno en sus discursos. 70 75 80

¿Es la cirugía plástica por razones estéticas algo bueno o un abuso de las niñas? Éste es el problema. 85

1. El gran empuje hoy en día, entre mayores tanto como menores, por cambiar la apariencia viene de…
   - (A) un deseo de mejorarse.
   - (B) un deseo de tener mejor salud.
   - (C) medios de comunicación.
   - (D) un deseo de avanzar en el trabajo.

2. En el caso de México, por ejemplo, la mayoría de la población es mestiza, o sea india y europea, pero en los medios de comunicación tienden a usar gente…
   - (A) blanca.
   - (B) negra.
   - (C) india.
   - (D) asiática.

3. Originalmente las estrellas empleaban la cirugía estética para…
   - (A) hacerse parecer a otro.
   - (B) ciertos papeles que desempeñaban.
   - (C) hacerse más maduro.
   - (D) hacerse parecer más joven.

4. Mientras en el pasado la cirugía estética se usaba sólo en Hollywood, ahora…
   - (A) es cosa de los ricos.
   - (B) es para todos.
   - (C) es sólo por razones médicas.
   - (D) es prohibido para menores.

5. Mientras a muchas personas les gustaría gozar de la cirugía estética, hay que reconocer que es una intervención quirúrgica y puede…
   - (A) tener un costo muy alto.
   - (B) tener mucho éxito.
   - (C) tener consecuencias no esperadas.
   - (D) tener el resultado esperado.

6. A veces la cirugía estética se necesita para darle al paciente…
   - (A) más oportunidades de ganarse la vida.
   - (B) una vida mejor o normal.
   - (C) un aspecto más agradable.
   - (D) un mejor estado de ser.

7. El concepto de la belleza siempre ha…
   - (A) cambiado según los ideales de la época.
   - (B) tenido el mismo significado de generación en generación.
   - (C) favorecido a las mujeres esbeltas.
   - (D) causado controversia.

8. En Venezuela, algunas compañías promueven la cirugía plástica para…
   - (A) víctimas de accidentes.
   - (B) pretendientes al concurso Miss Universe.
   - (C) jóvenes que entran una etapa importante de la vida.
   - (D) adultos que quieren un aspecto más joven.

9. Según el anuncio, no importa si uno no tiene el dinero para el tratamiento porque…
   - (A) no cuesta tanto.
   - (B) se puede pagar a plazos.
   - (C) se puede conseguir dinero de un banco.
   - (D) el costo es reembolsado por el gobierno.

10. La cirugía plástica se ha puesto tanto de moda, el presidente de la república … la práctica para los jóvenes.
    - (A) está a favor de
    - (B) está en contra de
    - (C) no tiene opinión de
    - (D) no permite

Selección número 7

Tema curricular: Los desafíos mundiales

Fuente número 1

Introducción: Este texto trata de los braceros inmigrantes del estado de Nueva York.

Inmigrantes: ¿Por qué la parte oeste de Nueva York?[11]

Cuando visitas casi cualquier campo o casa de trabajadores agrícolas durante la cena, el olor a chiles y tortillas de maíz calientes está en el aire. Música mexicana se toca en algún radio o tocadiscos y jóvenes de apariencia indígena descansan en los sillones o se sientan a la par de la mesa de la cocina. Si cierras los ojos, los olores, la música y el idioma te harán pensar que estás en México. Pero no es así. Estás en la parte occidental de Nueva York no muy lejos de la ciudad de Rochester.

La mayoría de los trabajadores agrícolas del área son de pueblos de las partes rurales de estados como Oaxaca, Chiapas y Guerrero, estados localizados en la parte sur de México.

A pesar de que es difícil tener un número exacto, la mayoría de los grupos que ayudan a los inmigrantes estiman que hay aproximadamente entre 50.000 y 60.000 trabajadores en la parte occidental de Nueva York.

«Al menos la mitad de ellos están aquí ilegalmente», mencionó Rosa Rivera, directora del CITA (Centro Independiente de Trabajadores Agrícolas). Lo que significa que estas personas viajaron por más de 3.000 millas para llegar aquí, y por el hecho de que entraron como ilegales, tuvieron que pagar alrededor de 2.500 dólares a un coyote para que los pasara a los Estados Unidos ilegalmente.

El viaje de Oaxaca a esta parte de Nueva York es muy largo, costoso y peligroso. ¿Por qué eligen este territorio específicamente?

«Ellos vienen aquí porque la agricultura de Nueva York es un negocio de tres mil millones de dólares por año», mencionó Amy Kadar, directora provisional de CITA. «Es un negocio muy grande y se necesitan muchos trabajadores. La agricultura en Estados Unidos no funcionaría sin trabajadores agrícolas.»

El viaje de Omar a Nueva York fue un poco más corto que la mayoría, ya que su hogar está en la Ciudad de México. Él ha estado en este país por tres años y siempre ha trabajado en la agricultura.

«Mi única opción de entrar a los Estados Unidos era como ilegal ya que el consulado americano nunca me daría una visa,» mencionó.

---

[11]«Inmigrantes: ¿Por qué la parte oeste de Nueva York?» por Joseph Sorrentino, escritor de ConXion, «ConXion», the Rochester *Democrat and Chronicle*'s monthly bilingual newspaper, page 39, October 2006. Used with permission.

«Yo crucé la frontera con un grupo de personas y con un coyote, y no conocía a nadie del grupo. Después me encontré con un amigo que me dijo que aquí había mucho trabajo y no mucha gente como en Florida o California. Estoy aquí sólo porque necesitan a muchos trabajadores.»

Raúl, un trabajador agrícola de Oaxaca, mencionó que es mejor aquí que en los estados cerca de la frontera. «Hay más trabajos aquí, más oportunidades.»

Eric Shoen de Rural Opportunities, Inc., una organización que ayuda a los inmigrantes, está de acuerdo. «Menos trabajadores vienen a la parte occidental de Nueva York, entonces sí, probablemente es más fácil obtener trabajo.»

Mientras la mayoría de los trabajadores agrícolas y los grupos de ayuda afirman que la disponibilidad de empleos es lo que atrae a las personas, la razón por la llegada de Antonio fue más que sorprendente.

«Estoy aquí por el clima,» dijo sin inmutarse. Después añadió «estuve en Miami por cinco años. Trabajé como constructor y era muy caliente y húmedo. Me gusta más aquí.»

Bob King de Cornell Cooperative Extension indicó que «hay una demanda muy fuerte para trabajadores en el área de la agricultura, y es todavía más fuerte en el área de los productos lácteos.»

En años recientes algunos granjeros se han quejado de que no hay suficientes trabajadores en el área. Esto puede ser debido a la dificultad de ingresar a los Estados Unidos después del 11 de septiembre, ya que se aumentó la vigilancia por parte del departamento de inmigración o por el hecho de que muchos trabajadores han obtenido mejores trabajos en construcción.

La mayoría de las organizaciones que ayudan a los inmigrantes no están de acuerdo con esto. Velma Smith, directora de Rural Opportunities, Inc., es una de ellas.

«Tal vez haya escasez de trabajadores documentados. Sin embargo hay una saturación de trabajadores ilegales.»

El debate sobre la inmigración y qué hacer con millones de personas que están aquí ilegalmente se ha convertido en un tema de mucha controversia recientemente, con diferentes reglas en el Congreso que buscan intensificar el control.

Muchos grupos de ayuda a los inmigrantes afirman que a pesar de la promulgación de la legislación, siempre y cuando exista pobreza en México, muchos correrán el riesgo de cruzar la frontera y transportarse a áreas como ésta.

Fuente número 2

Introducción: En el gráfico siguiente hay datos sobre los braceros que se encuentran en los EE.UU.[12]

Datos sobre Braceros

Otros datos interesantes:

- Los braceros pagan más en impuestos para la seguridad social, impuestos sobre la renta e impuestos sobre las ventas de lo que reciben del gobierno. 170
- Los braceros trabajan entre 12 y 14 horas por día hasta 7 días por semana durante la cosecha.

- Gracias a su mano de obra, nuestra comida cuesta menos como porcentaje de nuestra renta que en cualquier otra nación en el mundo. 175
- Se encuentran en todos los estados.
- Hace trabajo que el ciudadano normal no haría. 180

1. La cosa quizá más curiosa en el primer párrafo es…
   (A) que no estás en México.
   (B) que estás en el estado de Nueva York.
   (C) que hay jóvenes de apariencia indígena.
   (D) que puedes comer chiles y tortillas calientes en el estado de Nueva York.

2. Muchos de los trabajadores agrícolas en este estado son…
   (A) de la parte norteña de México.
   (B) de la parte rural de México.
   (C) de la parte sureña de México.
   (D) de estados mexicanos.

3. En el párrafo 4 el «coyote» es…
   (A) alguien que cruza a los inmigrantes ilegales a los Estados Unidos.
   (B) un animal peligroso de que tienen que tener cuidado los inmigrantes al pasar la frontera.
   (C) la cantidad de dinero, $2.500 dólares, que pagan los inmigrantes ilegales para cruzar la frontera.
   (D) es lo que llaman el viaje por los Estados Unidos para llegar adonde hay trabajo.

4. En el sexto párrafo, según lo que dice Amy Kadar, podemos decir que…
   (A) la industria agrícola en Nueva York no es muy grande.
   (B) a la industria agrícola en Nueva York no le hacen falta trabajadores ilegales.
   (C) el trabajar ilegalmente en Nueva York es peligroso.
   (D) habría una crisis en la industria agrícola sin los trabajadores agrícolas.

---

[12]La información viene de un estudio hecho por el BOCES Geneseo Migrant Center (http://www.migrant.net/pdf/farmworkerfacts.pdf).

5. La razón principal por la cual los trabajadores agrícolas se ven obligados a cruzar ilegalmente a los Estados Unidos es que…
   (A) no tienen el dinero para comprar una visa en el consulado americano.
   (B) el gobierno estadounidense no les dará visas para venir a trabajar.
   (C) el gobierno mexicano quiere que se queden a trabajar en México.
   (D) las entradas legales para cruzar están más lejos.

6. Otra razón por la cual muchos trabajadores agrícolas de México deciden venir al estado de Nueva York es que…
   (A) ya hay muchos trabajadores mexicanos aquí.
   (B) es más fácil llegar aquí.
   (C) hay más trabajos y menos trabajadores aquí.
   (D) la Oficina de Inmigración no los persigue tanto como en los estados de California y la Florida.

7. Una cosa sorprendente que ha influido en la decisión de algunos trabajadores de venir al estado de Nueva York es…
   (A) la necesidad de trabajadores agrícolas en el estado de Nueva York.
   (B) que hay trabajos en las industrias lácteas.
   (C) que hay trabajos en la construcción.
   (D) que el clima lo hace más agradable trabajar en el estado de Nueva York.

8. Más recientemente los granjeros de Nueva York han dicho que no tienen suficientes trabajadores por…
   (A) restricciones impuestas a partir del 11 de septiembre.
   (B) un sentimiento en contra de los inmigrantes que ha surgido a partir del 11 de septiembre.
   (C) unas mejoras en la economía mexicana que eliminan la necesidad de emigrar.
   (D) los inmigrantes que han comenzado a conseguir mejores trabajos profesionales.

9. Velma Smith piensa que…
   (A) no hay una falta de trabajadores documentados ahora.
   (B) hay una saturación de trabajadores documentados.
   (C) hay una abundancia de trabajadores indocumentados.
   (D) los granjeros del estado de Nueva York tienen razón.

10. De todos modos, la conclusión de muchos es que…
    (A) la promulgación de legislación para controlar a los inmigrantes ilegales ayudará.
    (B) la falta de trabajos aquí disminuirá el deseo de inmigrar a los Estados Unidos.
    (C) las nuevas reglas del Congreso van a intensificar el control sobre la inmigración ilegal.
    (D) si existe la pobreza en países vecinos muchos continuarán a arriesgarse en busca de una vida mejor.

11. Podemos ver del gráfico que…
    (A) la mayoría de los braceros hablan inglés.
    (B) la mayoría de los braceros vienen de Sudamérica.
    (C) la mayoría de los braceros ganan menos del sueldo mínimo.
    (D) la mayoría de los braceros son de otros países.

12. También el gráfico indica que…
    (A) muchos braceros vienen con su familia para buscar trabajo.
    (B) muchos braceros vienen solos para buscar trabajo.
    (C) muchos braceros mandan dinero a sus familias.
    (D) muchos braceros no mandan dinero a sus familias.

13. Los datos indican que los braceros…
    (A) toman trabajo de ciudadanos americanos.
    (B) no tienen que trabajar duro.
    (C) reciben más de los ciudadanos americanos que dan.
    (D) dan más que reciben de los ciudadanos americanos.

14. Por el trabajo que hacen los braceros…
    (A) la comida no nos cuesta tanto como en otros países.
    (B) la comida nos cuesta tanto como en otros países.
    (C) la comida no abunda tanto como en otros países.
    (D) la comida nos cuesta más que en otros países.

Selección número 8

Tema curricular: Las identidades personales y públicas

Fuente numero 1

Introducción: Este texto trata de una celebración para promover el orgullo entre las jóvenes latinas.

Están orgullosas de ser latinas[13]

Natazia Torres disfruta el poder hablar en español e inglés. A ella le gusta saber bailar y ser latina. (1)

«Todos somos especiales de distintas maneras,» mencionó Natazia, de 11 años, con una sonrisa. (5)

«Entonces está funcionando,» mencionó Daisy Rivera Algarín, una de las organizadoras de «Soy única soy latina» y presidenta de Latinas Unidas. (10)

El evento gratuito, el cual atrajo a más de 200 jóvenes a la escuela Franklin en Norton Street, se enfocó en el desarrollo de habilidades cotidianas como el manejo de dinero, autoestima y el elegir relaciones saludables. (15-20)

Éste es el cuarto año que Latinas Unidas patrocina este evento, y la tercera vez que Natazia ha asistido. (25)

«Me gusta que te dan cosas gratis,» mencionó Natazia, estudiante de quinto grado de la escuela #5. «Tenemos la oportunidad de hablar acerca de nuestra cultura y de asistir a talleres para ayudarnos con nuestro crecimiento. Podemos bailar y no estar apenadas.» (30-35)

Varias personas bailaron al final del evento. El grupo Arco Iris invitó a las jóvenes que asistieron al evento a bailar en el escenario. (40)

Había gritos y aplausos. Jóvenes en faldas tradicionales mexicanas de color rojo, verde, morado y azul bailaron con otras jóvenes de camisetas y vaqueros. (45)

«¿No están orgullosas de ser latinas?,» un presentador preguntó. (50)

Un rugido de «Sí» se escuchó de la gente, la mayoría entre las edades de 7 y 17 años.

Algunos de los padres asistieron también, y cerca de 40 se quedaron para un taller de dos horas acerca de la educación de los hijos en dos culturas, mencionó Rivera Algarín. La sesión fue ofrecida en inglés y español. (55-60)

Ella mencionó que vio más apoyo y participación este año por parte de las familias. «Padres de familia están finalmente entendiendo,» mencionó Rivera Algarín, añadiendo que eventualmente Latinas Unidas espera alcanzar 1.000 jóvenes en el evento anual. (65-70)

Para aquellos que piensan en asistir el año que viene, Natazia mencionó que vale mucho la pena. (75)

«Es una gran manera de expresarte y no deben de tener miedo de asistir porque aprenderán más de su herencia.»

---

[13]«Están orgullosas de ser latinas» por Marketta Gregory, «ConXion», the Rochester *Democrat and Chronicle*'s monthly bilingual newspaper, page 17, April 2006. Used with permission.

Fuente número 2

Introducción: Ahora las jóvenes latinas forman la minoría más grande de jóvenes en los EE.UU. Con esto estas chicas se enfrentan con muchos obstáculos que necesitan superar para lograr el dicho sueño americano.

Retos para latinas estadounidenses

Las jóvenes latinas se enfrentan con
muchos obstáculos para vencer para
llegar a ser adultas completamente
realizadas. Muchos tienen que ver
con sus raíces culturales, cuestiones
económicas y presiones sociales.
Aquí hay algunas que sobresalen:

La educación: 30% de latinas
abandonan la escuela antes de graduarse
mientras 12.9% de afro-americanas
y 8.2% de blancas lo hacen. Las factores
por abandonarlo incluyen la necesidad
de ayudar en casa y criar a hermanos
menores y novios que no quieren una

80

85

90

mujer demasiada educada o sea quieren
una mujer como su mamá o su abuela.[14]

La salud: Entre las latinas, las afro-
americanas y las blancas, las latinas están en
segundo lugar de tener un exceso de peso.[15]
A causa de varias presiones, una
de cada siete latinas tratarán de suicidarse.[16]

95

100

1. Natazia Torres se siente especial por…
   (A) ser única.
   (B) tener 11 años.
   (C) poder hablar sólo inglés.
   (D) ser latina.

2. «Soy única soy latina» fue un evento…
   (A) de bailes y música.
   (B) de conciertos y música latina.
   (C) para aprender cosas para tener una vida mejor.
   (D) para mantener y mejorar el uso del español por parte de los hispanos.

3. Al final del evento, los jóvenes podían…
   (A) vestirse a la mexicana.
   (B) bailar enfrente de todos.
   (C) conocer al grupo Arco Iris.
   (D) recibir cosas gratis.

4. Al final del evento, los padres podían…
   (A) participar en una presentación sobre la crianza de los hijos en un mundo multicultural.
   (B) participar en clases de inglés y español.
   (C) mostrar su orgullo de ser latinos.
   (D) participar en el baile.

5. Rivera Algarín piensa que han tenido éxito en que…
   (A) 1.000 jóvenes asistieron este año.
   (B) 200 jóvenes asistieron este año.
   (C) 40 padres asistieron este año.
   (D) los padres ya entienden la importancia de eventos así.

6. Según Natazia, vale la pena asistir porque…
   (A) les darán cosas gratis.
   (B) es una manera de expresar quién eres.
   (C) se aprende mucho.
   (D) se puede conocer a otras jóvenes.

7. Podemos decir que la meta de Latinas Unidas en patrocinar tal evento es…
   (A) fortalecer a las familias hispanas.
   (B) ayudar a las familias hispanas a asimilarse.
   (C) divertir a los niños hispanos.
   (D) promover la herencia hispana en toda la comunidad.

---

[14]http://abcnews.go.com/US/story?id=94298&page=1#.T_WstXDmfBJ.

[15]www.girlscouts.org/research/publications/…/latinas_and_overweight.pdf.

[16]http://www.latinousa.org/oldsite/1211-2/.

8. Las jóvenes en los EE.UU. ya sean blancas, latinas o afro-americanas se enfrentan con impedimentos pero las latinas tienden a tener…
   (A) más problemas con superarlos.
   (B) menos problemas con superarlos.
   (C) tantos problemas con superarlos.
   (D) ningún problema con superarlos.

9. Mientras ciertos problemas se comparten todos los grupos, las latinas en particular también tienen obstáculos impuestos por…
   (A) la religión.
   (B) la cultura.
   (C) la economía.
   (D) la presión social.

10. La segunda fuente parece indicar que eventos como «Soy única y soy latina» de la primera fuente…
    (A) son innecesarios.
    (B) separan las latinas de la comunidad.
    (C) son eventos con sólo una importancia cultural.
    (D) son importantes y necesarios para fortalecer a jóvenes latinas.

Selección número 9

Tema curricular: La vida contemporánea

Introducción: Este texto trata de un programa que les da a los que participan la oportunidad de un aprendizaje cultural.

Programas Juveniles - Intercambio Juvenil[17]

Para muchos jóvenes, la participación en el Programa de Intercambio Juvenil de los Leones es una experiencia que les cambia la vida. Viajar a otro país, vivir con una familia anfitriona y experimentar otra cultura son actividades que dejan huella.   5

Si desea leer el **artículo sobre intercambio juvenil y campamentos de jóvenes** que se publicó en la edición de la sede internacional de la Revista THE LION, **pulse aquí.**   10

Todos los años desde 1961, los jóvenes participan en el Programa Internacional de Intercambio Juvenil. El objetivo del programa es:

    Crear y promover un espíritu de comprensión entre los pueblos del mundo.   15

A diferencia de otros programas de intercambio, el Programa Internacional de Intercambio Juvenil no se lleva a cabo para hacer turismo, ni tiene fines educativos ni laborales. En cambio, se trata de una oportunidad de aprendizaje cultural única.

Los participantes en el Programa Internacional de Intercambio Juvenil de los Leones deben: 20

- Tener entre 15 y 21 años.
- Ser patrocinados por un club de Leones.
- Tener conocimientos básicos del idioma del país anfitrión.
- Ser aptos para representar a su comunidad, su club de Leones y su país.   25
- Estar dispuestos a aceptar las costumbres de otra cultura.

Más información

Directorio de intercambio juvenil

Información para presidentes y asesores

Información para potenciales participantes en los intercambios

Opiniones de participantes en los intercambios

Sea una familia anfitriona

Información sobre el club anfitrión

Información sobre el club patrocinador

Requisitos del seguro

---

[17]«Programas juveniles – Intercambio juvenil» Lions Clubs International, http://www.lionsclubs.org/SP/content/youth_ youth_exchange.shtml. Used with permission.

Los jóvenes que deseen participar en estos intercambios pueden solicitar el patrocinio del club de Leones de su localidad. Si se reciben numerosas solicitudes o si no se recibe ninguna, con frecuencia los clubes de Leones organizan concursos de oratoria, concursos de redacción de ensayos o entrevistas personales para seleccionar a los jóvenes que participarán en los intercambios. 30

Los intercambios pueden tener lugar en cualquiera de los más de 190 países que cuentan con clubes de Leones. La mayoría de los intercambios tiene una duración de entre cuatro a seis semanas. A menudo, los jóvenes que participan en los intercambios también lo hacen en el Programa Internacional de Campamentos Juveniles. 35

Los preparativos de viaje de los participantes están a cargo de los asesores de Intercambio Juvenil de la región patrocinadora y la región anfitriona. 40

El costo del transporte (incluidos pasajes, seguro, tasas de aeropuertos, impuestos de aduana y el costo de las escalas y el alojamiento por una noche) están a cargo del club de Leones patrocinador. Estos costos pueden ser pagados por el club con los fondos del distrito (si los hay), por el joven, por la familia del joven o por alguna combinación de estas opciones. 45

1. Este sitio web sería de interés para…
   (A) adultos que tienen interés en viajar.
   (B) jubilados que tienen interés en viajar.
   (C) jóvenes que quieren viajar por los Estados Unidos.
   (D) jóvenes que quieren experimentar otra cultura y país.

2. La meta de este programa es…
   (A) darles a los jóvenes posibilidades de viajar.
   (B) promover la comprensión entre culturas distintas.
   (C) darles la oportunidad de vivir con una familia anfitriona.
   (D) darles la oportunidad de acampar.

3. Este programa tiene motivos…
   (A) educativos.
   (B) turísticos
   (C) laborales.
   (D) culturales.

4. A los participantes les hace falta…
   (A) ser apoyados por un club.
   (B) tener menos de 21 años.
   (C) conocer las costumbres del país que visitan.
   (D) tener un conocimiento de la lengua que se habla en el país que visitan.

5. Si un club recibe muchas solicitudes, se hace la selección por medio de…
   (A) exámenes en la lengua del país.
   (B) una lotería.
   (C) competiciones académicas.
   (D) la fecha de la solicitud.

6. Por la duración del programa, probablemente se realizará…
   (A) durante las vacaciones de invierno.
   (B) durante las vacaciones de verano.
   (C) durante las vacaciones de primavera.
   (D) durante un semestre escolar.

7. La responsabilidad para la preparación de los viajeros está a cargo…
   (A) del club local.
   (B) de los padres.
   (C) de los participantes mismos.
   (D) de los líderes del intercambio en la región de donde son y adonde van.

8. Los gastos para el viaje son pagados por…
   (A) una combinación de recursos del club y de la persona que participa.
   (B) el distrito donde se encuentra el club.
   (C) el club local.
   (D) la persona que participa.

9. Si quieres más información sobre lo que piensan los que ya han participado, tienes que ver…
   (A) «Sea una familia anfitriona.»
   (B) «Información para potenciales participantes en los intercambios.»
   (C) «Opiniones de participantes en los intercambios.»
   (D) «Información sobre el club patrocinador.»

Selección número 10

Tema curricular: La ciencia y la tecnología

Fuente número 1

Introducción: Este texto trata de los avances tecnológicos que son cada vez más rápidos gracias a la diseminación fácil, rápida e instantánea de información.

«El mundo es un pañuelo» es un dicho bien conocido y gracias a avances en la tecnología, que han hecho la comunicación a largas distancias más rápida y fiable, se puede alcanzar los lugares más lejos en un (5) abrir y cerrar del ojo. Ahora la comunicación por internet, por correo electrónico, o sea e-mail, o por sitios tales como Facebook eliminan las distancias.

También ahora cuando un (10) estudiante, hombre de negocios, profesor, o una persona cualquiera necesite información sobre un tema, muchos usan un motor de búsqueda para encontrar las pisas necesarias en donde buscar la (15) información deseada y el más popular de éstos es Google. Hasta en inglés el nombre Google se ha convertido en verbo y también en español (guglear o googlear) aunque todavía no se ha incluido en el (20) diccionario de la Real Academia Española.

Pero, cuando uno piensa en estas innovaciones, muchos piensan en la pericia de científicos e inventores estadounidenses, europeos o asiáticos pero no saben que (25) debemos las gracias también a inventores de habla española de países hispanos por los avances en la tecnología electrónica. Uno de éstos es un señor que se llama Héctor García

Molina, un hombre nacido en Monterrey, (30) México y que ahora es profesor en los departamentos de Computación (o sea Informática) y de Ingeniería Eléctrica de la Universidad de Stanford.

El profesor García Molina (35) se graduó del Instituto Tecnológico de Monterrey en 1973 con su licenciatura en la ingeniería eléctrica, y recibió su maestría en la ingeniería eléctrica de la Universidad de Stanford en 1975 y (40) el doctorado en Informática en 1979 de la misma universidad. De 1979 hasta 1991 trabajó de profesor en el Departamento de Informática de la Universidad de Princeton. En 1992 se juntó con el (45) profesorado de la Universidad de Stanford. De 1994 hasta 1998 el fue el investigador principal para el Proyecto Biblioteca Digital de Stanford del cual salió el motor de búsqueda Google. Junto con ser profesor, (50) el Doctor García Molina es también miembro de la junta de directores de Oracle.

Gracias al trabajo de Héctor García Molina y sus colaboradores gozamos de tener lazos con la red mundial con Google que (55) nos permiten buscar cualquier cosa sin ningún inconveniente y ni siquiera pensarlo.

Fuente número 2

Introducción: Este texto trata de algunos científicos e inventores latinoamericanos y sus contribuciones a la tecnología moderna.

Científicos e inventores latinoamericanos modernos[18]

Tricromático Secuencial de Campos para darle color.
- Armando M. Fernández inventó y nombró la almohadilla de ratón, o sea mouse pad, en 1979. 65
- Víctor Celorio inventó la tecnología de la impresión distribuida que permite que un libro electrónico sea distribuido. 70
- Miguel de Iraza y Federico Mena son los líderes del proyecto GNOME, un entorno de escritorio e infraestructura para sistemas operativos Unix/Linux.

2. **Venezuela** 75
- Baruj Benacerraf recibió el Premio Nobel de Fisiología o Medicina en 1980 por su trabajo en la genética.

3. **Argentina**
- László Józef Brió, inventor y periodista, inventó el bolígrafo Brio. 80

4. **Costa Rica**
- Franklin Chang Díaz es el primer astronauta latinoamericano de la NASA. Él fundó Ad Astra Rocket en Houston, Texas que trata de desarrollar un motor de plasma llamado VASIMR. 85

1. **México**
- Guillermo González Camarena, científico e inventor, en 1943 fabricó una cámara de televisión a los 17 años y desarrolló un Sistema 60

1. En la primera línea del artículo, el dicho «El mundo es un pañuelo» es una metáfora que quiere decir que…
(A) el mundo es grande.
(B) el mundo es pequeño.
(C) el mundo es amplio.
(D) el mundo es estrecho.

2. La pequeñez del mundo actual según el artículo es gracias…
(A) a la comunicación.
(B) a adelantados técnicos.
(C) a Internet.
(D) al correo electrónico.

3. Se puede decir que la comunicación es…
(A) más segura que antes.
(B) menos segura que antes.
(C) menos rápida que antes.
(D) tan rápida que antes.

4. Ahora, para comenzar una investigación de un tema, muchas personas emplean … como punto de partida para encontrar fuentes de información sobre el tema.
(A) Facebook
(B) el correo electrónico
(C) un motor de búsqueda
(D) Internet

[18]Información sacada del sitio Web http://www.aeromental.com/2007/03/23/grandes-inventos-y-logros-científicos-realizados-por-latinoamericanos/.

5. Ahora tanto en inglés como en español el nombre Google se ha convertido en…
   (A) nombre.
   (B) descripción.
   (C) adverbio.
   (D) acción.

6. Según el artículo, algunos avances en la tecnología se deben…
   (A) a inventores de la Asia.
   (B) a inventores de los Estados Unidos.
   (C) a inventores de la América Latina.
   (D) a inventores de Europa.

7. El doctor García Molina sacó su doctorado de…
   (A) la Universidad de Princeton.
   (B) la Universidad de Stanford.
   (C) el Tecnológico de Monterrey.
   (D) la Universidad de Monterrey.

8. El motor de búsqueda de Google…
   (A) produjo el Proyecto Biblioteca Digital.
   (B) investigó el Proyecto Biblioteca Digital.
   (C) nació del Proyecto biblioteca Digital.
   (D) colaboró con el Proyecto Biblioteca Digital.

9. El doctor García Molina…
   (A) fundó Google.
   (B) sirve en la junta de directores de Google.
   (C) encabezó un proyecto que permitió la creación de Google.
   (D) dirigió la digitalización de la biblioteca de Stanford.

10. Gracias al descubrimiento tecnológico del inventor … podemos leer libros, revistas y periódicos por medio de lectores electrónicos tales como Kindle y Nook.
    (A) Guillermo González Camarena
    (B) Baruj Benacerraf
    (C) Armando M. Fernández
    (D) Víctor Celorio

11. El innovador … es uno de la pareja que encabezó el equipo responsable por las bases de un sistema operativo de ordenador.
    (A) Franklin Chang Díaz
    (B) Federico Mena
    (C) Víctor Celorio
    (D) Armando Fernández

12. Se puede decir que el mundo hispano…
    (A) ha producido adelantados en la tecnología y ciencia.
    (B) ha producido pocos adelantados en la tecnología y ciencia.
    (C) no ha contribuido a la comunicación electrónica.
    (D) no ha producido inventos que han impactado nuestras vidas diarias.

Answers and Explanations for Interpretive Communication: Print Texts

Selection #1
1. B (lines 1–4: reto = *challenge*)
2. D (lines 13–14: dañar = *to damage, injure*)
3. A (lines 22–23: calentarse = *to heat up*)
4. C (lines 34–35)
5. D (lines 46–50: lo suyo = *what's theirs*)
6. A (lines 58–61: adelantos = *advances, progress*)
7. C (lines 75–80)
8. C (lines 95–97, 98–101, 102–104)
9. A (lines 110–112: inscribir = *to register*)
10. B (lines 120–125: adelantar = *to advance* / promover = *to promote*)

Selection #2
1. B (lines 1–2: derecho = *law*)
2. B (lines 5–6: y punto = *end of story*)
3. D (lines 26–33: formados = *trained* / revalorizar = *to revalue*)
4. C (lines 34–36)
5. A (lines 40–44: "In this fusion of flavors, the encounter of two worlds took priority with complete openness and without grudges: the Andean and European.")
6. C (lines 45–51: "It was in the field of gastronomy where natives and invaders understood each other best …")
7. A (lines 54–59: fusión = *fusion*)
8. D (lines 74–80: despensa = *pantry* [where food supplies are stored] / nunca faltará ninguna variedad de nada = *no variety of anything will ever be lacking*)
9. A (lines 93–98)
10. B (lines 109–112: sin perder su escencia = *without losing its essence*)
11. D (lines 133–136: ha enriquecido = *has enriched*)
12. B (A dish like *cebiche* has spread with variation to other countries as the exchange of products from the Old and New Worlds influenced their cooking. / cebiche = *a shellfish dish*)

Selection #3
1. B (lines 7–10: "… he never has problems with customs, after all, they are for scientific use.")
2. A (lines 13–17: "'… I have not found a species stronger, straighter, and easier to harvest than the *Guadua angustifolia*' that grows in his own country.")
3. B (line 24: prodigio = milagro = *miracle*)
4. C (lines 29–32: "… grows faster than any other plant, which makes it an ideal renewable resource")
5. D (lines 54–58: "… Vélez has had to convince bureaucrats lacking in imagination from all over the world that he can build with bamboo in place of more widely accepted materials")
6. D (lines 82–87: "… a group of architects succeeded in getting the reviewers of the International Construction Code to approve a species of bamboo to be used as a construction material …")
7. A (lines 95–100: "… in developed countries like the United States, local building departments are not prepared to accept bamboo as a material …")
8. C (lines 103–107: "… the type of innovation that has marked his career is practically impossible in the developed world for another reason: lawyers." / pleitos = *lawsuits*)
9. C (lines 117–119: I do not want to be limited [typecast], like Sean Connery with James Bond.")
10. A (lines 128–129: "… one never knows from which side the rabbit is going to jump.")
11. A (lines 137–148)
12. D (lines 137–148)
13. C (lines 131–132 and 148: "Considering its varied uses to make objects, it is perhaps surprising that it is also a source of nourishment.")
14. C (lines 135–136)
15. B (lines 137–148)

Selection # 4
1. A (lines 1–4: "The bullfight is a Spanish celebration considered a sport because of its competitiveness …")
2. D (lines 7–9: "… the bull was venerated, it represented a symbol of strength …")
3. C (lines 17–22: "In a like manner, bullfights were carried out during the Middle Ages to celebrate events having a certain importance, such as royal weddings and the birth of princes.")

4. B (lines 38–64)
5. D (lines 48–54: "… three bullfighters, dressed in their suit of lights and with three-cornered hats, are those who in order of seniority will show off their skills and will fight six bulls …")
6. B (lines 76–81: "… in order to test the ferocity of the animal and to measure its strength.")
7. C (lines 102–107: "… in order of importance: two ears and the tail, two ears, and one ear.")
8. A (lines 108–112: "The attraction of the bullfight lies in the admiration of the audience of the bravery and skill that the bullfighter has when faced with the bull.")
9. D (lines 112–118: "… opposition has arisen in various places in the world because of the violence that killing the bull represents.")
10. D (lines 7–22)
11. A (lines 124–129)
12. C (lines 130–132)
13. C (lines 140–145) (corporaciones = sociedades anónimas = *corporations*)
14. B (lines 154–156)

Selection # 5

1. B (lines 6–11: "We can be proud of our multicultural 'Puerto-Ricanism' and the incredible mixture of Taino, Spanish, and African influences.")
2. D (lines 14–17: "… many of us do not connect the coffee industry with the immigration of families from the island of Corsica.")
3. A (lines 28–35: "Many people from Corsica began to immigrate to Puerto Rico in 1850, when Spain issued the Royal Decree of Graces, encouraging citizens of Spain, Ireland, Germany, and France to move to the Caribbean or South America.")
4. A (lines 40–42: "… many of those moved due to the similarities with their native island.")
5. C (lines 63–69: "During 1890, Puerto Rico established itself as the sixth largest producer of coffee in the world. For that reason, many countries tried to copy the production model of Puerto Rican coffee.")
6. B (lines 82–84: "Yauco coffee was sold to all the kings and queens of Europe.")
7. D (lines 113–118: "The majority of the coffee is sold to wholesalers, who sell the coffee to large corporations to mix it and distribute it under well-known American brand names.")

8. B (lines: 120–125: "… they are proud of the work they do and of the legacy that we have inherited from the people of Corsica, even though we might be Puerto Ricans in our hearts.")
9. B (lines 141–152: Of the three periods, two involved conflict.)
10. D (lines 152–154 and 159–164: pastores = *shepherds* / ovejas = *sheep*)
11. C (lines 15–17: café = *coffee, an agricultural product*)
12. A (lines 154–159: vendiendo carne y lana = *by selling meat and wool*)
13. B (lines 164–177: dejar huella = *to leave a mark* [literally, *footstep*])
14. B (lines 178–180)
15. C (lines 188–189: sus descendientes = *their descendants* [Americans of Basque descent])

Selection #6

1. C (lines 4–6: medios de comunicación = *mass media*)
2. A (line 14: europeos = *Europeans* [usually depicted as white])
3. D (lines 23–25: retroceder = *turn back* / parar = *stop*)
4. B (line 26: accesible a todos = *accessible to all*)
5. C (lines 40–42: un resultado no deseado = *an undesired result*)
6. B (lines 50–51: mejorar la vida de la persona lesionada = *improve the life of the injured person*)
7. A (lines 54–62)
8. C (lines 78–79)
9. C (the third sentence of the second paragraph of the advertisement)
10. B (lines 80–82)

Selection #7

1. B (lines 12–18: "If you close your eyes, the smells, the music, the language will make you think that you are in Mexico. But that is not the case. You are in the western part of New York [state], not too far from the city of Rochester.")
2. C (lines 21–25: "… they are from towns from the rural areas of states like Oaxaca, Chiapas, and Guerrero; states located in the southern part of Mexico.")
3. A (lines 43–47: "… they had to pay around 2,500 dollars to a coyote so that he would transport them to the United States illegally.")

4. D (lines 59–65: "It is a very large business that needs many workers. Agriculture in the United States would not function without agricultural workers.")

5. B (lines 73–77: "My only option to enter the United States was as an illegal since the American Consulate would never give me a visa …")

6. C (lines 81–85: "After I met up with a friend who told me that there was a lot of work here and not many people come here like to Florida or California.")

7. D (line 112: "I am here because of the weather.")

8. A (lines 129–135: "This could be due to the difficulty in entering the United States after September 11, as vigilance on the part of the Department of Immigration increased …")

9. C (lines 147–148: "Nevertheless there is a saturation of illegal workers.")

10. D (lines 161–166: "… always and whenever poverty exists in Mexico, many will take the risk of crossing the border and traveling to areas like this.")

11. D (first column of the graph: extranjeros = *foreigners*)

12. B (third column of the graph: dejar = *to leave behind*)

13. D (lines 168–171: impuestos = *taxes*)

14. A (lines 175–177: como porcentaje de nuestra renta = *as a percentage of our income*)

Selection #8

1. D (lines 3–4: "She likes to know how to dance and to be a Latina.")

2. C (lines 18–22: "… is focused on the development of daily skills such as money management, self-esteem, and selecting healthy relationships.")

3. B (lines 39–41: "… invited the young girls who attended the event to dance on the stage.")

4. A (lines 54–59: "Some of the parents attended also, and about 40 stayed for a two-hour workshop on educating children in two cultures …")

5. D (lines 65–67: "Parents are finally understanding, …")

6. B (lines 76–79: "It is a great way to express yourself and they should not be afraid to attend because they will learn about their heritage.")

7. A (lines 18–22 and 54–59)
8. A (lines 87–98)
9. B (lines 83–85 and 96–100)
10. D (lines 15–22 and lines 80–100)

Selection #9

1. D (the title of the Web page)

2. B (lines 14–15: "To create and promote a spirit of understanding among the peoples of the world.")

3. D (lines 18–19: "… it is about a unique opportunity for cultural learning.")

4. A (line 23, second bullet: "To be sponsored by a Lions Club.")

5. C (lines 29–33: "…frequently Lions Clubs organize public speaking competitions, essay competitions, or personal interviews to select the students who will participate in the exchanges.")

6. B (lines 35–36: "The majority of the exchanges have a duration of between four and six weeks.")

7. D (lines 39–41: "The preparation for the trip for the participants is the responsibility of the International Exchange from the region sponsoring the trip and from the region hosting the trip.")

8. A (lines 42–47: "The cost of transportation (including tickets, insurance, airport taxes, customs taxes, the cost of layovers and one night's lodging) are the responsibility of the sponsoring Lions Club. These costs can be paid for by the club with district funds (if there are any), by the youth, by the family of the youth, or by some combination of these.")

9. C (fourth paragraph under "more information": "Opinions of the participants in the exchanges.")

Selection #10

1. B (lines 4–9: eliminan las distancias = *eliminate distances* / un pañuelo = *handkerchief*)

2. B (line 2: avances = adelantados = *advances*)

3. A (line 4: fiable = seguro = *sure, safe*)

4. C (line 14: motor de búsqueda = *search engine*)

5. D (lines 17–19)

6. C (lines 26–27: de habla española de países hispanos = *Spanish speaking from Hispanic countries*)

7. B (lines 38–42)

8. C (lines 48–50: salió = *came out of* / nació = *was born*)

9. C (lines 47–50: fue el investigador principal para el Proyecto Biblioteca Digital = *was the head investigator for the Digital Library Project*)

10. D (lines 68–70)

11. B (lines 71–74)

12. A (given the numerous contributions made to technology by scientists and inventors of Hispanic origin)

Exam Section I, Part B

Interpretive Communication: Audio Texts and Print and Audio Texts Combined

IN THIS CHAPTER

Summary: In this part of the examination you will listen to audio selections and answer questions printed in the examination booklet based on your understanding of what you have heard. Section I, Part B contains two subsections. In **Print and Audio Texts Combined**, you will read a printed text and listen to an audio selection before answering questions on both passages. In the other subsection, **Audio Texts**, you will listen only to an audio passage and then answer questions. These two subsections together will require approximately 55 minutes and will account for about a fourth of your total AP Spanish Language and Culture exam score. This chapter provides guidance on developing a strategy to approach this part of the exam. You will be able to practice using test-like multiple-choice questions based on audio and print texts combined. The scripts, answers, and explanations follow. Then you'll find a section of audio texts only with multiple-choice questions based on what you've heard. Finally, the chapter contains the scripts, answers, and explanations for the audio-only selections.

Strategy for Interpretive Communication: Audio Texts and Print and Audio Texts Combined

For some of the questions in this section, you will read a printed passage and listen to an audio recording and then answer multiple-choice questions on both of them. For other questions, you will hear only an audio recording and then answer multiple-choice questions. For all audio passages, you will listen once and get 1 minute to begin to answer the questions; then the audio recording will be played a second time. After you have heard the audio recording twice, you will be given more time to answer the multiple-choice questions. The amount of time will vary depending on the number of questions, with 15 seconds allocated for each question. The multiple-choice questions you will need to answer are printed in the test booklet and will not be read to you.

Below are suggestions on how to approach this part of the test in order to score your best.

- Get a stopwatch or timer. On the actual test the timing will be done for you. However, for the practice in this chapter, you will need to time yourself.
- Use the time before the audio selection begins to read the introduction and as many questions as you can to get an idea of what you should listen for.
- While the narrator is speaking, give your full attention to what is being said.
- Take notes while you listen to the audio selections; notes you make in the test booklet will not be read or scored. It's a good idea to take your notes in Spanish so that you capture some of the words directly from the passage and can refer to them when answering the questions. Don't worry about writing full sentences of ideas; it's better to just try to capture key words and phrases.
- While reading the printed passages, you should underline key ideas or phrases.
- As with any multiple-choice test, if you do not know the answer immediately, try to eliminate one or two of the possible responses and then make a guess.
- There is no penalty for guessing, so even if time is running out and you have to guess wildly, you should not leave any answers blank. After all, you have a 25-percent chance of getting even a wild guess right!
- After you have done the exercises and are checking your answers and reading the explanations, note any words that you do not know in the audio scripts and printed passages. Make a list and/or flash cards and review them from time to time before you take the test.

Practice for Interpretive Communication: Print and Audio Texts Combined

In this section of the chapter there are 10 selections, each of which contains both a printed text and an audio passage similar to what you will find on the actual test. For each selection, you will listen to the audio passage on the accompanying audio CD. After you've listened to the audio passage the first time, you will have 1 minute to begin to answer the questions printed in the test booklet. Then you will hear the passage a second time and be given additional time to answer the questions.

On the actual examination, you will mark your responses on an answer sheet you have been given. For the questions in this chapter, you may circle the letter of the correct answer. However, you may wish to write your answers on scrap paper rather than marking in this book. That way, you can go back and try the questions again later in the year (time permitting). Practice makes perfect!

The timing will be done for you on the actual exam. However, for the practice exercises in this chapter, you will need a stopwatch or timer. Allow yourself the specific time intervals stated in the instructions to read the introductions, read the printed texts, and answer the questions. You will also need to time the 1-minute interval between hearing the audio selection the first time and replaying it. You do not need to run the timer while you are listening to the audio passages.

Instructions: You will have approximately 4 minutes to read the printed article. Then you will have 2 minutes to read the introduction to the second source and preview the questions. Afterward, you will hear the audio selection; you may take notes while you listen. Then you will have 1 minute to start to answer the questions. After 1 minute you will hear the audio selection again. Then you will have 15 seconds per question to answer the questions.

Instrucciones: Tendrás 4 minutos para leer el artículo impreso. Entonces tendrás 2 minutos para leer la introducción de la segunda fuente y prever las preguntas. Después, escucharás la selección auditiva; puedes tomar apuntes mientras escuchas. Entonces tendrás 1 minuto para empezar a contestar las preguntas. Después de 1 minuto, escucharás la selección auditiva otra vez. Entonces tendrás 15 segundos por pregunta para contestar las preguntas.

Selección número 1

Tema curricular: Las identidades personales y públicas

*Primero tienes **4 minutos** para leer la fuente número 1.*

Fuente número 1

Introducción: El artículo impreso describe el fondo histórico de la celebración llamada el Cinco de Mayo.

La derrota francesa el cinco de mayo 1862

Mientras la Guerra Civil rugía en los Estados Unidos, los franceses aprovecharon de la   1
situación para poder tratar de extender su influencia en las Américas. Por la lucha de
independencia de España, la Guerra de Texas y su propia guerra civil, México tenía
una deuda externa muy grande. España, Inglaterra y Francia le habían prestado dinero
y México no podía devolvérselo. Por esta razón y el deseo francés de poder tomar posi-   5
ción en las Américas, con el apoyo de los conservadores mexicanos, Francia invadió a
México e instaló a Maximiliano de Hapsburgo como emperador Maximiliano I. Pero
Maximiliano sólo iba a gobernar por 3 años, de 1864 hasta 1867. Cuando los conservadores vieron que Maximiliano simpatizaba con Benito Juárez y los ideales liberales de
sus partidarios, los conservadores lo abandonaron. Maximiliano y dos de sus generales   10
fueron ejecutados en Querétaro en 1867. Años más tarde, transfirieron su cuerpo a
Austria para estar enterrado con otros de su familia.

El cinco de mayo no conmemora la derrota final de los franceses y Maximiliano,
sino la primera victoria de los mexicanos en contra de los franceses en la batalla de
Puebla de 1862. La razón original por la cual se celebraba era la victoria del General   15
Zaragoza en contra de los franceses después de que aquéllos habían llegado a
Veracruz. Los franceses llegaron a Veracruz e intentaron avanzar hacia la capital. Pero
en Puebla el ejército mexicano los esperaba y aunque lucharon en contra de un
ejército mejor preparado y almacenado, los mexicanos ganaron aquella batalla.

Entonces el cinco de mayo, de verdad, reconoce la valentía y la victoria del   20
ejército mexicano en 1862 a principios de la invasión francesa y el breve reinado de
Maximiliano.

*Deja de leer. Ahora pasa a la fuente número 2. Tienes **2 minutos** para leer la introducción y prever las preguntas.*

Fuente número 2

Introducción: Esta monografía de radio trata de la celebración del Cinco de Mayo en los Estados Unidos.

Ahora escucha la selección.

TRACK 6

PLAY Track 6 on the accompanying audio CD. (The script for Track 6 appears on page 119.)

*Ahora tienes **1 minuto** para empezar a contestar las preguntas para esta selección. Después de 1 minuto vas a escuchar la selección de nuevo.*

PLAY Track 6 again.

*Ahora tienes **2 minutos y 30 segundos** para terminar de responder a las preguntas de esta selección.*

1. El propósito de la primera fuente es…
   - (A) de aclarar el origen de una celebración norteamericana.
   - (B) de promover una celebración norteamericana.
   - (C) de describir una celebración norteamericana.
   - (D) de comparar dos celebraciones norteamericanas.

2. En realidad, el Cinco de Mayo celebra la derrota de los … por los mexicanos.
   - (A) ingleses
   - (B) franceses
   - (C) americanos
   - (D) alemanes

3. Esta invasión de México tenía dos motivos, uno para tener más poder en el nuevo mundo y el otro por motivos…
   - (A) nacionalistas.
   - (B) culturales.
   - (C) antiamericanos.
   - (D) económicos.

4. Los Estados Unidos no pudieron ofrecerles ayuda a los mexicanos porque…
   - (A) estaban involucrados en otra guerra.
   - (B) estaban aliados con los agresores.
   - (C) no tenían los recursos financieros.
   - (D) tenían ya una deuda externa muy grande.

5. En realidad, el Cinco de Mayo conmemora…
   - (A) la Guerra de Independencia Mexicana.
   - (B) la Guerra de Texas.
   - (C) la primera derrota de los invasores al llegar a México.
   - (D) la Guerra Civil Mexicana.

6. Según la fuente auditiva, la celebración del Cinco de Mayo tiene … importancia en los EE.UU. … en México.
   - (A) tanta … como
   - (B) menos … que
   - (C) la misma … como
   - (D) más … que

7. En la fuente auditiva se ve que en los Estados Unidos esta celebración se ha convertido en…
   - (A) una celebración de una victoria mexicana.
   - (B) una razón por tener una fiesta.
   - (C) una celebración de la independencia mexicana.
   - (D) una razón por ofrecer rebajas en las tiendas.

8. La fuente auditiva nos dice que esta celebración para mexicoamericanos se ha convertido en…
   - (A) una celebración de una victoria mexicana.
   - (B) una celebración de la independencia mexicana.
   - (C) una celebración de su herencia.
   - (D) una celebración de su nueva ciudadanía.

9. La fuente auditiva nos indica que el Cinco de Mayo ahora…
(A) es celebrado casi por todos.
(B) es celebrado sólo en el suroeste de los Estados Unidos.
(C) es celebrado sólo en restaurantes mexicanos.
(D) es celebrado sólo por los mexicoamericanos.

10. Podemos ver de estas dos fuentes…
(A) una celebración que sigue en conmemoración de una victoria mexicana.
(B) una celebración que se ha transformado en un fenómeno cultural.
(C) una celebración que tiene más importancia en México que en los Estados Unidos.
(D) una celebración en que la población mayoritaria no participa.

Selección número 2

Tema curricular: Las familias y las comunidades

*Primero tienes **4 minutos** para leer la fuente número 1.*

Fuente número 1

Introducción: El artículo impreso describe la historia del embajador de los Estados Unidos a México, Joel Roberts Poinsett, y la flor de nochebuena.

La flor de Nochebuena

En 1821 México por fin afirmó su independencia y poco después los Estados   1
Unidos reconocieron a México y le mandaron su primer embajador, Joel Roberts
Poinsett. Durante su estancia en México, Poinsett conoció una flor llamada en la
lengua náhuatl, lengua de los aztecas, cuitluxochitl, que florecía en el mes de diciembre en las regiones tropicales del sur de México. Para los aztecas esta flor simbolizaba   5
la pureza y hasta usaban la savia de la planta para curar fiebres. Al volver a los
Estados Unidos Poinsett llevó algunas de estas flores consigo y desde entonces se
hicieron populares durante el mes de diciembre para celebrar la Navidad. En inglés
se llama poinsettia por el embajador Poinsett.

En realidad, la flor de Nochebuena no es una flor, sino un arbusto y sus flores   10
no son flores sino las hojas en las puntas de sus ramas que se cambian al color rojo.
La planta puede ser arbusto o llegar a ser un árbol pequeño. A través de los años los
horticultores han creado 109 variedades de esta planta que originalmente era una
planta silvestre. De éstas las tres más populares son la roja, la rosada y la blanca.
En una encuesta 69 por ciento de la gente prefiere la roja, 14 por ciento la rosada y   15
7 por ciento la blanca.

Como esta "flor" florece en el mes de diciembre, tiene flores en la forma de
estrellas y antiguamente representaba la pureza, se convirtió fácilmente en símbolo
de la Navidad.

*Ahora tienes **2 minutos** para leer la introducción de la fuente número 2 y prever las preguntas.*

Fuente número 2

Introducción: Esta monografía de radio trata de una leyenda que explica el origen de la flor de nochebuena.

Ahora escucha la selección.

TRACK 7

PLAY Track 7 on the accompanying audio CD. (The script for Track 7 appears on page 119.)

*Ahora tienes **1 minuto** para empezar a contestar las preguntas para esta selección. Después de 1 minuto vas a escuchar la selección de nuevo.*

PLAY Track 7 again.

*Ahora tienes **2 minutos y 30 segundos** para terminar de responder a las preguntas de esta selección.*

1. La primera fuente nos explica…
   - (A) el origen de una flor.
   - (B) el origen del nombre de una flor.
   - (C) el origen de una celebración.
   - (D) el origen del color de una flor.

2. La flor, que en cierto modo simboliza las fiestas navideñas, lleva el nombre que tiene en los Estados Unidos por…
   - (A) su nombre náhuatl.
   - (B) un político azteca.
   - (C) su nombre en español.
   - (D) un político estadounidense.

3. Los aztecas usaron parte de esta planta…
   - (A) como decoración.
   - (B) en diciembre.
   - (C) en ritos religiosos.
   - (D) como medicina.

4. Lo que puede sorprender en la primera fuente es que la flor de nochebuena…
   - (A) no es una flor.
   - (B) no florece en diciembre.
   - (C) no era de color rojo originalmente.
   - (D) no tiene hojas.

5. Esta flor se convirtió fácilmente en símbolo de la navidad por…
   - (A) llegar a los Estados Unidos en diciembre.
   - (B) ser de color rojo.
   - (C) ser un árbol pequeño.
   - (D) el mes en que florecía, su forma y lo que simbolizaba.

6. La fuente auditiva trata de … que explica un fenómeno natural.
   - (A) una fábula
   - (B) una historia real
   - (C) un cuento de hadas
   - (D) un cuento histórico

7. En la fuente auditiva, el sacerdote pidió que la madre de María … para la celebración de la Navidad.
   - (A) limpiara la iglesia
   - (B) cantara en la iglesia
   - (C) tejiera una cubierta nueva para el pesebre
   - (D) ayudara a preparar la iglesia

8. Según la fuente auditiva, la madre de María no pudo hacer lo que el padre le había pedido porque…
   - (A) murió.
   - (B) se enfermó.
   - (C) hubo un accidente.
   - (D) María lo destruyó.

9. Según la fuente auditiva, los otros en la iglesia comenzaron a susurrar entre sí…
   - (A) criticando el regalo de María.
   - (B) criticando a María por no tener regalo.
   - (C) viendo el regalo de María transformarse.
   - (D) viendo María entrar en la iglesia.

10. Las dos fuentes nos sirven para…
    - (A) explicar un evento ficticio.
    - (B) explicar el origen de una tradición invernal.
    - (C) explicar el origen de una tradición mexicana.
    - (D) explicar un evento histórico.

Selección número 3

Tema curricular: Los desafíos mundiales

*Primero tienes **4 minutos** para leer la fuente número 1.*

Fuente número 1

Introducción: El artículo impreso plantea el debate sobre si los Estados Unidos son «un crisol» de culturas (la metáfora histórica) o mejor una ensaladera de muchas culturas.

Los Estados Unidos, ¿crisol de culturas o ensaladera de culturas?

Tradicionalmente en clases de historia por los Estados Unidos los profesores y los   1
textos han empleado la metáfora del crisol para explicar la combinación y asimilación de culturas en los Estados Unidos. Como se hace con los metales en un crisol
real, cada ola de inmigración a los Estados Unidos se ha fundido con la cultura
predominante para convertirse en algo nuevo. Pero, ¿es esto exactamente lo que pasa   5
en práctica? ¿Es que cada grupo se une por completo con la cultura americana a
costo de perder su identidad?

Muchos grupos a través de la historia se han juntado con otros que comparten
una cultura y un idioma al llegar a los Estados Unidos. En ciudades grandes y hasta
en las pequeñas, se puede ver barrios italianos, alemanes, franceses, irlandeses,   10
chinos, etcétera. Mientras algunos de estos barrios sólo existen históricamente, otros
todavía han mantenido su carácter cultural. Más recientemente las olas de inmigración de Vietnam, China, el Medio Oriente y Latinoamérica han creado nuevos
barrios étnicos.

En el pasado, para los de la primera generación sobre todo, ha habido el deseo   15
de integrarse por completo. En mi propio caso mi abuela rehusó forzosamente
hablar francés fuera de la casa y por consiguiente yo tuve que aprenderlo en la universidad. Pero en nuestros días parece que hay un deseo más fuerte por preservar la
herencia mientras se asimila a la nueva cultura. Puede ser porque los números de
inmigrantes que llegan son más numerosos o simplemente que hay un deseo   20
humano de recordar y celebrar las raíces. Hasta en las comunidades más establecidas,
como la italiana y la irlandesa, hay clubes y asociaciones que se empeñan en conservar la cultura y hasta la lengua materna.

Parece que teniendo en cuenta todo esto, la metáfora no representa perfectamente la asimilación cultural de los Estados Unidos. A lo mejor la metáfora de la   25
ensaladera funciona mejor. Como en una ensaladera mezclamos muchos vegetales
con sabores, apariencias y texturas diferentes, mientras que se combinan los sabores
hasta cierto punto, los ingredientes no pierden por completo su esencia y sabor
originales.

*Ahora tienes **2 minutos** para leer la introducción de la fuente número 2 y prever las preguntas.*

Fuente número 2

Introducción: Esta monografía trata de varias celebraciones étnicas que tienen lugar en los
Estados Unidos y que reflejan los orígenes de su ciudadanos.

Ahora escucha la selección.

PLAY Track 8 on the accompanying audio CD. (The script for Track 8 appears on page 120.)

*Ahora tienes **1 minuto** para empezar a contestar las preguntas para esta selección. Después de
1 minuto vas a escuchar la selección de nuevo.*

PLAY Track 8 again.

*Ahora tienes **2 minutos y 30 segundos** para terminar de responder a las preguntas de esta
selección.*

1. En la primera fuente, la metáfora del crisol se usa para explicar…
   - (A) la homogeneización de culturas fundidas en una nueva.
   - (B) la separación de culturas y etnias.
   - (C) la pérdida de identidad cultural.
   - (D) los cambios culturales a la cultura predominante.

2. Según el primer artículo, se puede ver las diferentes olas de inmigración en…
   - (A) los restaurantes nacionales en los EE.UU.
   - (B) las lenguas habladas en diferentes regiones de los EE.UU.
   - (C) los vecindarios nacionales adonde acudieron primero los recién llegados.
   - (D) la nacionalidad de la población de muchas ciudades.

3. La primera fuente nos dice que antes era el deseo de muchos inmigrantes…
   - (A) mantener el uso de la lengua materna en casa.
   - (B) asimilarse por completo a la nueva cultura.
   - (C) usar el inglés sólo fuera de la casa.
   - (D) preservar su cultura y lengua maternas.

4. Un ejemplo del fenómeno mencionado en la pregunta 3 es el caso del autor donde él…
   - (A) aprendió la lengua de sus antepasados en casa.
   - (B) aprendió la lengua de su antepasados en su barrio.
   - (C) aprendió la lengua de sus antepasados volviendo al país de sus antepasados.
   - (D) aprendió la lengua de sus antepasados en la universidad.

5. La primera fuente nos dice que muchos grupos de inmigrantes celebran sus raíces por medio de…
   - (A) grupos dedicados a preservar la cultura materna.
   - (B) viajes al país materno.
   - (C) estudios de su lengua materna.
   - (D) programas de estudios culturales.

6. La conclusión a la cual llega el autor del primer artículo es que mejor metáfora para explicar la cultura americana fuera «ensaladera» porque…
   - (A) somos uno por convertirnos en algo nuevo.
   - (B) somos uno pero hecho de muchas cosas diferentes.
   - (C) somos uno por ser ciudadanos del mismo país.
   - (D) somos uno por amenguar nuestras diferencias para ser una creación nueva.

7. Vemos en la segunda fuente que muchos grupos celebran su herencia y la comparten con otros con…
   - (A) servicios religiosos.
   - (B) documentales.
   - (C) celebraciones públicas.
   - (D) proclamaciones.

8. Muchas de éstas se celebran…
   - (A) el día de la independencia del país materno.
   - (B) el Año Nuevo.
   - (C) el mes de marzo.
   - (D) una fecha o época del año importante para el grupo.

9. Las conmemoraciones mencionadas en la segunda fuente pueden ser genéricas como el mes de la hispanidad, o específicas según…
   - (A) una concentración de inmigrantes recién llegados.
   - (B) una concentración de una cultura específica.
   - (C) una conexión entre ciudades como en el programa de Ciudades Hermanas.
   - (D) una conexión entre la comunidad que celebra y la población mayoritaria.

10. Lo bueno de estos eventos es que…
    - (A) preservan nuestras herencias.
    - (B) nos permiten compartir nuestras herencias.
    - (C) ayudan en el proceso de asimilación.
    - (D) subrayan nuestras similitudes.

Selección número 4

Tema curricular: La vida contemporánea

*Primero tienes **4 minutos** para leer la fuente número 1.*

Fuente número 1

Introducción: El artículo impreso es sobre la importancia del maíz como base de alimentación en México. Trata de la importancia histórica y cultural que tiene y ha tenido el maíz para los mexicanos y sus ancestros.

El maíz, fuente de la vida[1]

Tanto como la harina y el pan han representado la base de la comida europea, el maíz   1
ha representado la vida para muchas civilizaciones precolombinas. El cultivo del maíz
fue una actividad importante en estas culturas y hasta tenía importancia en su religión.
En la cultura zapoteca el dios del maíz se conocía como «Pitao Cozobi» (dios de las
mieses). En la cultura mexica había la diosa Chicomecoatl, que tenía mazorcas de maíz   5
en sus manos, y Cintéotl (dios del maíz). Como se ve, el hecho de tener un dios o una
diosa para representar algo elemental indica claramente la importancia que tenía esta
planta para aquellos pueblos. El maíz servía también como ofrenda a los dioses, y reza-
ban y ofrendaban a aquellos dioses para que tuvieran buenas cosechas de maíz de las
cuales dependía la supervivencia de sus culturas.   10

     Nadie sabe exactamente donde se originó el maíz pero se cree que tiene sus
orígenes en el valle de Tehuacan en el estado actual de Puebla. Su cultivo había
evolucionado cuando llegaron los primeros españoles. Era y sigue siendo el alimento
básico de muchos pueblos precolombinos y forma la base de muchas comidas
mexicanas que se conocen hoy en día. El maíz se emplea en platos como tacos,   15
enchiladas, tamales, y bebidas como el pozole. Con la comida, en vez de comer pan
o panecillos como los europeos, los mexicanos normalmente comen tortillas de maíz.

     Como la harina se ha formado la base alimenticia de países europeos, por ejem-
plo Francia, y la papa ha servido históricamente ese papel en Irlanda, el maíz sigue
siendo la base de la comida de México, su fuente de vida.   20

*Ahora tienes **2 minutos** para leer la introducción de la fuente número 2 y prever las preguntas.*

Fuente número 2

Introducción: Esta monografía de radio trata del *Popol Vuh*, el libro sagrado de los maya-
quiché que cuenta la historia de la creación de los mayas quiché.

Ahora escucha la selección.

TRACK 9

PLAY Track 9 on the accompanying audio CD. (The script for Track 9 appears on page 120.)

*Ahora tienes **1 minuto** para empezar a contestar las preguntas para esta selección. Después de
1 minuto vas a escuchar la selección de nuevo.*

PLAY Track 9 again.

*Ahora tienes **2 minutos y 15 segundos** para terminar de responder a las preguntas de esta selección.*

1. La primera fuente nos explica que el maíz es para
las culturas mesoamericanas como … es para las
culturas europeas.
(A) el pan
(B) la harina
(C) la mazorca
(D) el cultivo

2. Sabemos que el maíz era de suma importancia
para las culturas mesoamericanas porque…
(A) era la base de su economía.
(B) era la base de la comida europea.
(C) formaba parte de sus ceremonias políticas.
(D) formaba parte de su religión y sus prácticas
    religiosas.

---

[1]Algunos de los datos para este artículo vienen de "México, Hombres de Maíz", http://www.las-buenas-mesas.com/
hmaiz.html.

3. El autor menciona en la primera fuente que se cree que el maíz vino de…
   (A) México.
   (B) Europa con los españoles.
   (C) el Perú.
   (D) Irlanda.

4. El autor de la primera fuente explica que el pozole se hace con…
   (A) maíz.
   (B) harina.
   (C) arroz.
   (D) papas.

5. Según la segunda fuente las leyendas funcionan para…
   (A) explicar nuestra historia.
   (B) contar nuestra historia.
   (C) engrandecer nuestra historia.
   (D) explicar lo que no tiene explicación.

6. Los mayas, según su religión, fueron hechos de … por los dioses.
   (A) madera
   (B) maíz
   (C) tierra
   (D) lluvia

7. Según la segunda fuente, dos historias que coinciden en la Biblia cristiana y el *Popol Vuh* son la creación del hombre de barro y…
   (A) la historia de Adán y Eva.
   (B) la creación del hombre varias veces.
   (C) la creación del hombre de madera.
   (D) la destrucción del hombre por un diluvio.

8. La historia de la creación del hombre maya-quiché muestra…
   (A) la importancia de su religión.
   (B) la importancia que les tenían un alimento.
   (C) la importancia que les tenía el *Popol Vuh*.
   (D) la importancia que les tenía la agricultura.

9. Estos dos artículos muestran el valor que le dieron a…
   (A) algo que les dio la religión.
   (B) algo que les dio la vida.
   (C) algo que les dieron los primeros españoles.
   (D) algo que les dieron los maya-quiches.

Selección número 5

Tema curricular: La vida contemporánea

*Primero tienes **4 minutos** para leer la fuente número 1.*

Fuente número 1

Introducción: El artículo impreso es sobre una bebida importante para la gente de la Argentina, el Paraguay y el Brasil y su valor nutritivo.

La yerba mate, ¿bebida o elixir?[2]

La yerba mate es una infusión muy popular en la Argentina, el Paraguay y el Brasil   1
que muchos toman como los ingleses disfrutan de su té. Es una bebida que tiene
cafeína como el café o té pero también dicen que tiene propiedades medicinales.
Según los indios guaraníes de Paraguay, la yerba mate ayuda a elevar la inmunidad,
limpiar y desintoxicar la sangre, combatir el cansancio, estimular los procesos men-   5
tales, controlar el apetito, menguar los efectos de ciertas enfermedades, restaurar el
color al pelo, ayudar el sistema nervioso y retrasar el proceso de envejecimiento.

    La verdad es que esta infusión sí ofrece ciertas vitaminas y minerales. En un
estudio realizado en Francia por el Instituto Pasteur y la Sociedad Científica de París,
concluyeron que la yerba mate tiene casi todas las vitaminas y minerales necesarias   10
para sostener la vida.

---

[2]Algunos de los datos para este artículo vienen de "Yerba Mate or Hierba Mate", http://www.miyerbamate.com/content/Yerba+Mate+hierba+mate+permier+south+american+beverage.html.

Para hacer la infusión, se hace una especie de té con las hojas molidas del árbol yerba mati, que primero son empapadas en agua fría y luego se añade el agua caliente. Mientras se bebe, se continúa a añadir agua caliente a las hojas hasta que se haya agotado toda la esencia. 15

Como se sabe, la yerba mate también tiene cierta ceremonia. Se mezclan las hojas y el agua caliente en una calabaza seca, o sea un «mate». Muchas veces estos mates se decoran con pintura o se cubren con piel u otra cosa. Después de «cebar» (preparar) la hierba mate, se bebe con una bombilla que filtra los pedazos de las hojas para que sólo la infusión entre en la boca. 20

Aunque la yerba mate no sea tan conocida ni tan popular como otros alimentos de Hispanoamérica, sí se puede conseguir casi por todas partes. Hasta compañías como «Tazo» y «Mi yerba mate» ofrecen versiones de esta bebida tan premiada por los habitantes de la Argentina, el Brasil y el Paraguay.

*Ahora tienes **2 minutos** para leer la introducción de la fuente número 2 y prever las preguntas.*

Fuente número 2

Introducción: Esta monografía de radio trata de unas leyendas sobre el origen de la yerba mate.[3]

Ahora escucha la selección.

TRACK 10

PLAY Track 10 on the accompanying audio CD. (The script for Track 10 appears on page 121.)

*Ahora tienes **1 minuto** para empezar a contestar las preguntas para esta selección. Después de 1 minuto vas a escuchar la selección de nuevo.*

PLAY Track 10 again.

*Ahora tienes **2 minutos y 30 segundos** para terminar de responder a las preguntas de esta selección.*

1. Según la primera fuente, la yerba mate es una bebida que…
   (A) tiene efectos sedativos.
   (B) tiene efectos curativos.
   (C) toman los ingleses.
   (D) no tiene cafeína.

2. La primera fuente dice que según un estudio realizado en Francia, la yerba mate…
   (A) eleva la inmunidad.
   (B) contiene todo lo necesario para mantener la vida.
   (C) desintoxica la sangre.
   (D) retrasa el envejecimiento.

3. Las hojas de que se hacen la infusión crecen de…
   (A) una flor.
   (B) un arbusto.
   (C) un árbol.
   (D) una hierba.

4. En la «ceremonia» de la yerba mate, el «mate» sirve de…
   (A) taza.
   (B) filtro.
   (C) molino.
   (D) bombilla.

[3]Esta monografía se informó de dos artículos: "La leyenda de la yerba mate", http://www.practique-espanol.com/cultura.literatura/literatura021104.html, y "Yerba Mate or Hierba Mate – Summary", http://www.miyerbamate.com/content/Yerba+Mate+hierba+mate+permier+south+american+beverage.html.

5. El mate se ofrece…
   (A) en muchos lugares.
   (B) sólo en la Argentina, el Paraguay y el Brasil.
   (C) sólo en Hispanoamérica.
   (D) sólo de «Tazo» y «Mi yerba mate».

6. Las dos leyendas sobre la yerba mate en la segunda fuente…
   (A) quieren explicar sus usos medicinales.
   (B) quieren explicar el origen de los guaraníes.
   (C) quieren explicar la historia de los guaraníes.
   (D) quieren explicar el origen de una bebida.

7. Según la primera leyenda en la segunda fuente, los ascendientes de los guaraníes…
   (A) poblaban las Américas desde siempre.
   (B) poblaban la América del Sur desde siempre.
   (C) cruzaron el agua para llegar a las Américas.
   (D) cruzaron un puente de tierra al norte para llegar a las Américas.

8. En la primera leyenda, la tribu guaraní recibió el regalo de la hierba mate por…
   (A) continuar la vida nómada de la tribu.
   (B) continuar la vida agrícola de la tribu.
   (C) conocer los secretos de la yerba mate.
   (D) conocer los secretos de la artesanía.

9. En la segunda de las leyendas, la yerba mate fue regalada por la diosa Así porque…
   (A) el indio les había dado de beber a las dos diosas.
   (B) el indio les había salvado la vida de las dos diosas.
   (C) el indio les había dado un jaguar a las dos diosas.
   (D) el indio les había dado una nueva planta a las dos diosas.

10. Sabemos por las dos leyendas de la segunda fuente, y de la primera fuente, que la yerba mate…
    (A) les importa mucho a los guaraníes nutritivamente.
    (B) les importa mucho a los guaraníes religiosamente.
    (C) les importa mucho a los guaraníes económicamente.
    (D) les importa mucho a los guaraníes culturalmente.

Selección número 6

Tema curricular: La belleza y la estética

*Primero tienes **4 minutos** para leer la fuente número 1.*

Fuente número 1

Introducción: El artículo impreso es sobre el artista español Salvador Dalí.

Salvador Dalí: realidad deformada[4]

Salvador Felipe Jacinto Dalí í Domènech nació el 11 de mayo, 1904, en la región   1
autónoma de Cataluña en España. De joven le atraía el arte y asistía a una escuela de
dibujo. En 1916 Dalí descubrió el arte moderno a través de un amigo de familia que
viajaba mucho a París. En 1917 su padre, Salvador Dalí i Cuisí, organizó su primera
exhibición en su propia casa y dos años después realizó su primera exhibición   5
pública en el Teatro Municipal de Figueres. Luego Dalí se fue a Madrid para continuar sus estudios de arte en la Escuela de Bellas Artes de San Fernando en 1922.

    Como muchos artistas de su época, Dalí pasó por varias etapas: el realismo, el
impresionismo, el cubismo, el dadaísmo y el surrealismo. Esta última etapa es quizá
la por la cual Dalí sea más reconocido. También, como otros de su época, Dalí   10

---

[4]Este artículo se informó de «Salvador Dalí» de Wikipedia, la enciclopedia libre, http://en.wikipedia.org/wiki/Salvador_Dal%C3%AD.

experimentó con muchos medios artísticos diferentes para expresarse. Su estilo se expresó a través de la pintura, el dibujo, la fotografía y la escultura. Hasta en 1929 Dalí colaboró con el director Luis Buñuel en una película llamada *Un chien andalou* (*Un perro andaluz*). Esta película corta fue surrealista.

Durante los años 20 y 30 Dalí conoció y se hizo amigo de otros artistas y   15
autores importantes como Pablo Picasso, Joan Miró, Man Ray, Federico García Lorca y André Breton. Pero al terminar la Guerra Civil Española, mientras muchos intelectuales decidieron no volver a España por la dictadura de Franco, Dalí sí volvió y fue expulsado del movimiento surrealista por eso.

El surrealismo de Dalí es lo que él mismo llamó «el método crítico paranóico de   20
dar entrada en la subsconsciencia para mejor creatividad artística.» Él representaba cosas reales y reconocibles pero en formas exageradas que no corresponden a la realidad. Una de sus obras surrealistas más famosas es *La persistencia de la memoria* o *Relojes blandos* (1931) donde se ve un fondo que parece ser un desierto con rocas y un árbol desnudo donde hay relojes que se derriten sobre las rocas y una rama del árbol.   25
También se ven hormigas que aparecen en algunos de sus cuadros. Otro cuadro es «Un sueño causado por el vuelo de una abeja alrededor de una granada un segundo antes de despertarse» donde hay dos leones que vuelan hacia una mujer desnuda sobre una roca. En el fondo hay un elefante con piernas muy largas y delgadas. El surrealismo expresado por Dalí es algo como una pesadilla donde se ven los objetos   30
que existen en la realidad, pero éstos son deformados… una realidad deformada.

Salvador Dalí murió en Figueres, España, el 23 de enero, 1989.

*Ahora tienes **2 minutos** para leer la introducción de la fuente número 2 y prever las preguntas.*

Fuente número 2
Introducción: Esta monografía de radio trata del artista español Joan Miró.[5]

Ahora escucha la selección.

PLAY Track 11 on the accompanying audio CD. (The script for Track 11 appears on page 122.)

TRACK 11

*Ahora tienes **1 minuto** para empezar a contestar las preguntas para esta selección. Después de 1 minuto vas a escuchar la selección de nuevo.*

PLAY Track 11 again.

*Ahora tienes **2 minutos y 30 segundos** para terminar de responder a las preguntas de esta selección.*

1. Vemos en la primera fuente que Dalí comenzó su carrera artística a una edad…
   (A) muy joven.
   (B) muy avanzada.
   (C) mayor.
   (D) mediana.

2. El padre de Dalí…
   (A) desaprobó su carrera artística.
   (B) ignoró su carrera artística.
   (C) aprobó su carrera artística.
   (D) impidió su carrera artística.

---

[5]Esta monografía se informó de Wikipedia, la enciclopedia libre, http://wwwen.wikipedia.org/wiki/Joan_Mir%C3%B3 y Artists Rights Society (ARS), New York, http://www.mcs.cshuayward.edu/~malek/Miro.html.

3. Según la primera fuente, Dalí ganó su mayor fama por su arte…
   (A) realista.
   (B) surrealista.
   (C) cubista.
   (D) dadaísta.

4. Podemos decir de Dalí que se expresó artísticamente…
   (A) por la pintura.
   (B) por el dibujo.
   (C) por la fotografía.
   (D) por muchos medios artísticos.

5. Según la segunda fuente, una de las formas artísticas de Joan Miró se basaba en…
   (A) el arte de París.
   (B) el arte moderno.
   (C) el arte antiguo de su región de España.
   (D) el arte impresionista.

6. La segunda fuente nos dice que durante su estancia en París, Joan Miró…
   (A) no se hizo miembro oficial de ningún movimiento artístico.
   (B) se hizo miembro del movimiento artístico fauvismo.
   (C) se hizo miembro del movimiento artístico cubista.
   (D) se hizo miembro del movimiento artístico surrealista.

7. Este hecho mencionado en la pregunta 6 le permitió a Miró…
   (A) más oportunidades para vender su arte.
   (B) más libertad para desarrollar su arte.
   (C) menos libertad para desarrollar su arte.
   (D) más aprobación por el movimiento surrealista.

8. Según la primera fuente, se puede decir que el arte de Dalí es…
   (A) un mundo de fantasía.
   (B) un mundo de lo real y reconocible pero deformado.
   (C) un mundo de realidad.
   (D) un mundo de sólo dos dimensiones.

9. Según la segunda fuente, se puede decir que el arte de Joan Miró es…
   (A) un mundo de fantasía.
   (B) un mundo de lo real y reconocible pero deformada.
   (C) un mundo de realidad.
   (D) un mundo de sólo dos dimensiones.

10. André Breton, el fundador del movimiento surrealista, dijo que Miró…
    (A) fue hecho líder del movimiento surrealista.
    (B) fue expulsado del movimiento surrealista por volver y vivir en España bajo Franco.
    (C) era el menos surrealista del movimiento surrealista.
    (D) era el más surrealista de todos ellos del movimiento surrealista.

Selección número 7

Tema curricular: Las identidades personales y públicas

*Primero tienes **4 minutos** para leer la fuente número 1.*

Fuente número 1

Introducción: El artículo impreso es sobre el héroe de la guerra de la independencia de la Argentina, Chile y el Perú, José de San Martín.

José de San Martín, héroe del Cono Sur[6]

José de San Martín Matorras nació el 25 de febrero, 1778, en Yapeyú, Argentina.   1
Cuando era joven el padre de José fue transferido a España. En España él ingresó en el Real Seminario de Nobles para estudiar. Allí él conoció a Bernardo O'Higgins, el futuro héroe de Chile. Mientras estaba en Madrid, se estalló la Guerra de

---

[6]Este artículo se informó de Wikipedia, la enciclopedia libre, http://www.en. wikipedia.org/wiki/José_de_San_Martín.

Independencia Española en contra de las tropas de Napoleón. José se alistó y luchó   5
por los españoles en contra de los franceses.

En 1812, después de la derrota de los franceses, San Martín volvió a la
Argentina y se juntó con otros para conseguir la independencia de la Argentina. Bajo
el liderazgo de San Martín, la Argentina, Chile y el Perú consiguieron su independencia de la Corona Española.   10

Una de las hazañas más impresionantes de San Martín fue su dirección del
Ejército de los Andes. Para atacar a los españoles en Chile, San Martín necesitaba
cruzar los Andes pero el ejército español controlaba los pasos. Entonces, en 1817
San Martín dirigió a sus hombres por los Andes en un área difícil de cruzar y por eso
no protegida por los españoles. Algunos comparan esta hazaña con la de Aníbal   15
cuando cruzó los Alpes para atacar a Roma.

Con Bernardo O'Higgins, San Martín consiguió la independencia de Chile en
1818. Después, San Martín continuó hasta Lima, Perú, donde fue nombrado protector del Perú y su primer presidente. En 1822 San Martín y Simón Bolívar
tuvieron una reunión en Guayaquil, Ecuador. Nadie sabe lo que ocurrió en la   20
reunión pero Bolívar tomó el mando de liberar al Perú. Poco después, San Martín
dimitió su cargo como líder de sus fuerzas y dejó al Perú. Él rehusó participar en la
política y el ejército y, después de la muerte de su mujer, se fue para vivir en un
autoexilio en Francia desanimado por la turbulencia política en la Argentina.

José de San Martín murió el 20 de septiembre, 1850, en Francia. Junto con   25
Simón Bolívar, José de San Martín es reconocido hoy como uno de los grandes libertadores de la América del Sur y es el héroe nacional de la Argentina. Sus restos mortales fueron transferidos de Francia y ahora se encuentran en la Catedral de Buenos
Aires en el país que liberó.

*Ahora tienes **2 minutos** para leer la introducción de la fuente número 2 y prever las preguntas.*

Fuente número 2

Introducción: Esta monografía trata de Simón Bolívar, el héroe de la guerra de independencia de Venezuela, Colombia, el Ecuador y el Perú.[7]

Ahora escucha la selección.

PLAY Track 12 on the accompanying audio CD. (The script for Track 12 appears on
page 122.)

*Ahora tienes **1 minuto** para empezar a contestar las preguntas para esta selección. Después de
1 minuto vas a escuchar la selección de nuevo.*

PLAY Track 12 again.

*Ahora tienes **2 minutos y 30 segundos** para terminar de responder a las preguntas de esta
selección.*

---

[7]Esta monografía se informó de la Biblioteca Virtual de Simón Bolívar, http://www.geocities.com/Athens/
Acropolis/7609/eng/bio.html.

1. De acuerdo con la primera fuente, José de San
   Martín de joven se formó en y luchó por…
   (A) España.
   (B) Francia.
   (C) Chile.
   (D) Argentina.

2. Al volver a la Argentina, San Martín luchó…
   (A) por la Corona Española.
   (B) por los españoles en Chile.
   (C) para obtener la independencia de la Argentina.
   (D) para libertar la Argentina de Chile.

3. Según la primera fuente, San Martín tuvo éxito
   con el Ejército de los Andes por…
   (A) cruzar los Andes por el paso más protegido
       por el enemigo.
   (B) cruzar los Andes por el paso más fácil y
       menos protegido por el enemigo.
   (C) cruzar los Andes por el Perú.
   (D) cruzar los Andes en un área dificultosa y
       menos protegida por el enemigo.

4. Después de su victoria, San Martín…
   (A) siguió al sur a Chile.
   (B) siguió al norte al Perú.
   (C) siguió al norte al Ecuador.
   (D) siguió al noreste a Bolivia.

5. Vemos en la primera fuente que después de
   reunirse con Simón Bolívar, San Martín…
   (A) se hizo presidente del Perú.
   (B) se hizo presidente de la Argentina.
   (C) renunció la presidencia del Perú.
   (D) renunció la presidencia de la Argentina.

6. Se explica en la segunda fuente que la razón por
   la cual muchos como Bolívar se levantaron en
   contra de España fue porque…
   (A) querían establecer una aristocracia venezolana.
   (B) querían establecer un Estados Unidos de
       Sudamérica.
   (C) no tenían los mismos derechos que tenían sus
       padres que nacieron en España.
   (D) sus padres fueron matados por los españoles.

7. Un criollo es…
   (A) una persona nacida en las Américas de padres
       españoles.
   (B) una persona nacida en España de padres
       españoles que vivían en las Américas.
   (C) una persona nacida en las Américas de padres
       nacidos en las Américas.
   (D) una persona nacida en las Américas de la aris-
       tocracia española.

8. Bolívar, como San Martín, …
   (A) estudió en la madre patria.
   (B) luchó por la independencia del Cono Sur.
   (C) luchó por la independencia de España de los
       franceses.
   (D) estudió en el Real Seminario de Nobles.

9. Según la segunda fuente, el gran sueño de Bolívar
   fue…
   (A) ser presidente de Venezuela.
   (B) seguir el modelo de los norteamericanos
       libertados de Inglaterra.
   (C) seguir la lucha por la independencia hasta la
       Argentina.
   (D) ser líder de la Junta de Caracas.

10. Después de haber leído y escuchado las dos
    fuentes, podemos decir de ambos líderes que…
    (A) tuvieron el éxito que buscaron.
    (B) estuvieron contentos con sus hazañas.
    (C) se quedaron desilusionados por no haber
        tenido el resultado que querían.
    (D) murieron en el exilio.

Selección número 8

Tema curricular: Las identidades personales y públicas

*Primero tienes **4 minutos** para leer la fuente número 1.*

Fuente número 1

Introducción: El artículo impreso es sobre la importancia del caballo como símbolo en el arte.

El caballo, animal noble[8]

A través de la historia, el caballo ha representado el poder, la lealtad, la fuerza y la   1
fecundidad. Los hindúes, griegos, caballeros y reyes de la antigüedad veneraban el
caballo. El vaquero norteamericano, el charro mexicano y el gaucho argentino
dependían de sus fieles compañeros tanto en el trabajo como en la defensa; eran sus
amigos íntimos. Los indígenas norteamericanos también valoraban estos animales.   5
En la Edad Media el caballo y su caballero representaban el poder y el mando. Había
fiestas donde el caballero y su jinete mostraban su valentía y destreza al participar en
una justa o torneo. Tan importante era que hasta la crianza de los caballos se hizo
importante para preservar y continuar las características más deseables en ciertas
razas de caballos. Ciertos caballos se criaban por su rapidez, como el caballo andaluz   10
y el caballo árabe. Otros se criaban para el trabajo como el caballo crianza Morgan,
que se desarrolló en el estado de Vermont, para necesidades agrícolas y militares.

   El caballo y su jinete muchas veces se convirtieron casi en uno compartiendo su
identidad. En la televisión norteamericana de los años 50 el vaquero Roy Rogers
siempre andaba con su fiel caballo Trigger y el Zorro también con su Tornado. Se ve   15
en el arte, la pintura y la escultura, donde el jinete y el caballo se representan para
mostrar el poder y el rango de la persona. Líderes, generales, reyes, reinas, empera-
dores, todos a través de la historia han sido representados con sus caballos: el
emperador Carlos V de España por Tiziano, el rey Felipe IV por Velázquez y el rey
Carlos IV y la reina María Luisa por Goya. Hasta dicen que hay una leyenda urbana   20
que dice que según la posición de los pies del animal en la pintura o escultura, se
puede deducir cómo se murió su jinete.

   Aun en tiempos modernos el caballo ocupa un lugar singular por su lealtad, su
inteligencia y su majestuosidad. Mientras el caballo sigue en el trabajo de los vaqueros y policías, también se ve en muestras de agilidad, desfiles en honor de difuntos y   25
como mascotas con que su jinete comparte una vida singular. Y, no obstante, en
algunos lugares continúa en su papel de transporte para personas y mercancías.

*Ahora tienes **2 minutos** para leer la introducción de la fuente número 2 y prever las preguntas.*

Fuente número 2

Introducción: Esta monografía de radio trata de los caballos de la literatura española.[9]

Ahora escucha la selección.

PLAY Track 13 on the accompanying audio CD. (The script for Track 13 appears on page 123.)

---

[8]Este artículo se informó de The Holisticshop Dictionary, Horse, http://www.holisticshop.co.uk/dictionary/horse.html.
[9]Esta monografía se informó de «Rocinante» y «Babieca» de la enciclopedia libre Wikipedia, http://www.en.wikipedia.org/
wiki/Babieca y http://www.enwikipedia.org/wiki/Rocinante y El diccionario de la Real Academia Española, http://buscon.rae.es/
dreal y http://www.elmundo.es/quijote/capitulo.html?cual-1.

*Ahora tienes **1 minuto** para empezar a contestar las preguntas para esta selección. Después de 1 minuto vas a escuchar la selección de nuevo.*

PLAY Track 13 again.

*Ahora tienes **2 minutos y 30 segundos** para terminar de responder a las preguntas de esta selección.*

1. En la primera fuente leemos que a través de la historia el caballo ha sido…
   (A) valorado en todo por el hombre.
   (B) sólo valorado de animal de carga.
   (C) sólo valorado de símbolo de lo importante que era la persona.
   (D) sólo valorado por su poder.

2. Diferentes razas de caballo han sido criados con ciertas características…
   (A) según su apariencia.
   (B) según su origen.
   (C) según su uso.
   (D) según su raza.

3. Según la primera fuente, la relación entre el jinete y el caballo era tan estrecha que…
   (A) se identificaban el uno con el otro.
   (B) se hicieron famosos en la televisión.
   (C) eran inseparables.
   (D) se confundían el uno con el otro.

4. El primer artículo nos dice que en muchos retratos artísticos, el sujeto de la obra va acompañado de un caballo…
   (A) para identificar quien era la persona.
   (B) para indicar el poderío o dominio de la persona.
   (C) para identificar la profesión de la persona.
   (D) para adornar el retrato.

5. Se ha dicho que según la posición de las patas del caballo en un cuadro, podemos saber…
   (A) la importancia de la persona.
   (B) la profesión de la persona.
   (C) el rango social de la persona.
   (D) como murió la persona.

6. La segunda fuente nos presenta a Babieca que fue…
   (A) un caballo mitológico.
   (B) un caballo imaginario.
   (C) un caballo histórico.
   (D) un caballo literario.

7. Conocemos el nombre de Babieca…
   (A) por su victoria sobre los enemigos.
   (B) por su relación con un héroe nacional.
   (C) por una obra literaria.
   (D) por estar enterrado con su amo.

8. Por otro lado, Rocinante fue…
   (A) un caballo mitológico.
   (B) un caballo imaginario.
   (C) un caballo histórico.
   (D) un caballo literario.

9. La palabra raíz de su nombre, Rocinante, es «rocín» que quiere decir…
   (A) caballo de poca estatura.
   (B) caballo fuerte.
   (C) caballo leal.
   (D) caballo noble.

10. Como podemos ver de las dos fuentes, el caballo ha sido y sigue siendo animal…
    (A) de utilidad práctica.
    (B) de utilidad militar.
    (C) de utilidad social.
    (D) de utilidad simbólica y práctica.

Selección número 9

Tema curricular: La belleza y la estética

*Primero tienes **4 minutos** para leer la fuente número 1.*

Fuente número 1

Introducción: El artículo impreso es sobre la música y el baile llamados la salsa.

La salsa: música y baile picantes[10]

La salsa tan popular en Cuba y Puerto Rico es un estilo de música y baile que   1
surgió de los encuentros culturales y la mezcla de éstos. Cuando los españoles llegaron y colonizaron las Antillas, ellos llevaron consigo su música y baile, los dos
influenciados por el encuentro cultural árabe, judío, cristiano y gitano que había
ocurrido en la Península Ibérica a través de los siglos. Para tener mano de obra en   5
las nuevas colonias, los españoles llevaron esclavos de África para trabajar en las
casas, las minas y los campos de los colonizadores. Estos africanos también llevaron consigo sus tradiciones entre las cuales había la música y el baile. Nadie
puede decir a ciencia cierta cuáles fueron los orígenes de la salsa pero es fácil
deducir que los bailes y las canciones llevados por ambos grupos se influenciaron   10
mutuamente.

Según Jaime Andrés Pretil, podemos decir que la salsa nació en Cuba. En Cuba
las rumbas de origen africano se mezclaron con el son de la gente cubana y con la
música española y los ritmos africanos del tambor. Con la independencia de Haití,
muchos franceses se trasladaron a Cuba para vivir y añadieron su «contra-danze» o   15
sea «danzón».

La salsa se toca y baila en muchos países, así que hay ciertas variaciones según el
país. En la República Dominicana, Colombia y Puerto Rico hay ciertas diferencias.
Eventualmente este fenómeno llegó a Nueva York donde recibió el nombre «salsa».
Claro está, el baile no se creó allí, sino el nombre para denominar la música.   20

La salsa continúa en sus países de origen y se ha puesto muy popular por casi
todo el mundo. Y, ¿qué le pasa?, pues en cada lugar donde se baila, el baile continúa
evolucionando con características de donde se encuentra. Es justo, como la salsa,
baile y música, de verdad es una mezcla cultural.

*Ahora tienes **2 minutos** para leer la introducción de la fuente número 2 y prever las preguntas.*

Fuente número 2

Introducción: Esta monografía de radio trata del baile y de la música flamencos de
España.[11]

Ahora escucha la selección.

TRACK 14

PLAY Track 14 on the accompanying audio CD. (The script for Track 14 appears on
page 124.)

*Ahora tienes **1 minuto** para empezar a contestar las preguntas para esta selección. Después de
1 minuto vas a escuchar la selección de nuevo.*

PLAY Track 14 again.

*Ahora tienes **2 minutos y 30 segundos** para terminar de responder a las preguntas de esta
selección.*

---

[10]Este artículo se informó de Centralhome.com, "History of Salsa", http://www.centralhome.com/salsa.htm.

[11]Esta monografía se informó de «Historia del flamenco» por Daniel Muñoz, http://www.eup.us.es/portada/alumnos/cultura/aula_musica/aulamus/Historia/Hist-F1.html.

1. Según el primer artículo, la salsa nació de…
   (A) la música y el baile africanos.
   (B) el mestizaje de músicas y bailes.
   (C) la música y el baile españoles.
   (D) la música y el baile gitanos.

2. Según un musicólogo, la salsa originó en…
   (A) Cuba.
   (B) Haití.
   (C) la República Dominicana.
   (D) Puerto Rico.

3. La música y el baile recibieron su nombre en…
   (A) la República Dominicana.
   (B) Colombia.
   (C) Puerto Rico.
   (D) los Estados Unidos.

4. La primera fuente nos dice que el baile y la música salsa continúan evolucionando…
   (A) según nuevas ondas musicales.
   (B) según nuevas formas de bailar.
   (C) según unos elementos fijos.
   (D) según donde se baila y se toca.

5. Según lo que leemos en las dos fuentes, cuando uno dice salsa o flamenco, se habla de…
   (A) la música y el baile.
   (B) la música.
   (C) el baile.
   (D) la técnica.

6. El flamenco, como la salsa,…
   (A) es regional.
   (B) es de origen español.
   (C) es una mezcla de varias influencias.
   (D) es folklórica.

7. Según la segunda fuente, lo que ayudó la evolución del flamenco fue…
   (A) un período cuando las diversas culturas vivieron en paz en la Península Ibérica.
   (B) un período cuando la cultura gitana dominó en la Península Ibérica.
   (C) un período cuando las culturas principales de la Península Ibérica se lucharon.
   (D) un período cuando los árabes invadieron la Península Ibérica.

8. La segunda fuente nos dice que Carlos Saura, un director de cine, y Antonio Gades, un bailarín flamenco, colaboraron…
   (A) en unas películas que usaban el flamenco para relatar la historia.
   (B) en unas canciones que mezclaban el flamenco y la salsa.
   (C) en unas colaboraciones en que estrenaron la guitarra flamenca.
   (D) en unos espectáculos flamencos.

9. Si comparamos estas dos expresiones artísticas, se puede decir que el flamenco y la salsa tienen en común…
   (A) sus influencias.
   (B) sus cantos.
   (C) sus temas.
   (D) sus ritmos.

10. Podemos ver de las dos fuentes que el flamenco y la salsa son formas artísticas…
    (A) nuevas.
    (B) estáticas.
    (C) cambiantes.
    (D) anticuadas.

Selección número 10

Tema curricular: La vida contemporánea

*Primero tienes **4 minutos** para leer la fuente número 1.*

Fuente número 1

Introducción: El artículo impreso es sobre el chocolate, un producto importante para la cocina latina que vino de las Américas.

El chocolate, regalo del nuevo mundo[12]

Después del encuentro cultural entre Europa y las Américas, comenzó un intercam- 1
bio alimenticio. Los españoles llevaron con ellos de vuelta a España alimentos
nuevos y exóticos, uno de los cuales siendo el chocolate.

Para los aztecas y mayas, entre otros, el chocolate, el fruto de la planta cacao, fue
muy importante. Los mayas lo usaron como dinero y para comerciar con otras 5
tribus. Bernal Díaz, quien acompañó a Cortés en la conquista de México, lo mencionó por primera vez en su crónica de la conquista. Se dice que Moctezuma lo
bebía en grandes cantidades. Pero en aquel entonces el chocolate no era la golosina
dulce que conocemos hoy en día. El chocolate azteca se mezclaba con miel, vainilla,
pimienta y macazuchil. Los aztecas creían que el chocolate tenía calidades médicas y 10
afrodisíacas.

Al llegar a Europa los europeos añadieron el azúcar al chocolate para crear
dulces y bebidas, y así cambiaron su sabor y propósito alimenticio original. Aunque
los europeos cambiaron el chocolate, todavía se puede gozar de él como lo hicieron
los indígenas en platos como el mole, que consiste en una salsa de chocolate, chiles y 15
otras especies, y también en bebidas como el atole, en que se puede mezclarlo con
masa de maíz, agua, piloncillo, canela y vainilla, que sigue siendo muy popular
durante la Navidad.

De todos los regalos que el mundo recibió del Nuevo Mundo, quizá el chocolate
sea el más dulce y más premiado por todo el mundo. 20

*Ahora tienes **2 minutos** para leer la introducción de la fuente número 2 y prever las preguntas.*

Fuente número 2

Introducción: Esta monografía trata de la banana y su origen e importancia para la cocina
latina.[13]

Ahora escucha la selección.

TRACK 15

PLAY Track 15 on the accompanying audio CD. (The script for Track 15 appears on
page 124.)

*Ahora tienes **1 minuto** para empezar a contestar las preguntas para esta selección. Después de
1 minuto vas a escuchar la selección de nuevo.*

PLAY Track 15 again.

*Ahora tienes **2 minutos y 30 segundos** para terminar de responder a las preguntas de esta
selección.*

---

[12]Este artículo se informó de «Chocolate, la historia americana de este alimento», http://www.historiacocina.com/historia/articulos/chocolate.html.

[13]Esta monografía se informó de «History of Bananas», http://www.mindspring.com/~miessau/bananas/story.html y "Columbian Exchange," http://www.answers.com/topic/columbian-exchange.

1. Como se puede ver en la primera fuente, el encuentro entre Europa y las Américas…
   (A) les dio a conocer nuevas comidas a los Europeos.
   (B) les dio a conocer nuevas comidas a los del Nuevo Mundo.
   (C) les dio a conocer nuevas comidas a los europeos y a los del Nuevo Mundo.
   (D) les dio a conocer nuevas culturas a los del Nuevo Mundo.

2. De la primera fuente, sabemos que el chocolate les tenía mucho valor a los indígenas en las Américas porque…
   (A) formaba base de su comida.
   (B) se usaba en transacciones comerciales.
   (C) formaba un tributo a Moctezuma.
   (D) lo bebía Moctezuma en grandes cantidades.

3. El chocolate de los aztecas no era…
   (A) bien dulce.
   (B) bien picante.
   (C) bien blando.
   (D) bien caliente.

4. Para los aztecas, el chocolate…
   (A) tenía propiedades curativas.
   (B) era una golosina.
   (C) era una ofrenda.
   (D) tenía propiedades mágicas.

5. El chocolate hoy en día…
   (A) sólo se usa como dulce.
   (B) sólo se usa en bebidas.
   (C) sólo se usa en salsas.
   (D) se usa en dulces, bebidas y platos típicos.

6. Como vemos en la segunda fuente, se puede decir que algunos productos que relacionamos con ciertos países latinoamericanos…
   (A) vinieron de la región donde se encuentran los países.
   (B) siempre han sido parte de la dieta latinoamericana.
   (C) siempre han sido importantes a las regiones donde se crían ahora.
   (D) vinieron de otras partes.

7. La segunda fuente nos dice que la banana llegó a las Américas…
   (A) por Asia.
   (B) por la India.
   (C) por Europa.
   (D) por la Corea.

8. Desgraciadamente, por algunos países de Centro América, la banana siendo producto tan importante llegó a…
   (A) la dominación de algunos países por corporaciones extranjeras.
   (B) la dominación de la banana en la cocina de algunos países.
   (C) la independencia de algunos países.
   (D) la formación de la United Fruit Company.

9. Se puede ver el impacto que ha tenido la banana…
   (A) en las plantaciones de Centro América.
   (B) en la cocina de muchos países latinoamericanos.
   (C) en la poesía de Pablo Neruda.
   (D) en restaurantes americanos.

10. Las dos fuentes ejemplifican … que ocurrió gracias al encuentro.
    (A) el intercambio cultural
    (B) el intercambio alimenticio
    (C) el intercambio económico
    (D) el intercambio triste

Scripts, Answers, and Explanations for Interpretive Communication: Print and Audio Texts Combined

Scripts for Interpretive Communication: Print and Audio Texts Combined

In this section are printed the scripts for the audio recordings for selections 1–10. Note the track numbers provided in the left margin.

TRACK 6

Selection 1
La celebración del Cinco de Mayo en los Estados Unidos

«¡Vengan todos para celebrar el Cinco de Mayo en el restaurante México Lindo! Habrá música, baile y descuentos en comida típica de México. ¡Que vengan todos!»

Se puede oír este tipo de anuncio cada año por las fechas del Cinco de   25
Mayo que en los Estados Unidos se ha convertido en una ocasión para festejar, celebrar y ofrecer rebajas en tiendas y restaurantes. En la actualidad, el Cinco de Mayo se celebra mucho más ahora en ciertas partes de los Estados Unidos que en el mismo México donde se originó para reconocer la victoria de los mexicanos sobre los franceses en la batalla de Puebla al comienzo de la ocu-   30
pación francesa del siglo XIX.

El Cinco de Mayo, para muchos aquí en los Estados Unidos, se ha convertido en otra ocasión para tener una fiesta, pero para los hispanos de ascendencia mexicana es mucho más. Esta celebración para ellos ya no es para conmemorar una victoria mexicana de hace más de un siglo, sino para celebrar   35
y mostrar su orgullo por sus raíces. Es el momento cada año para recordar quienes son, de donde son y de reconocer su cultura. En ciudades, y hasta pueblos pequeños, donde hay residentes de México o residentes mexicano-americanos, hay fiestas, bailes, música y comida todos típicos de México que quizá varíen sólo por la región de donde son las personas que celebran.   40

Esta celebración también ha tenido un impacto en la población mayoritaria. En cualquier tienda se puede ver platos de papel, servilletas, carteles, comida y bebidas a la venta para este día. Las tiendas ofrecen rebajas especiales y los restaurantes comida, música y bebidas mexicanas. Con el paso del tiempo esta celebración mexicana ha sido recogida por muchos en este país y se está   45
haciendo parte de la cultura estadounidense celebrada por casi todos. Pero el Cinco de Mayo tiene en particular un significado muy especial para los mexicano-americanos y los inmigrantes documentados e indocumentados de México, es una celebración de quienes son.

TRACK 7

Selection 2
La leyenda de la flor de Nochebuena

Como ha ocurrido en muchos casos por la historia de la humanidad, se han   20
creado muchas leyendas para tratar de explicar fenómenos naturales, desastres y hasta cómo ciertas cosas se crearon. Éste es el caso también con la flor de Nochebuena. La leyenda dice así…

Érase una vez una familia de labradores. Había un padre, una madre y unos niños. Una de las niñas se llamaba María. El mes de diciembre había llegado y   25
todo el pueblo estaba preparando la celebración de la Navidad. Los hombres ayudaban a preparar la iglesia, los niños practicaban para cantar y las madres limpiaban y ayudaban en la iglesia. El sacerdote de la parroquia le había pedido a la madre de María que hiciese una manta nueva para la estatua

del niño Jesús que ponían en el pesebre la Nochebuena. Desgraciadamente la   30
madre de María se cayó enferma antes de terminar la manta. María intentó ter-
minarla pero acabó por destruirla. Avergonzada y sin un regalo para llevar al
niño Jesús, María decidió no ir a la iglesia para celebrar la Nochebuena. Se
escondía para ver la procesión cuando de repente una mujer apareció a su lado
y hasta conocía su nombre. Esta mujer la animó a ir a la celebración. Cuando   35
María protestó porque no tenía regalo para el niño Jesús, la mujer le señaló
unas hierbas altas y verdes. Le dijo que las llevase como regalo. María recogió
las hierbas, pero cuando volvió a hablar con la señora, ya no estaba. María
entró en la iglesia silenciosamente, se acercó al pesebre, depositó las hierbas, y
con los ojos cerrados empezó a rezar. De repente oyó a los otros en la iglesia   40
que comenzaron a susurrar. Abrió sus ojos y vio que cada hierba estaba coron-
ada de una flor roja en forma de una estrella. De hecho, al salir de la iglesia,
todas las hierbas silvestres estaban coronadas de estrellas rojas. Y así es cómo
llegó a existir la flor de Nochebuena.

TRACK 8

Selection 3
Celebraciones de nuestras herencias

Hay una tradición muy larga de celebraciones de la herencia de nuestros   30
antepasados. En muchas ciudades cada año hay desfiles y festivales que celebran la historia, lengua, tradiciones y comidas de casi todos los grupos étnicos
que hay en los Estados Unidos. Cada marzo los irlandeses celebran el día de
San Patricio, el 17 de marzo, con desfiles y fiestas. También en marzo muchas
comunidades italianas celebran el día de San José, el 19 de marzo. El festival   35
de Octubre se celebra en comunidades de herencia alemana y las comunidades
chinas celebran su año nuevo que cambia de fecha cada año según su calen-
dario. Las otras comunidades étnicas no se quedan atrás tampoco, con festivales griegos, lituanos, japoneses, turcos, rusos, etcétera.

Entonces, ¿qué hay de esperar de los inmigrantes hispanos? Donde hay una   40
concentración de inmigrantes hispanos también hay celebraciones de sus
raíces. En la Florida donde hay muchos cubano-americanos hay festivales de la
herencia cubana. Por ejemplo, en Cayo Hueso (Key West) llevan varios años ce-
lebrando la herencia cubana con un festival en junio. En mayo, en Nueva York,
se celebra el Desfile de Orgullo Puertorriqueño donde se puede oír a la gente   45
gritar «viva Puerto Rico». En California y el suroeste se celebra cada mayo el
Cinco de Mayo con motivo de celebrar la cultura mexicana. En algunas ciudades hay simplemente festivales hispanos que celebran todo lo que tiene que
ver con la cultura hispana.

Como es fácil de ver, la tradición de celebrar nuestras raíces no es un fenómeno   50
nuevo. Tampoco es algo que debilita la cultura estadounidense como algunos pen-
sarían. Al contrario, mientras estos festivales, antiguos y nuevos, celebran nuestras
raíces, también nos enriquecen. El festival de Octubre ya no se limita a personas
de ascendencia alemana, tampoco se limita el Cinco de Mayo a los mexicanos ni el
día de San Patricio a los irlandeses. Estas fiestas se han hecho parte de nuestra   55
cultura en que todos podemos celebrar y compartir nuestras raíces.

TRACK 9

Selection 4
La leyenda maya-quiché de la creación

Cada civilización tiene sus propias leyendas para explicar fenómenos naturales,   21
cosas, costumbres y hasta para engrandecer a líderes y héroes de la cultura. Como
en todas las culturas había un deseo de explicar lo inexplicable, como la creación
del hombre. Una leyenda que viene de la civilización maya tiene que ver con esto.

En la tradición judeocristiana que viene del Medio Oriente, se ve en la   25
Génesis la historia de la creación de Adán y Eva. Según las Sagradas Escrituras
Adán fue creado por Dios del barro y Eva de una costilla de Adán.

En el caso de los mayas, su texto sagrado, el *Popol Vuh*, cuenta la historia de la
creación del maya-quiché. Cuando los dioses decidieron crear al hombre, trataron
varias veces pero no tuvieron éxito. Una vez usaron el barro, como en la historia   30
cristiana, pero los hombres de barro se disolvieron cuando llegaron las lluvias.
Luego intentaron crear al hombre de la madera, pero estos hombres no tenían
corazón y no podían hablar con los dioses. Entonces hicieron una inundación para
borrarlos de la tierra. Por fin hicieron al hombre del maíz y así nació la raza maya.

Esta leyenda nos muestra la importancia que tiene el maíz para los mayas.   35
El maíz para los mayas fue de suma importancia, un elemento sagrado. El hombre
fue creado del maíz y vivió gracias a él. Sin el cultivo del maíz, el hombre no exis-
tiría. La importancia se podía ver en su sociedad también como era su producto más
importante a que dedicaron mucho tiempo y desarrollaron maneras de cultivarlo.

Entonces, el maíz para el maya-quiché fue su raíz y su sustento y sigue siéndolo   40
hoy en día. Se puede ver fácilmente la importancia que tiene el maíz no sólo en la
cultura maya sino en otras culturas como de la América del Norte, Centroamérica,
y la América del Sur.

Selection 5
El regalo de la yerba mate

TRACK 10

Siendo una bebida muy importante para los guaraníes claro está que había un   25
deseo de explicar el origen de algo tan premiado. En realidad existen dos
leyendas que explican el origen de la hierba mate, una infusión, con propiedades medicinales, que se bebe en la América del Sur, sobre todo en la
Argentina y en el Paraguay.

La primera de estas leyendas cuenta que la yerba mate tiene sus orígenes   30
en los bosques del Paraguay. La leyenda cuenta que los ascendientes de los
guaraníes habían cruzado un gran océano para llegar a lo que llamamos hoy las
Américas. Con el paso del tiempo la tribu se dividió en dos bandas, los
guaraníes y los tupíes según el nombre del hermano que era su líder. Los tupíes   35
rechazaron sus prácticas agrícolas a favor de una vida nómada mientras los
guaraníes continuaron con su vida agrícola cultivando la tierra y haciéndose
artesanos. Los guaraníes esperaban la llegada de su dios, Pa'i Shume. Cuando
éste llegó, estaba muy contento con la vida que llevaban los guaraníes y les
enseñó ciertas prácticas agrícolas. También les dio a conocer los secretos bené-
ficos de las plantas. El secreto más importante que compartió con ellos fue   40
cómo recoger y preparar las hojas del árbol mati.

Otra leyenda que se cuenta sobre los orígenes de la yerba mate tiene que
ver con dos diosas, Así (la Luna) y su amiga Aria (la Nube) que bajaron a la
tierra en forma humana. Mientras caminaban un jaguar las vio y se preparó para
atacarlas. Un indio viejo vio lo que iba a pasar y mató al animal. El viejo   45
entonces las llevó a su humilde casa donde su mujer les preparó algo para
comer de lo poco que tenían. Al volver al cielo, las diosas quisieron recompensar el acto del indio. Una noche, mientras dormía la familia del indio, las diosas
hicieron que lloviera semillas que brotaron en árboles pequeños de hojas
verdes. El día siguiente Así apareció al indio y le dijo que en recompensa por su   50
acto le regalaba una nueva planta, la yerba mate.

Estas dos leyendas, aunque muy diferentes, muestran la importancia que
tenía y sigue teniendo la yerba mate para los habitantes del Paraguay y la
Argentina.

Selection 6
Joan Miró, un mundo de fantasía

Joan Miró i Ferrà nació el 20 de abril de 1893 en Barcelona, España. Miró estudió arte en la Escuela de Bellas Artes de Barcelona y también en la Academia Galí. Miró se expresó por medio de pinturas, esculturas y cerámicas. Sus primeras 35 obras muestran la influencia de los colores brillantes y formas simples y expresivas del fauvismo, el cubismo y el arte folklórico catalán que consistía en sólo dos dimensiones, y hasta el arte románico español.

En 1920 Miró se fue a París donde se había establecido una comunidad de artistas en el barrio Montparnasse. Allí fue influenciado por los poetas, 40 escritores y artistas surrealistas y dadaístas. A diferencia de otros, Joan Miró nunca se hizo socio de ninguno de los movimientos artísticos de la época, lo cual le dejó más libre para explorar y desarrollar su forma distinta de arte.

Comparado con el otro gran artista surrealista español, Salvador Dalí, se puede describir el mundo artístico de Miró como un mundo de fantasía. 45 Mientras el surrealismo expresado por Dalí fue de una realidad deformada donde se pueden reconocer las figuras, en el surrealismo desarrollado por Miró vemos un mundo puramente fantástico con formas orgánicas, líneas agudas, figuras geométricas y colores brillantes, sobre todo azul, rojo, amarillo, verde y negro. Una de sus obras más famosas, *Carnaval del arlequín* es una colección de 50 líneas onduladas, líneas rectas, esferas y lo que parece ser unos animalitos raros en el primer plano. Hay también una figura que parece ser dibujo de niño con un cuerpo triángulo y una cabeza redonda y grande. En otra, *Paisaje catalán* se ve una tierra surrealista de color anaranjado con un cielo amarillo. El sol es como un ojo de que salen tres rayos y hay líneas rectas y onduladas con esferas y 55 figuras cónicas. André Breton, el fundador del movimiento surrealista, dijo que Miró era «el más surrealista de todos nosotros.»

Joan Miró murió el 25 de diciembre de 1983 en la isla de Mallorca, España.

Selection 7
Simón Bolívar, un sueño sin realizar

Simón José Antonio de la Santísima Trinidad Bolívar nació el 24 de julio, 1783, 30 en Caracas. Su familia era una familia aristócrata pero, como Simón nació en Caracas, en el Nuevo Mundo, fue considerado criollo y aunque era aristócrata por nacimiento, bajo la ley española de entonces, no gozaba de los mismos derechos de los que nacieron en la península, como sus padres. Algunos creen que este hecho puede haber creado en él el deseo de ver su país natal libre. 35 Cuando tenía nueve años sus padres murieron y Simón fue a vivir con un tío, quien le mandó a estudiar en España cuando tenía quince años. En 1807 Bolívar volvió a Caracas.

Inspirado por los ideales republicanos de las revoluciones francesa y americana y de sus estudios del Siglo de las Luces, Simón Bolívar se juntó con 40 la Junta de Caracas para luchar por la independencia de Venezuela. Bolívar continuó a luchar con la ayuda de sus compatriotas de Nueva Granada, lo que hoy es Colombia. Luego él consiguió la ayuda del presidente de Haití también. Después de conseguir la libertad de Venezuela, Bolívar continuó a luchar para liberar a Ecuador, Perú y Bolivia. 45

El gran sueño de Bolívar era establecer una república como habían hecho las antiguas colonias británicas en la América del Norte. En 1819 Bolívar creó la República de Gran Colombia que consistía en los países actuales de Venezuela, Colombia, Panamá y Ecuador y él sirvió como su primer presidente. Desgraciadamente su sueño nunca se realizó por completo. En el año 1827, gracias 50 a rivalidades entre generales de la revolución, estallaron varias guerras civiles y se disolvió la República de Gran Colombia. Simón Bolívar murió el 17 de diciembre, 1830, enfermo con tuberculosis y desilusionado al ver su sueño de unidad sudamericana destruido.

Simón Bolívar es venerado como uno de los grandes libertadores de la 55 América del Sur como los norteamericanos veneran a su Jorge Washington. Hasta uno de los países que liberó, Bolivia, lleva su nombre en memoria de sus hazañas.

TRACK 13

Selection 8
Dos caballos famosos de la literatura española: Babieca y Rocinante

En la vida real, la leyenda y la literatura ha habido caballos muy importantes y legendarios. Dos de la literatura española son Babieca y Rocinante.

Babieca era el caballo de Rodrigo Díaz de Vivar, conocido por su apodo árabe 30 «el Cid» que quiere decir «el Señor». Siendo caballero y guerrero ilustre de la Reconquista española, el Cid y su caballo, que existían en la realidad, a través de la historia llegaron a ser legendarios y casi mitológicos. *El poema del mío Cid* fue escrito hacia 1140 y basado en historias que circulaban sobre el Cid, quien murió en Valencia en 1099. Por su fama legendaria y su importancia histórica el Cid, y 35 todo lo que tenía que ver con él, se convirtió en cosas mitológicas: su persona (el Cid), su espada (la Tizona) y su caballo (Babieca). Según la leyenda, el Cid fue herido gravemente en Valencia pero en la última batalla por la ciudad sus solda-dos ataron su cuerpo a Babieca y la Tizona, su espada, en su mano y lo pusieron enfrente de sus tropas al salir de la ciudad. Los enemigos, pensando que se había 40 vuelto de la muerte, corrieron en retirada. Tan unidos en vida fueron que el Cid quería que Babieca fuera enterrado con él y su mujer, Ximena, unidos en la muerte como en la vida. Actualmente se puede ver las tumbas del Cid y Ximena en la catedral de Burgos, España; Babieca fue enterrado por los partidarios del Cid frente a la puerta del monasterio de Valencia. 45

Otro caballo famosísimo en la literatura española es el leal compañero de Don Quijote de la Mancha en la novela *El ingenioso hidalgo Don Quijote de la Mancha*, escrita por Miguel de Cervantes Saavedra. La novela, una obra de fic-ción, cuenta la historia de Alonso Quijano, un hombre que leía tantos libros de caballería que se acabó por pensar que podría llevar la vida de un caballero 50 andante ayudando a los menos afortunados, luchando por la justicia y prote-giendo a las damas en peligro. Como en todos los libros de caballería que él había leído, él necesitaba ciertas cosas entre las cuales figuraba un caballo. Alonso tenía un caballo algo viejo y débil, lo que se llamaría «rocín», que quiere decir «caballo de mala traza, basto y de poca alzada o caballo de trabajo, a dis- 55 tinción del de regalo» (*Diccionario de la Real Academia de la Lengua Española*, http://buscon.rae.es/dreal). A este caballo después de mucho pensar le puso el nombre «Rocinante»: «… y así, después de muchos nombres que formó, borró y quitó, añadió, deshizo y tornó a hacer en su memoria e imaginación, al fin le vino a llamar Rocinante, nombre a su parecer alto, sonoro y significativo de lo 60 que había más cuando fue rocín, antes de lo que ahora era, que era antes y primero de todos los rocines del mundo.» (http://www.elmundo.es/quijote/ capitulo.html?cual-l) Así es como le nombró a su caballo antes de que se pusiera un nombre a sí mismo.

Un caballo real e histórico convertido en leyenda es Babieca del Cid. Otro 65 caballo, pero de ficción, es Rocinante de Don Quijote de la Mancha, pero ambos muestran la importancia simbólica y práctica del caballo para su caballero. Dos caballos héroes de la literatura española.

TRACK 14

Selection 9
El flamenco, un mestizaje cultural

Una expresión artística española reconocida por todo el mundo es el flamenco. 25
Cuando se dice «flamenco» no sólo se habla de un baile sino también de la
música instrumental y vocal que lo acompaña. También se puede bailarlo sin
música; se puede tocarlo sin baile; se puede cantarlo sin instrumentos o con ellos.

El flamenco originó entre los gitanos españoles que llegaron al sur de
España, a la provincia de Andalucía, en el siglo XV de la era común. Los gitanos 30
se vieron obligados a mudarse de la India a Egipto, luego a Checoslovaquia y
la región de los Balcanes, y por fin se dispersaron a otros países incluso España.
El hecho de haber pasado por muchos países y culturas impactó el desarrollo
del flamenco gitano. Como nos dice Daniel Muñoz en su artículo «Historia del
flamenco», «La tradición nómada les lleva a ser una cultura acostumbrada a 35
tomar prestadas las formas musicales de allí donde llegaran para reinterpretar-
las a su manera». De haber pasado por tantos lugares estaban en contacto con
varias culturas como la india, la árabe y la cristiana del este de Europa. Al llegar
a Andalucía los gitanos conocieron la cultura, la música y el baile árabe del
norte de África y los cantos judíos. Andalucía permanecía bajo el control árabe 40
por un período de tiempo más largo y gracias a la convivencia, cuando árabes,
cristianos y judíos vivían en paz, ellos compartieron sus tradiciones y costumbres. Los gitanos aportaron nuevos elementos con ellos con el resultado de la
creación del flamenco.

Como pasa muchas veces, lo de la cultura minoritaria muchas veces es 45
adoptado por la cultura mayoritaria; éste ha sido el caso con el flamenco. Por
casi toda España se puede ver espectáculos flamencos, o sea tablao flamenco.
El flamenco formaba parte importante de unas colaboraciones que hicieron
Carlos Saura, un director de cine español, y Antonio Gadés, quien fue el primer
bailarín flamenco español contemporáneo, en que usaron el flamenco para 50
contar la historia en las películas «Bodas de Sangre», «Carmen» y «El amor
brujo». También hay guitarristas de renombre mundial que han llevado el flamenco a todo el mundo como Paco de Lucía y hasta existe un rock flamenco
del grupo «Azúcar Moreno».

Como se puede ver, el flamenco nació de la interacción de muchas culturas 55
y sigue vivo adoptándose y cambiándose según los gustos no soló de los
gitanos sino de todos que gozan de él.

TRACK 15

Selection 10
La banana, cultivo y alimento gracias al intercambio colombino

Mientras el encuentro entre el viejo mundo y el nuevo produjo un choque a
veces violento y desastroso para los indígenas, también enriqueció en ciertas
maneras a los dos, sobre todo en la agricultura. Del Nuevo Mundo los conquistadores llevaron a Europa el aguacate, el chicle, el algodón, el tomate, la papa,
el maíz, el chocolate y muchos otros productos. Los europeos también llevaron 25
cultivos nuevos al Nuevo Mundo y eso también ha tenido un impacto grande
en la cocina latinoamericana y en su economía. Tales productos son las naranjas,
el café, la caña de azúcar, el trigo, la lechuga y la banana. Muchos de estos productos no sólo entraron en la dieta latinoamericana sino que también crearon
industrias importantes en muchos países: el café colombiano, el azúcar cubano 30
y puertorriqueño, las naranjas de la Florida y California, y también las bananas
de Centroamérica y del Ecuador.

Según lo que se ha podido deducir, la banana tiene su origen en Asia, quizá
en India o en Corea. Gracias al comercio entre Europa y Asia el cultivo de la

banana se extendió. En el siglo XVI exploradores españoles llevaron plantas   35
para cultivar en el Nuevo Mundo en áreas que tenían las mismas características
climáticas que en sus países de origen. Los españoles establecieron plantaciones para la crianza de la banana. Después de la independencia, muchos
países de Centroamérica se encontraron con la banana como su producto principal. En los siglos XIX y XX compañías norteamericanas comenzaron a controlar   40
estas plantaciones, como la United Fruit Company. Desgraciadamente estas
compañías continuaron el sistema de la plantación y a muchos países los lla-
maron Repúblicas Bananas. Ese control extranjero sería condenado más tarde
por, entre otros, el poeta chileno Pablo Neruda.

A pesar de su historia complicada y triste, la banana ha contribuido y sigue   45
contribuyendo a la cocina y a la economía de muchos países. Sólo hace falta
ver el menú de un restaurante como La Carreta en Miami, o en otros restaurantes en la Florida, para ver las diferentes maneras en que se sirve. Existen
platos típicos como plátanos fritos del Caribe, estofado o cocido de lentejas y
plátanos de Centroamérica y rondón de Costa Rica. En muchos platos el plá-   50
tano o la banana sirve en vez de una papa.

Es fácil ver que mientras el encuentro fue una época triste que vivió la
humanidad, también enriqueció nuestras culturas con la adición de comidas y
conocimientos diferentes.

Answers and Explanations for Interpretive Communication: Print and Audio Texts Combined

In this section you'll find the letter of the correct answer choice, usually followed by references to the lines where the answer can be found. Some difficult or unusual words are defined, and in some cases an additional explanation in English has been provided.

Selection 1
1. A (The first source as a whole explains the origins of this celebration.)
2. B (lines 5–7 and 29–31)
3. D (lines 2–5)
4. A (line 1)
5. C (lines 13–15)
6. D (lines 27–29)
7. B (lines 32–33)
8. C (lines 34–36)
9. A (lines 44–46)
10. B (The celebration really has become more a cultural event than a commemoration.)

Selection 2
1. B (The passage as a whole explains the naming of the flower.)
2. D (lines 1–9)
3. D (lines 5–6)
4. A (line 10: un arbusto = *a bush*)
5. D (lines 17–19: florece = *blooms*)
6. A (lines 20–23: leyenda = *legend* / fábula = *fable*)
7. C (lines 28–30: tejer = *to weave*)
8. B (lines 30–31: se cayó enferma = *became sick*)
9. C (lines 40–42)
10. B (Both sources are about a flower that became a winter tradition. / invernal = *winter.*)

Selection 3
1. A (lines 2–5: crisol = *melting pot* / homogeneización = *homogenization, blending together*)
2. C (lines 8–12: olas = *waves*)
3. B (lines 15–16)
4. D (lines 16–18: antepasados = *ancestors*)
5. A (lines 21–23)
6. B (lines 25–26: ensaladera = *salad bowl*)
7. C (lines 30–34)
8. D (lines 30–38)
9. B (lines 33–42)
10. B (lines 54–56)

Selection 4
1. B (lines 1–2: harina = *wheat flour*)
2. D (lines 2–10)
3. A (lines 11–12 and 19–20: Puebla = *a Mexican state and city*)

4. A (lines 15–16)
5. D (lines 21–24)
6. B (lines 36–37)
7. D (line 33: inundación = diluvio = *flood*)
8. B (lines 35–37: the point of the legend is that man is created from corn, which was their main sustenance. / alimento = *food*)
9. B (line 41: corn is what gave the Maya life, literally and figuratively.)

Selection 5

1. B (lines 3–7: curativos = *curative* / medicinales = *medicinal*)
2. B (lines 8–11: mantener = sostener = *to maintain, sustain*)
3. C (lines 12–13)
4. A (lines 16–17)
5. A (line 22: casi por todas partes = *almost everywhere*)
6. D (lines 25–26)
7. C (lines 31–33: habían cruzado un gran océano = *they had crossed a great ocean*)
8. B (lines 35–37)
9. B (lines 42–51)
10. D (lines 25–26 and 52–54)

Selection 6

1. A (lines 1–5)
2. C (line 4)
3. B (lines 9–10)
4. D (lines 10–12)
5. C (lines 36–37: el arte folklórico catalán = *Catalonian folk art*)
6. A (lines 41–42: socio = *member*)
7. B (lines 42–43: le dejó más libre = *left him more free*)
8. B (lines 21–23 and 46–47)
9. A (line 45)
10. D (lines 56–57)

Selection 7

1. A (lines 2–6: formarse = educarse = *to be educated*)
2. C (lines 7–8: conseguir = obtener = *to obtain*)
3. D (lines 12–15)
4. B (line 18)
5. C (lines 19–22: dimitió = renunció = *gave up, resigned*)
6. C (lines 31–35)

7. A (lines 31–32)
8. A (lines 36–37)
9. B (lines 46–47)
10. C (lines 22–24 and 49–54)

Selection 8

1. A (lines 2–5: venerar = *to venerate* / valorar = *to value*)
2. C (lines 10–12)
3. A (lines 13–14: se convirtieron en uno = *they became one*)
4. B (lines 15–17: poderío = dominio = *power* / rango social = *social status*)
5. D (lines 20–22)
6. C (lines 30–33)
7. B (lines 33–37)
8. D (lines 46–49)
9. A (lines 54–56)
10. D (lines 65–68)

Selection 9

1. B (lines 2–8 and 23–24: mezcla = *mixture* / mestizaje = *mestization, crossbreeding*)
2. A (line 12)
3. D (line 19)
4. D (lines 22–23)
5. A (lines 17 and 26–27)
6. C (lines 29–34)
7. A (lines 41–44: la convivencia = *when Arabs, Christians, Jews, and Gypsies lived in peace together* / convivir = *live together*)
8. A (lines 48–52)
9. A (lines 2–11 and 35–40)
10. C (lines 22–23 and 55–57)

Selection 10

1. C (lines 1–2: intercambio = *exchange*)
2. B (lines 5–6: comerciar = *to trade, to do business*)
3. A (lines 8–9: golosina = *candy, sweet*)
4. A (line 10: médicas = curativas = *curative* = *that cure*)
5. D (lines 12–18)
6. D (lines 25–32)
7. C (lines 33–38: por = *through* or *by way of*)
8. A (lines 38–41)
9. B (lines 45–51)
10. B (alimenticio = *food*)

Practice for Interpretive Communication: Audio Texts

In this section, you'll find six audio-only passages similar to what you will find on the actual test. You will need to listen to each of these passages on the accompanying audio CD. For each of these you will have 1 minute to read the introduction and preview the questions, all of which will be printed in your examination booklet. After you've listened to the audio passage the first time, you will have 1 minute to begin to answer the questions. Then you will hear the passage a second time and be given additional time to answer the questions.

On the actual examination, you will mark your responses on an answer sheet you have been given. For the questions in this chapter, you may circle the letter of the correct answer. However, you may wish to write your answers on scrap paper rather than marking in this book. That way, you can go back and try the questions again later in the year (time permitting).

> The timing will be done for you on the actual exam. However, for the practice exercises in this chapter, you will need a stopwatch or timer. Allow yourself the specific time intervals stated in the instructions to read the introductions and answer the questions. You will also need to time the 1-minute interval between hearing the audio selection the first time and replaying it. You do not need to run the timer while you are listening to the audio passages.

Instructions: You will have 1 minute to read the introduction and preview the questions. Afterward you will hear the audio selection; you may take notes while you listen. Then you will have 1 minute to start to answer the questions. After 1 minute you will hear the audio selection again. Then you will have 15 seconds per question to answer the questions.

Instrucciones: Primero tienes 1 minuto para leer la introducción y prever las preguntas. Después escucharás la selección auditiva; puedes tomar apuntes mientras escuchas. Entonces tendrás 1 minuto para empezar a contestar las preguntas. Después de 1 minuto, escucharás la selección auditiva otra vez. Entonces tendrás 15 segundos por pregunta para contestar las preguntas.

Selección número 1

*Primero tienes **1 minuto** para leer la introducción y prever las preguntas.*

Introducción: La siguiente monografía trata del censo estadounidense de 2000 en cuanto al impacto que ha tenido la inmigración hispana a los Estados Unidos.

Ahora escucha la selección.

TRACK 16

PLAY Track 16 on the accompanying audio CD. (The script for Track 16 appears on page 135.)

*Ahora tienes **1 minuto** para empezar a contestar las preguntas para esta selección. Después de 1 minuto vas a escuchar la selección de nuevo.*

PLAY Track 16 again.

*Ahora tienes **1 minuto y 15 segundos** para terminar de responder a las preguntas de esta selección.*

1. Según el censo de 2000, ¿qué ha pasado con la población hispana?
   (A) Se ha quedado igual.
   (B) Ha bajado.
   (C) Ahora iguala a la población afroamericana.
   (D) Es casi igual a la población afroamericana.

2. ¿Qué es una controversia que ha surgido en cuanto a los inmigrantes hispanos?
   (A) la cuestión de los partidos políticos hispanos
   (B) la cuestión de una lengua nacional
   (C) la cuestión de establecer más programas bilingües
   (D) la cuestión de las leyes en contra de la inmigración

3. ¿Cuál es un ejemplo del impacto que han tenido?
   (A) la atención que los candidatos les prestan en las campañas electorales
   (B) el número de hispanos elegidos en las elecciones de 2000
   (C) la fundación de comunidades donde sólo se habla español
   (D) el aumento de programas bilingües

4. ¿Qué ha hecho Río Martínez?
   (A) Estableció una compañía publicitaria para productos para la comunidad hispana.
   (B) Pudo encontrar productos de belleza para hispanas en una farmacia.
   (C) Estableció una compañía para proveer productos a mujeres hispanas.
   (D) Vende productos para mujeres hispanas de puerta en puerta.

5. ¿Qué es necesario hacer para tener éxito en la venta de productos a una clientela hispana?
   (A) tener empleados que les hablan en español
   (B) venderles ropa informal
   (C) ofrecerles productos que usan
   (D) ofrecerles los mismos productos que se les ofrecen a todos

Selección número 2

*Primero tienes **1 minuto** para leer la introducción y prever las preguntas.*

Introducción: La siguiente monografía trata del Imperio Incaico y sus logros impresionantes antes de la llegada de los conquistadores españoles.

TRACK 17

Ahora escucha la selección.

PLAY Track 17 on the accompanying audio CD. (The script for Track 17 appears on page 136.)

*Ahora tienes **1 minuto** para empezar a contestar las preguntas para esta selección. Después de 1 minuto vas a escuchar la selección de nuevo.*

PLAY Track 17 again.

*Ahora tienes **2 minutos** para terminar de responder a las preguntas de esta selección.*

1. ¿Cómo podemos describir al imperio incaico?
   (A) inestable
   (B) estable
   (C) viejo
   (D) débil

2. Según el escritor peruano José Carlos Mariátegui, ¿a qué filosofía política se asemejó la estructura política y social de los incas?
   (A) feudal
   (B) comunista
   (C) socialista
   (D) demócrata

3. Cada inca tenía la obligación de dar parte de sus productos agrícolas al gobierno y...
   (A) donar tiempo para trabajar en obras públicas.
   (B) servir en el ejército.
   (C) donar tejidos para entierros.
   (D) servir en el gobierno.

4. El gobierno usaba los productos que guardaba en sus almacenes para...
   (A) ayudar a los enfermos.
   (B) alimentar a los religiosos.
   (C) alimentar a los miembros del gobierno y del ejército.
   (D) ayudar a comunidades afectadas por desastres naturales.

5. Una de las artes de los incas tenía tanto valor que las mujeres que la hacían bien eran mandadas a un tipo de convento donde pasaban la vida haciéndola. ¿Cuál de las artes era?
   (A) el trabajar el oro
   (B) el trabajar la plata
   (C) el esculpir piedras semi-preciosas
   (D) el tejer

6. ¿Cómo se llamaban los mensajeros que llevaban mensajes por el imperio como una especie de *Pony Express?*
   (A) los ayllus
   (B) los chasquis
   (C) los quipus
   (D) los incas

7. ¿Cuál es quizá el avance más impresionante de los incas?
   (A) la cirugía del cráneo
   (B) el entierro de sus muertos
   (C) su sistema de escribir
   (D) su arte de tejer

8. Según la hipótesis del autor Mariátegui, ¿cuál es la razón principal de los problemas que han tenido los países hispanos?
   (A) las enfermedades que les trajeron los españoles
   (B) la imposición del sistema feudal por los españoles
   (C) los abusos del gobierno maya
   (D) la imposición del sistema socialista por los españoles

Selección número 3

*Primero tienes **1 minuto** para leer la introducción y prever las preguntas.*

Introducción: La siguiente monografía trata del Camino de Santiago en el norte de España que ha sido y sigue siendo una ruta de peregrinación a la ciudad de Santiago de Compostela y su importancia artística.

Ahora escucha la selección.

TRACK 18

PLAY Track 18 on the accompanying audio CD. (The script for Track 18 appears on page 137.)

*Ahora tienes **1 minuto** para empezar a contestar las preguntas para esta selección. Después de 1 minuto vas a escuchar la selección de nuevo.*

PLAY Track 18 again.

*Ahora tienes **2 minutos y 15 segundos** para terminar de responder a las preguntas de esta selección.*

1. Los cristianos durante la Edad Media hacían peregrinaciones a Roma, a Jerusalén y a Santiago de Compostela. ¿Dónde está Santiago de Compostela?
   (A) en el noreste de España
   (B) en el Medio Oriente
   (C) en el noroeste de España
   (D) en Meca

2. ¿Para qué hacían el viaje esos peregrinos?
   (A) para tener unas vacaciones
   (B) para luchar en las cruzadas
   (C) para cumplir con una promesa
   (D) para comerciar

3. Según la leyenda, ¿por qué enterraron a Santiago en la Península Ibérica después de su muerte?
   (A) Él enseñó el cristianismo allí.
   (B) Él luchó por el cristianismo allí.
   (C) No lo enterraron allí.
   (D) Él nació allí.

4. ¿Por qué se hizo tan popular la peregrinación a Santiago?
   (A) porque estaba cerca
   (B) porque Roma estaba en manos de los árabes
   (C) por la estrella que descubrieron
   (D) porque Jerusalén estaba en manos de los árabes

5. ¿Dónde tenían que quedarse los peregrinos antes de que Fernando e Isabel construyeran su hospital en Santiago de Compostela?
   (A) en casas privadas
   (B) en la catedral misma
   (C) en un hotel
   (D) en la calle

6. ¿Qué es un parador nacional?
   (A) un edificio histórico convertido en hotel por el gobierno
   (B) un hotel construido por el gobierno
   (C) un parque nacional
   (D) un hospital construido por el gobierno

7. Tradicionalmente, ¿dónde comenzaba la ruta a Santiago de Compostela?
   (A) en los Pirineos
   (B) en el norte de España
   (C) en el sur de Francia
   (D) en París

8. ¿Por qué son de interés e importancia los edificios a lo largo de la ruta?
   (A) por su importancia artística e histórica
   (B) por los peregrinos que los visitan
   (C) por ser de la época romana
   (D) por su importancia religiosa

9. ¿Cuándo se celebra la fiesta de Santiago?
   (A) el 25 de junio
   (B) el 25 de julio
   (C) el 25 de enero
   (D) el 25 de agosto

Selección número 4

*Primero tienes **1 minuto** para leer la introducción y prever las preguntas.*

Introducción: La siguiente monografía trata del movimiento muralista, sus temas y los grandes muralistas mexicanos.

TRACK 19

Ahora escucha la selección.

PLAY Track 19 on the accompanying audio CD. (The script for Track 19 appears on page 138.)

*Ahora tienes **1 minuto** para empezar a contestar las preguntas para esta selección. Después de 1 minuto vas a escuchar la selección de nuevo.*

PLAY Track 19 again.

*Ahora tienes **2 minutos** para terminar de responder a las preguntas de esta selección.*

1. ¿En qué pensamos cuando pensamos en México?
   (A) en la comida picante
   (B) en los lugares turísticos
   (C) en el arte indígena precolombina
   (D) en sus artistas modernos

2. ¿Qué es el muralismo?
   (A) retratos de personas famosas
   (B) pintura abstracta
   (C) cuadros pequeños de tema social
   (D) cuadros grandes de tema social que se pintan en las paredes

3. ¿Dónde se encuentran principalmente los murales?
   (A) en museos
   (B) en colecciones privadas
   (C) en edificios públicos
   (D) en paredes exteriores de edificios antiguos

4. ¿Cuáles son los temas principales de David Alfaro Siqueiros?
   (A) temas sociales
   (B) temas religiosos
   (C) temas revolucionarios
   (D) temas socialistas

5. ¿Cuáles son los temas principales de José Clemente Orozco?
   (A) temas religiosos
   (B) temas revolucionarios
   (C) temas socialistas
   (D) temas sociales

6. ¿De qué trata la serie de murales que pintó Diego Rivera en el Palacio Nacional de México?
   (A) de los campesinos de México
   (B) de los problemas sociales de México
   (C) de la historia de México
   (D) de las tribus indígenas de México

7. ¿Para qué construyó Diego Rivera su «teocali»?
   (A) como casa personal
   (B) como museo
   (C) como representación de una pirámide
   (D) como estudio y escuela para artistas

8. ¿Para qué nos sirve el arte de los murales?
   (A) Nos sirve de decoración urbana.
   (B) Nos muestra productos nuevos.
   (C) Nos sirve de inspiración.
   (D) Nos hace pensar en la realidad de nuestro mundo.

Selección número 5

*Primero tienes **1 minuto** para leer la introducción y prever las preguntas.*

Introducción: La siguiente monografía trata de unos de los grandes héroes nacionales de Hispanoamérica, las raíces de su nacionalismo, sus éxitos y sus sueños no realizados.

Ahora escucha la selección.

TRACK 20

PLAY Track 20 on the accompanying audio CD. (The script for Track 20 appears on page 139.)

*Ahora tienes **1 minuto** para empezar a contestar las preguntas para esta selección. Después de 1 minuto vas a escuchar la selección de nuevo.*

PLAY Track 20 again.

*Ahora tienes **2 minutos** para terminar de responder a las preguntas de esta selección.*

1. ¿Cuál de estos héroes fue elegido presidente de su país tres veces?
   (A) Porfirio Díaz
   (B) José de San Martín
   (C) Simón Bolívar
   (D) Benito Juárez

2. ¿Quiénes invadieron a México durante la presidencia de Benito Juárez?
   (A) los ingleses
   (B) los americanos
   (C) los franceses
   (D) los tejanos

3. ¿Qué es lo más curioso de José de San Martín como líder de la independencia en contra de España?
   (A) Estudió en España y sirvió en sus fuerzas armadas.
   (B) Nació en la Argentina.
   (C) Luchó en contra de las fuerzas de Napoleón.
   (D) Nació en España.

4. ¿Cómo se llama el ejército famoso de San Martín?
   (A) el Ejército de Liberación
   (B) el Ejército de Buenos Aires
   (C) el Ejército de los Andes
   (D) el Ejército de Perú

5. ¿Qué problema tenían los criollos?
   (A) No tenían los mismos derechos que los españoles nacidos en España.
   (B) Eran mestizos y sufrían de la discriminación.
   (C) Eran indios y sufrían de la discriminación.
   (D) Eran los defensores del gobierno español en el nuevo mundo.

6. ¿Qué influyó en el pensamiento político de Simón Bolívar?
   (A) las ideas de Napoleón
   (B) las ideas de los revolucionarios americanos y franceses
   (C) las ideas de San Martín
   (D) las ideas de los intelectuales ingleses

7. ¿Cuál fue el gran sueño de Simón Bolívar?
   (A) ser presidente de la República
   (B) estudiar en España
   (C) libertar a la Argentina
   (D) formar una unión de los países de Sudamérica

8. ¿Qué tenían en común estos tres grandes líderes?
   (A) Todos eran criollos.
   (B) No vieron el resultado que querían ver.
   (C) Todos querían una América unida.
   (D) Todos estudiaron en España.

Selección número 6

*Primero tienes **1 minuto** para leer la introducción y prever las preguntas.*

Introducción: La siguiente monografía trata de ganadores hispanohablantes del Premio Nobel.

Ahora escucha la selección.

PLAY Track 21 on the accompanying audio CD. (The script for Track 21 appears on page 140.)

*Ahora tienes **1 minuto** para empezar a contestar las preguntas para esta selección. Después de 1 minuto vas a escuchar la selección de nuevo.*

PLAY Track 21 again.

*Ahora tienes **2 minutos y 15 segundos** para terminar de responder a las preguntas de esta selección.*

1. ¿Qué fue Alfredo Nóbel?
   (A) doctor
   (B) filósofo
   (C) profesor de literatura
   (D) industrial y químico

2. Ha habido personas hispanas que han recibido el premio…
   (A) por la paz.
   (B) en todas las categorías.
   (C) por la medicina.
   (D) por la literatura.

3. ¿A qué género literario pertenece la obra de Gabriel García Márquez?
   (A) a la fantasía y la realidad mágica
   (B) al modernismo
   (C) al realismo
   (D) al naturalismo

4. Este género literario…
   (A) tiene la naturaleza como protagonista.
   (B) mezcla la realidad con la fantasía.
   (C) trata de captar la realidad tal como es.
   (D) tiene mucho interés en las cosas modernas o que están de moda.

5. ¿Cuál es la obra maestra de García Márquez que ejemplifica este género?
   (A) *Cien años de soledad*
   (B) *Los de abajo*
   (C) *Doña Bárbara*
   (D) *Ficciones*

6. Óscar Arias de Costa Rica recibió el Premio Nóbel en 1987 por…
   (A) su trabajo con los mayas.
   (B) ganar la guerra civil en Nicaragua.
   (C) poner fin al conflicto y tener elecciones libres en Nicaragua.
   (D) poner fin al conflicto y tener elecciones libres en Costa Rica.

7. Rigoberta Menchú ganó el Premio Nóbel de la Paz por…
   (A) ayudar a poner fin al conflicto y tener elecciones libres en Guatemala.
   (B) trabajar para poner fin a la violencia y a los abusos de los indígenas en Guatemala.
   (C) trabajar con los indígenas de Chiapas, México.
   (D) trabajar para poner fin al conflicto y tener elecciones libres en Nicaragua.

8. ¿Qué premio recibieron Santiago Ramón y Cajal y Severo Ochoa, dos españoles?
   (A) el Premio Nóbel de la Paz
   (B) el Premio Nóbel de Literatura
   (C) el Premio Nóbel de Física
   (D) el Premio Nóbel de Medicina

9. ¿Qué premio recibió el doctor Luis Álvarez, profesor californiano?
   (A) el de la Paz
   (B) el de Literatura
   (C) el de Física
   (D) el de Medicina

Scripts, Answers, and Explanations for Interpretive Communication: Audio Texts

Answers and Explanations for Interpretive Communication: Audio Texts

Here are the correct answers for the multiple-choice questions for all six audio selections. For explanations of the correct answers, refer to the bold text in the printed scripts of the audio recordings that follow.

Selection 1
1. D
2. B
3. A
4. C
5. C

Selection 2
1. B
2. C
3. A
4. D
5. D
6. B
7. A
8. B

Selection 3
1. C
2. C
3. A
4. D
5. B
6. A
7. D
8. A
9. B

Selection 4
1. C
2. D
3. C
4. A
5. B
6. C
7. B
8. D

Selection 5
1. D
2. C
3. A
4. C
5. A
6. B
7. D
8. B

Selection 6
1. D
2. B
3. A
4. B
5. A
6. C
7. B
8. D
9. C

Scripts for Interpretive Communication: Audio Texts

In this section, the scripts for the audio recordings for selections 1–6 are printed. Note the track numbers provided in the left margin. Boldfaced text highlights where the correct answers can be found. The question number that is answered by the highlighted text is given in parentheses at the beginning of the boldfaced text.

Selection 1

Una conferencia sobre la inmigración

Según la oficina del Censo del gobierno de los Estados Unidos, el grupo denominado «hispano» ha llegado a ser la minoría más grande de los Estados Unidos. Ya en el año 2000 la tasa de natalidad hispana superó a la de afroamericanos y en el censo de 2000 (#1, D) **el número de hispanos casi iguala al número de afroamericanos.** La creciente población hispana en los Estados Unidos ha tenido, y tiene, muchas implicaciones sociales, económicas y políticas.

Ya en los Estados Unidos hay áreas donde se usa el español casi exclusivamente para comunicarse. Muchos piensan que todos los inmigrantes deben esforzarse para aprender el inglés si quieren ser ciudadanos de los Estados Unidos. Ha habido mucha controversia sobre este fenómeno y sobre la educación bilingüe. Este debate sobre qué lengua se debe usar, o sea, sobre la cuestión de establecer una lengua nacional, ha llevado a varios estados a promulgar leyes, o a tratar de promulgarlas, para eliminar la educación bilingüe y (#2, B) **establecer el inglés como lengua oficial.** Pero el hecho es que hay un número creciente de personas para quienes el español es la lengua que usan para comunicarse. Ese número es tan grande que los partidos políticos y las grandes compañías han comenzado a darse cuenta de su importancia política y económica.

En las elecciones de 2000, 2004 y 2008 ambos candidatos para presidente de los Estados Unidos trataron de dar sus discursos en español, por lo menos en parte, ante un público hispanohablante. En el caso de George W. Bush, hasta sus familiares se aprovecharon de su conocimiento del español para animar al público hispano. La importancia del voto hispano no se puede negar, y (#3, A) **como consecuencia, los políticos les prestan más atención a los asuntos de importancia para la comunidad hispana** como el tratamiento médico, la educación y el trabajo.

Las grandes compañías norteamericanas están aprendiendo que si no quieren perder el mercado latino, tendrán que dirigir sus campañas publicitarias y sus productos al mercado hispano. Si no hacen esto, la comunidad hispana misma proveerá los productos que quieren. Un buen ejemplo es lo que ocurrió en Chicago hace poco. Una joven hispana, Río Martínez, en camino a una fiesta, paró en una farmacia para comprar unos cosméticos. En esta farmacia todo el maquillaje que tenían no era para el cutis olivo de una mujer hispana sino para una mujer con el cutis bien blanco. Eso fue el empuje para (#4, C) **establecer una nueva compañía de productos de belleza para la mujer hispana.** «Somos» fue fundada por Río Martínez y Elena Sotomayor con su propio dinero. Ahora venden sus productos por Internet.

Otro ejemplo de este fenómeno tiene que ver con una de las tiendas más viejas y famosas de los Estados Unidos, Sears. En East Los Ángeles, California, una comunidad mayormente hispana, la tienda de Sears ganaba poco dinero para la compañía. Su jefe, un hispano, les pidió permiso a los jefes de Sears para (#5, C) **ofrecer productos que fueran de más interés para una comunidad hispana,** mayormente de México. Normalmente todas las tiendas de Sears ofrecen la misma mercancía, estén dónde estén. Después de que esta tienda comenzó a ofrecer productos de más interés y utilidad para los hispanos, las ganancias de la tienda subieron en un 40 por ciento. En vez de vender tanta ropa informal, comenzaron a vender ropa más formal y ropa para, por ejemplo, la primera comunión. En vez de vender cortacéspedes, comenzaron a vender máquinas de coser ya que muchas hispanas todavía se hacen la ropa.

El hecho es que en el siglo veintiuno habrá más personas de ascendencia hispana en los Estados Unidos, y por eso las compañías y los políticos que quieren tener éxito tendrán que servir a este grupo cada vez más importante. Si no, otros van a servirlo.

Selection 2

Una conferencia sobre los incas

Los incas sólo habían reinado apenas 100 años cuando llegó el conquistador español Francisco Pizarro en 1532, pero en aquellos 100 años habían creado un imperio impresionante. En poco tiempo (#1, B) **habían creado un imperio con un gobierno estable,** un sistema de carreteras, puentes, acueductos, almacenes, comunicación y seguridad social. En el arte habían hecho adelantos en el arte de tejer, una de sus artes más importantes. También hicieron obras impresionantes en plata, oro y piedras semi-preciosas. No fue nada fácil la conquista tampoco. De hecho, Pizarro había hecho dos tentativas antes sin tener éxito. Hay teorías que tratan de explicar por qué este imperio llegó a las alturas que alcanzó en este período de tiempo tan breve.

Según el autor peruano José Carlos Mariátegui, en su obra *Siete ensayos de interpretación de la realidad peruana,* la estructura social y política del imperio incaico (#2, C) **se asemejó mucho a la filosofía socialista del siglo veinte** donde todos se ayudaban los unos a los otros para el bien de todos. Como todos se apoyaban los unos a los otros, el imperio pudo tener éxito. El imperio se dividía en comunidades que se llamaban «ayllus». Cada familia del ayllu que cultivaba la tierra tenía la obligación de dar parte de los productos de su terreno al gobierno como un impuesto. El gobierno entonces dividía los productos en cuatro partes, una parte para el gobierno y el ejército, otra para los religiosos, otra para los ancianos y enfermos y otra para guardar en almacenes en anticipación de desastres naturales. (#4, D) **La comida que se guardaba se usaba si había una catástrofe en uno de los ayllus. El gobierno ayudaba a la comunidad afectada usando productos de sus almacenes.** La comida de los almacenes se conservaba bien gracias al frío y a la altura sobre el mar en las montañas. En realidad, los incas inventaron el proceso de conservar la comida en seco.

Además de tener que dar parte de sus productos al estado, (#3, A) **los hombres tenían también que donar cierto número de días cada año para trabajar en obras públicas** como puentes, caminos, acueductos y terrazas. Entonces todos contribuían al bienestar del estado proveyendo productos de la tierra y manos para el trabajo.

Las mujeres también contribuían al imperio. Como se mencionó antes, (#5, D) **el arte de tejer era una de las artes más desarrolladas y valoradas. Entonces mandaban a las mejores tejedoras a centros de tejer, como conventos, donde pasaban la vida produciendo tela y tejidos para el imperio.** Estos tejidos se usaban para comerciar con otras tribus y también se usaban para enterrar a las personas.

Otro trabajo muy importante era el del chasqui. (#6, B) **Los chasquis eran mensajeros que llevaban mensajes por los caminos del imperio.** A trechos, según la distancia que un hombre podía correr en un día, habían construido un tipo de hotel y un almacén. En cada uno de esos hoteles había un chasqui. Cuando llegaba uno, le daba el mensaje al chasqui que estaba allí y éste continuaba con el mensaje hasta que llegaba a su destinación mientras que el otro descansaba en espera del próximo mensaje para llevar. Funcionaba como una carrera de relevos moderna donde una persona lleva el testigo cierta distancia para dárselo a otro para continuar. Los incas no tenían un sistema de escritura sino que usaban quipus, cuerdas anudadas que según el número y tamaño de los nudos transmitían un mensaje.

(#7, A) **Otra muestra de los avances que alcanzaron los incas es en el campo de la cirugía. Los antropólogos han encontrado a momias cuyos cráneos fueron operados.** Y lo más sorprendente es que no solamente muestran la operación, sino que también muestran que el paciente sobrevivió la operación y siguió viviendo años después de haber sido operado.

Todo esto terminó con la conquista por Pizarro y los españoles que impusieron un sistema más bien feudal en las Américas. La teoría de Mariátegui en su libro es que los problemas de que ha sufrido el Perú, y otros países en Latinoamérica, tienen que ver con el hecho de que (#8, B) **los españoles reemplazaron un sistema socialista puro con el sistema feudal europeo. De esta manera cambiaron un sistema avanzado por uno inferior y antiguo.** En el sistema feudal, según la teoría, hay menos razones para trabajar porque no se trabaja para el bien común.

TRACK 18   Selection 3

Una conferencia sobre el camino de Santiago

Durante la Edad Media había tres lugares de peregrinación principales para la Europa cristiana: Roma, el Medio Oriente y (#1, C) **Santiago de Compostela en el noroeste de España.** Como hacen los musulmanes hoy día a Meca, los cristianos medievales trataban de hacer una peregrinación a un sitio considerado sagrado durante su vida, sobre todo para (#2, C) **cumplir con una promesa.** Por ejemplo, si ellos se curaban de una enfermedad, o recibían otro bien, ellos hacían una peregrinación para darle las gracias a Dios por su buena suerte. Quizás es fácil imaginar por qué querían ir al Medio Oriente y a Roma, pero ¿por qué quisieran ir al noroeste de España a un pueblecito?

Según nos cuenta la historia religiosa, después de la muerte de Jesús Cristo sus apóstoles se fueron a varias partes del imperio romano para predicar las buenas nuevas y extender el cristianismo. Se dice que (#3, A) **Santiago el Mayor, uno de los apóstoles de Jesús, se fue a la Península Ibérica para predicar el mensaje de Jesús. Cuando volvió después al Medio Oriente, los romanos lo mataron como a muchos de los apóstoles. Según la leyenda, después de su martirio, sus discípulos llevaron su cuerpo a la Península Ibérica otra vez para enterrarlo.** Se dice que los discípulos lo llevaron a un *campo* en el noroeste de la península y lo enterraron donde vieron una *estrella* sobre ellos. El lugar entonces recibió el nombre Santiago de Compostela (campo de la estrella). Allí, en el siglo once de la era común, comenzaron a construir una catedral para guardar los restos mortales del santo y entonces comenzaron las peregrinaciones. (#4, D) **Lo que también hizo a Santiago de Compostela tan popular con los peregrinos fue el hecho de que Jerusalén estaba en manos árabes y, por las cruzadas y la violencia religiosa, no les era tan fácil visitar los sitios santos en el Medio Oriente.** Para la época de Fernando e Isabel, tantos peregrinos iban cada año que mandaron construir un hospital allí donde los peregrinos podían quedarse durante su visita. (#5, B) **Antes, los peregrinos tenían que quedarse en la catedral misma.**

Hoy día el hospital que mandaron construir Isabel y Fernando sigue en Santiago de Compostela pero ahora forma parte de una cadena de (#6, A) **paradores nacionales, edificios históricos que el gobierno ha convertido en hoteles de gran lujo.** En la ciudad, y en el camino a la ciudad, todavía se puede ver los peregrinos modernos caminando o montados en bicicleta con su mochila con la concha, símbolo de Santiago, en la espalda. Muchos peregrinos mayores vienen en autocares de todas partes de Europa, algunos en plan turístico, otros por motivos religiosos, todos a Santiago como se ha hecho por más de mil años. Santiago sigue siendo una destinación de mucho interés no sólo religioso sino también turístico.

(#7, D) **Tradicionalmente el viaje comenzaba en la Torre de Santiago o, en francés, la Tour de San Jacques, en París.** De allí los peregrinos pasaban hacia el sur de Francia, cruzaban los Pirineos y continuaban por el norte de España. Para atenderlos se construyeron conventos, monasterios e iglesias a lo largo del camino. Todavía quedan, algunos en ruinas o abandonados y otros que todavía sirven su propósito original de atender a los peregrinos en camino a Santiago. (#8, A) **Estos edificios a lo largo de la ruta son mayormente de estilo románico y hoy día de gran interés artístico e histórico.**

En Santiago todavía mantienen una oficina de peregrinación y los que vienen andando, o en bicicleta, y han recibido las firmas de ciertos oficiales en ruta, tienen derecho a un certificado para celebrar su logro.

Mientras hoy no hay tantos que hacen esta peregrinación, Santiago de Compostela sigue siendo un sitio y una ruta de gran interés histórico, artístico, turístico y aun religioso. (#9, B) **El día de Santiago es el 25 de julio** y cada año millares de personas vienen para festejar y celebrar en esta ciudad que es un cruce entre los caminos del mundo antiguo y el mundo moderno.

Una conferencia sobre los grandes muralistas mexicanos

Cuando pensamos en el arte de México muchas veces (#1, C) **lo que nos viene a la mente es el arte precolombino de los aztecas, toltecas, olmecas y mayas.** Las grandes pirámides, centros ceremoniales, cerámica, joyas y esculturas se encuentran por todos partes. Cuando se visita a México algunos de los lugares más populares para visitar son los centros arqueológicos como Teotihuacán, Palenque, Chichen Itzá y la excavación del templo mayor en la Ciudad de México. También en la capital mexicana se encuentra el famosísimo Museo de Antropología que reúne artefactos de todas las culturas de México. Pero, también en esta ciudad, y otras en México, se pueden ver las obras de otros grandes artistas mexicanos, los muralistas.

(#2, D) **El muralismo es el arte de pintar grandes cuadros en las paredes de edificios,** muchas veces edificios públicos. Los murales, no importa en que país se encuentran, muchas veces contienen crítica social o política, o conmemoran a personas o eventos importantes en la mente del pueblo. Los artistas mexicanos llevaron esta forma de arte a un nivel muy alto en el siglo veinte y la hicieron una expressión artística que se relaciona mucho con México.

En el muralismo mexicano los temas reflejan eventos históricos de México, las civilizaciones precolombinas, leyendas, grandes líderes y la crítica social. (#3, C) **Estas obras se encuentran en edificios públicos,** el sitio perfecto para mostrar el arte y el mensaje que comunican. Los tres grandes nombres de este movimiento artístico son Diego Rivera, José Clemente Orozco y David Alfaro Siqueiros.

David Alfaro Siqueiros nació en 1896 y murió en 1974. Él realizó murales de gran simbolismo cuyos (#4, A) **temas son sociales.** Un ejemplo es su mural titulado *Madre campesina*, que se encuentra en el Instituto Nacional de Bellas Artes. Los murales de Siqueiros captan la realidad de la gente en la expresión de su situación en la vida. En el mural *Madre campesina*, vemos a una madre, en un desierto, con la cara triste sosteniendo a su bebé en los brazos bajo la manta.

José Clemente Orozco nació en 1883 y murió en 1949. (#5, B) **Sus pinturas, murales y frescos representan temas revolucionarios.** Uno de sus murales más famosos se llama *Zapatistas* y muestra a los campesinos y a las campesinas que luchaban en la Revolución mexicana con el revolucionario famoso Emiliano Zapata.

Quizá el muralista de más renombre mundial sea Diego Rivera, quien nació en Guanajuato, México, en 1886 y murió en 1957. La obra de Rivera incluye murales, cuadros, dibujos y retratos de gente famosa. Sus temas abarcan todos los que trataron los muralistas mexicanos: la vida, la historia y los problemas sociales. Entre sus obras más impresionantes se encuentra la serie de murales que hizo en el Palacio Nacional de México. Allí, en una escalera y en las galerías de uno de los patios, (#6, C) **Rivera pintó la historia de México de los tiempos precolombinos hasta la lucha del proletariado de los años veinte y treinta.** Se puede ver la vida de los indígenas de México antes de la llegada de Cortés, el encuentro entre Cortés, la Melinche y Moctezuma, la lucha entre los españoles e indígenas y la subyugación y el abuso de ellos. Antes de morir, (#7, B) **Diego Rivera hizo construir un «teocali» en la capital; un teocali es una pirámide maya que sirve de museo para algunas de sus obras y antigüedades.** Fue el regalos de Rivera al pueblo mexicano y a su herencia indígena.

El arte muralista de México ha servido también de inspiración para jóvenes artistas latinos en los Estados Unidos. Al visitar muchas ciudades norteamericanas, se puede ver murales, algunos pagados y otros de expresión personal y anónimos, en las paredes de edificios y en las murallas de algunos barrios. Todavía muchos tratan de temas sociales y políticos mientras hay otros que son simplemente para embellecer el barrio con escenas de la vida cotidiana. La inspiración de estos tres muralistas inmortales de México —Siqueiros, Orozco y Rivera— sigue en las nuevas generaciones aquí y allí (#8, D) **enseñándonos y haciéndonos pensar en la realidad del mundo que nos rodea.**

Selection 5

Una conferencia sobre los grandes líderes de Hispanoamérica

Benito Juárez, José de San Martín y Simón Bolívar son algunos de los grandes líderes que participaron en la creación de muchos de los países modernos de Latinoamérica ayudándolos a ganar o mantener su independencia de poderes europeos y emprender el camino nacional.

Benito Juárez nació en San Pablo de Guelatao, México, en 1806. Él sirvió como gobernador de Oaxaca y presidente de la suprema corte de justicia. (#1, D) **Este hombre, que sería elegido presidente de México tres veces,** luchó por la libertad de sus ciudadanos, no sólo en contra de la oligarquía rica y conservadora sino también (#2, C) **en contra de los franceses y el emperador Maximiliano, que ellos y la oligarquía instalaron en México.** Hijo de indios, enseñado por un sacerdote, Benito Juárez llegó a ser uno de los líderes más importantes del siglo diecinueve y de todos los tiempos. Intentó defender a todos los mexicanos y por eso tuvo problemas con los elementos más poderosos del país.

José de San Martín nació en Yapeyú, Argentina, en 1778 y de joven (#3, A) **se fue con sus padres a vivir en España. En España estudió en un colegio para militares y se alistó en las fuerzas armadas españolas**. Estaba en España durante la invasión napoleónica y luchó en contra de ellos en el ejército español. Aunque vivió muchos años en España y fue miembro de sus fuerzas armadas, San Martín se interesó mucho en la independencia de su país natal. En 1812, al terminar las guerras napoleónicas en España, San Martín vio la oportunidad de conseguir la independencia de la Argentina y volvió a Buenos Aires. Allí él ayudó a conseguir la independencia de la Argentina y planeó la liberación de Chile y del Perú. En enero de 1817, (#4, C) **con su famoso Ejército de los Andes,** San Martín cruzó los Andes y libertó a Chile. Después se fue al norte y con Bolívar libertó al Perú y Bolivia. José de San Martín fue el protector del Perú por un año. Después él renunció al puesto y se fue a vivir en Francia.

Decidió no participar en la política de la Argentina y pasó el resto de su vida en Francia, donde murió en 1850. Aunque nunca volvió a la Argentina, sigue en la memoria de la nación argentina como uno de sus grandes líderes.

Simón Bolívar nació en Caracas, Venezuela, en 1783, hijo de padres españoles. Por haber nacido en Venezuela, (#5, A) **Bolívar fue criollo, hijo de españoles nacido en las colonias. Por eso no gozaba de los mismos derechos que tenían sus padres por haber nacido en España.** Eso sería uno de los factores que lo empujaron a tomar parte en el movimiento de independencia en las Américas. Como San Martín, Simón Bolívar se fue a estudiar en España. (#6, B) **Allí él estudió las ideas de los grandes intelectuales franceses de la Revolución Francesa. Con esta influencia y la independencia reciente de los Estados Unidos de Inglaterra, él se dedicó a la liberación de las Américas.** Bolívar ganó la independencia de Venezuela, Colombia y Ecuador. Luego con San Martín logró la independencia de Bolivia. (#7, D) **El sueño de Bolívar fue establecer los Estados Unidos de Sudamérica como lo habían hecho los patriotas al norte.** Él pudo establecer la República de Gran Colombia, que incluía a Venezuela, Colombia, Ecuador y Panamá. Bolívar fue elegido su primer presidente pero desgraciadamente esa unión duró poco tiempo.

(#8, B) **Aunque estos tres hombres cambiaron la suerte de sus países no vieron el resultado que esperaban:** Benito Juárez vio el ascenso del dictador Porfirio Díaz; José de San Martín se vio obligado a pasar sus últimos días en Francia por el caos que había en su país; y Simón Bolívar vio el desmembramiento de la República de Gran Colombia y la desaparición de su sueño de una Sudamérica unida. A pesar del aparente fracaso de sus sueños, estos tres hombres permanecen en la memoria de sus compatriotas, y también en la memoria colectiva humana, por lo que pudieron realizar durante su vida.

Una conferencia sobre ganadores del Premio Nóbel

(#1, D) **Alfredo Nóbel, industrial y químico sueco** que inventó la dinamita, estableció en su último testamento cinco premios para personas que han hecho cosas importantes para la humanidad. Los premios son de literatura, paz, fisiología y medicina, física y química. Cada 10 de diciembre, el aniversario de su muerte, estos premios se otorgan en la capital de Suecia, Estocolmo y el de la Paz en la capital noruega Oslo. Hombres y mujeres representantes de muchos países y culturas han recibido estos premios desde su principio, incluso personajes del mundo hispano. (#2, B) **Unos 14 hispanohablantes, que representan las cinco categorías, han sido recipientes de este honor.**

El Premio Nóbel de Literatura ha sido recibido por ocho escritores de cinco países del mundo hispano. Gabriel García Márquez de Colombia, Miguel Ángel Asturias de Guatemala, Pablo Neruda de Chile, Octavio Paz de México, Gabriela Mistral de Chile, Vicente Aleixandre, Juan Ramón Jiménez y Jacinto Benavente de España lo han recibido. Quizá el más conocido sea Gabriel García Márquez de Colombia, (#3, A) **cuya obra literaria le dio al mundo a conocer mejor el género literario latinoamericano de la fantasía y la realidad mágica.** En sus obras (#4, B) **se mezclan el mundo real y el mundo de la fantasía.** Muchas de sus obras se relacionan con un pueblo imaginario, que se llama Macondo, y sus habitantes. Sus novelas y cuentos antes de y después de (#5, A) **su obra maestra Cien años de soledad tienen lazos con Macondo y sus habitantes casi sobrenaturales.**

Dos hispanos han sido premiados con el Premio Nóbel de la Paz por su esfuerzo por lograr la paz en Centroamérica: Rigoberta Menchú, una indígena guatemalteca, y Óscar Arias, el antiguo presidente de Costa Rica. Óscar Arias fue elegido presidente de Costa Rica por primera vez en 1986. En aquel entonces se luchaba una guerra civil en Nicaragua al norte de Costa Rica. Aquella guerra entre los sandanistas, que habían tomado control del país, y los contras, rebeldes que recibían apoyo del gobierno de los Estados Unidos, arriesgaba la estabilidad de la región. Además, era una amenaza para Costa Rica, un país neutral que no tiene ejército para defenderse. (#6, C) **Arias trabajó para poner fin al conflicto y tener elecciones libres en Nicaragua. Por sus esfuerzos, recibió el Premio Nóbel de la Paz en 1987.**

Rigoberta Menchú, indígena guatemalteca, escribió *Me llamo Rigoberta Menchú y así me nació la conciencia*, que mostró al mundo la discriminación y la violencia de que sufrían los indígenas de Guatemala a manos del gobierno, el ejército y la oligarquía. En este libro autobiográfico ella cuenta su historia. Describe cómo los soldados del ejército de Guatemala mataron a su familia y escribe sobre los abusos del gobierno. Además de escribir un libro, (#7, B) **ella también ha trabajado para organizar a la gente indígena de Guatemala para poner fin a la violencia y a los abusos del pasado. Ella también ha trabajado en la repatriación de indígenas que huyeron a México para escaparse de la violencia. Por sus esfuerzos ella ganó el Premio Nóbel de la Paz en 1992.**

(#8, D) **Dos españoles han recibido el Premio Nóbel de Medicina. Santiago Ramón y Cajal lo recibió en 1906 por su trabajo en el funcionamiento del sistema nervioso. Severo Ochoa lo recibió en 1959 por sus estudios sobre las enzimas.**

En esta lista también podemos incluir a un americano nacido en San Francisco, Luis Álvarez. El doctor Álvarez nació en 1911 en San Francisco, California. En 1936 recibió un doctorado en física de la Universidad de Chicago. Luego se instaló como profesor de física en la Universidad de California en Berkeley. (#9, C) **En 1968 recibió el Premio Nóbel de Física por su trabajo en este campo.**

Nóbel quería premiar a personas notables que hubieran contribuido al bien común del género humano. Como se puede ver, la comunidad mundial hispana ha participado y sigue participando en esta tarea de servir a los seres humanos y enriquecer su vida por medio de su trabajo, sea lo que sea.

CHAPTER 7

Exam Section II
Interpersonal Writing:
E-mail Reply

IN THIS CHAPTER

Summary: In the **Interpersonal Writing: E-mail Reply** portion of the AP Spanish Language and Culture exam, you will be required to write a reply to an e-mail message provided in the examination book. This part of the exam accounts for one-eighth (12.5 percent) of your total AP Spanish exam score. This chapter provides suggestions on how to write the best e-mail response possible in the time allotted and give you some ideas on how to go about preparing for this part of the examination. It includes 20 sample e-mail messages similar to what you will need to respond to on the actual AP Spanish exam. Use these sample exercises to familiarize yourself with the test and practice your e-mail writing skills. Finally this chapter also includes a detailed explanation of how your e-mail reply will be scored.

Strategy for Interpersonal Writing: E-mail Reply

You will have 15 minutes to read the e-mail message provided on the test and then write your e-mail response. Following are suggestions regarding your strategy in approaching this part of the test. Also included are tips on how to best prepare yourself for the e-mail reply portion of the AP Spanish exam.

STRATEGY

- Read the question carefully. Look for the main idea or theme and related ideas or themes.
- Determine to whom the e-mail message is being addressed. If it is to a friend or relative, use familiar forms (*tú, vosotros, ustedes*). If it is to a company, an adult, or someone whom you do not know, use the formal forms (*usted, ustedes*).
- Try to make a short quick list of nouns, verbs, adjectives, and adverbs that you might want to use. Remember, however, that you are to write an e-mail message, not just a list of answers or ideas.
- Remember the *purpose* of the piece of writing. For example, if it is to get information, resolve a dispute, make plans, etc., you will want to be sure to let the person to whom you are writing know that you want a response and how to get back to you.
- Be careful to use an appropriate greeting and an appropriate closing.
- Be sure to answer all questions asked of you in the e-mail message.
- In your response, you should ask for more details about something mentioned in the e-mail message.
- Set a timer or alarm for 15 minutes, then open to one of the topics and start writing. Be sure to stop immediately when the time is up so that you have an accurate idea of what you can do in 15 minutes.
- Once you know what you can do in 15 minutes, try each time thereafter to do a little more or to improve upon the quality of the work.
- Be sure to look at the rubric provided at the end of this chapter to see how you will be assessed.

Practice for Interpersonal Writing: E-mail Reply

> **Some key words to look for:**
>
> - Un mensaje electrónico = an e-mail
> - Un mensaje/recado = a message
> - Querido/a = Dear (informal)
> - Estimado/a = Dear (formal)
> - Un abrazo = a way to close a familiar letter
> - Atentamente = a way to close a formal letter

Instructions: You will write a reply to an e-mail message you have received. You have 15 minutes to read the e-mail and write your response.

Instrucciones: Escribirás una respuesta a un mensaje electrónico que has recibido. Tienes 15 minutos para leer el mensaje electrónico y escribir tu respuesta.

Mensaje electrónico número 1

Tema curricular: La vida contemporánea

Introducción: Este mensaje electrónico te ha escrito un amigo. Has recibido el mensaje invitándote a una fiesta.

De: María López
Asunto: ¡Fiesta!

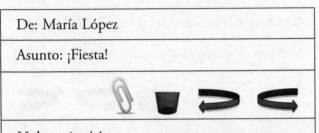

¡Hola amigo/a!

¿Cómo estás? Espero que todo te vaya bien. Mira, quiero invitarte a una fiesta en mi casa el día 15. Celebraremos el cumpleaños de nuestra amiga Juana. La fiesta es de sorpresa. ¡Ojalá puedas venir!

Si puedes venir, ¿podrás traer algo para comer? Todos los invitados van a contribuir comida y yo las bebidas. También, en vez de darle regalos de cada uno de nosotros, vamos a contribuir dinero para comprarle un regalo bien especial. ¿Te gustaría contribuir, y tendrías unas ideas de cosas que a Juana le gustarían?

Déjame saber cuanto antes si puedes participar.

Besos,

María

Mensaje electrónico número 2

Tema curricular: La vida contemporánea

Introducción: Recibiste este mensaje electrónico de tu primo Raúl. Él está muy emocionado porque lo han seleccionado para un equipo de fútbol.

De: Raúl Martínez
Asunto: Buenas noticias

¡Hola primo/a!

Tengo unas noticias fenomenales. ¡Me han seleccionado para jugar en nuestro equipo de fútbol! ¿Tú lo puedes creer? ¿Qué piensas? Aunque estoy muy emocionado, también me siento nervioso. Espero poder servir bien a mi nuevo equipo. Voy a practicar aun más duro con mis compañeros.

Yo sé que te interesa el fútbol también pero quizá no tanto como yo. De todos modos quiero que vengas a algunos de mis partidos para apoyarme. ¿Lo harás? ¿Crees que mis tíos vendrían contigo también? Sería fantástico.

Mañana mis amigos y yo nos reunimos en el parque para jugar, ven si puedes.

Un abrazo,

Marcos

Mensaje electrónico número 3

Tema curricular: Las familias y las comunidades

Introducción: Recibiste un mensaje electrónico de tu amiga Ana. Ella acaba de cumplir sus quince con una fiesta y te cuenta como le fue.

De: Ana Ortiz

Asunto: Mis quince

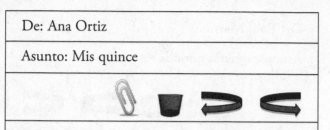

Hola amigo/a,

¿Cómo estás? Yo muy bien. Como sabes cumplí los quince el fin de semana pasada y el día fue como un sueño. Todo salió a maravilla. Mi familia, mis amigos y yo comenzamos el día con un servicio en nuestra iglesia y después todos fuimos para almorzar en mi restaurante favorito. ¿Fue similar cuando tu cumpliste los quince?

Después de comer había una banda que tocaba y todos bailábamos. ¡Yo bailé primero con mi papá! Luego todos salieron a la pista para acompañarnos. ¿Había música y baile en tu fiesta también?

En vez de comprarme muchos regalos, mi familia y mis amigos juntaron dinero para ofrecerme un viaje al Mundo de Disney. Qué padre, ¿no?

Dime qué piensas de mi día y si tú tenías una experiencia igual. ¡Ojalá que vivieras más cerca!

Besos,

María

Mensaje electrónico número 4

Tema curricular: La vida contemporánea

Introducción: Este mensaje electrónico viene de la Sra. Magdalena Soto, gerente de una tienda de ropa donde te gustaría trabajar.

De: Magdalena Soto

Asunto: Ropa de Moda

Estimado/a pretendiente para el puesto de dependiente,

Le agradezco el interés que ha mostrado en el puesto que tenemos en nuestra tienda Ropa de Moda. Estoy encargada de seleccionar el candidato o la candidata que mejor nos servirá. Para llevar esto a cabo, me gustaría tener más información acerca de usted.

En la solicitud preliminar tengo todos sus datos pero me ayudaría saber qué clases ha seguido o sigue en su colegio que lo/la han preparado para trabajar de dependiente en una tienda de ropa o qué otra(s) experiencia(s) haya tenido que le serviría en el puesto.

Como usted es estudiante de secundaria, ¿qué días y horas estaría usted disponible para trabajar?

Por fin, en su opinión, ¿por qué se cree el/la candidato/a ideal para este puesto más que otro/a?

Atentamente,

Sra. Magdalena Soto, administradora de personal

Mensaje electrónico número 5

Tema curricular: La ciencia y la tecnología

Introducción: Este mensaje es de la compañía fotográfica Picaflor. Has recibido este mensaje porque acabas de comprar de ellos por Internet una cámara digital.

De: Jesús Fernández
Asunto: Su opinión cuenta

Estimado/a señor/a,

Soy Jesús Fernández de la compañía fotográfica Picaflor. Usted ya ha recibido la cámara que pidió por Internet y nos gustaría hacerle algunas preguntas.

¿Cuál modelo decidió comprar y por qué? ¿Por qué decidió usted comprar una de nuestras cámaras en vez de otra? Si ya saca fotos, ¿cómo le han salido? ¿Qué nos puede decir cómo funciona y si satisface sus necesidades?

Por último, ¿puede usted decirnos cómo le fue la experiencia de usar nuestra tienda Web y tendría usted unas recomendaciones en cuanto podamos mejorar la experiencia?

Gracias por su tiempo.

Atentamente,

Jesús Fernández, encargado de mercadeo, Fotos Picaflor

Mensaje electrónico número 6

Tema curricular: La vida contemporánea

Introducción: Este mensaje electrónico viene de una agencia de viajes que se especializa en viajes para estudiantes. Has recibido este mensaje porque tú habías pedido en su página Web que te contacten.

De: Nico Blanco
Asunto: Tours cuando y a dondequiera

Estimado/a señor/a,

Soy Nico Blanco de Tours cuando y a dondequiera (T.C.A.). Cuando usted visitó nuestra página Web, indicó que le gustaría más información. Ofrecemos muchos paquetes a lo largo del año, entonces si puede darme más información, yo podré mandarle por correo electrónico información que le servirá mejor.

¿Durante qué temporada del año planea usted y sus amigos viajar? ¿Tienen ustedes unas destinaciones que les interesan? También nos ayudaría saber cuántos viajarán en el grupo y el presupuesto que ustedes tienen.

En adición, si puede mencionar tipos de actividades que les gustan, podremos afinar un poco más el tipo de paquete que les servirá mejor.

Cuando reciba esta información, podré enviarle más información.

En espera de su respuesta,

Nico Blanco, T.C.A.

Mensaje electrónico número 7

Tema curricular: La vida contemporánea

Introducción: Este mensaje electrónico es de tu amiga Paty. Tú estás de vacaciones y a ella le gustaría saber como te las pasas.

De: Paty Molina
Asunto: Las vacaciones

Hola amigo/a,

¡Qué suerte te ha tocado estar de vacaciones! Hace muy mal tiempo aquí, mucho frío, llueve y no he visto el sol por días. ¿Qué tal el tiempo por allí? ¿Has conocido a unas personas interesantes? ¿Qué me cuentas de ellos?

En cuanto a actividades, ¿qué se ofrece al balneario? ¿Has participado ya en algunas de éstas? ¿Cómo es la comida allí? ¿Has probado platos típicos de la región? ¡Espero que no comas sólo hamburguesas y papas fritas!

Si puedes, mándame unas fotos del balneario y algunas de los lugares que visitas.

Pues, en total, ¿cómo te lo pasas?

Un abrazo y un beso,

Paty

Mensaje electrónico número 8

Tema curricular: Las identidades personales y públicas

Introducción: Este mensaje es de tu amigo José. Él pasa por un momento difícil y quiere tu consejo.

De: José Morales
Asunto: ¡Ayúdame!

Amigo/a,

Me siento tan triste en este momento. Todo parecía ir sobre ruedas hasta hoy en el colegio.

Como sabes, me interesa seguir estudios para médico en la universidad y por esta razón me hace falta seguir muchas clases de matemáticas y ciencias. Pues hoy tuvimos un examen fatal en biología, un examen «matatodos». Me quedo tan preocupado. ¿Qué voy a hacer? ¿Qué harías tú mi amigo/a si estuvieras en mi lugar? Creí haber estudiado lo suficiente y he hecho todos los experimentos requeridos antes de este examen.

He pensado buscarme un tutor. ¿Qué te parece? ¿Conoces a alguien que pueda trabajar conmigo? No sé, quizá debo cambiar mis planes para la universidad. Quizá no soy bastante inteligente para la medicina.

Amigo/a, ¿qué voy a hacer? Espero oír de ti pronto.

Un abrazo de tu amigo fracasado,

José

Mensaje electrónico número 9

Tema curricular: Las comunidades educativas

Introducción: Ese mensaje electrónico es de tu profesor de español. Te iba a ayudar esta tarde en su oficina pero no podrá reunirse contigo hoy.

De: Profesor Morales, dpto. de lenguas

Asunto: Esta tarde

Querido estudiante mío/a,

Lamento mucho pero no podré verte esta tarde como habíamos citado. Algo inesperado ha ocurrido que no me permitirá venir.

Yo sé que te preocupas por el examen de la semana que viene. ¿Podrías decirme cuando tendrás tiempo libre otra vez y podemos fijar otra cita? Como entramos en exámenes, no doy clases y podré estar en mi oficina cuando quieras. También, podrías decirme que temas te gustarían revisar y por qué crees que tienes dificultades con el tema. Entonces, podría tener unas prácticas preparadas para ti.

En adición, en mi página Web puedes encontrar ejercicios de práctica y ejemplos de los tipos de preguntas que aparecerán en el examen.

Otra vez, siento mucho la inconveniente.

En espera de tu repuesta,

Señor Morales

Mensaje electrónico número 10

Tema curricular: Las familias y las comunidades

Introducción: Este mensaje electrónico te ha escrito tu abuela. Hoy celebras tu cumpleaños.

De: Josefina Díaz

Asunto: ¡Feliz cumpleaños!

Querido nieto/a,

Hoy cumples los 18 años, ¡no lo puedo creer! Recuerdo bien cuando eras un/a niño/a tan precoz. ¡Cómo pasan los años!

¿Cómo celebras un cumple tan importante como el de los 18? ¿Con quiénes celebrarás y qué harás? ¿Celebras en casa o en otro lugar?

Espero que ya hayas recibido la tarjeta y el cheque que te mandé; no sabía que querías y ya eres adulto/a, mejor tú decidas para qué usar el dinero. No sabía si necesitabas algo para la universidad o simplemente una cosa que has querido comprarte.

Espero con anticipación saber como te ha ido tu día.

Diles hola a tus papás y hermanos de mi parte.

Besos,

Abuelita

Mensaje electrónico número 11

Tema curricular: Las familias y las comunidades

Introducción: Este mensaje electrónico te ha escrito tu amiga Gabriela. Mañana comenzará el nuevo semestre en tu colegio.

De: Gabriela Garrido
Asunto: El nuevo semestre

Amigo/a,

¡Qué rápido nos han pasado las vacaciones! ¡Huy! Mañana, otra vez, al trabajo.

Mi horario este semestre va a ser muy, muy fuerte. ¿Cómo será el tuyo? Por lo menos no tengo una clase la primera hora, entonces puedo despertarme un poco antes de comenzar el día y en adelante tendré un poco de tiempo extra para preparar las tareas.

Y tú, ¿seguirás unos cursos diferentes de los del primer semestre? Tuve éxito en ser aceptada en la clase avanzada de teatro. Estoy emocionada pero reconozco que, junto con el trabajo de clase, voy a tener ensayos y actuaciones por la noche y los fines de semana. Pero el drama es mi pasión. ¿Hay algún curso en particular que esperas con anticipación? ¿Por qué?

He pensado buscar un trabajo a tiempo parcial pero, de verdad, no voy a tener el tiempo.

Pues, tengo que terminar por el momento, escríbeme más tarde.

Besos,

Gabriela

Mensaje electrónico número 12

Tema curricular: Las familias y las comunidades

Introducción: Este mensaje electrónico es de tu familia de intercambio en el Perú. Acabas de volver a casa después de pasar un mes con ellos en Lima.

De: La familia Vargas
Asunto: El intercambio

Querido/a hijo/a americano/a,

Es difícil creer que ya estás de vuelta en casa otra vez. El mes pasó tan rápido.

¿Qué tal fue el viaje de regreso a los EE.UU.? Esperamos que no tuvieras ningún contratiempo. También esperamos que a tu familia le gusten los regalitos que le compraste. ¿Cuál fue su reacción?

Ojalá que lo hayas pasado muy bien con nosotros. ¿Qué impresiones tienes de nuestro país? ¿Cuáles fueron las cosas que vas a recordar más? Tus profesores van a quedarse bien impresionados con los progresos que has hecho en el dominio del español. De verdad, aprendiste mucho.

Pues, hijo/a, fue un gran placer tenerte en nuestra casa y sé que siempre serás parte de nuestra familia. Mándanos algunas fotos cuando tengas tiempo. Sabe que siempre tendrás casa y familia para visitar en Lima.

Un abrazo muy fuerte,

Tu familia peruana

Mensaje electrónico número 13

Tema curricular: La vida contemporánea

Introducción: Este mensaje electrónico es de tu amiga Mercedes. Es una compañera de clase y los/las dos trabajan en la misma tienda en su tiempo libre.

De: Margarita Menéndez
Asunto: Un favor

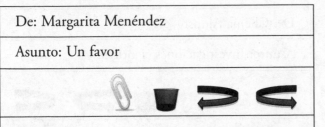

Hola amigo/a,

Tengo un problema muy gordo y espero que puedas echarme una mano. Como sabes, participo en el coro del colegio y pasa que este viernes por la noche damos un concierto gratis en el centro comercial. Como el coro es una clase, la participación en el evento cuenta como nota para la clase. La cosa es que tengo que trabajar la misma noche. Sé que no te doy mucho tiempo pero te ruego, ¿podrías trabajar por mí? Yo te prometo que te voy a recompensar.

Si quieres, puedo trabajar por ti otro día. También, si necesitas ayuda con la tarea, sobre todo en la clase de literatura, puedo servirte de tutor. ¿Qué piensas?

Sé que es muy pesado trabajar los viernes por la noche pero estoy desesperada. Tengo que trabajar desde las siete hasta las nueve. Si necesitas transportación, no hay problema alguno. Como el concierto es en el centro comercial, puedes ir y volver conmigo y mi familia. Por favor, ¡ayúdame!

Un abrazo fuertísimo,

Margarita

Mensaje electrónico número 14

Tema curricular: La vida contemporánea

Introducción: Acabas de volver de unas vacaciones y recibes este mensaje electrónico del hotel donde te quedaste.

De: Hotel Playa de Oro
Asunto: Un artículo encontrado

Estimado señor/señorita,

Soy gerente del Hotel Playa de Oro. La recepción me ha dado a saber que puede ser que usted dejó un artículo de valor en el hotel cuando lo abandonó.

Como no sabemos si el artículo es de usted, queremos que usted verifique sus pertenencias para ver si le falta algo. Entonces, si le falta algo, puede identificar la cosa, decir qué es y dar una descripción de ella para que podamos acertar si le pertenece a usted.

Si este artículo es de usted, necesitaremos saber cómo le gustaría pagar la factura y los seguros, si son necesarios, para regresarlo a usted.

No necesitamos su dirección ya que la tenemos en la recepción.

Esperamos su respuesta y quedamos a sus órdenes.

Atentamente,

Juan Gabriel Molina, gerente
Hotel Playa de Oro

Mensaje electrónico número 15

Tema curricular: Los desafíos mundiales

Introducción: Este mensaje electrónico es del asesor del club de español de tu colegio. Le pide unas ideas sobre un proyecto.

De: Sr. Rodríguez, depto. de lenguas
Asunto: Ideas para un proyecto

Querido/a socio/a del club de español,

Este año hemos tenido la gran fortuna de juntar más fondos de los necesarios para nuestras actividades. Los oficiales del club me han sugerido que, con el dinero que sobra, podamos hacer algo para nuestro colegio o comunidad.

He aquí las ideas que los líderes han generado. Nos gustaría tu opinión sobre cual de éstas debemos emprender y por qué podría ser de beneficio para la comunidad. Si tienes ideas diferentes puedes proponerlas con una justificación.

- Plantar un jardín para embellecer la escuela
- Comprar mochilas, cuadernos, etcétera para donar a chicos necesitados
- Limpiar el parque municipal y dedicar una butaca para el parque
- Comprar comestibles para el comedor de beneficencia
- Invitar a un grupo musical o de actores para hacer una presentación para la escuela y la comunidad

Gracias por compartir tus ideas y opiniones.

Atentamente,

Señor Rodríguez

Mensaje electrónico número 16

Tema curricular: La ciencia y la tecnología

Introducción: Este mensaje electrónico es de un amigo que acaba de ver un programa de televisión sobre el uso de animales en investigaciones médicas.

De: Chema Alonso
Asunto: Investigaciones científicas

Hola amigo/a,

Acabo de ver un programa de televisión que de verdad me dio asco. Fue sobre el uso de animales en experimentos.

Como sabes, soy muy pro-animal y no pienso que sea justo abusar de estos seres vivos. En el programa mencionaron como emplean a chimpancés en experimentos de drogas para el uso humano. ¿Qué opinas tú? Yo sé que muchos creen que es importante para la humanidad pero, ¿y qué para el chimpancé?

La otra cosa que me enfureció fue el hecho de que usan animales para probar cosméticos. ¿Puedes creerlo? Hacen sufrir a un pobre animal para probar pintalabios o rímel… no se puede justificar, ¿verdad?

Sabes que el año que viene en la clase de biología tendremos que disecar o una rana o el feto de un puerco. Te digo que no voy a hacerlo; debe haber otra manera de estudiar el cuerpo. ¿Qué piensas?

Lo siento mi diatriba. ¿Es que exagero? Nos vemos pronto.

Abrazos,

Chema

Mensaje electrónico número 17

Tema curricular: La belleza y la estética

Introducción: Una amiga tuya ha visitado el Museo de Arte Moderno de Nueva York y te escribe para compartir sus observaciones.

De: Maricarmen Cervantes

Asunto: El arte moderno

Hola amigo/a,

Como sabes estoy de visita en la Ciudad de Nueva York. Hoy visité el Museo de Arte Moderno. Tengo que decirte, de verdad, no comprendo esta expresión artística. Muchos de los cuadros y de las esculturas me parecían bien feos. ¿Qué opinas tú del arte moderno? Por ejemplo, vi un cuadro de Salvador Dalí, «La persistencia de la memoria» que tiene relojes blandos derritiéndose sobra rocas y árboles. ¡Qué barbaridad!

En cambio, el otro día fui al Museo Metropolitano de Arte y te digo que me encantaron los cuadros de El Greco. Los colores y las figuras de verdad captaron mi imaginación. Yo sé que no son para todos por sus temas religiosos, pero para mí, me encantaron.

Yo sé que el gusto es personal, pero, de verdad, no comprendo el arte moderno ni mucho de la arquitectura moderna. ¿Qué tipo o tipos de arte te llaman más la atención? ¿Por qué? Cuando nos veamos tendremos que hablar de este tema.

Un abrazo,

Maricarmen

Mensaje electrónico número 18

Tema curricular: Las familias y las comunidades

Introducción: Recibes un correo electrónico de un chico guatemalteco con quien te has hecho amigo de pluma. Él te habla de sus intereses.

De: Pablo Ruíz

Asunto: Me presento

Hola,

Me llamo Pablo Ruíz y soy de Guatemala. Tengo 16 años y estudio en la secundaria. Vivo en Antigua, la vieja capital de Guatemala. Tengo mamá, papá y un hermanito.

Me interesa mucho el fútbol como a muchos de mis amigos. Siempre lo jugamos después de las clases y los fines de semana. ¿Tienes un afán para un deporte en particular? ¿Participas en él o eres sólo aficionado/a? Mis amigos y yo nos volvemos locos por la Copa Mundial.

En la escuela me interesa mucho la historia, sobre todo la historia de las Américas. Me gusta todo, del período precolombino hasta los tiempos modernos. ¿Hay una asignatura que te interesa mucho? ¿Por qué te gusta?

También, me gusta la música. Me gusta el rock, la clásica, la latina… toda. ¿Qué tipo(s) de música te gusta(n) más y por qué? ¿Hay un grupo o cantante en particular que te gusta más que otro?

Espero con anticipación oír de ti pronto.

Un abrazo,

Pablo

Mensaje electrónico número 19

Tema curricular: Los desafíos mundiales

Introducción: Este correo electrónico viene de un grupo ecológico al cual tú habías expresado un interés por medio de su página Web.

De: Hacia un mundo mejor

Asunto: Como involucrarse

Estimado señor/señorita,

Recibimos su pregunta por nuestra página Web y sería un placer tenerlo/la como socio/a de nuestra organización en su ciudad.

Como sabe, nuestro objetivo es de preservar y mejorar nuestro medio ambiente. En primer lugar, ¿por qué tiene interés en participar en nuestra organización? ¿Podría decirnos en que tipo(s) de actividad(es) ha participado usted con este fin? ¿Le importa trabajar al aire libre?

En su comunidad participamos cada fin de semana en una campaña para limpiar los parques y plantar árboles y flores. Es decir que recogemos basura, barremos, desyerbamos jardines, plantamos y regamos. No es necesario participar cada fin de semana pero nos gustaría que participara con regularidad. ¿Cómo le parece el trabajo? ¿Podría comprometerse a participar dos veces por mes, por ejemplo?

¿Tendría otras preguntas para nosotros?

¡Ojalá pueda Ud. juntarse con nosotros!

Atentamente,

Paco Chávez, Hacia un mundo mejor

Mensaje electrónico número 20

Tema curricular: La belleza y la estética

Introducción: Este correo electrónico viene de una escuela de diseño y moda a que tú piensas asistir.

De: La escuela de diseño de UCLA

Asunto: En respuesta a su pregunta

Estimado señor/señorita,

Sí, todavía hay espacio en nuestra escuela de diseño para el otoño. Usted puede encontrar la solicitud en la misma página Web. Pero, antes de llenar la solicitud, quizá sea buena idea darnos de antemano alguna información para ver si nuestro programa le servirá.

En cuanto a la moda y el diseño, describa un poco su estilo personal y su filosofía en cuanto al diseño.

Si piensa en los estilos de ahora y los clásicos, ¿cómo describiría sus diseños?

¿Hay una moda que no le gusta tanto? ¿Por qué?

¿Qué experiencia(s) ha tenido con el diseño de ropa, muebles o interiores?

¿Qué campo le interesa más seguir, el diseño interior, el de muebles o el de la moda?

Según sus contestaciones podremos mejor ver si nuestro programa será adecuado para usted.

Atentamente,

Juan Rulfo, Admisiones Escuela de diseño

How Your Score Is Determined for Interpersonal Writing: E-mail Reply

The sample rubric below is based on the rubric for **Interpersonal Writing: E-mail Reply** from the AP Spanish Language and Culture Course and Exam Description. Key words and phrases appear in bold.

Score: 5—This is a strong performance.
What the reader will be looking for:

- The exchange is **fully and effectively maintained**. The response is **appropriate** with information required by the prompt given, including meaningful elaboration.
- Response is **fully comprehensible** and **shows ease of expression** with some errors not affecting comprehension.
- Vocabulary is **rich**, **appropriate**, and **idiomatic**.
- Grammar, usage, and syntax (word order) are **correct** and show **variety** with **few errors**.
- Register (formal/informal) is **always appropriate** for the situation.
- Response uses both **simple and compound sentences** along with **some** more **complex sentences**.

Score: 4—This is a good performance.

- The exchange is **maintained**. The response is mostly **appropriate** with information required by the prompt given, including **some elaboration**.
- Response is **fully comprehensible** with some errors that do not affect comprehension.
- Vocabulary is **appropriate** and **idiomatic**.
- Grammar, usage, and syntax (word order) are **generally correct**.
- Register (formal/informal) is **mostly appropriate** for the situation with some inaccuracies.
- Response uses both **simple and compound sentences** along with **a few** more **complex sentences**.

Score: 3—This is a fair performance.

- The exchange is **maintained**. The response is **appropriate** but **basic** and contains the **required information** with **little or no elaboration**.
- Response is **generally comprehensible**, with some errors affecting comprehension.
- Vocabulary is **sufficient** and **idiomatic**.
- Grammar, usage, and syntax (word order) show **some control**.
- Register (formal/informal) may be **inappropriate** for the situation with several inaccuracies.
- Response uses **simple sentences** and a **few compound sentences**.

Score: 2—This is a weak performance.

- The exchange is **partially maintained**. The response is **minimally appropriate** and contains **some required information without elaboration**.
- Response is **partially comprehensible** with errors affecting comprehension, thus causing **confusion**.
- Vocabulary is **limited**.
- Grammar, usage, and syntax (word order) show **limited control**.
- Register is **generally inappropriate** for the situation.
- Response uses **simple sentences** and **phrases**.

Score: 1—This is a poor performance.

- The exchange is **unsuccessfully maintained**. The response is **not appropriate** and provides **limited** required information.
- Response is **barely comprehensible** with **significant errors** affecting comprehension.
- Vocabulary is **very limited**.
- Grammar, usage, and syntax (word order) show **little or no control**.
- Register (formal/informal) is **inappropriate** for the situation.
- Response uses **very simple sentences and/or fragments**.

Score: 0—This response receives no credit.

- Response only **restates** the prompt.
- Response is totally **off topic**.
- Response is **not Spanish**.
- The page is **blank**.
- Response says, "I don't know/understand" in any language.

CHAPTER 8

Exam Section II
Presentational Writing: Persuasive Essay

IN THIS CHAPTER

Summary: In the **Presentational Writing: Persuasive Essay** portion of the AP Spanish Language and Culture exam you'll be required to write a persuasive essay on a topic given in the examination booklet. Two printed passages and one audio selection on the topic will provide ideas and information you will need to use in your essay. The persuasive essay accounts for one-eighth (12.5 percent) of your total AP Spanish exam score. This chapter provides suggestions on how to write the best persuasive essay possible in the time allotted and give you some ideas on how to go about preparing for this part of the examination. Then you'll be given 10 sample essay topics, each with two reading passages and one audio selection similar to what you will encounter on the actual test. Use these sample topics to familiarize yourself with the test and practice your persuasive essay writing skills. Finally this chapter also includes a detailed explanation of how your essay will be scored.

Strategy for Presentational Writing: Persuasive Essay

For this part of the AP Spanish exam, you will be required to write a persuasive essay based on two printed sources and one audio selection. This part of the exam integrates writing, reading, and listening skills. You will be given approximately 55 minutes in total to complete the **Presentational Writing: Persuasive Essay** part of the exam. This includes 1 minute to read the instructions and 6 minutes to read the essay topic and printed material. Then you will hear the audio source *twice*. You should take notes while you listen. After you've heard the audio selection twice, you will have 40 minutes to prepare and write your essay.

This essay is designed to test your ability to interpret written and oral texts and use these to support your ideas in the essay. You should **reference all three sources and cite them**. Caution: Do not just simply summarize the sources.

Tips for Writing the Persuasive Essay

The suggestions that follow will help you write a persuasive essay in the testing situation you will encounter on the AP Spanish exam.

- Read the question carefully.
- You may wish to sketch a simple graphic organizer like one of those on the following three pages to help you organize your ideas.
- Under each related idea, write down one or two examples to illustrate it, using the sources provided.
- Under the examples, make a short list of nouns, verbs, adjectives, and adverbs that you might want to use. Remember, however, that you are to write an essay, not just a list of answers or ideas.
- Practice with all three types of sources that will provide you with the information you'll need for your presentational essay. On the exam, the first two sources are printed: one will be a reading passage and the second source will contain either a graph or a table. The third source will be an audio selection.
- Now you are ready to write. The introduction[1] should briefly restate the main theme and introduce the three related ideas. The fifth and final paragraph should briefly recap the main idea or theme and draw a personal *conclusion*. Answer the question presented using the three sources and citing them appropriately. Remember that no new idea should appear in the last paragraph.
- Be sure to look at the rubric at the end of this chapter to see how you will be assessed.
- Be sure to study new vocabulary and expressions in the Appendixes to enrich your writing and make it flow more smoothly.
- **Remember**, you must **cite** and **integrate** all three sources.
- You must **fully** and **completely** address the task.

Organizing Your Thoughts

A simple graphic organizer can help you structure your thoughts and write a well-organized essay. This section includes three diagrams, each of which presents an alternative structure you can use for organizing and then presenting your ideas. You should become familiar with each of these methods and then select the graphic organizer that you are most comfortable using or that best fits the nature of the essay topic you are given.

---

[1]Some people prefer to write the body of the essay first as their ideas and/or examples might change. In that case, you should leave some space at the beginning of your essay to go back and write the introduction once you have finished the body of the essay. If you do this, try to do it only in the first few practices. With practice, and an organizer, you should be able to write the essay from introduction to conclusion without needing to go back.

Graphic Organizer I: Flowchart

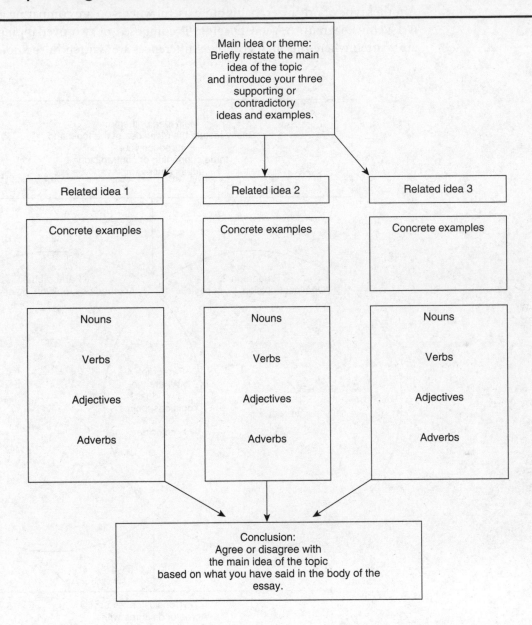

Graphic Organizer II: Venn Diagram

Another type of organizer that is quite useful when you are comparing and contrasting ideas is a Venn Diagram. A Venn Diagram is composed of two overlapping circles. Similarities are written where the circles overlap; differences are written in the nonoverlapping parts.

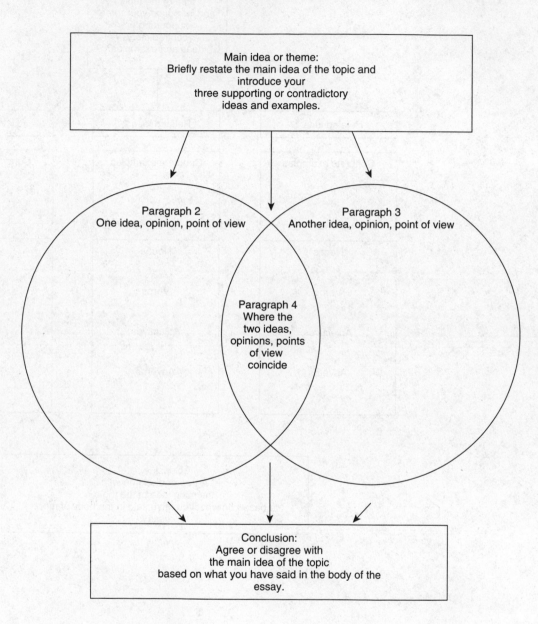

Main idea or theme:
Briefly restate the main idea of the topic and introduce your
three supporting or contradictory
ideas and examples.

Paragraph 2
One idea, opinion, point of view

Paragraph 3
Another idea, opinion, point of view

Paragraph 4
Where the
two ideas,
opinions, points
of view
coincide

Conclusion:
Agree or disagree with
the main idea of the topic
based on what you have said in the body of the
essay.

Graphic Organizer III: The "T" Chart

Another type of graphic organizer that might be useful is the basic "T" chart. On your exam booklet you can draw a "T" chart to compare two sides of a question, for example.

Una posición	Otra posición

Self-Assessment / Peer Checklist

The following is a checklist that you may use to check your work before turning it in to your teacher. You may also choose to copy this page and give it, along with your essay, to a classmate or two to help them critique your work.

The content:

☐ Addresses the essay topic

☐ Is understandable and clear

☐ Contains 200–250 words

☐ Is organized into paragraphs

☐ Has an introduction

☐ Has a conclusion

☐ Is written entirely in Spanish

The mechanics:

☐ Correct spelling

☐ Correct word choice (no false cognates or slang: e.g., **realizar** = *to fulfill, realize one's dreams;* **darse cuenta de** = *to realize, become aware*)

☐ Verb-subject agreement (***Tú y yo* nos hab*l*amos.**)

☐ Adjective-noun agreement (**É*s*ta es un*a* casa bonit*a*.**)

☐ Correct syntax (word order) (*noun + descriptive adjective:* **una ciudad moderna;** *indicator of quantity + noun:* **algunos libros**)

☐ Correct tenses

☐ Correct genders (**Es *un* problema muy gord*o*.**)

The Writing Process

When you are practicing your writing, you can learn a great deal, and become a better writer, by following the writing process outlined below.

Step 1: Sketch out your ideas using one of the graphic organizers shown on the three preceding pages or another one.

Step 2: Write your first draft.

Step 3: Exchange your first draft with two other students. You might wish to give them a copy of the Self-Assessment / Peer Checklist. One student could review the message, and the other could review the mechanics.

Step 4: Revise your work in light of the suggestions received from your classmates. Look at the spelling and grammar but, most important, look at the message and its clarity. Were your classmates able to understand the message?

Step 5: Give your second draft to your teacher, tutor, or any person with whom you are working. Have that person critique your work.

Step 6: Take the comments/suggestions you received and write a final draft, clarifying your ideas, adding any additional details, and eliminating unnecessary or tangential information.

The actual day of the examination you will not have the luxury of following this process. You will have 40 minutes to prepare and write your essay, so the more you can practice beforehand, the better prepared you will be.

The day of the exam, pace yourself. Take 5 minutes to make an outline (try to use a graphic organizer), 30 minutes to write, and the final 5 minutes to reread and make any necessary corrections (agreement, spelling, word choice) or amendments (additional thoughts or ideas to bolster your argument). *You will not have time to write a first draft and then a second.*

Practice for Presentational Writing: Persuasive Essay

Below are some practice essay topics. On the Advanced Placement Spanish Language and Culture exam, you will be given only *one* topic on which you must prepare and write an essay in at least 200 words in 40 minutes. The instructions will be given in both English and Spanish; the question will be given only in Spanish.

> On the actual test, the timing will be done for you. However, for the practice exercises in this chapter you will need a stopwatch or a timer. Follow the timing instructions printed with each exercise in this chapter. You will need to give yourself 6 minutes to read the two printed sources (*fuentes números 1 y 2*). Then give yourself 30 seconds to read the introduction to the audio source (*fuente número 3*). Next, listen to the audio selection *twice*. Finally give yourself 40 minutes to prepare and write your essay. Remember not to use a dictionary or any other aids during your time trial.

You will find the listening tracks for the questions on the accompanying audio CD. The scripts are located on pages 182–188 for these activities.

1. Tema del ensayo: ¿Se debe ofrecer programas de educación bilingüe?

Tema curricular: Las familias y las comunidades

*Primero tienes **6 minutos** para leer el tema y las fuentes números 1 y 2.*

Fuente número 1

Introducción: Ésta es una carta del editor que apareció en febrero de 2007. La carta expresa la opinión del autor de la educación bilingüe.

La educación bilingüe les ofrece ventajas a todos[2]

Cuando estaba cursando la educación primaria, les pregunté a mis padres si podía seguir a mis amigos, los cuales se habían transferido a un programa de educación bilingüe. La respuesta fue un determinante «¡no!», el cual traducido al inglés significa no.

Es sorprendente para muchos que los mismos padres inmigrantes se opongan a la educación bilingüe de sus hijos. En muchos casos, la oposición está basada en la creencia errónea que dicha educación atrasa el aprendizaje, ya que las clases son repetidas en ambos idiomas. Este punto de vista anticuado es incluso promovido por la página de Internet del Departamento de Educación de los Estados Unidos, la cual dice que el programa de educación bilingüe «es un programa educacional para estudiantes con limitaciones en inglés.»

Esta definición ignora las necesidades de la economía global de nuestros días. Una educación bilingüe es la herramienta perfecta para preparar a nuestros hijos para ser competitivos en el mercado del siglo XXI. La educación bilingüe no es sólo para niños que no pueden hablar inglés; provee ventajas para todos los niños en general.

Rochester cuenta con un buen ejemplo, la escuela Eugenio María de Hostos, localizada en la avenida Clifford, en la cual el 55 por ciento de los miembros de dicha institución educativa no son latinos.

---

[2]Ésta es una carta del editor, Julio Sáenz, que apareció en febrero de 2007 en *ConXion*, el periódico bilingüe mensual del *Democrat and Chronicle* de Rochester, Nueva York. Used with permission.

Fuente número 2

Introducción: Este artículo y los gráficos tratan del uso del español en los EE.UU. y la educación del hispanohablantes en los EE.UU.[3]

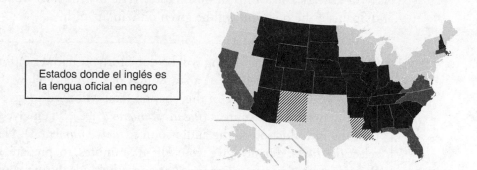

Estados donde el inglés es la lengua oficial en negro

Con la cuestión de la inmigración ilegal, principalmente de Latinoamérica, en cada temporada de elecciones, el tema de la educación bilingüe se pone candente otra vez. La situación ha llegado a tal punto que ha habido varias propuestas en el Congreso y en los cuerpos legislativos de algunos estados y hasta ciudades para hacer que el inglés sea la lengua «oficial» de la nación, el estado o la ciudad. Aunque el gobierno no reconoce ninguna lengua oficial, sus documentos se publican en inglés. En la actualidad, los estados donde el inglés es la lengua oficial incluyen Alabama (1990), Arizona (2006), Arkansas (1987), California (1986), Colorado (1988), Florida (1988), Georgia (1996), Illinois (1960), Indiana (1984), Iowa (2002), Kansas (2007), Kentucky (1984), Mississippi (1987), Missouri (1998), Montana (1995), Nebraska (1920), New Hampshire (1995), North Carolina (1987), North Dakota (1995), South Carolina (1987), South Dakota (1995), Tennessee (1984), Utah (2000), Virginia (1996) y Wyoming (1996).[4] Hasta ciertos políticos se han metido en el debate emocional sobre la educación bilingüe. Newt Gingrich, el ex-Presidente de la Cámara de los Representantes de los Estados Unidos, metió la pata cuando dijo en un discurso que el concepto de la educación bilingüe perpetuaría «la lengua de vivir en los barrios bajos.» Para él y muchos otros, para tener éxito en América es necesario hablar inglés y abandonar las lenguas y culturas de los antepasados. Muchos todavía ven el éxito de los Estados Unidos en lo que se llama «el crisol cultural» donde todos se mezclan y cambian para ser más o menos uniformes. Para los que favorecen la educación bilingüe, ellos la ven como puente entre su lengua materna y el inglés mientras ayuda a conservar su identidad, tradiciones y, hasta cierto punto, su cultura.

Quizá no haya nada más personal que la lengua materna de un individuo. Pero, ¿se debe tener miedo de los programas bilingües? ¿Es que funcionan, como dicen sus partidarios, o es que no según sus detractores? En un artículo publicado en la página Web Kappan (de Phi Delta Kappa), a Richard Rothstein, en lo que él ha estudiado, le parece que no existe la crisis en la educación bilingüe que algunos piensen. Aquí hay unas estadísticas del National Center for Educational Statistics que nos muestran los cambios desde 1975 hasta 2004. Teniendo en cuenta la explosión en la inmigración hispana desde 1975 hasta ahora, estas estadísticas tienden a indicar que sí ha habido progreso. Pero como el mismo Sr. Rothstein dice en su artículo,

---

[3]Las estadísticas vienen del National Center for Educational Statistics, http://nces.ed.gov/programs/youthindicators/indicators.asp?pubpagenumber=20&Showtablepage=TablesHTML/20.asp. El mapa y la lista de estados vienen de Wikipedia, the free encyclopedia, el 12 de mayo, 2007. governing.com/gov-data/education-data/state-high-school-graduation-rates-by-race-ethnicity.html, pewresearch.org/fact-tank/2016/07/28/5-facts-about-latinos-and-education.

[4]Es interesante notar que hay dos estados oficialmente bilingües: Hawaii (inglés y hawaiano) 1978 y Louisiana (inglés y francés) 1807.

«Tal vez podamos hacer mejor. Tal vez pudiéramos hacer mejor con menos educación bilingüe. Pero, tal vez que no. Lo que podemos decir con seguridad es que los datos no revelan una crisis, y el sistema para la educación de inmigrantes con el que hemos salido de paseo, con todos sus problemas, no parece estar en un estado de fracaso total.»

El porcentaje de los que terminan sus estudios secundarios:

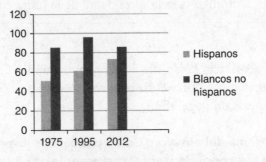

El procentaje de los que se graduaron y se matricularon en una Universidad:

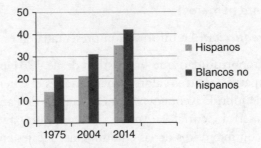

El procentaje de los que se graduaron después de cuatro años de Universidad:

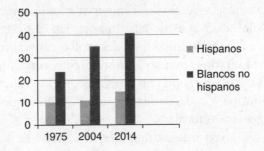

Fuente número 3

*Ahora tienes **30 segundos** para leer la introducción de la fuente número 3.*

Introducción: Ésta es una entrevista en que los varios participantes dieron sus opiniones sobre la cuestión de la educación bilingüe.[5]

---

[5]Ésta es adaptada de un artículo por Ana Femin que apareció en febrero de 2007 en *ConXion*, el periódico bilingüe mensual del *Democrat and Chronicle* de Rochester, Nueva York. Used with permission.

Las personas que participan en la entrevista:
Juan López
Miriam Vázquez, directora de la escuela Eugenio María de Hostos
María Messina, una de las fundadoras del programa bilingüe en la escuela Monroe
    Middle School
Domingo García, presidente de la junta educacional

TRACK 22

PLAY Track 22 on the accompanying audio CD. When it is finished play Track 22 again.
Then you will have **40 minutes** to prepare and write your essay. (The script for Track 22
appears on page 182.)

**2. Tema del ensayo: ¿Cómo pueden los jóvenes de hoy contribuir al bienestar
de sus conciudadanos y promover la paz e igualdad en el mundo?**

Tema curricular: Los desafíos mundiales

*Primero tienes **6 minutos** para leer el tema y las fuentes números 1 y 2.*

Fuente número 1

Introducción: La información presentada en esta fuente es sobre el Cuerpo de Paz.[6]

Una oportunidad que ha existido desde 1961 para contribuir al bienestar humano y para
compartir nuestros valores americanos es el Cuerpo de Paz, establecido durante la presidencia de John F. Kennedy. Ahora el Cuerpo de Paz sirve a 73 países en África, Asia, el Caribe,
la América Central, la América del Sur, Europa y el Medio Oriente. Los voluntarios colaboran con miembros de las comunidades locales en la educación, el desarrollo comunitario, el
medioambiente, la informática, la medicina, la salud (incluso el SIDA) y la juventud.
Mientras muchos voluntarios son de varias edades, que incluyen jubilados y estudiantes
universitarios, muchos son jóvenes.

En el campo de la educación, los voluntarios sirven de profesores de inglés, matemáticas, ciencias y comercio. Para servir a los jóvenes, los voluntarios trabajan con los jóvenes de
10 años a 25 años de edad que corren el riesgo de la delincuencia. El Cuerpo de Paz les
ayuda a las comunidades a desarrollar programas para ayudarlos. En el campo de la salud,
los voluntarios enseñan y promueven el conocimiento sobre temas como el agua potable, el
SIDA y la nutrición. En la tecnología, los voluntarios ayudan a enseñarles cómo funciona
la informática, desarrollar bancos de datos regionales y establecer redes para las empresas y
los gobiernos locales.

Un joven que participó en el Cuerpo de Paz por dos años y medio en Guatemala es
Chris. Después de graduarse de la universidad, y antes de seguir sus estudios posgraduados
y doctorales, Chris ingresó en el Cuerpo de Paz. Chris les enseñó a miembros de su comunidad en Guatemala cómo plantar otros tipos de vegetales y legumbres para enriquecer su
dieta y nutrición. Por ejemplo, Chris les enseñó a plantar zanahorias. Después de cosechar-
las, un amigo suyo, otro voluntario, vino para enseñarles recetas tales como para la tarta de
zanahorias para que supieran cómo usar estas nuevas plantas. Hasta durante visitas a casa,
Chris visitaba el colegio local para compartir sus experiencias con los estudiantes allí.

---

[6]La información presentada en esta fuente es adaptada de la página Web del Cuerpo de Paz, http://www.peacecorps.gov/
index.cfm?shell=learn.

Las áreas del mundo donde está el Cuerpo de Paz

Cada mes los voluntarios reciben una cuota para pagar los gastos. También pueden recibir créditos hacia la educación, beneficios médicos, dinero para ayudar con la transición después de su servicio, y, claro, experiencias invaluables para servirles en cualquier campo que sigan.

¿Puede ser el trabajo de voluntario en el Cuerpo de Paz una opción para ti?

Fuente número 2

Introducción: El artículo trata de la organización estadounidense llamada AmeriCorps.[7]

En 1994 AmeriCorps se estableció y ahora sirve más de 2.000 organizaciones no lucrativas, agencias públicas y organizaciones religiosas. Esta organización les da a sus voluntarios la oportunidad de conectarse con la comunidad, conocer los problemas que afectan su comunidad, participar en actividades comunitarias (tales como la limpieza y seguridad de la comunidad) y la habilidad de crear nuevos programas según las necesidades específicas de la comunidad.

Los participantes pueden elegir entre una carrera en la educación, el trabajo social, el ejército y la seguridad pública. Pueden servir de tutores para los jóvenes necesitados, participar en programas de alfabetización, mejorar los servicios médicos, enseñar informática, limpiar parques, dirigir programas estudiantiles después de las clases y ayudar en casos de desastre. En cambio por su participación, los miembros de AmeriCorps ganan $5.550 para pagar la universidad o los estudios posgraduados, o pueden usar el dinero para pagar préstamos que ya tienen para la educación. Desde 1994 540,000 americanos han servido en AmeriCorps.

Los miembros de AmeriCorps ganan muchas veces más de lo que reciben. Ganan no sólo algún dinero sino también la experiencia, la educación y la oportunidad de hacer una

[7]La información en ésta se basa, en parte, en la página Web AmeriCorps, http://www.americorps.org/abut/ac/index.asp.

diferencia en la vida de sus conciudadanos. Como dice su lema, «necesitas ser el cambio que quieres ver en el mundo.» Y esta experiencia puede cambiarlos.

Un ejemplo es Emily que después de graduarse de la universidad y antes de seguir sus estudios para la maestría, decidió alistarse y pasó dos años enseñando el español a niños menos afortunados en un colegio de St. Louis, Missouri. La experiencia le abrió los ojos a las necesidades que tienen los estudiantes menos privilegiados, algo que le impactó mucho. Al hablar con estudiantes de su alma máter compartiendo sus fotos y sus experiencias, ella les mostró cómo un individuo podía hacer una diferencia y cómo esta experiencia puede cambiar no sólo a los que reciben sino a los que dan.

Fuente número 3

*Ahora tienes **30 segundos** para leer la introducción de la fuente número 3.*

Introducción: Ésta es una monografía del autor de este libro, Dennis Lavoie, informada en parte por «Burlington High School Community Service Policy».[8]

> Las personas que participan:
> Dennis Lavoie, autor y profesor de lenguas española y francesa

TRACK 23

PLAY Track 23 on the accompanying audio CD. When it is finished, play Track 23 again. Then you will have **40 minutes** to prepare and write your essay. (The script for Track 23 appears on page 183.)

3. Tema del ensayo: ¿Es buena idea que los adolescentes trabajen a tiempo parcial mientras asisten al colegio?
Tema curricular: La vida contemporánea

*Primero tienes **6 minutos** para leer el tema y las fuentes números 1 y 2.*

Fuente número 1

Introducción: El artículo trata de la cuestión de los jóvenes y el trabajo fuera de la escuela.

Los adolescentes, el trabajo y los estudios…
¿Una buena idea o no?[9]

Un dilema que existe tanto para los padres como sus hijos es el de si sus hijos deben mantener un trabajo mientras asisten al colegio. Las razones son varias por apoyar el trabajar durante la adolescencia. Algunos piensan que el trabajo les ayuda a los jóvenes a relacionar lo que aprenden en la escuela con una carrera en el futuro. En adición, la experiencia puede enseñarles cómo mejor manejar su tiempo y planear para respetar fechas límite para la entrega de proyectos y tareas. Mientras los jóvenes trabajan, aprenderán a seguir instrucciones, comunicarse con otros y cómo trabajar en equipo con otros. Hasta pueden ganar experiencia en el liderazgo. El trabajo puede servir para hacerles ver cómo es trabajar, descubrir lo que les gusta o no y conocerse a sí mismos en cuanto a sus habilidades.

---

[8]http://www.bsdvt.org/schools/bhs/services/linking/comm_serv_req%20new.html y "Community Service Requirements Can Discourage Those 'Not Ready' for Volunteering" http://www.locateadoc.com/articles.cfm/search/76.

[9]Esta información es adaptada de ACRN (American Career Resource Network), http://www.acrnetwork.org//parents/workopt.htm#1.

El trabajo puede ser a tiempo parcial independiente del curso académico del estudiante, o puede estar relacionado directamente con sus estudios en el colegio.

Algunos programas existen para combinar los estudios académicos tales como los siguientes:

- programas de aprendizaje que combinan el trabajo con la instrucción que se recibe en la escuela.
- programas que se llaman «de educación cooperativa» donde el empleador, los padres y la escuela colaboran para que el joven reciba instrucción en destrezas necesarias para realizar cierto tipo de trabajo.
- puestos de interno donde las actividades del trabajo se estructuran para complementar lo que se aprende en las clases. El alumno puede ganar créditos mientras trabaja. Puede ser un puesto pagado o no.
- empresas basadas en la escuela tales como «Junior Achievement» donde los estudiantes organizan y dirigen una empresa en la escuela, como una librería.
- el estudio por servicio donde se combinan lo académico con un proyecto de servicio a la comunidad.
- programas de emparejar al alumno con un mentor que sigue la carrera que le interesa al alumno y donde se desarrolla una relación de largo plazo. El mentor le da al alumno apoyo, motivación, dirección y ayuda.
- acompañar a un profesional donde el alumno puede observar a un trabajador trabajar en la profesión que le interesa; puede ser de un día a varios.

Como se puede ver, existen muchas oportunidades para combinar la experiencia del mundo del trabajo con los estudios. El éxito en combinar las dos cosas depende del estudiante, el empleador, los padres y la escuela y cómo lo hacen. En el mejor caso puede ser de provecho para el estudiante ayudándole a hacer la transición al mundo del trabajo, o por lo menos ayudándole a decidir qué carrera seguir.

Fuente número 2

Introducción: Este artículo trata de algunos problemas posibles para los jóvenes que trabajan mientras están en la escuela secundaria.

La polémica de los adolescentes y el trabajo[10]

Mientras muchos adultos piensan que el tener un trabajo a tiempo parcial sea una cosa positiva en cuanto a la maduración de sus hijos, puede también arriesgar su desarrollo académico. Muchos jóvenes que tienen trabajos a tiempo parcial los días de clase dicen que muchas veces se encuentran bastante cansados el día siguiente. Algunos reportan que a veces llegan tarde a clase, se duermen en clase o hasta faltan parte del día o el día completo por haber trabajado hasta tarde la noche anterior. Lo que pasa es que los beneficios de tener un trabajo, tales como aprender a ser responsables, ganar dinero y no meterse en líos, desaparecen cuando los chicos trabajan muchas horas. La Academia Nacional de Ciencias junto con el Consejo Nacional de Investigaciones y el Instituto de Medicina han descubierto que si un adolescente trabaja más de veinte horas por semana resulta en notas más bajas, un aumento en el abuso del alcohol y menos tiempo para pasar con los amigos y familiares. En un estudio realizado por el Consejo Nacional de Investigaciones con

---

[10]Ésta es adaptada de un artículo escrito por Steven Greenhouse, "Problems Seen for Teenagers Who Hold Jobs", *The New York Times* ON THE WEB, January 29, 2001. http://www.nytimes.com/2001/01/29/nyregion/29TEEN.html?pagewanted=all&ei=50070&data360.org/dsg.aspx?Data_Set_Group_Id=1653, bls.gov/news.release/youth.nr0.htm, nationmaster.com/country-info/profiles/Japan/Labor/Employment-rate.

profesores de las universidades de Stanford, Temple y Minnesota encontraron efectos negativos cuando los jóvenes de dieciséis y diecisiete años trabajan más de veinte horas por semana. Notaron que estos jóvenes no tienen bastante tiempo ni energía para sus tareas, pierden actividades extracurriculares como clubes y deportes donde pueden desarrollarse social e intelectualmente. Otro dato que no se menciona a menudo es que cada año hay adolescentes que se matan en el trabajo por la falta de entrenamiento, supervisión y experiencia.

Este debate a veces llega a tal punto que hay un enfrentamiento entre los estudios y el trabajo y muchas veces los estudios sufren. Hay algunos grupos que han comenzado a pedir más restricciones en cuanto al trabajo de los jóvenes. Estos grupos incluyen asociaciones de pediatras, clubes de mujeres, sindicatos educativos, la Liga Nacional de Consumidores y la Asociación de Padres y Profesores (PTA). Claro está, hay grupos de empresarios, y hasta padres que trabajaron cuando eran jóvenes, que no quieren más regulaciones.

A pesar de todo, muchos expertos, profesionales y padres dicen que un trabajo, con horas responsables, sí puede ser de provecho para los adolescentes. Puede enseñarles a ser responsables, a trabajar con otros y hasta a contribuir dinero a la familia si le hace falta. En algunos estudios se ha visto que para los niños pobres el trabajo sí puede ser bueno. Los expertos dicen que el trabajar entre veinticinco y treinta horas o más por semana es excesivo si uno valora la educación, la participación en los deportes y actividades extracurriculares, el tiempo con la familia y los amigos.

Fuente número 3

*Ahora tienes **30 segundos** para leer la introducción de la fuente número 3.*

Introducción: Ésta es una entrevista con un consejero de estudiantes de secundaria en un colegio del estado de Nueva York.

Participantes en la entrevista:
Entrevistadora
Craig Howe, consejero

TRACK 24

PLAY Track 24 on the accompanying audio CD. When it is finished, play Track 24 again. Then you will have **40 minutes** to prepare and write your essay. (The script for Track 24 appears on page 183.)

4. Tema del ensayo: ¿Puede la ayuda directa tener éxito en países del tercer mundo?

Tema curricular: La vida contemporánea

*Primero tienes **6 minutos** para leer el tema y las fuentes números 1 y 2.*

Fuente número 1

Introducción: Este artículo trata de programas de ayuda directa a países del tercer mundo, sus éxitos y sus fracasos.

Ayudando al individuo para llegar a ser autosuficiente[11]

Desde la emergencia de los estados modernos los gobiernos se han dado ayuda militar y financiera, los unos a los otros, a veces por motivos altruistas y muchas veces teniendo en cuenta sus propios fines. Muchas veces el dinero que se ofrecía para el desarrollo y bienestar de los ciudadanos de un país subdesarrollado ha beneficiado a los líderes y a sus amigos y no al desarrollo humanitario. Algunos de los casos más notables de la historia del siglo XX incluyen lo que ocurrió en las Filipinas bajo el presidente Marcos (su mujer Imelda y sus mil y un pares de zapatos) y el presidente de Haití de por vida, Baby Doc Duvalier (su mujer Michelle y sus abrigos de piel en refrigeradores en un clima tropical). En ambos casos el dinero bien intencionado se encontró en los bolsillos de los líderes y sus partidarios mientras las masas sufrían.

Entonces unas personas visionarias pensaron, ¿por qué no ayudar directamente a la gente para que pudiera conseguir el dinero para llevar a cabo sus ideas y así lograr la autosuficiencia? Joseph Blatchford es una de estas personas. En 1961 Joseph, entonces un jugador amateur de tenis de los Estados Unidos visitó a Caracas, Venezuela, y quedó horrorizado por la pobreza que vio. Entonces fundó Acción Internacional. Al principio ellos animaron a otros a donar dinero y hacer trabajo voluntario al estilo del Cuerpo de Paz. En los años setenta, la organización descubrió que no ayudaban a los más pobres a quienes les faltaban oportunidades económicas, trabajo y no tenían ningún sistema de apoyo nacional. Entonces Acción Internacional comenzó a darles préstamos a pequeños empresarios, el promedio de estos préstamos siendo de 500 dólares y algunos tan pequeños como de 75 dólares. Estos empresarios tenían dos problemas, los bancos no querían prestarles dinero porque no tenían nada de valor para garantizar el préstamo. En cambio, las personas que sí les prestarían dinero les cobrarían un interés usurero. Acción Internacional les da préstamos con tasas de interés muy bajas. Para asegurar que los prestatarios repaguen los préstamos, Acción Internacional une al prestatario con otros prestatarios, parientes suyos y familiares, para que todos se apoyen. Por eso ellos han

---

[11]Ésta se basa en el sitio Web del Peace Corps, http://peacecorpsonline.org/messages/2629/2014416.html y Wikipedia, http://en.wikipedia.org/wiki/ AccionInternacional.

realizado un por ciento admirable de devolución de los préstamos que es superior al 96 por ciento que la de los bancos comerciales.

Ahora en el mundo hay más de 7.000 «micro-prestamistas». Muchos de los préstamos se hacen a mujeres. De ellas, los beneficios corren a miembros de sus familias y comunidades. Donde se practican programas de «micro-préstamos» se ha notado mejoramientos en la salud y la educación. Más que nunca estos programas reciben mucha atención. En 2006 Muhammad Yunus con su Banco Grameen recibió el Premio Nóbel de la Paz por su banco que hace «micro-préstamos» a las mujeres de Bangladesh.

Fuente número 2

Introducción: El artículo trata de unas organizaciones que prestan ayuda a mujeres para establecer negocios.

Ayudando a las más necesitadas[12]

Como dice en su declaración sobre su misión, la razón de ser de Pro Mujer «es de proveer a las mujeres más necesitadas de Latinoamérica la manera de crear sustento para ellas mismas y el futuro de sus familias por medio de micro-préstamos, entrenamiento en la operación de un negocio y apoyo médico.» Pro Mujer fue fundada en 1990 por Lynne Patterson, de los Estados Unidos, y Carmen Velasco, de Bolivia. Ellas estudiaron el éxito del Banco Grameen en Bangladesh en el campo de micro-préstamos pero descubrieron que las mujeres a quienes querían ayudar necesitarían más ayuda que la del préstamo. Conjunto con el préstamo, sus clientas necesitarían ayuda para manejar sus empresas y ayuda médica para sostenerse a sí mismas y a sus familias. Así es como el modelo de Pro Mujer nació.

Ahora Por Mujer funciona en la Argentina, Bolivia, Nicaragua, el Perú y México. ¿Por qué este enfoque en la mujer? Como las mujeres por todo el tercer mundo, las que reciben ayuda de Pro Mujer son las más pobres, siendo mujeres sin acceso a la educación, fuentes financieras y servicios de salud. Las mismas que también están encargadas de criar a la próxima generación de sus países. Por su situación estas mujeres no sólo necesitan ayuda financiera para establecer un negocio, sino que también necesitan ayuda médica para sanarse o mantener su salud y la de su familia para en primer lugar poder trabajar, y después el entrenamiento para un oficio y cómo mantener su empresa. Según su página Web, esta combinación puede hacer una diferencia muy grande en la vida de estas mujeres, sus familias y sus comunidades.

Fuente número 3

*Ahora tienes **30 segundos** para leer la introducción de la fuente número 3.*

Introducción: Este artículo trata de un programa que provee micro, o sea préstamos pequeños, a grupos de individuos o comunidades en el tercer mundo para ayudarles desarrollar empresas que les harán autosuficientes.[13]

TRACK 25

PLAY Track 25 on the accompanying audio CD. When it is finished, play Track 25 again. Then you will have **40 minutes** to prepare and write your essay. (The script for Track 25 appears on page 185.)

---

[12]Ésta se basa en la página Web de "Pro Mujer", http://www.promujer.org/mission.html.

[13]Adaptada de la página Web de Oxfam America: Micro Loans, Macro-Impact, http://www.oxfamamerican.org/whatwedo/where_we_work_camexca/news_publications/art6081.html.

5. Tema del ensayo: ¿Debe importarnos la extinción de ciertas lenguas en el mundo?

Tema curricular: Las identidades personales y públicas

*Primero tienes **6 minutos** para leer el tema y las fuentes números 1 y 2.*

Fuente número 1

Introducción: Este artículo trata del fenómeno de la extinción de ciertas lenguas.

Lenguas en vías de extinción[14]

A través de la historia humana, comunidades de personas han desarrollado sistemas de comunicación. En los tiempos prehistóricos sólo se puede adivinar en cuanto a lenguas habladas. Sin embargo, estos seres prehistóricos sí nos han dejado un lenguaje pictórico en lugares como la Cueva de Altamira en la región española de Cantabria y la Cueva de las Manos en la Patagonia argentina. En el Perú los incas desarrollaron un sistema de comunicación a base de cuerdas anudadas llamadas quipos que desgraciadamente no se pueden descifrar hoy en día.

Según la enciclopedia libre de Wikipedia, las razones son varias por la extinción de ciertas lenguas. Estas razones incluyen la violencia (provocada por guerras, invasiones y colonizaciones), desastres naturales y enfermedades (que hacen desaparecer comunidades de hablantes), la evolución lingüística (un ejemplo sería el latín que a través de los siglos y contactos con otras culturas se convirtió en otras lenguas como el español), presiones económicas (cuando un pueblo se ve obligado a hacer que sus hijos aprendan otra lengua para tener éxito en la sociedad predominante), el llamado prestigio cultural (cuando una lengua extranjera se pone de moda por su prestigio) y el cambio voluntario.

En la actualidad, en Latinoamérica, hay 123 lenguas que se encuentran amenazadas con la extinción; pero, ¿es qué debe preocuparnos? El hecho es que con cada lengua que se desaparece, corremos el riesgo de perder no sólo la lengua y la cultura que van juntas, sino también la sabiduría y los conocimientos de los cuales las generaciones futuras podrían aprovecharse. Sólo tenemos que considerar los descubrimientos que se realizan en las selvas amazónicas en que vemos descubrimientos importantes en el campo de la medicina gracias a culturas y lenguas que se ven en peligro.

Fuente número 2

Introducción: El artículo trata de la cuestión de si se puede evitar la extinción de ciertas lenguas.

¿Se puede proteger las lenguas en peligro de extinción?[15]

En la 176ª reunión del Consejo Ejecutivo de la Organización de las Naciones Unidas para la Educación, la Ciencia y la Cultura ellos trataron la polémica de las lenguas en peligro de extinción. Algunos de los datos que salieron de esta reunión incluyen que 50% de las 6.000 lenguas que existen en el mundo hoy corren el riesgo de extinción, 96% de las 6.000 lenguas habladas en el mundo son habladas por sólo 4% de la población mundial, 90% de las lenguas en el mundo no aparecen en Internet, una lengua desaparece casi cada dos semanas y a 80% de las lenguas les falta una transcripción escrita.

---

[14]Ésta es adaptada de «Lengua muerta» de Wikipedia, la enciclopedia libre, http://es.wikipedia.org.wiki/Lengua_muerta.

[15]Ésta es adaptada de un informe del Consejo Ejecutivo, 176ª reunión, París, el 12 de abril de 2007, Organización de las Naciones Unidas para la Educación, la Ciencia y la Cultura.

El comité reconoce que con la extinción de ciertas lenguas no sólo se pierden sistemas de comunicación sino sistemas culturales también. Cada lengua expresa prácticas sociales y humanas que su pérdida nos empobrece. La cuestión de la preservación de lenguas en peligro de extinción está en las manos del gobierno en el país en que se encuentran. Al tener en cuenta este hecho, este comité ha pedido al Director General que realice un estudio sobre la preservación y protección de las lenguas en peligro de extinción al nivel mundial por las Naciones Unidas.

Fuente número 3

*Ahora tienes **30 segundos** para leer la introducción de la fuente número 3.*

Introducción: Este artículo trata de las llamadas «lenguas muertas» que, en realidad, no están tan muertas.[16]

PLAY Track 26 on the accompanying audio CD. When it is finished, play Track 26 again. Then you will have **40 minutes** to prepare and write your essay. (The script for Track 26 appears on page 185.)

TRACK 26

6. Tema del ensayo: ¿Debe Puerto Rico hacerse el estado cincuenta y uno de los Estados Unidos?

Tema curricular: Las identidades personales y públicas

*Primero tienes **6 minutos** para leer el tema y las fuentes números 1 y 2.*

Fuente número 1

Introducción: El artículo trata de la cuestión del estatus de la isla de Puerto Rico.

¿Debería Puerto Rico ser un estado?[17]

El 25 de julio de 1898, los Estados Unidos declararon guerra contra España, iniciando la Guerra de Cuba. Las colonias españolas de Cuba, Puerto Rico y las Filipinas fueron entregadas a los Estados Unidos como parte de un tratado que terminó la guerra. Mientras Cuba y las Filipinas comenzaron el siglo como países independientes, Puerto Rico seguía siendo territorio de los Estados Unidos bajo la administración de un gobernador nombrado por los Estados Unidos.

En 1917, el Congreso americano les otorgó la ciudadanía a los puertorriqueños pero no fue hasta 1948 que la isla tuvo el derecho de elegir su propio gobernador. Puerto Rico adoptó su propia constitución en 1952, en la cual el término «estado libre asociado» fue aplicado para definir el estatus político que ha tenido hasta hoy en día. Hubo tres votos en las décadas recientes para decidir si Puerto Rico debe pedir su independencia, continuar y mejorar su estatus de estado libre asociado o ser un estado de los Estados Unidos. En un referéndum en 2012, 61% de los votantes querían que Puerto Rico pidiera condición de estado de los EE.UU., 33% querían quedar Estado Libre Asociado pero con revisiones al pacto y sólo 5% querían que Puerto Rico fuera independiente. Las opiniones de las 3.8 millones de personas que habitan la isla están igualmente divididas en si Puerto Rico se queda como estado libre asociado o si se convierte en estado.

---

[16]Ésta es adaptada de «Lengua muerta», de Wikipedia, la enciclopedia libre, http://es.wikipedia.org/wiki/Lengua_muerta.

[17]Éste es un fragmento de un artículo por el editor Julio Sáenz, que apareció en april de 2006 en *ConXion*, el periódico bilingüe mensual del *Democrat and Chronicle* de Rochester, Nueva York. Used with permission.

Fuente número 2

Introducción: Éste es un mapa de Puerto Rico con datos sobre la isla.

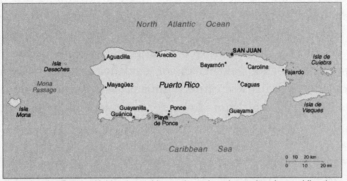

Puerto Rico

Nombre: el Estado Libre Asociado de Puerto Rico.

Capital: San Juan.

Gobierno: Democracia. Líderes: el presidente Donald Trump; el gobernador Ricky Rosselló.

Población: 3.4 millones.

Grupos étnicos: origen español 81%, origen africano 8%, origen mixto y otros 11%.

Religiones: Católicos 85%, Protestantes y otros 15%.

Idiomas: español, inglés.

Capacidad de leer y escribir: 94%.

Producto interior bruto: $132 mil millones; per cápita: $38.000

Relación a los Estados Unidos: los residentes tienen los mismos derechos y obligaciones que los de un ciudadano de los Estados Unidos, tales como el servicio militar y el pago de los impuestos para la seguridad social. Sin embargo, no pueden votar en las elecciones presidenciales y están obligados a pagar impuestos puertorriqueños sobre la renta (pero no los federales).

Fuente número 3

*Ahora tienes **30 segundos** para leer la introducción de la fuente número 3.*

Introducción: Ésta es una conversación entre Iván Ramos, José Ramos y Domingo García sobre el futuro de la isla de Puerto Rico.

> Las personas que participan en la conversación:
> Iván Ramos, hijo, nacido en los Estados Unidos
> José Ramos, padre, nacido en Rincón, Puerto Rico
> Domingo García, nacido en Puerto Rico

TRACK 27

Play Track 27 on the accompanying audio CD. When it is finished, play Track 27 again. Then you will have **40 minutes** to prepare and write your essay. (The script for Track 27 appears on page 186.)

7. Tema del ensayo: ¿Se les debería conceder la amnistía a los inmigrantes?

Tema curricular: Los desafíos mundiales

*Primero tienes **6 minutos** para leer el tema y las fuentes números 1 y 2.*

Fuente número 1

Introducción: Esta carta del editor trata de la cuestión de la inmigración en los EE.UU.[18]

---

[18]Ésta es una carta del editor, Julio Sáenz que apareció en mayo de 2006 en *ConXion*, el periódico bilingüe mensual del *Democrat and Chronicle* de Rochester, Nueva York. Used with permission.

El tema de la inmigración estalló de nuevo causando controversia en la conciencia de la nación. Es un tema que atrae a una multitud interesante: defensores de los inmigrantes, xenófobos y patriotas que usan la bandera americana para defender sus puntos de vista de un lado o del otro.

Mi madre se tomó el tiempo de cumplir con el proceso legal de inmigración para venir a este país, por lo que apenas me parece justo que aquéllos que rompen las reglas deban de ser recompensados.

Por otro lado, apenas parece justo que compañías puedan atraer a los inmigrantes, explotarlos y desecharlos después de que su sudor ha ayudado a construir este país.

Lo más importante aún, si escuchan con cuidado, más allá de todo el estrépito de los políticos y política, se escuchan historias humanas —las historias de las personas que han arriesgado sus vidas para venir aquí, de la misma manera en la que todos los americanos lo han hecho.

Fuente número 2

Introducción: Este artículo trata de cuestiones económicas relacionadas con la inmigración.

¿Se debe legalizar a los inmigrantes indocumentados ya en los EE.UU.?[19]

Parte importante del debate sobre la inmigración ilegal a los Estados Unidos tiene que ver con la economía. Mientras hay algunos que afirman que los inmigrantes rompen la ley y toman el trabajo de los ciudadanos, la realidad es que la economía se hundiría sin la mano de obra que los inmigrantes le brindan a la economía estadounidense. Estos inmigrantes ilegales hacen muchos trabajos en que los ciudadanos no tienen el menor interés. En adición, con una tasa relativamente baja de desempleo y de natalidad conjunto con un nivel más alto de educación entre los ciudadanos, no hay quienes que puedan llenar todos los trabajos disponibles en ciertos sectores.

En campos tales como la agricultura y la construcción muchos empresarios tienen miedo de que el Congreso estadounidense restringa aún más la entrada de los inmigrantes y les obligue a los que ya están que salgan. En una carta fechada el 20 de abril, 2007, «el sector constructivo estadounidense reiteró la importancia de la mano de obra de los inmigrantes y apoyó la legalización de estos trabajadores que ya se encuentran en el país.» La industria de la construcción emplea ahora unos 7 millones de personas y la necesidad de la mano de obra continuará a aumentar en el futuro.

En el estado de Nueva York, como en otros estados, los agricultores temen que el Servicio de Inmigración lleve a sus braceros, lo cual dejaría pudrir en los árboles y los campos las frutas y los vegetales que ellos recogen. Ya en el otoño de 2006 algunos agricultores no podían encontrar la mano de obra necesaria porque muchos inmigrantes ilegales tenían miedo de que el Servicio de Inmigración hiciera redadas en los campos para buscarlos y deportarlos.

Se calcula que ahora hay alrededor de 12 millones de inmigrantes ilegales en los Estados Unidos. En una encuesta realizada por *USA Today* y la Organización Gallup, 78 por ciento de los encuestados favorecen que los inmigrantes que ya están en los Estados Unidos reciban la oportunidad de cambiar su estatus a ser legal.

---

[19]Ésta es adoptada de un artículo que apareció en *Prensa Latina*, el 3 de mayo, 2007, http://www.prensa-latina.cu/article.asp?ID=%7BDD8B156D-FF96-49D2-8F10-B766282CAB2E%7D&language=ES#TopOfPage, "Reiteran importancia de mano de obra inmigrante en EE.UU."

Fuente número 3

*Ahora tienes **30 segundos** para leer la introducción de la fuente número 3.*

Introducción: En esta entrevista[20] los entrevistados respondieron a la pregunta «¿Se les debería conceder la amnistía a los inmigrantes?»

Las personas que participan en la entrevista:
Domingo Martínez, de Salinas, Puerto Rico
Roberto Burgos, de Aibonito, Puerto Rico
Lili Vega, de Rochester, Nueva York
Héctor Vargas, de Rochester, Nueva York

TRACK 28

Play Track 28 on the accompanying audio CD. When it is finished, play Track 28 again. Then you will have **40 minutes** to prepare and write your essay. (The script for Track 28 appears on page 186.)

8. Tema del ensayo: ¿Puede el ecoturismo servir para proteger el medio ambiente?

Tema curricular: Los desafíos mundiales

*Primero tienes **6 minutos** para leer el tema y las fuentes números 1 y 2.*

Fuente número 1

Introducción: El artículo trata del ecoturismo como manera de preservar el medio ambiente.[21]

En cuanto al ecoturismo, The Nature Conservancy, una organización que tiene como su misión la de «preservar las plantas, los animales y las comunidades naturales que representan la diversidad de vida sobre la Tierra al proteger las tierras y aguas que necesitan para sobrevivir,» apoya la práctica denominada «ecoturismo.» Las estrategias que plantean incluyen generar ganancias económicas del turismo para usarlas en la conservación, la reducción de peligros que corren la vida silvestre y las comunidades naturales y el apoyo para el ecoturismo. Este apoyo incluye la participación de la comunidad donde tiene lugar.

El problema que quizá sea el más grande es la preservación de la biodiversidad y los recursos naturales de sitios en peligro de ser desarrollados. Lo que pretende hacer el ecoturismo bajo The Nature Conservancy es poder generar el dinero para mantener y proteger los parques nacionales y otros lugares de importancia natural mientras les da a sus habitantes la manera de mantener la salud, la educación, el bienestar y el desarrollo de sus comunidades. El dinero recibido de lo que se cobra por la admisión, las concesiones, las visitas guiadas y las actividades como el buceo provee el financiamiento para conservar estos recursos naturales.

Con su doble enfoque, la preservación de la naturaleza y el desarrollo económico, la educación y la participación local, organizaciones como The Nature Conservancy esperan que lo que se llama el «ecoturismo comunitario» pueda servir a todos por el bien de todos.

---

[20]Ésta es de la página de opinión que apareció en mayo de 2006 en *ConXion*, el periódico bilingüe mensual del *Democrat and Chronicle* de Rochester, Nueva York. Used with permission.

[21]Information from The Nature Conservancy website, www.nature.org/aboutus/travel/ecoturismo/about/art15170.html.

Fuente número 2

Introducción: El gráfico muestra como ven los americanos y los británicos el valor del ecoturismo.

En un estudio[22] realizado por el Center on Ecotourism and Sustainable Development (CESD) y The Internacional Ecotourism Society (TIES) se ve cuales serían posibles índices para el éxito de ofrecer un turismo responsable. Aquí hay algunos de los datos que resultaron de sus investigaciones sobre las preferencias y opiniones de turistas americanos y británicos:

(A) Es importante aprender algo de la cultura, geografía y costumbres del país que se visita.

(B) Pagarían más para proteger el medio ambiente en el país que se visita.

(C) Escogerían compañías que protegen aspectos culturales e históricos en el país que se visita.

(D) Les importa la protección del medio ambiente en el país que se visita.

(E) El bienestar de la población local les importa en el país que se visita.

Estos datos podrían indicarnos la viabilidad de tales programas y el interés que tendrían turistas en participar en ellos.

Fuente número 3

Introducción: Esta entrevista[23] trata del ecoturismo a las Islas Galápagos y como ha sido dañoso para las islas.

> Las personas que participan en la entrevista:
> Locutor de radio, Juan Miguel Ruíz

TRACK 29

Play Track 29 on the accompanying audio CD. When it is finished, play Track 29 again. Then you will have **40 minutes** to prepare and write your essay. (The script for Track 29 appears on page 187.)

---

[22]Adapted from information from the Center on Ecotourism and Sustainable Development (CESD) and The International Ecotourism Society (TIES), CESD/TIES Working Paper No. 104, revised April 2005, prepared by Zoë Chafe, edited by Martha Money.

[23]Ésta es adaptada de un artículo que apareció en lasprovincias.es, http://www.lasprovincias.es/valencia/20070411/internacional/ecuador-declara -emergencia-i.

9. Tema del ensasyo: ¿Tiene la inclusión de las artes valor en el currículo escolar?

Tema curricular: La belleza y las estética

*Primero tienes **6 minutos** para leer el tema y las fuentes números 1 y 2.*

Fuente número 1

Introducción: El artículo se trata del valor del arte en la enseñanza.

El valor del arte en el currículo[24]

Algunas personas piensen que las artes (el arte, la música, el drama y el baile) no deben ser parte del currículo secundario. Con el advenimiento de «Que no se quede atrás ningún niño,» estas personas piensan que se debe enfocar en las materias esenciales tales como matemáticas, ciencias, literatura y composición. Se sorprenderá saber que hay mucha evidencia que indica lo contrario. Además de servir como actividades agradables,

---

[24]Ésta se informó en parte del libro *Teaching with the Brain in Mind*, por Eric Jensen, © 1998, the Association for Supervision and Curriculum Development.

también pueden contribuir al aprendizaje del alumno hasta en clases como lengua, matemáticas, historia y ciencias. No sólo pueden enriquecer estas clases, sino que pueden hacer que el alumno haga mejores conexiones con la materia y que la aprenda mejor. En su libro *Enseñar teniendo en cuenta la mente* (*Teaching with the Brain in Mind*), Eric Jensen expone que «una base artística nutre la creatividad, la concentración y la atención a valores y la autodisciplina» (página 36). Según Jensen, los estudios indican que el estudio del arte no sólo enriquece al individuo estéticamente sino que puede ayudar el cerebro humano a hacer más y mejores conexiones (página 38).

Un ejemplo de esto se puede ver en una clase de lengua española donde se lee el cuento «A la deriva» por Horacio Quiroga. Al entrar en la clase el profesor ha bajado las luces y toca una cinta de sonidos de una selva tropical. Los estudiantes encuentran papel y lápices de pastel en sus pupitres. El profesor les dice que escuchen los sonidos con los ojos cerrados unos momentos y luego que dibujen lo que ellos oyen y ven en su mente. Después de unos diez minutos los estudiantes comparten sus dibujos y hablan de las sensaciones que han producido los sonidos. Esta actividad ha servido como introducción a un cuento que tiene lugar en las selvas amazónicas de la provincia de Misiones, Argentina. Para cerrar la lección, los estudiantes dibujan escenas del cuento para 'contar' la historia.

Como se ve de este ejemplo, esta combinación de arte, lengua y literatura enriquece la experiencia total de los alumnos y les ayuda a comprender más a fondo un cuento naturalista algo difícil.

Fuente número 2

Introducción: El artículo trata del impacto que puede tener el arte en la educación del estudiante.

Lo saliente de las investigaciones realizadas sobre la enseñanza de las artes[25]

En el campo académico, se ha visto que la inclusión de las artes en la educación general del alumno le puede brindar los siguientes resultados. Para el alumno que estudia las artes:

- es cuatro veces más probable que sea reconocido por sus logros académicos
- es tres veces más probable que sea elegido a un puesto en el gobierno estudiantil de su clase
- es cuatro veces más probable que participe en un concurso de matemáticas o ciencias
- es tres veces más probable que sea premiado por su asistencia a la escuela
- es cuatro veces más probable que gane un premio por escribir un ensayo o poema.

En la misma página Web se nota que los que estudian las artes, comparados con sus compañeros de clase, tienden a participar más en clubes juveniles, leer como pasatiempo, participar en programas al servicio de la comunidad y asistir a clases de arte, música y baile. (*Living the Arts through Language + Learning: A Report on Community-based Youth Organizations*, Shirley Brice Heath, Stanford University and Carnegie Foundation for the Advancement of Teaching, *Americans for the Arts Monograph*, November 1998.)

En la página Web http://www.culture.gov.on.ca/english/about/b050506.htm, en un informe del College Board (http://www.nasaa-arts.org/publications/critical-evidence.pdf) se puede ver claramente el impacto que el arte puede tener en el campo académico.

---

[25]Esta información es de «AMERICANS for the ARTS», http://www.artsusa.org/public_awareness/facts.

El patrón de los que toman arte y calificaciones en el examen SAT, 2015[26]

	LECTURA	MATEMÁTICAS	ESCRITURA
4+ años de arte	535	551	527
4 años de arte	538	539	526
3 años de arte	508	513	497
2 años de arte	507	517	496
1 año de arte	507	521	494
½ año o menos	484	501	470
El promedio de todos que tomaron el examen SAT	495	511	484

Hasta los negocios entienden el valor del arte en el desarrollo completo del alumno. En la misma página Web, se nota que la inclusión del arte en el currículo fomenta la disciplina, la habilidad de solucionar problemas, la imparcialidad en el razonamiento valorativo, la apreciación de la calidad de su trabajo y la habilidad de establecer metas. En adición puede ayudar a los estudiantes que corren el riesgo de la delincuencia.

Más que una frivolidad, las artes sí tienen una importancia en la educación total del individuo, no sólo estéticamente, sino académica y socialmente también.

Fuente número 3

*Ahora tienes **30 segundos** para leer la introducción de la fuente número 3.*

Introducción: Ésta es una entrevista con unos profesores de Fairport High School en Fairport, New York, sobre el uso del arte.

> Participantes en la entrevista:
> Dennis Lavoie, entrevistador
> Sra. Gillette, profesora de inglés
> Sra. Griffith, profesora de teatro
> Sra. Karr, profesora de inglés
> Sra. Steffer, profesora de arte

TRACK 30

Play Track 30 on the accompanying audio CD. When it is finished, play Track 30 again. Then you will have **40 minutes** to prepare and write your essay. (The script for Track 30 appears on page 187.)

10. Tema del ensayo: ¿Vale la pena participar en un programa de intercambio?

Tema curricular: Las familias y las comunidades

*Primero tienes **6 minutos** para leer el tema y las fuentes números 1 y 2.*

---

[26]2015 College-Bound Seniors: Total Group Profile Report, The College Board, 2015, Table 17, https://secure-media.collegeboard.org/digitalServices/pdf/sat/total-group-201.

Fuente número 1

Introducción: El artículo trata del valor de vivir en el extranjero.

¿Vale la pena participar en un programa de intercambio escolar?[27]

Cada año millones de estudiantes de todo el mundo participan en programas de intercambio estudiantil. Las razones quizá sean tan numerosas como estudiantes que participan. Algunos lo hacen para pasar unas semanas o meses agradables en un lugar exótico. Otros quieren conocer a nuevas personas y nuevas culturas o mejorar su habilidad de comunicarse en otra lengua. La realidad es que se puede realizar todas estas metas y más. Un programa, AFS, realizó un estudio independiente de sus programas y encontró que los que participan en estos programas se hacen más competentes en funcionar en otras culturas, traban más amistades con personas de otras culturas, hablan con más soltura lenguas extranjeras y conocen más sobre otras culturas.

Existen varios tipos de programas que les ofrecen a los estudiantes la oportunidad de experimentar un intercambio estudiantil. Hay programas en que los estudiantes pueden visitar por un par de semanas un país extranjero quedándose con una familia y asistiendo a clases como observadores en el colegio anfitrión. También existen programas en que los estudiantes pueden pasar un semestre, o hasta un año, viviendo con una familia anfitriona y asistiendo a clases por las cuales pueden recibir crédito en su escuela. Además se ofrecen programas en plan de excursión en que los estudiantes se quedan en hoteles y viajan de ciudad en ciudad dando un vistazo de pájaro al país anfitrión.

Cada opción tiene su propio valor según lo que el estudiante quiera llevar consigo de la experiencia. De todos modos, sí que es una experiencia que vale la pena. El estudiante y su familia son los que necesitan determinar lo que quieren conseguir, el tiempo que les es disponible y los recursos financieros.

Fuente número 2

Introducción: El artículo trata de los beneficios uno puede obtener por estudios en otro país.

Los beneficios de estudiar en el extranjero[28]

El estudiar en el extranjero puede enriquecer la vida de cualquier individuo que se arriesgue. Como los Estados Unidos es un país tan enorme muchos no tenemos la oportunidad de conocer a otros que son cultural y lingüísticamente diferentes de nosotros. La experiencia de pasar algún tiempo en otro país puede ser una experiencia que cambia nuestra vida por lo mejor. En la página Web de la Universidad de Maryland, International Programs, ellos enumeran los beneficios para los que participan en programas en el extranjero. Según ellos, el participar en programas así estimula la disciplina académica, ayuda al alumno a funcionar en sistemas diferentes, anima la independencia y puede hasta ayudarle en el momento de buscar trabajo. Al nivel práctico, si uno estudia en un país extranjero le facilita la adquisición de una lengua. Cuando todo que le rodea está escrito en otra lengua, cuando todos alrededor de uno hablan otra lengua, es mucho más fácil adquirir la lengua que en una clase en el colegio o la universidad.

---

[27]Ésta se informó en parte de la página Web de AFS, una organización que ofrece programas de intercambio internacionales, http://www.afs.org/afs_or/view/3150.

[28]Ésta se informó en parte de la página Web de la Universidad de Maryland, Programas Internacionales, http://www.international.umd.edu/studyabroad/623.

Además, la experiencia da vida a lo que se ha aprendido en los salones de clase. Se puede conocer de primera mano el arte, la cultura y la historia del país. Hasta algunos estudios han mostrado que los que se han aprovechado de programas de estudios en el extranjero tienden a hacer mejor en sus estudios en la universidad.

Al nivel personal, yo vine de un pueblecito a la orilla del lago Ontario en el estado de Nueva York. La población del pueblo era de unos 1.500 habitantes y mi clase en el colegio, de 151 estudiantes. En el verano de 1971, entre mi primer año y segundo año en el colegio, yo fui a Saltillo, México, para pasar ocho semanas. Viví con una familia en que nadie hablaba inglés y seguí cursos de lengua, música y baile en un instituto. Fue una experiencia inolvidable que me llevó más tarde a pasar mi año junior estudiando en la universidad Complutense de Madrid en España.

Aquella primera experiencia en 1971 fue un momento clave en mi vida y me ha llevado a vivir en otros países y a aprender otros idiomas. Me dio de veras una vida muy distinta a la que habría tenido si no me hubiera arriesgado.

Fuente número 3

*Ahora tienes **30 segundos** para leer la introducción de la fuente número 3.*

Introducción: Ésta es una entrevista con unos estudiantes de secundaria que han participado en programas de intercambio.

Participantes en la entrevista:
Dennis Lavoie, entrevistador
Shaughn, un estudiante de último año
Courtney, una estudiante de último año
Justin, un estudiante de último año

TRACK 31

Play Track 31 on the accompanying audio CD. When it is finished, play Track 31 again. Then you will have **40 minutes** to prepare and write your essay. (The script for Track 31 appears on page 188.)

Scripts for Presentational Writing: Persuasive Essay

TRACK 22 **Ensayo número 1, fuente número 3**

narrador: Para Luz madre de Carlos de Jesús, un chico de 17 años, fue importante inscribir a su hijo en un programa bilingüe porque quería que aprendiera acerca de sus raíces hispanas, a pesar de que nació aquí.

Luz López: Quería que mi hijo dominara ambos idiomas, el español y el inglés. Puedo ahora leer y escribir en inglés y español.

narrador: Para María Messina, quien ayudó a fundar el programa bilingüe en la escuela Monroe Middle School hace 21 años, ella cree que una de las barreras que los estudiantes enfrentan es el nivel de comprensión en su idioma natal.

María Messina: Puede ser que estén aprendiendo el contexto. Pero, si no tienen habilidades en el idioma, no aprenderán lo que se supone que tienen que aprender.

narrador: El presidente de la junta directiva educacional, Domingo García, reconoce que la educación bilingüe es importante para estudiantes que no entienden instrucciones en inglés.

Domingo García: Tenemos muchos estudiantes de Cuba, la República Dominicana y Puerto Rico que no saben ni una palabra en inglés. Los que no se aprovechan del programa se arriesgan a retrasarse por el idioma.

narrador: También, Domingo García explica el programa dual que se ofrece sólo hasta el sexto grado. Es un programa diseñado para estudiantes que quieren aprender un segundo idioma. Para entrar en el programa el estudiante necesita tener buenos conocimientos del inglés o del español.

Domingo García: Blancos, negros e hispanos están en la lista de espera para este programa. Cuando se completa, los estudiantes son completamente bilingües.

narrador: Para María Messina, el programa bilingüe ayuda a los estudiantes recién llegados a este país a poder adaptarse a la cultura y al nuevo idioma.

María Messina: Las escuelas deberían de continuar con el programa para estudiantes recién llegados para que aprendan cómo funcionan las cosas aquí y que se sientan que pertenecen. Cuando se sienten fuera de lugar, se sienten perdidos y se quieren ir.

narrador: Para Miriam Vázquez, directora de la escuela Eugenio María de Hostos, el ser bilingüe es casi una necesidad.

Miriam Vázquez: Adondequiera que vayas, ves información en inglés y español. Las personas bilingües tienen más oportunidades de trabajo en esta población creciente. Los estudiantes de programas bilingües están aprendiendo en español e inglés. Todas las personas tienen la habilidad de aprender más de un idioma.

TRACK 23   **Ensayo número 2, fuente número 3**

el autor: En años recientes ha habido un debate sobre la cuestión de obligar a los estudiantes de secundaria a hacer servicio comunitario como requisito para la graduación, un diploma especial o hasta un requisito para ciertos cursos u organizaciones. Los que requieren el servicio comunitario ven los beneficios de él como una conexión más estrecha con la comunidad, el conocer a nuevas personas, la oportunidad de compartir con otros sus conocimientos mientras se ganan nuevos y la experiencia que les puede servir en el futuro.

El programa del Bachillerato Internacional requiere que los alumnos hagan lo que se llama CAS (Creatividad, Acción y Servicio) como parte de los requisitos para sacar su diploma. El candidato necesita cumplir 150 horas en CAS durante los dos años del programa. Éstas no sólo tienen que ver con el servicio comunitario sino también con la participación en los deportes, las artes y otras actividades.

El Colegio de Burlington, Vermont, es un ejemplo entre varios que tiene una norma sobre el servicio comunitario. Su norma requiere que cada alumno haga 10 horas de servicio comunitario cada año que está en el colegio. No se puede esperar hasta el último año para cumplir con la norma de 40 horas en total, 10 por año. Si no se cumplen las 10 horas cada año, el alumno puede recibir más horas adicionales que hacer y corre el riesgo de no graduarse.

En el colegio donde enseño yo hay cursos que requieren servicio comunitario como parte de su currículo. Hay un curso electivo para los estudiantes de último año que ofrece el departamento de Estudios Sociales sobre el gobierno. Cada alumno en el curso necesita cumplir 10 horas y mantener un diario de la experiencia. También la Sociedad Honoraria Nacional y la Sociedad Honoraria Hispánica requieren que sus socios hagan actividades para el beneficio de la comunidad.

A pesar de estos programas bienintencionados, algunos piensan que si el alumno no está listo para hacer el servicio comunitario, puede tener un impacto negativo en cuanto a su participación futura en estas actividades. El doctor Arthur A. Stukas de la Universidad de Colorado del Norte indica que se puede mitigar los efectos negativos si la escuela les ofrece la posibilidad de seleccionar actividades que les interesan o en que tienen las destrezas necesarias para tener éxito.

TRACK 24   **Ensayo número 3, fuente número 3**

entrevistadora: ¿Es que muchos de sus estudiantes tienen puestos a tiempo parcial después de las clases y los fines de semana?

consejero: ¡Huy! Sí, un número significativo de mis estudiantes tienen trabajos. Si adivinara, diría que entre veinticinco por ciento y treinta y tres por ciento los tienen.

entrevistadora: ¿Encuentra que el trabajo puede chocar con el trabajo escolar de los estudiantes?

consejero: Muchas veces puede causar problemas, principalmente entre el horario de trabajo y los requisitos escolares. Por ejemplo, si un estudiante tiene un examen o un proyecto para el lunes y tiene que trabajar el domingo. Depende también del turno que trabaja el alumno.

Trabajar un turno de las cuatro hasta las siete puede ser menos problemático que un turno de las seis hasta las diez. Normalmente los empleadores dirán que los estudios son más importantes que el trabajo... pero en la actualidad, si el alumno tiene que trabajar un turno el día antes de un examen, el empleador no puede fácilmente dejarlo no trabajar.

entrevistadora: ¿Cómo son los padres cuando ocurre un conflicto entre el trabajo y los estudios?

consejero: Los padres normalmente son fantásticos y dicen que los estudios siempre son más importantes que el trabajo... claro, puede ser que lo dicen porque creen que es lo que yo quiero oír. Por lo general van a decir que o el estudiante tiene que trabajar menos o dejar el trabajo. Pero a veces hay problemas financieros y el estudiante sí tiene que trabajar.

entrevistadora: En su experiencia, ¿ha visto Ud. A estudiantes que dejan un curso o cambian a un curso menos riguroso por un trabajo parcial?

consejero: Sí, se ve estudiantes, en particular de último año, que dejarán un curso o cambiarán su curso a uno menos difícil, sobre todo si es un curso que no necesitan para graduarse. Los de último año también tienen actividades como los deportes, la vida social y, claro, el trabajo.

entrevistadora: ¿Hay un tipo de trabajo que sea más problemático que otro?

consejero: Ninguno me llama la atención. Es siempre una cuestión de las horas que trabajan y cuándo las trabajan.

entrevistadora: ¿Qué dice la ley sobre el trabajo de los jóvenes?

consejero: Esto depende de la edad del estudiante. Entre los de catorce y quince años durante el año escolar pueden trabajar de lunes a jueves tres horas por día y los viernes, sábados y domingos ocho horas. Pero no pueden trabajar más de dieciocho horas por semana. De dieciséis a diecisiete años de lunes a jueves pueden trabajar cuatro horas por día y los viernes, sábados y domingos ocho horas por día hasta un máximo de vientiocho horas por semana.

entrevistadora: ¿Cuáles son algunos aspectos positivos para los jóvenes de tener un trabajo?

consejero: Pues, sin orden particular, el dinero, y las cosas intangibles como la responsabilidad, la independencia y la madurez. Hay que tener en cuenta la tienda, el empleador y los clientes.

entrevistadora: Si su hijo o hija le dijera que quisiera tener un trabajo, ¿cómo le respondería?

consejero: Esto dependería de su situación. Es decir si hace bien en sus clases, si participa en otras actividades como la música, los deportes o si hace trabajo de voluntario. Si tuviera el tiempo e hiciera bien en sus estudios, sí le permitiría. Cuando yo era consejero al nivel universitario, siempre notaba la diferencia entre los estudiantes que trabajaban para pagar su educación y los que los padres la pagaban. Los que ganaban su propio dinero y pagaban los estudios eran más maduros y los tomaban mucho más en serio.

entrevistadora: Muchas gracias por haberme permitido entrevistarlo hoy sobre este tema.

TRACK 25 **Ensayo número 4, fuente número 3**

¿Es que los programas de micro-préstamos pueden en práctica tener éxito en mejorar las vidas de las personas y comunidades en que se utilizan? En su página Web, la organización norteamericana, Oxfam, dice que sí. En un ejemplo de México se muestra cómo estos programas pueden impactar la vida de una comunidad. En cooperación con ASETECO (Asesoramiento Técnico a las Comunidades de Oaxaca) Oxfam muestra cómo los micro-préstamos pueden tener, como dice en su página Web, un macro-impacto.

En las áreas rurales de Oaxaca 70 por ciento de las mujeres son analfabetas; son las responsables de educar a sus hijos y les falta comida y acceso a ayuda financiera. En este área ASETECO tiene centros de ahorros y préstamos. Esta ayuda directa ayuda a romper el ciclo de la pobreza apoyando con dinero a estas mujeres pobres mejorando sus vidas y la de la comunidad. Algunos ejemplos incluyen una fábrica establecida por mujeres que hace muebles con las hojas de la palma. Han tenido tanto éxito que una compañía italiana de muebles compra su producto. Otro ejemplo es Chocolate Yuvila, una fábrica de chocolates organizada por un grupo de mujeres.

También, las mujeres en estas comunidades cultivan vegetales, construyen sanitarios y fabrican hornos que producen menos humo dañino.

Como es fácil de ver, Oxfam en colaboración con ASETECO sí hace una diferencia.

TRACK 26 **Ensayo número 5, fuente número 3**

Lenguas muertas que no lo son

Hay un fenómeno curioso que existe en cuanto a las lenguas muertas y es que aunque dicen "lenguas muertas" algunas todavía son empleadas por ciertos grupos de individuos. Algunos ejemplos incluyen el latín, el griego clásico y el sánscrito.

En el caso del latín, sigue siendo la lengua oficial de la Iglesia Católica. No sólo se usa en el Vaticano sino que continúa evolucionando. En un artículo por Pierre Georges en el periódico *Le Monde*, él nota que más de 60.000 palabras y expresiones nuevas han sido añadidas al léxico latino. Claro está que el latín sobrevivió en textos científicos y filosóficos hasta el siglo XIX.

La situación no es sin esperanzas. Ha habido casos en que han tratado de rescatar una lengua de la extinción y en que han tenido bastante éxito. El ejemplo que sobresale más es el caso del hebreo, lengua muerta que se ha resucitado. Se había conservado como lenguaje litúrgico pero al nacer el estado de Israel el deseo de tener una lengua "neutral" como su lengua oficial ocasionó el renacimiento del hebreo.

Unos ejemplos de lenguas que luchan por su supervivencia son el vasco de España y Francia y el bretón de Francia que ahora tienen más hablantes que en 1954. En la República de Irlanda el irlandés es la lengua oficial y se enseña en sus escuelas aunque el inglés predomina.

Mientras el panorama para la supervivencia de las lenguas minoritarias sea poco favorable, sí ha habido éxitos y bien puede ser que con un esfuerzo al nivel nacional y mundial más lenguas puedan sobrevivir.

TRACK 27 **Ensayo número 6, fuente número 3**

Iván Ramos: Puerto Rico lo tiene todo, y aún más que otros países independientes, así que, ¿por qué no puede ser independiente?

Yo estoy por la independencia pero manteniendo lazos fuertes con los Estados Unidos porque las personas tienen el derecho a elegir su propio destino.

José Ramos: Es una isla con pocos recursos naturales y no puede sobrevivir sola… Si tuviéramos petróleo, minas o hasta fincas de cañas, pues quizás. Las fincas que teníamos ya no están y ahora están cubiertas en cemento. Las construcciones nuevas han endeudado a Puerto Rico e hipotecado su futuro. ¿Cómo podrán pagar eso si llegan a ser independientes?

Iván Ramos: ¿Qué recursos naturales tiene el Japón? Ellos tienen gente, la riqueza de Puerto Rico está en su población educada.

Domingo García: La independencia es una noción romántica pero si uno le pregunta a la gente que está en la isla, aún aquéllos que prefieren el estatus de estado libre asociado, elegirían ser un estado independiente. Ya no es una opción, estamos muy integrados. Miles de los nuestros han muerto defendiendo este país en sus guerras, aún así, técnicamente, todavía somos ciudadanos de segunda clase.

TRACK 28 **Ensayo número 7, fuente número 3**

Domingo Martínez: Yo estoy de acuerdo con la amnistía, pero ahora mismo no hay una legislación clara de lo que se podría ofrecerles. Este movimiento (las manifestaciones pro inmigrantes) hace que los políticos piensen y creo que saldrá una fórmula muy favorable para todos los hispanos, no solamente para los inmigrantes… Los hispanos en América se están despertando.

Roberto Burgos: Yo creo que la gente está aquí ilegalmente por la promesa de un mejor futuro y están aquí para perseguir el sueño de esa promesa. Y creo que deberíamos de crear esa oportunidad para todas esas personas que están aquí con sus familias y niños, trabajando o buscando trabajo.

Lili Vega: Ellos (los inmigrantes) deberían de quedarse aquí, no deberíamos de ser tan duros con esa ley; ellos no son criminales, son seres humanos y necesitamos tratar a todos como seres humanos y todos deberíamos de ser libres.

Héctor Vargas: Yo estoy de acuerdo con la amnistía. Estas personas están aquí, y se están aprovechando de ellas, y no sólo eso, sino que están aquí por diferentes razones, no sólo por trabajo… los necesitamos a todos, hay mucha gente aquí y a veces nos olvidamos de quienes son.

TRACK 29   **Ensayo número 8, fuente número 3**

Juan Miguel Ruíz: Muy buenas tardes radioyentes, les habla Juan Miguel Ruíz desde Madrid con las noticias en breve.

Por Internet hoy el sitio Web http://www.lasprovincias.es presenta un informe sobre las Islas Galápagos de Ecuador. Estas islas fueron denominadas Patrimonio de la Humanidad en 1979 por las Naciones Unidas como representan un recurso único de nuestro planeta que contiene especies de animales y vegetales únicas en el planeta. Fue en estas islas donde el científico británico Charles Darwin realizó sus investigaciones sobre la evolución, el tema de su libro *El origen de las especies*. Una delegación de UNESCO declaró a las islas patrimonio natural en riesgo. En ese momento estas joyas naturales sufren una crisis institucional, ambiental y social según el antiguo presidente de Ecuador. Esta crisis se debe a varios factores como la pesca indiscriminada, la introducción de especies no nativas y el crecimiento en el número de residentes y turistas. Había llegado la situación a tal punto que el antiguo presidente de la República lanzó un decreto para suspender temporalmente el permiso para permitir nuevas licencias turísticas, operaciones aéreas y nuevas residencias. Por su parte la UNESCO discutió con las autoridades ecuatorianas los problemas que las islas enfrentan e ideas para asegurar su conservación y el 29 de julio, 2010 el Comité de Patrimonio de la Humidad eliminó las islas de la lista de patrimonios naturales en riesgo por el progreso que ha hecho Ecuador en responder a estos peligros.

Éste ha sido Juan Miguel Ruíz con las noticias en breve. Muy buenas tardes a todos.

TRACK 30   **Ensayo número 9, fuente número 3**

entrevistador: ¿Cómo incluye el arte en sus lecciones?

Sra. Gillette: Pues, lo incluyo en mis lecciones de mitología.

Sra. Griffith: Lo incluyo al emplear la música cuando enseño la poesía.

Sra. Karr: Bueno, en los cursos del penúltimo año vemos la música y el arte cuando estudiamos las décadas de los veinte, los cincuenta y los sesenta.

entrevistador: ¿Qué valor tiene la inclusión del arte en sus lecciones?

Sra. Karr: Añade un poquito de ambiente, o sea color, al plan académico. Los alumnos tienen que aprender muchos datos y el arte los ayuda a ser más equilibrados y también les facilita a veces el trabajo.

Sra. Griffith: Esto depende del alumno. Algunos pueden hacer mejor las conexiones con lo que estudian.

Sra. Gillette: La inclusión del arte en una lección puede atraer a los alumnos que no tienden a participar activamente en la clase.

Sra. Griffith: Puede ayudar mucho si el alumno aprende mejor visualmente.

Sra. Karr: Es un cambio de lo usual.

Sra. Steffer: Ayuda a los alumnos para que puedan solucionar problemas de una manera más creativa. Los alumnos que estudian las artes tienden a enfocar un problema de una manera diferente de lo que se hace en un curso más bien académico. Les da una manera diferente de ver el mundo.

entrevistador: Les doy las gracias a todas por haber compartido sus ideas conmigo hoy.

TRACK 31   **Ensayo número 10, fuente número 3**

entrevistador: ¿Por qué decidieron ustedes participar en un programa de intercambio en España?

Shaughn: En parte porque mi madre fue una vez y siempre me decía que fue fantástica la experiencia. Yo jamás había viajado al extranjero y pensaba que me hacía falta hacerlo. Quería ver otros países.

Courtney: Quería viajar al extranjero para tener la experiencia. Quería viajar, tener nuevas experiencias y conocer a nuevas personas. También, pensaba que sería divertida.

Justin: Muchos en mi familia hablan español y quería mejorar mi español para sentirme más cómodo con la lengua. También, me parecía ser un lugar divertido para visitar.

entrevistador: Pues, ¿qué aprendieron o cómo los cambió la experiencia?

Shaughn: Mejoré mucho mi español y, además, ahora tengo amigos en un país extranjero. Ahora deseo aun más estudiar en el extranjero, si me es posible, en la universidad. Me abrió los ojos a una nueva cultura y me mostró que aunque hablan una lengua diferente, todos somos iguales.

Courtney: No lo sé. Creo que me hizo más abierta a experiencias diferentes. También, como Shaughn, aprendí a ser más abierta y a experimentar cosas nuevas.

Justin: Yo también me creo ser más abierto a experimentar cosas nuevas. La comida era diferente. Hablo con mayor soltura ahora. La experiencia de adaptarme a una cultura completamente diferente fue muy buena.

entrevistador: ¿Lo harían otra vez en el futuro? ¿Y lo recomendarían a otros?

Shaughn: Absolutamente. Me encantaba todo. Era muy divertido.

Courtney: Sí, sin duda alguna.

Justin: Claro. Sin duda alguna yo quiero hacerlo mientras estudie en la universidad. Me gustaría tener un puesto de internado en España. Me fue provechoso y me gustaría hacerlo otra vez.

entrevistador: Les agradezco su participación en esta entrevista y espero que todos tengan la oportunidad de visitar a España otra vez, tan pronto como sea posible.

How Your Score Is Determined for Presentational Writing: Persuasive Essay

The sample rubric below is based on the rubric for Presentational Writing: Persuasive Essay from the AP Spanish Language and Culture exam. Key words and phrases appear in bold.

Score: 5—This is a strong performance.

What the reader will be looking for:

- The prompt (essay topic) is **fully and effectively addressed** using **relevant details** from **all three sources** to support the answer.
- Shows an **excellent understanding of the viewpoints** expressed in the sources with very few inaccuracies.
- Student presents and defends **own viewpoint with clarity**, developing a **detailed, persuasive argument**.
- The essay is **fully comprehensible and shows ease of expression**; errors do not affect comprehension.
- The vocabulary is **rich**, **appropriate**, and **idiomatic**.
- Grammar, usage, and syntax (word order) are **correct** and show **variety**; there are **few errors**.
- The essay is well organized and shows **good** usage of transitional words and cohesive devices.
- The essay contains both **simple and compound sentences** along with **some** more **complex sentences** contained in paragraph-length discourse.

Score: 4—This is a good performance.

- The prompt (essay topic) is **addressed effectively summarizing relevant details** from **all three sources** to support the answer.
- Shows **understanding of the viewpoints** expressed in the sources with a few inaccuracies.
- Student presents and defends **own viewpoint with clarity**, developing a **coherent, persuasive argument**.
- The essay is **fully comprehensible** even though there may be **some errors** that do not affect comprehension.
- The vocabulary is **varied** and **mostly appropriate** and **idiomatic**.
- Grammar, usage, and syntax (word order) are **generally correct**.
- The essay is **organized** with some use of transitional words and cohesive devices.
- The essay contains both **simple and compound sentences** along with **a few complex sentences** contained mostly in paragraph-length discourse.

Score: 3—This is a fair performance.

- The prompt (essay topic) is **addressed adequately** using a **few relevant details** from **all three sources** to support the answer.
- Shows **some understanding of the viewpoints** expressed in the sources, with **some inaccuracies**.
- Student presents and defends **own viewpoint**, developing a **somewhat coherent, persuasive argument**.
- The essay is **generally comprehensible** even though there may be **some errors** that **may affect comprehension**.
- The vocabulary is **adequate** and **idiomatic**.

- Grammar, usage, and syntax (word order) show **some control**.
- The essay is **somewhat organized** with **limited** use of **transitional words** and **cohesive devices**.
- The essay contains both **simple and a few compound** sentences contained mostly in paragraph-length discourse.

Score: 2—This is a weak performance.

- The prompt (essay topic) is **not addressed adequately**. There are a series of statements, some of which are **incorrect**, and the essay summarizes **information from only one or two of the sources** that may not support the answer.
- Shows **low degree of understanding of the viewpoints** expressed in the sources, with **some inaccuracies**.
- Student presents **own viewpoint** but in an **unpersuasive and generally incoherent manner**.
- The essay is **comprehensible in part** with **errors** that **affect comprehension** and force interpretation.
- The vocabulary is **limited**.
- Grammar, usage, and syntax (word order) show **limited control**.
- The essay **is not well organized** with **unsuccessful** use of **transitional words** and **cohesive devices**.
- The essay contains only **simple sentences and/or phrases**.

Score: 1—This is a poor performance.

- The prompt (essay topic) is **almost not addressed** with **a repetition of some of the sources** or **no reference** to any of the sources to support the answer.
- Shows **poor understanding of the viewpoints** expressed in the sources, with **many inaccuracies**.
- Student **minimally presents own viewpoint**, but it is **undeveloped and incoherent**.
- The essay is **barely comprehensible** with major errors that affect comprehension.
- The vocabulary is **very limited**.
- Grammar, usage, and syntax (word order) show **little control**.
- The essay is **not organized** and **lacks** use of **transitional words** and **cohesive devices**.
- The essay contains only **very simple sentences and/or fragments**.

Score: 0—This response receives no credit.

- The essay only **restates** the prompt (essay topic).
- The response is totally **off topic**.
- The response is **not Spanish**.
- The page is **blank**.
- Response says, "I don't know/understand" in any language.

CHAPTER 9

Exam Section II
Interpersonal Speaking: Conversation

IN THIS CHAPTER

Summary: In the **Interpersonal Speaking: Conversation** portion of the AP Spanish Language and Culture exam, you will be asked to participate in a simulated conversation with another person. The other person will begin the conversation and will pause 5 or 6 times. At each pause you will have 20 seconds to reply with an appropriate response. Your spoken responses will be recorded. This part of the exam accounts for one-eighth (12.5 percent) of your total AP Spanish exam score. This chapter provides suggestions on how to participate appropriately in the conversation and give you some ideas on how to go about preparing for this part of the examination. Then you'll be given 15 sample conversations similar to what you will encounter on the actual AP Spanish exam. Use these sample conversations to familiarize yourself with the test and practice your conversational speaking skills. Finally this chapter contains a detailed explanation of how your spoken responses will be scored.

Strategy for Interpersonal Speaking: Conversation

In this part of the exam, you'll be given a short introduction and a general preview of the conversation in the test examination booklet. You'll have 1 minute to read these before the conversation begins. You will then hear the other person begin the conversation. At each pause, you will have 20 seconds to speak. Following are suggestions regarding your strategy in approaching this part of the test. Also included are tips on how best to prepare yourself for the conversation portion of the AP Spanish exam.

- When given the minute to look at the introduction and preview of the conversation, try to guess what the context will be. Look for any key words that might indicate what you will have to say.
- Once you have read the introduction and the preview of the conversation, try to jot down in the margins of the page some key words or expressions that you might like to use.
- Once the conversation begins, try to concentrate and listen carefully: listening is a skill that must be practiced. How well you understand the question will affect your score.
- Try to determine what tenses are being used (present, past, future, conditional, etc.). Make sure you answer in the appropriate tense.
- Try to use some high-order structures in your response—the subjunctive, for example—whenever possible or appropriate.
- Listen for a key word or words that you might want to use in your response.
- Try not to waste valuable time restating the whole question; get right to the answer! Look at the following example:
  Question: **Cuando no tienes clase, ¿qué haces?**
  ○ Weak answer: **Cuando no tengo clase, yo salgo con mis amigos…**
  ○ Better answer: **Salgo con mis amigos y a veces vamos al cine o al centro comercial para reunirnos con otros amigos allí.**
- Try to use the full 20 seconds for your response. You want to give the scorers as long a sample of your speaking as possible. But stop as soon as you hear the tone indicating the speaker is about to continue the conversation, even if your answer is incomplete.
- Answer every question, even if you are not completely sure of what is being asked. The theme for the conversation could help you make an educated guess about any questions that you might not completely understand.
- Speak clearly and do not be afraid of correcting yourself if you make an error. However, don't waste a lot of time trying to correct yourself; this can bog you down.
- Be sure to follow the proctor's instructions carefully.
- Once you have completed one of the practice conversations in this chapter, look at the script to clear up any doubts you may have.

Practice for Interpersonal Speaking: Conversation

Instructions: You will now participate in a simulated conversation. First, you will have 1 minute to read the introduction and the outline of the conversation. The conversation will then begin. Each time it is your turn, you will have 20 seconds to respond; a tone will indicate when you should begin and end speaking. You should participate in the conversation as fully and appropriately as possible.

Instrucciones: Ahora participarás en una conversación simulada. Primero, tendrás 1 minuto para leer la introducción y el esquema de la conversación. Siempre que te toque, tendrás 20 segundos para responder; una señal te indicará cuándo debes empezar y terminar de hablar. Debes participar en la conversación de la manera más completa y apropiada posible.

Conversación número 1

Tema curricular: La vida contemporánea

*Tienes **1 minuto** para leer las instrucciones y la esquema de la conversación.*

Introducción: Ésta es una conversación con María, una amiga tuya. Vas a participar en esta conversación porque ella tiene dudas sobre ir por un año en un programa de intercambio.

[*The shaded lines reflect what you will hear on the recording. Las líneas en gris reflejan lo que escucharás en la grabación.*]

María	• *Te saluda.*

Tú	• *Salúdala y pregúntale que le pasa.*

María	• *Responde y te explica el problema.*

Tú	• *Trata de calmar y tranquilizar a María.*

María	• *Te pide tu opinión.*

Tú	• *Responde a la pregunta.*

María	• *Te hace otra pregunta.*

Tú	• *Responde a la pregunta.*

María	• *Te pide tu consejo.*

Tú	• *Responde a la pregunta.*

TRACK 32

PLAY Track 32 on the accompanying audio CD. (The script for Track 32 appears on page 206.)

Conversación número 2

Tema curricular: La vida contemporánea

*Tienes **1 minuto** para leer las instrucciones y la esquema de la conversación.*

Introducción: Esta conversación es con la señorita Pérez. Ella es la dueña de una tienda donde tu has solicitado un trabajo.

[*The shaded lines reflect what you will hear on the recording. Las líneas en gris reflejan lo que escucharás en la grabación.*]

Señorita Pérez	• *Te saluda.*

Tú	• *Salúdala y preséntate.*

Señorita Pérez	• *Te explica por qué te concede la entrevista.* • *Te hace una pregunta.*

Tú	• *Responde a la pregunta.*

Señorita Pérez	• *Continúa la entrevista.* • *Te hace una pregunta.*

Tú	• *Responde a la pregunta.*

Señorita Pérez	• *Continúa la entrevista.* • *Te hace otra pregunta.*

Tú	• *Responde a la pregunta.*

Señorita Pérez	• *Continúa la entrevista.* • *Te hace una pregunta.*

Tú	• *Responde a la pregunta.*

Señorita Pérez	• *Continúa la entrevista.* • *Te hace una pregunta.*

Tú	• *Responde a la pregunta.*

Señorita Pérez	• *Termina la entrevista y se despide de ti.*

TRACK 33

PLAY Track 33 on the accompanying audio CD. (The script for Track 33 appears on page 207.)

Conversación número 3

Tema curricular: La vida contemporánea

*Tienes **1 minuto** para leer las instrucciones y la esquema de la conversación.*

Introducción: Esta conversación es con el señor Martínez de la compañía aérea Iberia sobre tu maleta perdida.

> [*The shaded lines reflect what you will hear on the recording.* Las líneas en gris reflejan lo que escucharás en la grabación.]

Señor Martínez	• *Te saluda.*

Tú	• *Salúdalo.* • *Responde a la pregunta.*

| Señor Martínez | • *Te hace una pregunta.* |

| Tú | • *Responde a la pregunta.* |

| Señor Martínez | • *Te pide más información.* |

| Tú | • *Responde a la pregunta.* |

| Señor Martínez | • *Te hace otra pregunta.* |

| Tú | • *Dale las gracias.*
• *Responde a la pregunta.* |

| Señor Martínez | • *Vuelve.*
• *Te da lo que buscas.* |

| Tú | • *Dale las gracias y despídete.* |

TRACK 34

PLAY Track 34 on the accompanying audio CD. (The script for Track 34 appears on page 207.)

Conversación número 4

Tema curricular: La vida contemporánea

*Tienes **1 minuto** para leer las instrucciones y la esquema de la conversación.*

Introducción: Esta conversación es con el señor López, un agente de viajes sobre unas vacaciones que planeas.

[*The shaded lines reflect what you will hear on the recording.* Las líneas en gris reflejan lo que escucharás en la grabación.]

| Señor López | • *Te saluda.* |

| Tú | • *Salúdalo.*
• *Preséntate.* |

| Señor López | • *Te hace una pregunta.* |

| Tú | • *Responde a la pregunta.* |

| Señor López | • *Te pide más información.* |

| Tú | • *Responde a la pregunta.* |

Señor López	• *Te hace otra pregunta.*

Tú	• *Responde a la pregunta.*

Señor López	• *Te hace una pregunta.*

Tú	• *Contéstale en el negativo.*

Señor López	• *Se despide de ti.*

Tú	• *Despídete de él.* • *Agradécele por su tiempo.*

TRACK 35

PLAY Track 35 on the accompanying audio CD. (The script for Track 35 appears on page 208.)

Conversación número 5

Tema curricular: Las familias y las comunidades

*Tienes **1 minuto** para leer las instrucciones y la esquema de la conversación.*

Introducción: Esta conversación es con tu amigo Paco que necesita tu ayuda en seleccionar un regalo.

   [*The shaded lines reflect what you will hear on the recording.* Las líneas en gris reflejan lo que escucharás en la grabación.]

Paco	• *Te saluda.*

Tú	• *Salúdalo.* • *Trata de calmarlo.*

Paco	• *Te da las gracias.* • *Te explica la situación.*

Tú	• *Hazle una pregunta.*

Paco	• *Te responde.* • *Te hace una pregunta.*

Tú	• *Responde a la pregunta.*

Paco	• *Continúa la conversación.* • *Te hace una pregunta.*

Tú	• *Responde a la pregunta.*
Paco	• *Te explica que hay un problema.*
Tú	• *Ofrécele una sugerencia.*
Paco	• *Reacciona a la sugerencia.*
Tú	• *Termina la conversación.*

TRACK 36

PLAY Track 36 on the accompanying audio CD. (The script for Track 36 appears on page 208.)

Conversación número 6

Tema curricular: Las familias y las comunidades

*Tienes **1 minuto** para leer las instrucciones y la esquema de la conversación.*

Introducción: Esta conversación es con una amiga. Ustedes van a hablar sobre planes para el fin de semana.

[*The shaded lines reflect what you will hear on the recording.* Las líneas en gris reflejan lo que escucharás en la grabación.]

Tu amiga	• *Te saluda.* • *Empieza la conversación.*
Tú	• *Salúdala.* • *Contesta su pregunta.*
Tu amiga	• *Te dice lo que pensaba hacer.* • *Te hace una pregunta.*
Tú	• *Responde a la pregunta en el afirmativo.* • *Sugiere una opción.*
Tu amiga	• *Responde.* • *Te hace otra pregunta.*
Tú	• *Responde a la pregunta.*
Tu amiga	• *Te hace una pregunta.*
Tú	• *Expresa tu opinión.*
Tu amiga	• *Te hace otra pregunta.*

| Tú | • *Expresa tu opinión.* |

| Tu amiga | • *Se despide de ti.* |

| Tú | • *Despídete.*
• *Repite los planes.* |

PLAY Track 37 on the accompanying audio CD. (The script for Track 37 appears on page 209.)

Conversación número 7

Tema curricular: La vida contemporánea

*Tienes **1 minuto** para leer las instrucciones y la esquema de la conversación.*

Introducción: Esta conversación es con la taquillera de un estadio sobre entradas para un evento deportivo.

> [*The shaded lines reflect what you will hear on the recording.* Las líneas en gris reflejan lo que escucharás en la grabación.]

| Taquillera | • *Te saluda.*
• *Te hace una pregunta.* |

| Tú | • *Salúdala.*
• *Responde a su pregunta.*
• *Pide información sobre el partido.* |

| Taquillera | • *Te da la información.* |

| Tú | • *Pídele sobre el precio.* |

| Taquillera | • *Contesta tu pregunta.* |

| Tú | • *Dile el tipo de entrada que quieres.*
• *Dile cuántas quieres.* |

| Taquillera | • *Te hace una pregunta.* |

| Tú | • *Responde a la pregunta.* |

| Taquillera | • *Ella repite la información.*
• *Te hace otra pregunta.* |

| Tú | • *Contesta la pregunta en el negativo.*
• *Dale las gracias.*
• *Despídete de ella.* |

TRACK 38

PLAY Track 38 on the accompanying audio CD. (The script for Track 38 appears on page 209.)

Conversación número 8

Tema curricular: Las familias y las comunidades

*Tienes **1 minuto** para leer las instrucciones y la esquema de la conversación.*

Introducción: Esta conversación es con tu mamá argentina al fin de tu visita a la Argentina.

[*The shaded lines reflect what you will hear on the recording.* Las líneas en gris reflejan lo que escucharás en la grabación.]

Tu mamá argentina	• *Te hace una observación.*
Tú	• *Reacciona a lo que te dice.*
Tu mamá argentina	• *Te hace unas preguntas.*
Tú	• *Responde a las preguntas.*
Tu mamá argentina	• *Te hace una pregunta.*
Tú	• *Responde a la pregunta.*
Tu mamá argentina	• *Te hace una pregunta.*
Tú	• *Responde a la pregunta.*
Tu mamá argentina	• *Te hace una pregunta.*
Tú	• *Responde a la pregunta.*
Tu mamá argentina	• *Te hace una pregunta.*
Tú	• *Responde a la pregunta.*

TRACK 39

PLAY Track 39 on the accompanying audio CD. (The script for Track 39 appears on page 210.)

Conversación número 9

Tema curricular: La belleza y la estética

*Tienes **1 minuto** para leer las instrucciones y la esquema de la conversación.*

Introducción: Esta conversación es con una dependiente en una tienda de ropa. Necesita ropa para un evento especial.

[*The shaded lines reflect what you will hear on the recording.* Las líneas en gris reflejan lo que escucharás en la grabación.]

Dependienta	• *Te saluda.* • *Te hace una pregunta.*
Tú	• *Salúdala.* • *Responde a su pregunta.*
Dependienta	• *Te hace una pregunta.*
Tú	• *Responde a la pregunta.*
Dependienta	• *Te hace otra pregunta.*
Tú	• *Responde a la pregunta.*
Dependienta	• *Te hace una pregunta.*
Tú	• *Responde a la pregunta.*
Dependienta	• *Te muestra algunas cosas.* • *Te hace una pregunta.*
Tú	• *Reacciona a lo que te muestra.* • *Responde a la pregunta.*
Dependienta	• *Te hace una pregunta.*
Tú	• *Responde a la pregunta.*

TRACK 40

PLAY Track 40 on the accompanying audio CD. (The script for Track 40 appears on page 210.)

Conversación número 10

Tema curricular: La vida contemporánea

*Tienes **1 minuto** para leer las instrucciones y la esquema de la conversación.*

Introducción: Esta conversación es con la recepcionista del hotel donde tú quedas. Hay algún problema con tu cuarto.

[*The shaded lines reflect what you will hear on the recording.* Las líneas en gris reflejan lo que escucharás en la grabación.]

Recepcionista	• *Contesta y te saluda.* • *Te hace una pregunta.*
Tú	• *Salúdala.* • *Explícale uno de los problemas.*
Recepcionista	• *Te responde.* • *Te hace una pregunta.*
Tú	• *Explícale otro problema.*
Recepcionista	• *Te hace otra pregunta.*
Tú	• *Responde a la pregunta.* • *Hazle una pregunta sobre dónde se puede comer.*
Recepcionista	• *Responde a la pregunta.* • *Te pide más información.*
Tú	• *Dale la información que te pide.*
Recepcionista	• *Te hace unas recomendaciones.*
Tú	• *Pídele recomendaciones para algo que hacer después.*
Recepcionista	• *Te hace unas recomendaciones.*
Tú	• *Dale las gracias.* • *Despídete de ella.*

TRACK 41

PLAY Track 41 on the accompanying audio CD. (The script for Track 41 appears on page 211.)

Conversación número 11

Tema curricular: Las familias y las comunidades

*Tienes **1 minuto** para leer las instrucciones y la esquema de la conversación.*

Introducción: Esta conversación es con un estudiante de intercambio de México. Hablan sobre sus escuelas.

[*The shaded lines reflect what you will hear on the recording.* Las líneas en gris reflejan lo que escucharás en la grabación.]

Estudiante	• *Te saluda.* • *Se te presenta a ti.*
Tú	• *Salúdalo.* • *Preséntate a él.*
Estudiante	• *Te hace una pregunta.*
Tú	• *Responde a la pregunta.*
Estudiante	• *Te explica su día.*
Tú	• *Reacciona.* • *Pídele sobre los deportes.*
Estudiante	• *Contesta la pregunta.*
Tú	• *Reacciona.* • *Pregúntale sobre otras actividades.*
Estudiante	• *Responde a la pregunta.* • *Te hace una pregunta.*
Tú	• *Responde a la pregunta.* • *Pídele algo sobre las clases.*
Estudiante	• *Te responde.*
Tú	• *Reacciona.* • *Despídete de él.*

TRACK 42

PLAY Track 42 on the accompanying audio CD. (The script for Track 42 appears on page 211.)

Conversación número 12

Tema curricular: Los desafíos mundiales

*Tienes **1 minuto** para leer las instrucciones y la esquema de la conversación.*

Introducción: Esta conversación es con un policía. Tú has visto un accidente y el policía te pide los detalles.

> [*The shaded lines reflect what you will hear on the recording.* Las líneas en gris reflejan lo que escucharás en la grabación.]

Policía	• *Te saluda.* • *Se te presenta a ti.* • *Te pide tu ayuda.*
Tú	• *Salúdalo.* • *Preséntate a él.* • *Reacciona.*
Policía	• *Te hace una pregunta.*
Tú	• *Responde a la pregunta.*
Policía	• *Te hace una pregunta.*
Tú	• *Responde a la pregunta.*
Policía	• *Te hace una pregunta.*
Tú	• *Responde a la pregunta.*
Policía	• *Te pide información.*
Tú	• *Dale la información que pide.*

TRACK 43

PLAY Track 43 on the accompanying audio CD. (The script for Track 43 appears on page 212.)

Conversación número 13

Tema curricular: Las familias y las comunidades

*Tienes **1 minuto** para leer las instrucciones y la esquema de la conversación.*

Introducción: Esta conversación es con una amiga. Ustedes hablan de planes para celebrar el Cinco de Mayo en su escuela.

> [*The shaded lines reflect what you will hear on the recording.* Las líneas en gris reflejan lo que escucharás en la grabación.]

Tu amiga	• *Te hace una pregunta.*
Tú	• *Responde a la pregunta.*

Tu amiga	• *Te hace una pregunta.*

Tú	• *Responde a la pregunta.*

Tu amiga	• *Te hace una pregunta.*

Tú	• *Responde a la pregunta.*

Tu amiga	• *Te hace una pregunta.* • *Te pide tu opinión.*

Tú	• *Responde a la pregunta.* • *Dale tu opinión.*

Tu amiga	• *Te hace una pregunta.* • *Te pide tu opinión.*

Tú	• *Responde a la pregunta.* • *Dale tu opinión.*

Tu amiga	• *Te hace una pregunta.*

Tú	• *Responde a la pregunta.* • *Despídete de tu amiga para ir a clase.*

TRACK 44

PLAY Track 44 on the accompanying audio CD. (The script for Track 44 appears on page 212.)

Conversación número 14

Tema curricular: La ciencia y la tecnología

Tienes **1 minuto** *para leer las instrucciones y la esquema de la conversación.*

Introducción: Esta conversación es con el dependiente de una tienda sobre una cámara que compraste y que no funciona.

[*The shaded lines reflect what you will hear on the recording.* Las líneas en gris reflejan lo que escucharás en la grabación.]

Dependiente	• *Te saluda.* • *Te hace una pregunta.*

Tú	• *Salúdalo.* • *Dile porque has llamado.*

Dependiente	• *Te hace una pregunta.*

Tú	• *Responde a la pregunta.*

Dependiente	• *Te hace una pregunta.*

Tú	• *Responde a la pregunta.*

Dependiente	• *Te hace una recomendación.* • *Te hace una pregunta.*

Tú	• *Reacciona.* • *Responde a la pregunta.*

Dependiente	• *Te da información.* • *Se despide de ti.*

Tú	• *Dale las gracias.* • *Despídete de él.*

TRACK 45

PLAY Track 45 on the accompanying audio CD. (The script for Track 45 appears on page 213.)

Conversación número 15

Tema curricular: Los desafíos mundiales

*Tienes **1 minuto** para leer las instrucciones y la esquema de la conversación.*

Introducción: Esta conversación es con tu padre chileno. Ustedes hablan de problemas ambientales en Chile y en tu comunidad.

[*The shaded lines reflect what you will hear on the recording.* Las líneas en gris reflejan lo que escucharás en la grabación.]

Tu padre chileno	• *Hace una observación.* • *Te hace una pregunta.*

Tú	• *Reacciona.* • *Responde a la pregunta.*

Tu padre chileno	• *Expresa una opinión.* • *Te hace una pregunta.*

Tú	• *Expresa tu opinión sobre el tema.*

Tu padre chileno	• *Te explica un programa.* • *Te hace una pregunta.*

Tú	• *Responde a la pregunta.*

Tu padre chileno	• *Expresa una opinión.* • *Te hace una pregunta.*

Tú	• *Reacciona.* • *Responde a la pregunta.*

Tu padre chileno	• *Te hace una pregunta.*

Tú	• *Responde a la pregunta.*

Tu padre chileno	• *Hace una observación.*

Tú	• *Reacciona.*

TRACK 46

PLAY Track 46 on the accompanying audio CD. (The script for Track 46 appears on page 213.)

TRACK 32

Scripts for Interpersonal Speaking: Conversation

Conversation 1: Script for the Recording

(María) ¡Por fin has llegado! Gracias por haber venido.

TONE (20 seconds) TONE

(María) Es que salgo la semana próxima para España y ahora no sé si es una buena idea.

TONE (20 seconds) TONE

(María) Si tú tuvieras la oportunidad de ir, ¿irías?

TONE (20 seconds) TONE

(María) ¿Piensas de verdad que podré pasar un año entero en el extranjero lejos de mi familia y amigos?

TONE (20 seconds) TONE

(María) ¿Y qué pasa si yo no comprendo lo que me dicen las personas?

TONE (20 seconds) TONE

TRACK 33   **Conversation 2: Script for the Recording**

(Señorita Pérez)   Buenas tardes. Siéntese usted, por favor. Yo soy Juana Pérez y soy la encargada de esta tienda.

TONE (20 seconds) TONE

(Señorita Pérez)   Estoy encantada. Como usted sabe tenemos unos trabajos a media jornada aquí en la tienda. ¿Podría hablarme un poco acerca de usted?

TONE (20 seconds) TONE

(Señorita Pérez)   Muy bien. Ahora, ¿podría usted decirme qué cursos sigue que le ayudarían en un trabajo aquí?

TONE (20 seconds) TONE

(Señorita Pérez)   Bueno, ¿y por qué piensa usted que sería persona adecuada para ese tipo de trabajo?

TONE (20 seconds) TONE

(Señorita Pérez)   ¿Qué experiencia ha tenido usted en vender cosas al público?

TONE (20 seconds) TONE

(Señorita Pérez)   Entonces, para terminar, ¿cuándo podría usted comenzar?

TONE (20 seconds) TONE

(Señorita Pérez)   Muchas gracias por venir y hablarme. Le comunicaremos pronto nuestra decisión. Adiós.

TRACK 34   **Conversation 3: Script for the Recording**

(Sr. Martínez)   Buenas tardes, por favor, siéntese. Usted ha venido para recoger su maleta, ¿verdad?
TONE (20 seconds) TONE

(Sr. Martínez)   ¿Podría usted darme su nombre, dirección y número de teléfono, por favor?
TONE (20 seconds) TONE

(Sr. Martínez)   Muy bien, perfecto. Entonces, ¿podría usted describir su maleta y lo que hay adentro?
TONE (20 seconds) TONE

(Sr. Martínez)   Perfecto. Mientras usted espera, ¿le gustaría tomar algo?
TONE (20 seconds) TONE

(Sr. Martínez)   Bueno, aquí tengo su maleta y parece que todo está en orden. Perdone la inconveniencia y espero poder servirle en el futuro.
TONE (20 seconds) TONE

TRACK 35   **Conversation 4: Script for the Recording**

(Sr. López)   Buenos días. Soy Juan López. Siéntese, por favor.

TONE (20 seconds) TONE

(Sr. López)   Encantado. Bueno, para comenzar, ¿dónde piensa usted pasar sus vacaciones?

TONE (20 seconds) TONE

(Sr. López)   Muy bien, ¿y cómo le gustaría viajar y en qué tipo de hotel quisiera quedarse?

TONE (20 seconds) TONE

(Sr. López)   ¿Y cuánto dinero desearía pagar?

TONE (20 seconds) TONE

(Sr. López)   Bueno, me parece que tengo el viaje perfecto para usted. Aquí tengo un folleto para revisar. ¿Tiene usted preguntas?

TONE (20 seconds) TONE

(Sr. López)   Llámeme cuando haya decidido lo que quisiera hacer.

TONE (20 seconds) TONE

TRACK 36   **Conversation 5: Script for the Recording**

(Paco)   Pues hombre, gracias por haber venido. Necesito tu ayuda.

TONE (20 seconds) TONE

(Paco)   Mil gracias, pues necesito comprarle un regalo a mi padre, es su cumpleaños.

TONE (20 seconds) TONE

(Paco)   A mi padre le gustaría cualquier cosa que le compre. ¿Tienes unas ideas?

TONE (20 seconds) TONE

(Paco)   Buenas ideas. Pues, creo que le compraré una camisa, ¿qué te parece?

TONE (20 seconds) TONE

(Paco)   ¡Éste es el colmo! No tengo suficiente dinero conmigo.

TONE (20 seconds) TONE

(Paco)   Gracias, la idea es estupenda.

TONE (20 seconds) TONE

TRACK 37 Conversation 6: Script for the Recording

(Tu amiga)   Hola, ¿qué tal? ¿Tienes planes para este fin de semana?

TONE (20 seconds) TONE

(Tu amiga)   Pensaba ver una película este fin de semana. ¿Te gustaría acompañarme?

TONE (20 seconds) TONE

(Tu amiga)   Me parece una buena idea, ¿qué día querrías ir y a qué hora?

TONE (20 seconds) TONE

(Tu amiga)   Bien. Mira, ¿te importa que venga María con nosotros? Ella está sola este fin de semana y es una chica estupenda.

TONE (20 seconds) TONE

(Tu amiga)   ¿Dónde quieres que nos encontremos?

TONE (20 seconds) TONE

(Tu amiga)   Perfecto, nos vemos entonces, chao.

TONE (20 seconds) TONE

TRACK 38 Conversation 7: Script for the Recording

(Taquillera)   [Sound of the phone ringing and being picked up.] Buenas tardes, la taquilla del estadio municipal, ¿en qué puedo servirle?

TONE (20 seconds) TONE

(Taquillera)   Pues, el partido es este sábado a las cuatro de la tarde aquí en el estadio municipal.

TONE (20 seconds) TONE

(Taquillera)   Tenemos tres tipos de entradas, las de 160 pesos quedan cerca del campo, las de 80 están más arriba y las de 40 quedan en las andanadas o sea la parte más arriba del estadio.

TONE (20 seconds) TONE

(Taquillera)   Pues, muy bien. ¿Y cómo le gustaría pagarlas? Si quiere pagar en efectivo, tendrá que venir al estadio. De otra manera podemos enviarle las entradas o guardarlas aquí en la taquilla para recoger el día del partido.

TONE (20 seconds) TONE

(Taquillera)   Muy bien, tengo sus entradas para este sábado en el estadio municipal para el partido de las cuatro. ¿Hay algo más en que puedo servirle?

TONE (20 seconds) TONE

TRACK 39   **Conversation 8: Script for the Recording**

(Tu mamá argentina)	[Sound of people talking in the background and a flight announcement.] Pues, tu tiempo con nosotros se ha volado. No puedo creer que ya sales para los Estados Unidos.

TONE (20 seconds) TONE

(Tu mamá argentina)	Y ¿cómo has pasado tu tiempo con nosotros? ¿Te ha gustado?

TONE (20 seconds) TONE

(Tu mamá argentina)	¿Cuál es tu recuerdo más impresionante de tu visita con nosotros?

TONE (20 seconds) TONE

(Tu mamá argentina)	¿Cómo crees que esta experiencia te ha ayudado?

TONE (20 seconds) TONE

(Tu mamá argentina)	¿Te gustaría volver a visitarnos algún día?

TONE (20 seconds) TONE

(Tu mamá argentina)	Si un día pudiéramos visitarte, ¿qué cosas quisieras compartir con nosotros en tu país?

TONE (20 seconds) TONE

TRACK 40   **Conversation 9: Script for the Recording**

(Dependienta)	Buenas tardes, ¿en qué puedo servirle?

TONE (20 seconds) TONE

(Dependienta)	¿Para qué tipo de evento necesitará usted la ropa?

TONE (20 seconds) TONE

(Dependienta)	¿Qué artículos de ropa le harán falta y de qué tamaños?

TONE (20 seconds) TONE

(Dependienta)	¿Hay unos colores que le favorezcan más que otros?

TONE (20 seconds) TONE

(Dependienta)	Pues, aquí tengo lo que quiere en azul, negro y gris. ¿Qué le parece?

TONE (20 seconds) TONE

(Dependienta)	Perfecto, ¿y cómo le gustaría pagar por lo que ha seleccionado?

TONE (20 seconds) TONE

TRACK 41

Conversation 10: Script for the Recording

(Recepcionista)   [*Sound of dialing and phone being answered.*] Buenos días, Hotel El Libertador, ¿en qué puedo servirle?

TONE (20 seconds) TONE

(Recepcionista)   Lo siento mucho. Llamaré inmediatamente a la consejería para arreglar el problema. ¿Hay algo más que necesite usted?

TONE (20 seconds) TONE

(Recepcionista)   Bueno, lo arreglaremos también, claro. ¿Cuándo va usted a estar fuera del cuarto?

TONE (20 seconds) TONE

(Recepcionista)   Mientras usted está fuera arreglaremos el cuarto. En cuanto a restaurantes, depende cuánto dinero le gustaría pagar y el tipo de comida porque hay varios por aquí.

TONE (20 seconds) TONE

(Recepcionista)   Muy bien. Hay uno a dos cuadras del hotel. Salga del hotel y doble a la derecha. Después de pasar el segundo semáforo el restaurante estará a su derecha.

TONE (20 seconds) TONE

(Recepcionista)   Después de comer hay unas discotecas en la misma calle. O si usted prefiere, hay también unos cines en la calle de la Merced.

TONE (20 seconds) TONE

TRACK 42

Conversation 11: Script for the Recording

(Estudiante)   [*Sound of student voices in the background like in a school hallway.*] Hola, me llamo Paco García. Soy de Saltillo, México y paso el año aquí en tu colegio.

TONE (20 seconds) TONE

(Estudiante)   Mucho gusto. ¿Puedes describirme cómo es el día típico aquí en tu escuela?

TONE (20 seconds) TONE

(Estudiante)   Muy interesante. Nuestro día es más largo porque tenemos casi una hora y media para el almuerzo. Así que no terminamos hasta las cuatro y media o las cinco.

TONE (20 seconds) TONE

(Estudiante)   Pues, jugamos al baloncesto y al fútbol en la clase de educación física pero no tenemos equipos para los deportes en la escuela. Podemos participar en equipos de la comunidad.

TONE (20 seconds) TONE

(Estudiante)   Tenemos varios clubes como ustedes pero nuestros clubes tienen sus reuniones durante el recreo. ¿Cuándo tienen ustedes sus reuniones para los clubes? ¿Es fácil o difícil hacerse socio?

TONE (20 seconds) TONE

(Estudiante)   Tenemos las mismas clases que ustedes. Lo diferente es que ustedes cambian de aulas y nosotros nos quedamos en el aula y los profesores cambian de aulas. Hasta tenemos los casilleros en la misma clase.

TONE (20 seconds) TONE

TRACK 43   **Conversation 12: Script for the Recording**

(Policía)   Perdone usted. Yo soy el capitán Villareal. ¿Podría usted darme alguna información sobre lo ocurrido?

TONE (20 seconds) TONE

(Policía)   ¿Aproximadamente a qué hora ocurrió el accidente y dónde estaba usted?

TONE (20 seconds) TONE

(Policía)   Muy bien, ¿y podría usted describirme el coche que entró primero en la bocacalle?

TONE (20 seconds) TONE

(Policía)   ¿Y cómo era el coche que pasó la señal sin parar?

TONE (20 seconds) TONE

(Policía)   Muy bien. Gracias por habernos ayudado. Ahora necesitaré su nombre, dirección y número de teléfono en caso de que necesitemos ponernos en contacto con usted sobre el accidente.

TONE (20 seconds) TONE

TRACK 44   **Conversation 13: Script for the Recording**

(Tu amiga)   Bueno, nos han seleccionado para planear la fiesta para el Cinco de Mayo. ¿Qué piensas que debemos servir?

TONE (20 seconds) TONE

(Tu amiga)   Muy bien, yo puedo ayudar a preparar la comida. ¿Quién podría ayudarme con ella y con las bebidas?

TONE (20 seconds) TONE

(Tu amiga)   ¿Qué actividades piensas que debemos tener durante la fiesta?

TONE (20 seconds) TONE

(Tu amiga)   ¿Conoces a alguien que tenga discos compactos de música mexicana, o no importa el tipo de música que haya?

TONE (20 seconds) TONE

(Tu amiga)   ¿A quiénes vamos a invitar y cuánto dinero crees que nos hace falta para las provisiones y decoraciones?

TONE (20 seconds) TONE

| (Tu amiga) | Muy bien, parece que todos los planes están en orden. Ay, una cosa más, ¿dónde vamos a tener la fiesta y cuándo? |

TONE (20 seconds) TONE

TRACK 45

Conversation 14: Script for the Recording

| (Dependiente) | [*Sound of a phone ringing and being picked up.*] Buenas tardes, «Foto Mundo», ¿cómo puedo ayudarle? |

TONE (20 seconds) TONE

| (Dependiente) | Lo siento mucho que haya tenido problemas con la cámara. ¿Podría usted explicarme el problema con el aparato? |

TONE (20 seconds) TONE

| (Dependiente) | ¿Qué modelo compró usted y cuándo lo compró? |

TONE (20 seconds) TONE

| (Dependiente) | Bueno, recomiendo que usted traiga la camera a la tienda para que podamos revisarla. ¿Cuándo piensa usted que sea possible? |

TONE (20 seconds) TONE

| (Dependiente) | Cuando venga, es importante que traiga el recibo. Nos vemos pronto y otra vez siento mucho la molestia. |

TONE (20 seconds) TONE

TRACK 46

Conversation 15: Script for the Recording

| (Tu padre chileno) | ¡Ay, que día más feo! A veces la contaminación del aire es horrorosa aquí en Santiago. Creo que es el mayor problema ecológico que tenemos. ¿Cómo es la calidad del aire donde vives? |

TONE (20 seconds) TONE

| (Tu padre chileno) | Es fácil para mí creer en el concepto de calentamiento global con toda esta contaminación. ¿Cuál es tu opinión del calentamiento global? |

TONE (20 seconds) TONE

| (Tu padre chileno) | Pues, por lo menos tenemos un programa de reciclaje. Reciclamos botellas y envases de vidrio y plástico y el papel también. ¿Existe tal programa en tu comunidad? |

TONE (20 seconds) TONE

| (Tu padre chileno) | Me parece muy buena idea. Tenemos que proteger nuestro planeta, es el único que tenemos. Yo trato de ayudar al usar el transporte público, es bueno y barato. ¿Cómo es el transporte público donde vives? |

TONE (20 seconds) TONE

(Tu padre chileno)	He oído que el agua embotellada es muy popular en los Estados Unidos. ¿Por qué es tan popular? ¿Hay problemas con el agua en los Estados Unidos?
	TONE (20 seconds) TONE
(Tu padre chileno)	Pues, ojalá que podamos salvar el medio ambiente para las generaciones futuras.
	TONE (20 seconds) TONE

How Your Score Is Determined for Interpersonal Speaking: Conversation

The sample rubric below is based on the rubric for **Interpersonal Speaking: Conversation** from the AP Spanish Language and Culture exam. Key words and phrases appear in bold.

Score: 5—This is a strong performance.
What the scorer will be looking for:

- The student is able to maintain the conversation with **correct/appropriate responses, providing necessary information requested** and **added information**.
- The responses are **fully comprehensible** even though there may be some errors.
- The vocabulary is **rich, appropriate**, and **idiomatic**.
- Grammar, usage, and syntax (word order) are **correct** and show **variety**; there are **few errors**.
- The register (informal/formal) is **correct** for the situation and **consistent**.
- Pronunciation, intonation, and flow contribute to the message being **comprehensible**, even with some errors.
- Self-correction or clarification **aids comprehensibility**.

Score: 4—This is a good performance.

- The student is able to maintain the conversation with **appropriate responses, required information,** and **some added information**.
- The responses are **comprehensible** even though there may be some errors.
- The vocabulary is **varied and mostly appropriate** and **idiomatic**.
- Grammar, usage, and syntax (word order) are **generally correct**.
- The register (informal/formal) is **correct**, with **few exceptions**, for the situation.
- Pronunciation, intonation, and flow contribute to the message being **mostly comprehensible**, even with some errors.
- Self-correction or clarification **aids comprehensibility**.

Score: 3—This is a fair performance.

- The student is able to maintain the conversation with **basic responses** that provide **required information** and **limited additional information**.
- The responses are **mostly comprehensible** even though there may be some errors that affect comprehensibility.
- The vocabulary is **adequate** and **idiomatic though basic**.
- Grammar, usage, and syntax (word order) are **somewhat correct**.
- The register (informal/formal) **may be incorrect** for the situation.

- Pronunciation, intonation, and flow generally contribute to the message being **mostly comprehensible**, but with **some errors that affect comprehensibility**.
- Self-correction or clarification **sometimes aids comprehensibility**.

Score: 2—This is a weak performance.

- The student is only able to **partially** maintain the conversation with **responses that may not always be correct**; the student provides **only some required information**.
- The responses are **only partially comprehensible** with errors that affect comprehensibility and force the listener to interpret what is being said.
- The vocabulary is **limited** and **not very idiomatic**.
- Grammar, usage, and syntax (word order) show somewhat **limited command** of Spanish.
- The register (informal/formal) may be **inappropriate** for the situation.
- Pronunciation, intonation, and flow generally make the message **difficult to comprehend**.
- Self-correction or clarification **does not aid comprehensibility**.

Score: 1—This is a poor performance.

- The conversation is **unsuccessful** with **incorrect responses**, and the student provides **very limited required information**.
- The listener is **barely able to understand the conversation** with many major errors that affect the message.
- The vocabulary is **limited**.
- Grammar, usage, and syntax (word order) show **little or no command** of Spanish.
- The register (informal/formal) shows **little or no command** of Spanish.
- Pronunciation, intonation, and flow generally make the message **incomprehensible**.
- Self-correction or clarification with further information **does not aid comprehensibility**.

Score: 0—This response receives no credit.

- The response only **restates** the prompt (the question or statement the student needs to respond to).
- The response is totally **off topic**.
- The response is **not Spanish**.
- The **recording is silent** but the machine was recording.
- The response says, "I don't know/understand" in any language.

CHAPTER 10

Exam Section II
Presentational Speaking: Cultural Comparison

IN THIS CHAPTER

Summary: In this section of the exam, you will be asked to prepare an oral presentation to your class on a cultural topic. This topic may be small "c" culture, like pastimes and activities, or large "C" culture like heroes or leaders. In your presentation you need to compare your own community to an area of the Spanish-speaking world. Your oral presentation will be recorded and then evaluated to become part of your test score. Your performance on **Presentational Speaking: Cultural Comparison** constitutes one-eighth (12.5 percent) of your total AP Spanish exam score. In this chapter, you'll find guidance on how to approach this part of the test, sample topics to provide practice creating a presentation, and an explanation of how your presentation will be scored.

Strategy for Presentational Speaking: Cultural Comparison

You will be given 4 minutes to read the presentation topic and prepare your presentation. Then, you will have 2 minutes to record your presentation. In your presentation you need to compare your own community to an area of the Spanish-speaking world that you know or have studied. You must demonstrate your understanding of the cultural features of the Spanish-speaking area that you have chosen.

Below are suggestions on how to approach this part of the test:

- As you are being asked to compare and contrast your own community to a Spanish-speaking community, the use of a Venn diagram could help you organize your thoughts in the short time you are allotted.

Sample Venn diagram:

- Be sure to give a short introduction ("Querida clase, hoy voy a hablarles sobre…") and a short conclusion to your presentation ("Muchas gracias por su atención a mi presentación sobre…").
- During the course of the year, be sure to use some of the suggested resources for cultural review found in the appendix to briefly review each Spanish-speaking country.
- Small "c" culture (family, school, meals, etc.) is just as important as the large "C" culture (national heroes, art, music, etc.).
- You may not have to be too literal with regard to your own culture. For example, if you have to compare a hero to a hero from a Spanish-speaking country, your hero could be a parent, a teacher, etc.
- Your presentation should be well organized and clear.

Practice for Presentational Speaking: Cultural Comparison

In this chapter, there are 15 sample presentation topics similar to what you will find on the actual test. Use these sample topics to practice your oral presentation skills.

Instructions: You are asked to make an oral presentation to your Spanish class. For this presentation you will have 4 minutes to read the prompt and prepare your presentation. Once 4 minutes have passed you will have 2 minutes in which to record your presentation.

In the presentation, compare and contrast the community where you live to a Spanish-speaking area of the world that you have studied, heard about, or where you may have lived. You will show your understanding of cultural aspects of an area of the Spanish-speaking world. Your presentation should be well organized and clearly presented.

Instrucciones: Te han pedido que hagas una presentación oral a tu clase de español. Para esta presentación vas a tener 4 minutos para leer el tema y preparar tu presentación. Cuando los 4 minutos ya se han pasado vas a tener 2 minutos para grabar tu presentación.

En la presentación, compara y contrasta la comunidad donde tú vives con un área del mundo hispanohablante que has estudiado, de que has oído hablar o donde tú hubieras vivido. Necesitas mostrar tu comprensión de los aspectos culturales de un área del mundo hispanohablante. Tu presentación tiene que ser bien organizada y presentada en una manera bien clara.

1. ***Tema de la presentación***

   ¿Cuál preocupación medioambiental preocupa más a la comunidad donde vives y cómo ha enfrentado el problema esta comunidad? Compara tus experiencias de la comunidad en la cuales has vivido con tus observaciones de una región del mundo hispano que te sea familiar. En la presentación oral, puedes mencionar lo que has estudiado, vivido y/u observado.

   Tema curricular: Los desafíos mundiales

2. ***Tema de la presentación***

   ¿En qué manera pueden los desarrollos científicos y tecnológicos tener un impacto en la vida de una sociedad? Compara el acceso a la tecnología de la comunidad en la cual has vivido con tus observaciones de una región del mundo hispano que te sea familiar. En la presentación oral, puedes mencionar lo que has estudiado, vivido y/u observado.

   Tema curricular: La ciencia y la tecnología

3. ***Tema de la presentación***

   ¿Qué usas para transportación cuando quieres reunirte con tus amigos y qué problemas puede haber? Compara el acceso a la transportación de la comunidad en la cual has vivido con tus observaciones de una región del mundo hispano que te sea familiar. En la presentación oral, puedes mencionar lo que has estudiado, vivido y/u observado.

   Tema curricular: La vida contemporánea

4. ***Tema de la presentación***

   ¿Cómo es que los intereses personales de miembros de una sociedad pueden reflejar la cultura? Compara las actividades extracurriculares de la comunidad en la cual has vivido con tus observaciones de una región del mundo hispano que te sea familiar. En la presentación oral, puedes mencionar lo que has estudiado, vivido y/u observado.

   Tema curricular: Las identidades personales y públicas

5. ***Tema de la presentación***

   ¿Cómo impactan los desafíos que tienen los estudiantes en su educación y futuro? Compara el sistema de educación de la comunidad en la cual has vivido con tus obser-vaciones de una región del mundo hispano que te sea familiar. En la presentación oral, puedes mencionar lo que has estudiado, vivido y/u observado.

   Tema curricular: Las familias y las comunidades

6. ***Tema de la presentación***

   ¿Cómo es que la obra de arte de un/a artista refleja las perspectivas de su cultura? Compara la obra de un/a artista de la comunidad en la cual has vivido con tus observaciones de la obra de un/a artista de una región del mundo hispano que te sea familiar. En la presentación oral, puedes mencionar lo que has estudiado, vivido y/u observado.

   Tema curricular: La belleza y la estética

7. ***Tema de la presentación***

   ¿Cuál desafío social preocupa más a la comunidad donde vives y cómo ha enfrentado el problema la comunidad? Compara los orígenes de este desafío y sus posibles soluciones, a él de la comunidad en la cual has vivido con tus observaciones del mismo desafío de una región del mundo hispano que te sea familiar. En la presentación oral, puedes mencionar lo que has estudiado, vivido y/u observado.

Tema curricular: Los desafíos mundiales

8. *Tema de la presentación*

¿Cómo recibe uno el cuidado médico donde vives? Compara el cuidado médico de la comunidad en la cual has vivido con tus observaciones de cómo funciona el cuidado médico de una región del mundo hispano que te sea familiar. En la presentación oral, puedes mencionar lo que has estudiado, vivido y/u observado.

Tema curricular: Los desafíos mundiales

9. *Tema de la presentación*

¿Cuáles son las diversiones y entretenimientos que tú y tus amigos tienen a su disposición donde vives? Compara las diversiones y entretenimientos de que tú y tus amigos gozan con tus observaciones de las diversiones y entretenimientos de que gozan los jóvenes de una región del mundo hispano que te sea familiar. En la presentación oral, puedes mencionar lo que has estudiado, vivido y/u observado.

Tema curricular: La vida contemporánea

10. *Tema de la presentación*

¿Quién es un personaje histórico de la comunidad donde vives y por qué es que este personaje es tan reverenciado por tu comunidad? Compara un personaje histórico de la comunidad en la cual has vivido con tus observaciones de un personaje histórico de una región del mundo hispano que te sea familiar. En la presentación oral, puedes mencionar lo que has estudiado, vivido y/u observado.

Tema curricular: Las identidades personales y públicas

11. *Tema de la presentación*

¿Cómo se define «una familia» en la comunidad donde vives? Compara el concepto de la familia de la comunidad en la que has vivido con tus observaciones de cómo es el concepto de la familia en una región del mundo hispano que te sea familiar. En la presentación oral, puedes mencionar lo que has estudiado, vivido y/u observado.

Tema curricular: Las familias y las comunidades

12. *Tema de la presentación*

¿Cómo es un monumento de la comunidad donde vives y qué importancia tiene para la comunidad? Compara un monumento o edificio, su apariencia y función, de la comunidad en la cual has vivido con un monumento o edificio de una región del mundo hispano que te sea familiar.

Tema curricular: La belleza y la estética

13. *Tema de la presentación*

¿Cuál es un desafío social que enfrenta la comunidad en que vives? Compara un desafío social de la comunidad en la cual has vivido, sus orígenes y cómo se enfrenta el desafío, con un desafío social que enfrenta una comunidad del mundo hispano que te sea familiar.

Tema curricular: Los desafíos mundiales

14. *Tema de la presentación*

¿En qué maneras ha afectado la ciudadanía global o ha cambiado la comunidad en que vives? Compara los cambios que ha traído la ciudadanía global a la comunidad en la cual has vivido con los cambios que la ciudadanía global ha traído a una comunidad del mundo hispano que te sea familiar.

Tema curricular: Las familias y las comunidades

15. *Tema de la presentación*

¿Cuáles son los orígenes étnicos de la comunidad en que vives y por qué son así históricamente? Compara los orígenes étnicos de la comunidad en la cual has vivido con los orígenes étnicos de una comunidad del mundo hispano que te sea familiar.

Tema curricular: Las identidades personales y públicas

How Your Score Is Determined for Presentational Speaking: Cultural Comparison

The sample rubric below is based on the rubric for Presentational Speaking: Cultural Comparison from the AP Spanish Language and Culture exam. Key words and phrases appear in bold.

Score: 5—This is a strong performance.
What the scorer will be looking for:

- The presentation **completely addresses** the theme.
- The student **compares his or her own community with that of the target culture, with relevant examples and supporting details**.
- The student **shows knowledge of the target culture**.
- The presentation is **easy to understand, spoken with clarity**, errors do **not affect comprehension** of the message.
- The vocabulary is **rich, appropriate**, and **idiomatic**.
- Grammar, usage, syntax (word order) are **correct and show variety**; errors do **not affect comprehension** of the message.
- The register (informal/formal) is **correct** for the presentation.
- Pronunciation, intonation, and flow **contribute to the message** being comprehensible.
- The use of transitional words/expressions **shows a high level of organization**.
- **Self-correction** or clarification, if any, **aids comprehensibility**.

Score: 4—This is a good performance.

- The presentation **addresses** the theme.
- Included are **some supporting details** and examples that, for the most part, have to do with the theme.
- The student **compares his or her own community with that of the target culture, with some relevant details and examples**.
- The student shows **some knowledge of the target culture**.
- The presentation is **easy to understand**; errors do not affect comprehension of the message.
- The **vocabulary is varied** and **mostly appropriate and idiomatic**.
- Grammar, usage, and syntax (word order) are **generally correct**.

- Register (informal/formal) is **correct** for the presentation with occasional mixing of informal and formal modes of address.
- Pronunciation, intonation, and flow **mostly contribute** to the message being comprehensible; **errors do not affect comprehensibility**.
- There is **some use** of transitional words/expressions that contribute to an organized presentation.
- **Self-correction** or clarification, if any, mostly **aids comprehensibility**.

Score: 3—This is a fair performance.

- The presentation **adequately** addresses the theme.
- The student **compares his or her own community with that of the target culture**, including few relevant details and examples.
- The student **shows a basic knowledge of the target culture**.
- For the most part, the presentation can **be understood**, but **errors may affect comprehension of the message**.
- The vocabulary is **adequate** and **mostly idiomatic**.
- Grammar, usage, and syntax (word order) **show some control** of Spanish.
- The register (informal/formal) can **at times be incorrect** for the type of presentation, with mixing of the informal and formal address.
- Pronunciation, intonation, and flow **generally contribute** to the message being comprehensible; **errors at times affect comprehensibility**.
- There is **limited use** of transitional words/expressions but the presentation **does show some organization**.
- Self-correction or clarification, if any, **sometimes aids comprehensibility**.

Score: 2—This is a weak performance.

- The presentation **inadequately** addresses the theme. There may be loose sentences that don't develop the theme and some information used may be incorrect.
- The student discusses his or her own community and the target culture **without comparing them**.
- The student **shows limited knowledge of the target culture**, including several minor inaccuracies.
- The presentation can be **partially understood**, but **errors affect comprehension** of the message.
- The vocabulary is **limited** and **not idiomatic**.
- Grammar, usage, and syntax (word order) are **poorly used**.
- The register (informal/formal) is **mostly inappropriate** for the type of presentation with mixing of the informal and formal address.
- Pronunciation, intonation, and flow generally make the message **difficult to understand with errors that affect comprehensibility**.
- There is **improper usage** of transitional words/expressions, which leads to a **lack of organization**.
- **Self-correction** or clarification, if any, **does not aid** comprehensibility.

Score: 1—This is a poor performance.

- The presentation **barely addresses** the theme. There are few, if any, examples.
- The student **discusses only his or her own community or the target culture**, with or without examples.

- The student **shows minimal knowledge of the target culture**; the presentation is largely inaccurate.
- The presentation can **barely be understood**, with many major errors affecting comprehension of the message.
- The vocabulary is **limited**.
- Grammar, usage, and syntax (word order) show **little or no command** of Spanish.
- The register (informal/formal) shows **little or no command** of Spanish.
- Pronunciation, intonation, and flow generally make the message **incomprehensible with errors that affect comprehensibility**.
- There is a **lack** of transitional words/expressions, which leads to **little or no organization**.
- **Self-correction** or clarification, if any, **does not aid comprehensibility**.

Score: 0—This response receives no credit.

- The presentation only **restates** the prompt (theme).
- The presentation is totally **off topic**.
- The presentation is **not Spanish**.
- **There is silence** but the machine is recording.
- The response is "I don't know/understand" in any language.

STEP 5

Build Your Test-Taking Confidence

AP Spanish Language and Culture Practice Exam 1
AP Spanish Language and Culture Practice Exam 2

AP Spanish Language and Culture Practice Exam 1

- Take this examination, following all instructions carefully.
- For the listening comprehension and the directed-response questions, you will find the listening prompts on the accompanying recording.
- Write your answers on scrap paper to do this examination so that later, if you wish, you can retest yourself to check your progress.
- Remember to use the strategies presented in Step 3 when taking the examination.
- Correct your work using the keys provided at the end of the test along with the listening and speaking scripts.
- When you have corrected the exam, you might want to look up any words you did not know to add to your personal vocabulary list.
- Keep track of the type of question(s) that you are missing and focus your review on practicing more of these types.

¡Buena suerte!

Section I: Multiple Choice

For Section I of the examination, you will be given 95 minutes—40 minutes for Part A (reading) and approximately 55 minutes for Part B (listening). Section I accounts for 50 percent of your grade.

Section I, Part A
Interpretive Communication: Print Texts

In this section of the test you will need to read some passages and answer some multiple-choice questions about their content. Give yourself 40 minutes.

- Set a timer for 40 minutes.
- Look at the questions first.
- Read through once and underline or star with your pen or pencil where you think the answers are found.
- Reread the questions.
- Reread the passage and answer the questions.

Selección número 1

Introducción: Este artículo trata de un músico urbano que participará en un festival musical y también dará talleres para estudiantes de música.

Paquito D'Rivera presenta en el festival Swing 'n Jazz de Rochester[1]

El músico cubano Paquito D'Rivera, quien es mejor conocido por sus diversos talentos musicales incluyendo el saxofón y el clarinete, participará en el Hochstein School of Music a las 7:30 p.m. el sábado 2 de junio. El evento forma parte del décimo festival anual Swing 'n Jazz, patrocinado por el Commission Project, una organización no lucrativa dedicada a las artes.

---

[1]Por Horacio Martínez, Prensa ConXion, May 2007, el periódico bilingüe mensual del Rochester *Democrat and Chronicle*, Rochester, New York. Used with permission.

El festival, el cual se realizará del 1 al 3 de junio, incluirá conciertos y clínicas gratis de jazz, incluyendo un taller de dos horas impartido por D'Rivera y el trompetista Marvin Stamm de las 9 a las 11 de la mañana el domingo 2 de junio en la escuela School of the Arts, 45 Prince St.

«Cada año a través del Commission Project traemos alrededor de 30 músicos profesionales al salón de clases, para darles a los estudiantes experiencias reales», mencionó Alan Tirré, coordinador de instrucción de las artes en SOTA (por sus siglas en inglés School of the Arts). «Es una oportunidad para los músicos para dar algo a cambio, y para que los estudiantes se conecten con inspiraciones reales». Las clínicas son gratis y abiertas al público, mencionó Tirré.

D'Rivera, quien fue representado por José Zuñiga en la película *For Love or Country: The Arturo Sandoval Story*, no es un desconocido en el área de Rochester. Él menciona que es gracias a los esfuerzos del educador y fundador del Commission Project Ned Corman, de «desarrollar las artes y a aquéllos que quieran participar».

«Ned es una de las personas más positivas que conozco», mencionó D'Rivera, «su entusiasmo es contagioso... ésa parece ser su misión más importante. Me gusta asociarme con gente como Ned».

En 1973, D'Rivera se convirtió en un miembro fundador del grupo Cubano Irakere, grupo percusionista ganador de un Grammy. Otros miembros son el pianista Chucho Valdés y el trompetista Arturo Sandoval.

D'Rivera ha ganado numerosos Grammys entre otros premios. En 2005, recibió el premio National Medal for the Arts, presentado en la Casa Blanca por el presidente George Bush. En marzo fue honrado con el premio Living Jazz Legend.

Para más información acerca del festival Swing 'n Jazz de Rochester y para el horario de eventos, visita la página de Internet del Commission Project tcp-music.org.

1. ¿Qué anuncia este artículo?
   (A) Un músico cubano presentará en un festival de música.
   (B) Un músico cubano dará talleres en un colegio de las artes.
   (C) Un músico cubano presentará en un festival de música y dará talleres a estudiantes.
   (D) Un músico cubano rodará una película en Rochester.

2. Este festival celebra … años este año.
   (A) 25
   (B) 5
   (C) 20
   (D) 10

3. Durante el festival, habrá…
   (A) clínicas a coste bajo.
   (B) clínicas subvencionadas por Paquito D'Rivera.
   (C) clínicas subvencionadas por una organización lucrativa.
   (D) clínicas subvencionadas por una organización que no gana dinero con ellas.

4. Lo bueno del Commission Project es que cada año pone a la disposición de las comunidades…
   (A) músicos profesionales para darles talleres a estudiantes de secundaria.
   (B) músicos profesionales para darles a las comunidades conciertos gratis.
   (C) músicos profesionales para darles a las comunidades clínicas de jazz a buen precio.
   (D) músicos profesionales para darles a las comunidades acceso a músicos con quienes las comunidades puedan conectarse.

5. Paquito D'Rivera…
   (A) ya ha participado varias veces en el festival.
   (B) enseñará a jóvenes músicos durante el festival.
   (C) es el organizador del festival este año.
   (D) ya es conocido por su actuación en la película sobre Arturo Sandoval.

6. Según D'Rivera, lo mejor del Commission Project es de...
   - (A) patrocinar festivales en comunidades como Rochester.
   - (B) educar a las personas sobre las artes.
   - (C) adelantar las artes y a las personas que participan en ellas.
   - (D) ser gratis a las comunidades en que participa.

7. Podemos decir que la vida profesional de Paquito D'Rivera...
   - (A) ha sido muy exitosa.
   - (B) sólo ha comenzado.
   - (C) no ha sido tan reconocida.
   - (D) es conocida por su papel en la fundación del Commission Project.

Selección número 2

Fuente número 1

Introducción: Este artículo trata de un estudiante que alcanzó su sueño de una educación superior aún cuando su familia no tenía los recursos para ayudarle.

¡Esfuérzate para conseguir becas! Puedes pagar por tu educación superior si dedicas tiempo y esfuerzo a buscar ayuda.[2]

Nunca dudaba que yo iría a una institución de educación superior, pero siempre existía la pregunta tácita de cómo nos arreglaríamos para pagarla.

Cuando la familia de mi padre vino a este país, ya hace tres generaciones, mi bisabuelo sólo había llegado al tercer grado. Trabajó muy duro para tener éxito, pero por lo general trabajaba hasta tarde en empleos muy exigentes físicamente. Su mayor deseo era que sus hijos al menos pudieran completar la etapa de la educación superior, porque creía que la educación era la clave para una vida mejor.

Entonces, mi abuela y sus cuatro hermanos se esforzaron por alcanzar la educación superior y luego también lucharon por obtener sus maestrías. Mi padre y sus tres hermanos también obtuvieron títulos avanzados. Pero cuando me llegó el momento de pensar en la vida después de la escuela secundaria, sabía que la educación superior no era una opción.

Durante la secundaria, mi familia tenía muy poco dinero. Mi padre era un empresario y yo era la menor de ocho hermanos. Si bien nos sentíamos bendecidos por tener una familia maravillosa y por poder contar con las cosas que realmente necesitábamos, como comida y una casa, teníamos muy poco dinero para extras.

Trabajé cerca de 30 horas por semana y sabía que la mejor manera de llegar a la educación superior sin acumular deudas enormes era obtener buenas calificaciones, participar y solicitar becas.

Me volví muy activa durante la secundaria y tomé muchos roles de liderazgo. También practicaba tres deportes, lo que me ayudaba a equilibrar todo lo demás.

Cuando llegó el momento de mi último año, tuve que tomar una decisión muy difícil. Se aproximaba la temporada de básquet y era mi último año. Sin embargo, si bien sabía que no podría acceder a una institución muy buena por medio del básquet, creía que sí podría lograrlo con mis calificaciones y mi participación. Entonces tomé la decisión de dejar el básquet justo cuando descubrí que había llegado a mi último año. Fue muy difícil en ese

---

[2]«¡Esfuérzate para conseguir becas! Puedes pagar por tu educación superior si dedicas tiempo y esfuerzo a buscar ayuda» por María Neels, *The Next Step Magazine*, latino edition 2007, used with permission, Next Step Publishing, Inc., 2 W. Main Street, Suite 200, Victor, New York, 14564, page 11.

momento, pero sentí que me ayudó para enviar las solicitudes para acceder a la educación superior y para las becas, y también para resolver de qué manera financiaría mi educación.

Fuente número 2

Introducción: Este artículo trata de diferentes ideas para costear una educación universitaria.

Once ideas para ganar dinero mientras estudias en la universidad[3]

Los pasos

1. Trabajar duro para obtener buenas notas. De esta manera podrás mantener las becas que quizá ya tengas.
2. Compartir tus habilidades y conocimientos con otros por Internet. Podrás ganar dinero y ayudar a otros.
3. Pensar en los trabajos que puedas hacer en casa o en la universidad. Podrás vender por teléfono, llenar sobres para una compañía o procesar datos. Lo bueno es que todos son bastante fáciles de hacer.
4. Si te gustan los niños, tienes un coche y no tienes multas, podrás hacerte niñera/o.
5. Pasear a perros, limpiar casas o servir mesas en un restaurante o preparar comida en un restaurante de comida rápida.
6. Buscar otros trabajos en los anuncios clasificados.
7. Hablar con un/a consejero/a en la universidad. Él/Ella puede informarte acerca de trabajos para estudiantes que necesitan dinero. Si ya has declarado tu concentración, habla primero con el/la jefe del departamento porque los trabajos que ofrecen se relacionan con tu campo de estudio.
8. Hacerte conejo de indias para experimentos en el departamento de psicología. Normalmente pagan algo y son seguros como los experimentos necesitan ser aprobados por el profesorado.
9. Si tienes un servicio que puedes ofrecer a otro, anúncialo. Por ejemplo, si puedes reparar computadoras, bicicletas, cocinar o cualquier otra cosa que sepas hacer.
10. Vender tus viejos libros de texto.
11. Trata de vender los libros por eBay o un servicio parecido.

1. La autora no dudaba que iría a la universidad, pero no sabía…
   (A) si tendría las notas necesarias.
   (B) si tendría el dinero.
   (C) si tendría el apoyo de sus padres.
   (D) si tendría la preparación necesaria.

2. Podemos decir que la familia de esta señorita … los Estados Unidos.
   (A) lleva poco tiempo en
   (B) está recién llegada a
   (C) es indocumentada en
   (D) lleva bastante tiempo en

3. Para el bisabuelo de la autora, la educación…
   (A) valía la pena.
   (B) le valía poco.
   (C) no le valía tanto como el trabajo.
   (D) le valía sólo hasta la educación primaria.

4. El padre y los tíos de la autora…
   (A) no pudieron obtener una educación universitaria.
   (B) obtuvieron una educación universitaria.
   (C) obtuvieron una educación hasta el tercer grado.
   (D) creían que no era una opción para ellos.

---

[3]Article from wikiHow: http://www.wikihow.com/Make-Money-as-a-College-Student.

5. La única manera que la autora podría conseguir una educación universitaria era…
   - (A) trabajar 30 horas por semana y ahorrar el dinero.
   - (B) pedirle dinero a su familia.
   - (C) acumular préstamos enormes.
   - (D) trabajar duro en los estudios para llegar a ser becaria.

6. En la secundaria, la autora…
   - (A) sólo se esforzó en los estudios.
   - (B) se esforzó en los estudios, los deportes y en ser líder.
   - (C) se esforzó en los deportes.
   - (D) se esforzó en ser un líder.

7. ¿Cuál fue la decisión difícil que tuvo que tomar la autora en su último año?
   - (A) Se esforzaría en el baloncesto.
   - (B) Podría participar en un deporte y mantener su nota.
   - (C) Dejaría un deporte a favor de estudiar.
   - (D) Podría ir a una mejor universidad con una beca conseguida por los deportes.

8. Gracias a su decisión, la autora…
   - (A) pudo recibir una beca deportiva.
   - (B) pudo recibir una beca.
   - (C) no pudo recibir una beca deportiva.
   - (D) no pudo recibir ningún tipo de beca.

9. Si comparamos la decisión que la estudiante en la primera fuente tuvo que tomar con la lista de once pasos para ganar dinero, el paso que ella escogió fue…
   - (A) número 8.
   - (B) número 2.
   - (C) número 1.
   - (D) número 7.

10. Si un estudiante tiene conocimientos de informática, probablemente podría seguir el paso…
    - (A) número 2.
    - (B) número 9.
    - (C) número 11.
    - (D) número 8.

11. Una buena manera de avanzar en tu campo de estudio y poder incluir la experiencia en tu curriculum vitae sería tomar el paso…
    - (A) número 7.
    - (B) número 8.
    - (C) número 3.
    - (D) número 2.

12. Si te gustan las mascotas, el paso … podría ser divertido.
    - (A) número 4
    - (B) número 8
    - (C) número 5
    - (D) número 2

Selección número 3

Introducción: Este artículo trata de un estudiante que alcanzó su sueño de una educación superior pero por un camino diferente.

Lucha por tu educación; Concéntrate y lograrás cumplir tus metas[4]

Estoy viviendo mi sueño. Pude acceder a la educación superior y también puedes hacerlo tú. Los estudiantes de secundaria se enfrentan con muchos desafíos al considerar la educación superior. En la actualidad, "llegar al nivel deseado" puede resultar tan desalentador como intentar reunir todo el dinero necesario para ir a la universidad. Tan sólo para comprar los libros debes romper la chanchita. Yo lo sé bien. Vengo de una familia de muy bajos recursos. Mis padres, ambos de México, tienen que mantenerme a mí y a José, mi hermano menor.

Si bien mis padres iban a tomar trabajos extras, sentía que iba a ser imposible para ellos solventar el valor de una carrera de cuatro años. Por lo tanto, decidí empezar a buscar de

---

[4]«Lucha por tu educación; Concéntrate y lograrás cumplir tus metas» por Juan Díaz, *The Next Step Magazine*, latino edition 2007, used with permission, Next Step Publishing, Inc., 2 W. Main Street, Suite 200, Victor, New York, 14564, pages 38–39.

inmediato becas y subvenciones disponibles. Lo más importante fue que decidí esforzarme sobre lo que podía controlar: mis calificaciones. Aunque no sabía exactamente qué carrera seguir, esperaba que la educación me permitiera hacer grandes contribuciones a la sociedad y enorgullecer a papá y mamá. Nadie en mi familia había llegado nunca a la etapa de la educación superior.

Mantuve un promedio general (GPA) de 3.8 en la secundaria. Además, gané un concurso de ensayos y me ofrecieron una subvención para minorías al presentar las solicitudes. Sin embargo, eso equivalía a sólo un año de instrucción. De todas maneras, estaba sorprendido de ver cómo mis esfuerzos iban a darme resultados.

Pero la historia continúa…

Cuando tenía 5 años de edad, mi familia se trasladó de una villa rural en México a Houston, Texas. Mi padre siempre quiso ser boxeador profesional, y para iniciarme en el deporte, me llevó al Willie Savannah's Boxing Club. Pasé la mayor parte de mi niñez y adolescencia formándome en la escuela y en el gimnasio. Fue una bendición que Savannah me tomara bajo sus alas. Se convirtió en un segundo padre para mí, un mentor. La pasión natural y el instinto que tenía por el deporte no sólo llenaron de felicidad a Savannah y a mi padre, sino que además me permitieron aprender lecciones de la vida muy valiosas. El amor y el apoyo que siempre tuve a mi alrededor me ayudaron a aprender la importancia de la esperanza, el respeto y el esfuerzo. Éstas son las cualidades que representa mi apodo "Baby Bull".

En el año 2000, durante mi último año de escuela secundaria, me convertí en boxeador profesional y los ingresos que empecé a tener rápidamente me descalificaron para cualquier tipo de asistencia financiera. Afortunadamente, planifiqué y me organicé. La combinación de subvenciones, becas e ingresos me permitió acceder a la educación superior.

Hoy estoy en mi primer año de esta nueva etapa y soy Campeón Mundial de Peso Liviano de la WBA (Asociación Mundial de Boxeo).

Aliento a los estudiantes de escuela secundaria para que no pierdan las esperanzas. Si yo pude hacerlo, tu también puedes.

Planifica y persevera… vale la pena.

1. En el primer párrafo, el autor indica que una educación universitaria…
   - (A) no está al alcance de todos.
   - (B) está al alcance de todos.
   - (C) es fácil de alcanzar.
   - (D) es sólo una cuestión de dinero.

2. Para el autor, la ayuda financiera de sus padres…
   - (A) era posible.
   - (B) era gracias a tomar trabajos extras.
   - (C) valía el costo de una carrera de cuatro años.
   - (D) era imposible.

3. Lo más importante para el autor era…
   - (A) seguir la carrera universitaria que había escogido.
   - (B) conseguir el dinero necesario.
   - (C) poder contribuir a la renta de su familia.
   - (D) poder hacer que sus padres estuvieran orgullosos de él.

4. Aunque mantenía notas altas, ganó un concurso y una subvención para minorías…
   - (A) no tenía suficiente dinero para un año.
   - (B) tenía sólo suficiente dinero para un año.
   - (C) estaba sorprendido que podía pagarlo todo.
   - (D) no era suficiente en absoluto para ir a la universidad.

5. ¿Cuál era un deseo que tenía el padre del autor?
   - (A) participar profesionalmente en un deporte
   - (B) conseguir un mejor trabajo
   - (C) trasladar a la familia a Houston
   - (D) ofrecerles una mejor educación a sus niños

6. La inclusión del boxeo en la vida del autor…
   - (A) le hizo fuerte.
   - (B) le ayudó a decidir dejar los estudios.
   - (C) le enorgulleció a su padre.
   - (D) le enseñó cosas útiles sobre la vida.

7. El autor atribuye su éxito…
   (A) a Willie Savannah.
   (B) al boxeo.
   (C) al respaldo que recibió.
   (D) a su mentor.

8. Al convertirse en boxeador profesional, el autor ganaba más dinero, …
   (A) pero por eso no podía recibir ayuda financiera.
   (B) y decidió abandonar la idea de los estudios universitarios.
   (C) pero todavía podía conseguir asistencia financiera.
   (D) pero no había planificado lo suficiente para reunir el dinero necesario.

9. Cuando el autor dice a los estudiantes que «no pierdan las esperanzas», él se refiere…
   (A) a una educación universitaria.
   (B) a una vida en los deportes profesionales.
   (C) a una educación secundaria.
   (D) al boxeo.

Selección número 4

Fuente número 1

Introducción: Este artículo trata de un movimiento que tiene lugar en ciudades por España y otros países entre jóvenes parados.

Los okupas[5]

El movimiento de los okupas comenzó durante los años sesenta y setenta cuando hubo un gran éxodo de gente del campo y pueblos hacia las ciudades grandes en busca de una vida mejor. Al llegar a las ciudades no había donde vivir entonces comenzaron a apoderarse de terrenos no ocupados para construir casuchas donde vivir.

[5]Fuentes de consulta incluyen http://es.wikipedia.org/wiki/Movimiento_okupa y el foto de http://commons.wikimedia .org/wiki/File:Spain.Catalonia.Viladecans.Casa.Okupada.JPG?uselang=es por Yearofthedragon.

Durante los años ochenta con la llamada Movida Madrileña había otra vez una falta de viviendas en ciudades como Madrid. Entonces, los sin hogar comenzaron a apoderarse de edificios abandonados y los que se encontraban vacíos aun si tenían dueños.

Este movimiento en ciudades por España ha continuado durante los noventa hasta hoy pero desde los ochenta se trata más de jóvenes sin trabajo ni casa que toman posesión de edificios desocupados. En muchos casos los edificios ocupados por los okupas son antiguas casas de apartamento que especuladores han comprado y dejado decaer para luego poder derrumbarlos por su mal estado. Esto les permite derrumbar el edificio en vez de restaurarlo y así evitan las leyes que tienen que ver con la preservación histórica. Estos jóvenes, sin trabajo, vivienda, recursos económicos ni esperanza de conseguirlos en muchos casos han abrazado el movimiento anarquista. Como el estado no ha podido ayudarles, ellos han decidido de "abolir" el estado y crear sociedades de hombres y mujeres libres de las normas del estado y crear su propio estado dentro de los edificios okupados, o sea ocupados.

Los okupas toman posesión de estos edificios y se declaran dueños de éstos por el hecho de habitarlos. De hecho los okupas son colonos usurpadores que entran en estos edificios ilegalmente y rehúsan dejarlos. Los dueños de los edificios, de los que tienen dueños, se encuentran con sus edificios, ocupados ilegalmente, que no les permiten desarrollar estos edificios. Para el gobierno local es una cuestión de la salud pública como estos edificios no tienen agua corriente, sanitarios que funcionan, electricidad ni calefacción. Este fenómeno se puede ver también en Alemania, Francia, Italia, Reino Unido, Argentina, Brasil, Chile, Colombia y Venezuela. Originalmente algunos gobiernos incluso el español lo permitía pero desde los ochenta y noventa han promulgado leyes que favorecen a los dueños.

Fuente número 2

Introducción: En el siguiente gráfico se puede ver el porcentaje de jóvenes parados en algunos países europeos y latinoamericanos.

El desempleo entre jóvenes[6]

EUROPA	
Alemania	7,6%
España	59,9%
Francia	23,9%
Holanda	11,1%
Italia	44,1%
Reino Unido	16,2%

---

[6]Fuente de consulta: http://www.portfolioreviewonline.com/index.php?issue=9&article=68.

LATINOAMÉRICA	
Argentina	21,3%
Brasil	15,2%
Chile	16,4%
Colombia	18,9%
Venezuela	17,1%

1. El movimiento de los okupas tiene su origen en…
   (A) un cambio en la distribución de la población.
   (B) un éxodo de las ciudades hacia el campo.
   (C) mejores oportunidades en el campo.
   (D) un cambio en la educación de la población.

2. El movimiento siempre ha tenido motivos…
   (A) sociales.
   (B) culturales.
   (C) políticos.
   (D) económicos.

3. Para los okupas, los edificios ocupados se han convertido en…
   (A) su propiedad.
   (B) su propio país.
   (C) su integración en la población.
   (D) su oportunidad de avanzar.

4. Los okupas han abrazado el anarquismo porque creen que…
   (A) les ayudará ganar su independencia económica.
   (B) el gobierno actual no les ha servido.
   (C) les ayudará establecerse en la comunidad.
   (D) el gobierno actual les servirá mejor por eso.

5. Los dueños de algunos edificios ocupados los han dejado sin usar porque…
   (A) no han podido encontrar inquilinos.
   (B) quieren restaurarlos.
   (C) quieren dejarlos hasta que puedan destruirlos y construir algo nuevo sobre el terreno.
   (D) no tienen los recursos financieros.

6. Éste es un fenómeno…
   (A) por muchas ciudades mundiales.
   (B) sólo en ciudades latinas.
   (C) sólo en ciudades europeas.
   (D) sólo en ciudades españolas.

7. Según la primera fuente, el vivir en un edificio ocupado puede ser peligroso porque…
   (A) hay casos de violencia.
   (B) pueden ser desalojados violentamente.
   (C) pueden atrapar enfermedades.
   (D) no hay servicios públicos.

8. En la segunda fuente, se nota que la raíz del fenómeno de los okupas tiene que ver con…
   (A) donde se encuentran los países.
   (B) el porcentaje de jóvenes parados.
   (C) el porcentaje de la población parada.
   (D) donde hay más ciudades grandes.

9. Se puede deducir de las tablas y del artículo que…
   (A) tanto más empleados, tanto más parados.
   (B) tanto más empleados, tanto más okupas.
   (C) tanto más parados, tanto más okupas.
   (D) tanto más parados, tanto menos okupas.

Selección número 5

Fuente número 1

Introducción: Éste es un fragmento de un cuento sobre un chico que llega a un pueblo indígena.

Manuel[7]

Manuel era el indio más popular de un pequeño pueblo que se hallaba entre las montañas a unas cien millas al sur de Ciudad Bolívar. Allí vivía con un pequeño grupo de seres humanos inconscientes todos de su pobreza, rodeados de relativa libertad y abundancia de miseria, hablando una mezcla de español e indio, medio desnudos, con el pelo y las uñas largas, los pies grandes y duros como piedras, los labios secos, la inteligencia atrofiada y el instinto tan despierto como el de un animal de la selva.

Todos se parecían, física y psicológicamente, todos menos Manuel, quien tenía algo diferente. Había una luz en sus ojos y en su mente. Parecía menos indio que los demás. Su piel era más blanca. Era más alto. Hablaba español mucho mejor. Tenía una imaginación viva. Manuel tocaba una pequeña guitarra que siempre llevaba consigo, y cantaba canciones que los demás indios jamás habían oído. Había venido al pequeño pueblo cuando tenía unos catorce años. ¿De dónde? «De allá», era todo, lo que les decía que muy lejos. ¿Quiénes eran sus padres? No lo sabía. Así fue que el chico vino a formar parte del pequeño grupo de indios que lo recibieron con gusto, pues traía una guitarra y cantaba como un ángel.

Fuente número 2

Introducción: Este artículo trata del porcentaje de personas de países de habla española que hablan español.

Países de habla española en las Américas: Porcentaje de la población que habla español[8]

Honduras, Salvador, Panamá, Ecuador, Colombia, Venezuela, Chile, Paraguay, Argentina y Uruguay tienen como su lengua oficial el español, o sea el castellano, pero también indican que hay una variedad de otras lenguas que se hablan entre las poblaciones indígenas. En el caso de Venezuela, hay unos 40 idiomas indígenas entre las cuales se incluyen el wayuu, el warao, el pemon, el mapoyo, el puinave, el pémono, el sapé, el sikiana, el yabarana, el yaruro. El castellano se habla principalmente entre los mestizos, los de ascendencia europea y los que han recibido una educación.

---

[7]«Manuel» por Pedro Villa Fernández. *Galería Hispánica*, copyright © McGraw-Hill, 1979. Used with permission.

[8]El artículo se informó de la página Web https://www.cia.gov/library/publications/the-world-factbook/fields/2098 .html#ve.

México 92,7%

Nicaragua 97,5%

Guatemala 60%
40% lenguas amerindias

Perú 84,1%
13% quechua
1,7% aymara

Bolivia 60,7%
21,2% quechua
14,6% aymara

1. Los indios con quienes vivía Manuel…
   (A) tenían una abundancia de lo mejor.
   (B) no se daban cuenta de su estado.
   (C) estaban asimilados a la cultura de la ciudad.
   (D) se parecían a Manuel.

2. La inteligencia de estos indios era…
   (A) despierta.
   (B) estancada.
   (C) como la de los animales.
   (D) grande.

3. ¿Qué tenía Manuel que no tenían los otros?
   (A) una inteligencia viva
   (B) una torpeza intelectual
   (C) una inteligencia atrofiada
   (D) una inteligencia como la de los otros indios

4. Parece que Manuel probablemente…
   (A) dominaba el castellano.
   (B) no hablaba el castellano.
   (C) hablaba el castellano con dificultad.
   (D) no hablaba bien el idioma del pueblo.

5. La mejor palabra para describir el origen de Manuel sería…
   (A) desconocido.
   (B) extranjero.
   (C) boliviano.
   (D) indígena.

6. El encanto de Manuel para los indios era…
   (A) la manera en que hablaba.
   (B) su talento musical.
   (C) su apariencia.
   (D) su extrañeza.

7. En la segunda fuente, se puede ver que el castellano se habla en estos países, …
   (A) pero no es la única lengua que se habla.
   (B) pero es la lengua minoritaria de algunos países.
   (C) y el uso de otras lenguas es prohibido.
   (D) y otros lenguas son casi inexistentes.

8. El cuento «Manuel» se sitúa en Venezuela. Según lo que el autor nos cuenta y la segunda fuente podemos decir que…
   (A) Manuel no habla una lengua indígena.
   (B) Manuel es de otra tribu.
   (C) Manuel es probablemente de ascendencia europea o mestiza.
   (D) Manuel es de otro país.

9. Podemos decir que el castellano…
   (A) es la única lengua oficial de estos países.
   (B) es una de las lenguas oficiales de algunos de estos países.
   (C) es hablado por todos aunque se hablan otros idiomas.
   (D) es hablado sólo en las ciudades.

STOP. END OF SECTION I, Part A.

Section I, Part B
Interpretive Communication: Audio Texts and Print and Audio Texts Combined

In this part of the examination, you will hear several audio selections. One or more selections will also be accompanied by a written text. You will be asked questions about each selection. Both the questions and the answer choices will be printed in your test booklet. The total time allowed for this part of the examination is approximately 55 minutes.

For this part of the practice examination, you will find the listening tracks on the accompanying recording. Scripts for the passages can be found on pages 254–259. Mark your answers by circling the letter of your choice.

> The timing will be done for you on the actual exam. However, for this part of the diagnostic test, you will need a stopwatch or timer. Allow yourself the specific time intervals stated in the instructions to read the introductions, read the printed texts, and answer the questions. You will also need to time the 1-minute interval between hearing the audio selection the first time and replaying it. You do not need to run the timer while you are listening to the audio passages.

- Use the time before the audio selection begins to read the introduction and the questions in order to get an idea of what you should listen for.
- While the narrator is speaking, give your full attention to what is being said.
- As with any multiple-choice test, if the answer does not come to you, try to eliminate some of the answer choices. This increases your chances of choosing the right answer.
- Once you have completed the practice exam, you may wish to read over the scripts and make a list of words that you did not know. Look these up, make flash cards for them, and review them during the months leading up to the examination.

- You may wish to use scrap paper; that way, you can later come back to this test and do it again to check your progress.
- If you have a particularly difficult time with this part of the exam, you should be sure to practice Chapter 5 very carefully, taking notes from the scripts after each practice.

Print and Audio Texts Combined: You will read one source and listen to another. Then you will answer questions on both. You will have approximately 4 minutes to read the introduction and printed text. Then you will be instructed to go on to the audio selection and you will be given 2 minutes to read the printed introduction and preview the questions. After listening once to the audio selection, you will have 1 minute to start to answer the questions. Then you will hear the audio selection again. After the second listening you will have 15 seconds per question to finish answering.

Audio Texts Only: You will hear an audio selection that will be about 5 minutes in length. You will have 1 minute to read the introduction and preview the questions prior to listening the first time. At the end of the passage you will have 1 minute to begin to answer the multiple-choice questions based on what you heard. Then you will hear the selection again, after which you will have 15 seconds per question to finish answering the questions.

Selección número 1 (Print and Audio Texts Combined)

*Primero tienes **4 minutos** para leer el artículo impreso.*

Fuente número 1

Introducción: El artículo impreso describe la celebración llamada la quinceañera.

Quinceañeras, Tradición centenaria se combina con la cultura estadounidense[9]

Para las jóvenes latinas, el cumplir los quince años significa, entre otras cosas, que las jóvenes latinas comienzan noviazgos formales, empiezan a manejar, se les permite salir por largas horas y, más importante aun, es la oportunidad de reforzar su compromiso con Dios y la iglesia Católica.

La tradición

Esta celebración tradicional se remonta al año 500 a.C., cuando jóvenes mayas y aztecas les daban gracias a sus dioses por el inicio de su juventud con una ceremonia religiosa.

En nuestros días, la tradición ha adoptado nuevas tendencias. Quinceañeras a lo largo de Latinoamérica celebran este día tan importante de diferentes maneras. En México y Centroamérica, la celebración tiene un significado religioso muy profundo. En la mayoría de los casos, la celebración comienza con una misa, que es seguida de una recepción.

Los símbolos

Ramos de flores: Durante la misa, las quinceañeras suben al altar, rezan una oración especial y le ofrecen a la Virgen María un ramo de flores. Recuerdan el momento en que la Virgen María, a los 15 años, dedicó su vida a Dios al concebir a Jesús, y como ella, las quinceañeras le piden a Dios que las guíe y les dé fuerza en el inicio de su nueva vida.

---

[9]«Quinceañeras, Tradición centenaria se combina con la cultura estadounidense», por Diana Chapoy-Callahan, ConXion, May 2007, el periódico bilingüe mensual del *Rochester Democrat and Chronicle*, Rochester, New York. Used with permission.

Muñeca: La muñeca simboliza la niñez que la quinceañera está dejando atrás; en muchos casos, las quinceañeras le ofrecen la muñeca a alguna hermana o prima menor, y hablan acerca de los momentos preferidos de su niñez.

En algunos lugares como Puerto Rico y la República Dominicana, la quinceañera les agradece a sus invitados por haberla acompañado con el obsequio de una cápia, una cinta que lleva su nombre y sirve de recuerdo.

Zapatos de tacón alto: Antes de que la quinceañera baile el vals tradicional con su padre, él le quita los zapatos bajos y se los cambia por un par de zapatos de tacón alto, reconociendo a su hija como una adulta y guiándola en su nuevo camino. Después ella baila con su padre. Para muchas quinceañeras, ésta es la parte más importante de la celebración.

Acompañantes de la quinceañera: Normalmente los amigos más cercanos de la quinceañera la acompañan durante la celebración—similar a los acompañantes de los novios durante una boda.

Manteniendo las tradiciones

En la mayoría de los países latinoamericanos, esta tradición se conserva como parte importante de su cultura. Según quincegirl.com, muchas hispanas de segunda o tercera generación eligen celebrar sus Dulce Dieciséis (*Sweet Sixteen*), mezclando algunas tradiciones de los quince años.

Según una quinceañera, «Sweet Sixteen consiste en compartir la celebración principalmente con tus amigos, pero yo quería compartirlo con mi familia también, por lo que decidí incorporar la tradición de los quince años.»

No importa si decides incluir un número de salsa o sólo un vals tradicional, lo importante es mantenerte apegada a tus raíces hispanas, lo cual te ayudará a honrar y compartir lo mejor de la tradición, porque es parte de quien eres y de tu identidad.

*Deja de leer. Ahora pasa a la fuente número 2. Tienes **2 minutos** para leer la introducción y prever las preguntas.*

Fuente número 2

Introducción: Esta monografía de radio trata de la celebración del Sweet Sixteen.[10]

Ahora escucha la fuente número 2.

TRACK 47

PLAY Track 47 on the accompanying audio CD. (The script for Track 47 appears on page 256.)

*Ahora tienes **1 minuto** para empezar a contestar las preguntas para esta selección. Después de 1 minuto vas a escuchar la selección de nuevo.*

PLAY Track 47 again.

*Ahora tienes **2 minutos y 45 segundos** para terminar de responder a las preguntas de esta selección.*

---

[10]Ésta se informó de la página Web «Sweet sixteen (birthday)», from Wikipedia, the free encyclopedia, http://www.en.wikipedia.org/wiki/Sweet_sixteen_(birthday) y «The History of the Debutante Season», http://www-rcf.usc.edu/~clingerm/history.html.

1. Según la primera selección, la celebración de los quince les concede a las jóvenes...
   (A) el derecho al voto.
   (B) el derecho de casarse.
   (C) el derecho de entrar en la iglesia católica.
   (D) los mismos derechos de que los adultos gozan.

2. Aunque, en sentido tradicional, la celebración de los quince se ve involucrada con la iglesia católica, tiene sus orígenes en...
   (A) religiones paganas.
   (B) religiones orientales.
   (C) estatutos sociales.
   (D) estatutos legales.

3. Según la primera selección, ... simboliza la niñez de la chica.
   (A) la muñeca
   (B) el ramo de flores
   (C) los zapatos de tacón alto
   (D) la capia

4. El símbolo de su mayoría de edad es...
   (A) la muñeca.
   (B) el ramo de flores.
   (C) el zapato de tacón alto.
   (D) la capia.

5. El elemento que conecta con la fe es...
   (A) el ramo de flores.
   (B) la muñeca.
   (C) la capia.
   (D) los zapatos de alto tacón.

6. En algunos aspectos, la quinceañera asemeja...
   (A) una fiesta familiar.
   (B) una fiesta de amigos.
   (C) un casamiento.
   (D) una fiesta religiosa.

7. La quinceañera es hoy en día una manera de...
   (A) celebrar con la familia.
   (B) venerar sus orígenes.
   (C) celebrar con los amigos.
   (D) venerar su fe.

8. En la selección auditiva se habla del Sweet Sixteen que, como la celebración de los quince, marca...
   (A) la edad legal para casarse.
   (B) la mayoría de edad.
   (C) la entrada plena en su religión.
   (D) el nuevo estatuto legal de la chica.

9. El Sweet Sixteen tiene sus raíces en la tradición religiosa...
   (A) oriental.
   (B) azteca y maya.
   (C) católica.
   (D) hebrea.

10. En su raíz europea, el Sweet Sixteen marcaba...
    (A) la entrada formal de la joven en la sociedad.
    (B) el noviazgo de la joven.
    (C) la entrada formal de la joven en la aristocracia.
    (D) la entrada formal de la joven en la fe.

11. El Sweet Sixteen tanto como los quince tiene el motivo de...
    (A) celebrar sus raíces.
    (B) celebrar la participación plena en su religión.
    (C) celebrar una nueva época de la vida.
    (D) celebrar la mayoría de edad para casarse.

Selección número 2 (Audio Text)

*Primero tienes **1 minuto** para leer la introducción y prever las preguntas.*

Introducción: Este dialogo es entre dos estudiantes del club de español en que hablan de una actividad posible para el club.

Ahora escucha la selección.

TRACK 48

PLAY Track 48 on the accompanying audio CD. (The script for Track 48 appears on page 257.)

*Ahora tienes **1 minuto** para empezar a contestar las preguntas para esta selección. Después de 1 minuto vas a escuchar la selección de nuevo.*

PLAY Track 48 again.

*Ahora tienes **1 minuto y 30 segundos** para terminar de responder a las preguntas de esta selección.*

1. Marcos quiere que el club de español…
   (A) no haga nada diferente este año.
   (B) celebre una fiesta mexicana.
   (C) celebre una fiesta española.
   (D) celebre en Puebla, México, este año.

2. El Cinco de Mayo recuerda…
   (A) la victoria mexicana sobre los tejanos en el Álamo.
   (B) la independencia mexicana de España.
   (C) la victoria de Cortés en contra de Moctezuma.
   (D) la victoria mexicana en contra de los franceses.

3. En los Estados Unidos esta celebración…
   (A) recuerda la victoria en Puebla.
   (B) no se celebra tanto como en México.
   (C) se ha convertido en una celebración de la herencia mexicana.
   (D) es una celebración de poca importancia para los mexicanoamericanos.

4. Va a ser difícil convencer…
   (A) a Elena.
   (B) al señor Santana.
   (C) a la señorita Morales.
   (D) al señor Díaz.

5. La actividad del club de español será…
   (A) mostrar proyectos estudiantiles sobre la cultura mexicana.
   (B) servir comida mexicana en la cafetería.
   (C) hacer anuncios cada día sobre España en el Nuevo Mundo.
   (D) tocar música latina en la cafetería.

6. Ese día, ellos piensan tener…
   (A) bailes y música.
   (B) bailes, comida, cuentos y música.
   (C) comida y bailes.
   (D) cuentos y música.

Selección número 3 (Audio Text)

*Primero tienes **1 minuto** para leer la introducción y prever las preguntas.*

Introducción: Esta selección trata de las leyendas o historias de las religiones mayas y cristianas.

TRACK 49

Ahora escucha la selección.

PLAY Track 49 on the accompanying audio CD. (The script for Track 49 appears on page 258.)

*Ahora tienes **1 minuto** para empezar a contestar las preguntas para esta selección. Después de 1 minuto vas a escuchar la selección de nuevo.*

PLAY Track 49 again.

*Ahora tienes **2 minutos** para terminar de responder a las preguntas de esta selección.*

1. Las leyendas...
   (A) pasaban de boca en boca.
   (B) eran escritas.
   (C) sólo son fantásticas.
   (D) sólo se tratan de hechos reales.

2. Una cosa curiosa es que las leyendas...
   (A) llegaron a nuestros días.
   (B) explican fenómenos naturales.
   (C) de diferentes culturas son diferentes.
   (D) de distintas culturas lejanas son a veces semejantes.

3. Para los mayas, los dioses hicieron al hombre...
   (A) de maíz.
   (B) de la tierra.
   (C) de lodo.
   (D) de piedra.

4. En el *Popol Vuh* y en la *Biblia* hay una historia sobre...
   (A) un fuego.
   (B) la destrucción de la tierra.
   (C) una inundación.
   (D) la creación de la mujer.

5. Un cuento parecido a la historia de Jesús se encuentra en las leyendas...
   (A) mayas.
   (B) aztecas.
   (C) incaicas.
   (D) quechuas.

6. La leyenda del quetzal explica...
   (A) una hierba.
   (B) una conquista.
   (C) la creación del hombre.
   (D) el color de un pájaro.

7. Como regalo por salvarles la vida a unas diosas, el cazador y sus descendientes...
   (A) se libraron de una bestia feroz.
   (B) recibieron un pájaro bonito.
   (C) recibieron una hierba.
   (D) recibieron a unas mujeres.

8. El valor de las leyendas es que...
   (A) nos explican fenómenos naturales.
   (B) nos enseñan algo sobre nuestros antepasados.
   (C) nos explican cómo será el futuro.
   (D) nos entretienen sin otro valor.

STOP. END OF SECTION I.

Section II: Free Response

You are given a total of approximately 1 hour and 35 minutes to do Section II of the examination (15 minutes for interpersonal writing, approximately 55 minutes for presentational writing, approximately 10 minutes for interpersonal speaking, and finally approximately 6 minutes for presentational speaking). Section II accounts for 50 percent of the examination grade.

Interpersonal Writing: E-mail Reply

In this part of the examination, you will need to write an e-mail message. You are given 15 minutes to read the e-mail and write your response.

- Read the prompt carefully to see what type of message you need to write.
- Decide in what tense to write the passage (present, past, future, and so on).
- Determine to whom the communication is directed; is it familiar (*tú, ustedes, vosotros*) or formal (*usted, ustedes*)?
- Keep in mind the TYPE of communication.
- Do not forget the salutation (**Familiar:** *Querido[a], Muy amigo[a] mío[a]*; **Formal:** *Estimado[a] señor[a]*).

- Do not forget an appropriate closing (**Familiar:** *Un abrazo de, Un abrazo fuerte de, Recibe un abrazo fuerte de, Con cariño;* **Formal:** *Atentamente*).
- Be sure to look over the rubric at the end of Chapter 7 to see how you will be graded.

Instructions: You are to write a reply to the following e-mail that you have received. You will have a total of 15 minutes to read the e-mail and to write your reply. Your reply should include an appropriate greeting and closing. Be sure to answer all questions posed in the e-mail. You also should ask for more information/details about what is mentioned in the e-mail. Do not forget to use the appropriate form of address, formal or informal, depending on to whom you are writing.

Instrucciones: Tienes que escribir una respuesta al mensaje electrónico que has recibido. Tendrás 15 minutos en total para leer el mensaje electrónico y responder a este mensaje. La respuesta debe incluir un saludo y una despedida apropiados. Está seguro/a que contestas todas las preguntas en el mensaje electrónico. Debes también de pedir más información / más detalles sobre lo que se menciona en el mensaje electrónico. No olvides de usar el registro adecuado, formal o informal, según la persona a quien escribes.

Introducción: Este mensaje electrónico es del profesor asesor del club de español de tu escuela. Has recibido este mensaje porque se la ha mandado a todos los miembros del club para pedir ideas sobre el tema.

De: Profesor Marcos, asesor del club de español

Asunto: ¿Qué hacer con el dinero que sobra de este año?

Querido/a socio/a del club de español,

Al llegar al fin de este año escolar hemos descubierto que nos sobra dinero en nuestra cuenta. Les escribo a ustedes para pedirles unas ideas sobre cómo podemos usar este dinero antes de que terminen las clases. ¿Debemos usarlo para el club, la escuela o debemos hacer una donación a una institución benéfica?

Les pido que me sugieran unas ideas que podemos presentar a los socios en nuestra próxima reunión la semana que viene:

¿Cuáles son sus ideas? Explíquenlas. ¿Por qué les parecen buenas estas ideas? Defiéndanlas. ¿Cómo es que estas ideas encuadran con los principios de nuestro club y escuela?

También pueden incluir unas preguntas para mí y para el club de que podemos hablar en la reunión.

En espera de sus ideas y preguntas,

Atentamente,

El Profesor Marcos

Presentational Writing: Persuasive Essay

In this part of the examination, you will need to write a persuasive essay based on three prompts, two printed and one audio. You will have 6 minutes to read the printed material. Then you will listen to the audio material, on which you should take notes. After you have heard the audio source twice, you will have approximately 40 minutes to write your essay.

- Read the introduction carefully to see what your essay topic will be about.
- Decide in what tense to write the passage (present, past, future, and so on).
- While reading the two printed sources you may wish to underline key ideas.
- Be sure to take notes while you listen to the audio source.
- You must **cite all three sources** appropriately in your essay.
- Be sure to discuss the different points of view in the three sources.
- Clearly indicate *your own* viewpoint and defend it.
- Be sure to organize your essay.
- The timing will be done for you on the actual exam. However, for this diagnostic test you will need a stopwatch or timer. Allow yourself the specific time intervals stated in the instructions to read the printed texts, read the introduction to the audio passage, and write your essay.
- Look over the rubric at the end of Chapter 8 to see how you will be rated.

Tema del ensayo: Voces del Pasado: el arte prehistórico y su mensaje

*Tienes **6 minutos** para leer la fuente número 1 y la fuente número 2.*

Fuente número 1

Introducción: Este texto trata del arte prehistórico descubierto en el norte de España.

Altamira[11]

En 1879 la hija de Marcelino Sanz de Sautuola, un arqueólogo aficionado, le dirigió a un descubrimiento increíble de dibujos prehistóricos en una cueva en Altamira, en la región española de Cantabria. Con la ayuda del arqueólogo Juan Vilanova y Piera, de la Universidad de Madrid, excavaron las cuevas y en 1880 publicaron un documento en que postularon que las pinturas se realizaron durante la edad paleolítica. Al principio, los arqueólogos franceses rechazaron el descubrimiento. Hasta acusaron a de Sautuola de haber comisionado a un artista local a pintarlas. No fue hasta 1902 que, junto con el descubrimiento de otras pinturas prehistóricas, por fin el descubrimiento de Sautuola fue reconocido.

Las pinturas en la cueva representan bisontes, caballos, una gama y un jabalí. Aquellos artistas prehistóricos usaron el carbón, la sangre, el ocre y la hematites para crear sus imágenes. A veces rasgaron las imágenes o diluyeron los colores para hacer dibujos que parecen ser de tres dimensiones.

Se cree que las pinturas en lugares como Altamira pueden haber sido hechas por razones religiosas o supersticiosas. Por ejemplo, algunos creen que los animales fueron hechos para que los hombres tuvieran suerte en la caza de ellos.

Cualquiera que sea la razón, estas pinturas muestran la necesidad milenaria del hombre de dejar sus huellas sobre la tierra para expresar sus deseos, miedos y creencias con el arte.

---

[11]Ésta se informó en parte de la página Web Prehistoric Art (Virtual Museum), http://vm.kemsu.ru/en/palaeolith/altamira.html y Altamira (cave) - Wikipedia, the free encyclopedia, http://en.wikipedia.org/siki/Altamira_(cave).

Fuente número 2

Introducción: Este texto trata del arte prehistórico descubierto en el sur de la Argentina.

De una tierra desolada, rasgos de vida[12]

En el cañadón del río Pinturas, en sus altas paredes, se puede ver el arte prehistórico de la Cueva de las Manos. Estas pinturas representan el contorno en negativo de las manos de sus creadores. También representan un guanaco (un animal parecido a la llama), formas geométricas, líneas, puntas, escenas de la caza, aves y figuras del sol. Estas cuevas fueron decubiertas en 1972, y en 1999 UNESCO reconoció la Cueva de las Manos como Patrimonio Cultural de la Humanidad siendo la expresión más antigua de civilizaciones sudamericanas que se ha encontrado. Gracias al clima de la Patagonia y la falta de grandes centros de población, estas pinturas se han conservado casi intactas.

Los creadores de estas pinturas usaron la hematites para el color rojo, la caliza para el color blanco, el carbón o manganeso para el color negro y la limonita o el ocre amarillo para el color amarillo. Para crear estas pinturas, se cree que el artista puso la mano en la roca y con un hueso de gallina u otra cosa hueca sopló los colores sobre la mano para crear la imagen en negativo.

En estas cuevas se pueden ver tres niveles culturales comenzando alrededor de 7370 a.C. hasta 1000 d.C. En las cuevas del río Pinturas también se han encontrado artefactos de los indios Tehuelches.

Como en muchos casos, nadie está completamente seguro de su importancia. En el caso de los guanacos, puede ser que los representaron porque les fueron importantes. Otros animales podrían haber sido pintados para tener éxito en la caza de ellos. Algunos piensan que las manos pueden indicar una lengua muda como había en África porque a algunas de las manos les falta un dedo o parte de un dedo o faltan unos dedos, mientras hay los que piensan que la falta de dedos o parte de ellos puede atribuirse a accidentes. Las líneas, formas geométricas y soles pueden indicar la importancia del sol y sus rayos o posición. Por el tamaño de las manos, hay los que piensan que eran de chicos que tenían como 13 años de edad y puede ser que fue como un rito de paso a la madurez. La verdad es que nunca lo sabremos. ¿Pueden tener una importancia religiosa? De verdad, su importancia como en otros sitios así es en que tenemos muestras de nuestros antepasados, y como ellos, seguimos dejando nuestras huellas al pasar por esta vida.

*Deja de leer. Ahora tienes **30 segundos** para leer la introducción de la fuente número 3.*

Fuente número 3

Introducción: Éste es un anuncio sobre la Isla de Pascua.[13]

Ahora escucha la fuente número 3.

TRACK 50

PLAY Track 50 on the accompanying audio CD. (The script for Track 50 appears on page 259.)

Ahora escucha de nuevo.

PLAY Track 50 again.

Now you have **40 minutes** to complete your essay.

---

[12]Ésta se informó en parte de la página Web Patagonia.com.ar, Cueva de las Manos, Un Patrimonio Cultural de la Humanidad, http://www.patagonia.com.ar/santacruz/cuevamanos.php.

[13]Este anuncio sobre la Isla de Pascua se informó en http://www.sacredsites.com/americas/chile/easter_island.html y Wikipedia the free encyclopedia, http://en.wikipedia.org/wiki/Easter_Island#Moai.

Interpersonal Speaking: Conversation

In this part of the examination, you will need to participate in a conversation. The situation will be a role-playing simulated telephone conversation. You will have 1 minute to read a preview of the conversation. Then the telephone call will begin. Each time it is your turn to speak, you will have 20 seconds in which to respond. You should participate as fully and appropriately as possible. You will find the listening prompt on the accompanying recording. The script appears on page 260.

- Read the introduction and conversation outline carefully to see what the conversation will be about.
- Decide in what tenses you might need to respond (present, past, future, and so on).
- While reading the introduction and conversation outline you may wish to jot down some verbs, nouns, and other words that you may wish to use.
- While you listen to each line of the dialogue, try to pick out words, expressions or phrases that might be able to be used. (BE CAREFUL, though, to not just restate what you have heard!)
- Higher scores are awarded for conversations where complex structures and rich vocabulary are used.
- Be sure to look over the rubric at the end of Chapter 9 to see how you will be rated.

*Tienes **1 minuto** para leer la introducción y el esquema de la conversación.*

Introducción: Ésta es una conversación con el Señor López de la compañía de autobuses sobre un artículo que tú perdiste.

[*The shaded lines below reflect what you will hear on the recording.* Las líneas en gris reflejan lo que escucharás en la grabación.]

Sr. López:	• *[El teléfono suena.] Contesta el teléfono.*
Tú:	• *Salúdalo.* • *Pregunta por el Sr. López.*
Sr. López:	• *Te explica por qué te había llamado.* • *Te hace una pregunta.*
Tú:	• *Expresa tu reacción.* • *Responde a la pregunta.*
Sr. López:	• *Continúa la conversación.* • *Te hace otra pregunta.*
Tú:	• *Expresa tu reacción.* • *Responde a la pregunta.*

Sr. López:	• *Continúa la conversación.*
	• *Te hace otra pregunta.*

Tú:	• *Expresa tu reacción.*
	• *Responde a la pregunta.*

Sr. López:	• *Continúa la conversación.*

Tú:	• *Dale las gracias.*
	• *Despídete de él.*

En este momento va a empezar la conversación. Ahora presiona el botón record.

PLAY Track 51 on the accompanying audio CD. (The script for Track 51 appears on page 260.)

Presentational Speaking: Cultural Comparison

In this part of the examination you will make a 2-minute oral presentation to your class on the following topic. You will have 4 minutes to read the topic and prepare your presentation. Once the 4 minutes have passed you will record your 2-minute presentation.

- Be sure to have a timer.
- Read the topic carefully.
- In your presentation be sure to compare your own community to an area of the Spanish-speaking world that you have studied or about which you have knowledge.
- Be sure to demonstrate your understanding of certain cultural features of the area you have chosen.
- Be sure to have a clear organization for your presentation

Tema de la presentación: ¿Quién es o ha sido un líder político, hombre o mujer, que ha influenciado tu comunidad y cómo es que este individuo la ha influenciado?

Compara tus observaciones de un líder político de las comunidades en que has vivido con tus observaciones de un líder político de una región del mundo hispanohablante que te sea familiar. En la presentación, puedes mencionar lo que has estudiado, vivido y/u observado sobre esta persona.

Scripts, Answers, and Explanations for Practice Exam 1

Section 1, Part A
Interpretive Communication: Print Texts

Within the printed texts, the answers are in boldface and follow the question number in parentheses.

Selección número 1: Repuestas y explicaciones

Tema curricular: La vida contemporánea

Paquito D'Rivera presenta en el festival Swing 'n' Jazz de Rochester

(#1) **El músico cubano Paquito D'Rivera, quien es mejor conocido por sus diversos talentos musicales incluyendo el saxofón y el clarinete, participará en el Hochstein School of Music** a las 7:30 p.m. el sábado 2 de junio. El evento forma parte (#2) **del décimo festival** anual Swing 'n Jazz, patrocinado por el Commission Project, (#3) **una organización no lucrativa dedicada a las artes.**

El festival, el cual se realizará del 1 al 3 de junio, incluirá conciertos y clínicas gratis de jazz, (#5) **incluyendo un taller de dos horas impartido por D'Rivera y el trompetista Marvin Stamm de las 9 a las 11 de la mañana el domingo 2 de junio en la escuela School of the Arts,** 45 Prince St.

(#4) **«Cada año a través del Commission Project traemos alrededor de 30 músicos profesionales al salón de clases, para darles a los estudiantes experiencias reales»,** mencionó Alan Tirré, coordinador de instrucción de las artes en SOTA (por sus siglas en inglés School of the Arts). «Es una oportunidad para los músicos para dar algo a cambio, y para que los estudiantes se conecten con inspiraciones reales». Las clínicas son gratis y abiertas al público, mencionó Tirré.

D'Rivera, quien fue representado por José Zuñiga en la película *For Love or Country: The Arturo Sandoval Story*, no es un desconocido en el área de Rochester. Él menciona que es gracias a los esfuerzos del educador y fundador del Commission Project Ned Corman, de (#6) **«desarrollar las artes y a aquéllos que quieran participar».**

«Ned es una de las personas más positivas que conozco», mencionó D'Rivera, «su entusiasmo es contagioso... ésa parece ser su misión más importante. Me gusta asociarme con gente como Ned».

En 1973, D'Rivera se convirtió en un miembro fundador del grupo Cubano Irakere, grupo percusionista ganador de un Grammy. Otros miembros son el pianista Chucho Valdés y el trompetista Arturo Sandoval.

(#7) **D'Rivera ha ganado numerosos Grammys entre otros premios. En 2005, recibió el premio National Medal for the Arts, presentado en la Casa Blanca por el presidente George Bush. En marzo fue honrado con el premio Living Jazz Legend.**

Para más información acerca del festival Swing 'n Jazz de Rochester y para el horario de eventos, visita la página de Internet del Commission Project tcp-music.org.

Questions and Answers

1. ¿Qué anuncia este artículo?
   (C) Un músico cubano presentará en un festival de música y dará talleres a estudiantes.

2. Este festival celebra ... años este año.
   (D) 10

3. Durante el festival, habrá...
   (D) clínicas subvencionadas por una organización que no gana dinero con ellas.

4. Lo bueno del Commission Project es que cada año pone a la disposición de las comunidades…
   (A) músicos profesionales para darles talleres a estudiantes de secundaria.

5. Paquito D'Rivera…
   (B) enseñará a jóvenes músicos durante el festival.

6. Según D'Rivera, lo mejor del Commission Project es de…
   (C) adelantar las artes y a las personas que participan en ellas.

7. Podemos decir que la vida profesional de Paquito D'Rivera…
   (A) ha sido muy exitosa.

Selección número 2: Repuestas y explicaciones

Tema curricular: La vida contemporánea

Fuente número 1: ¡Esfuérzate para conseguir becas!

Nunca dudaba que yo iría a una institución de educación superior, pero siempre existía la pregunta tácita de (#1) **cómo nos arreglaríamos para pagarla.**

Cuando (#2) **la familia de mi padre vino a este país, ya hace tres generaciones**, mi bisabuelo sólo había llegado al tercer grado. Trabajó muy duro para tener éxito, pero por lo general trabajaba hasta tarde en empleos muy exigentes físicamente. Su mayor deseo era que sus hijos al menos pudieran completar la etapa de la educación superior, porque (#3) **creía que la educación era la clave para una vida mejor.**

Entonces, mi abuela y sus cuatro hermanos se esforzaron por alcanzar la educación superior y luego también lucharon por obtener sus maestrías. (#4) **Mi padre y sus tres hermanos también obtuvieron títulos avanzados.** Pero cuando me llegó el momento de pensar en la vida después de la escuela secundaria, sabía que la educación superior no era una opción.

Durante la secundaria, mi familia tenía muy poco dinero. Mi padre era un empresario y yo era la menor de ocho hermanos. Si bien nos sentíamos bendecidos por tener una familia maravillosa y por poder contar con las cosas que realmente necesitábamos, como comida y una casa, teníamos muy poco dinero para extras.

Trabajé cerca de 30 horas por semana y (#5 + #6) **sabía que la mejor manera de llegar a la educación superior sin acumular deudas enormes era obtener buenas calificaciones, participar y solicitar becas.**

(#6) **Me volví muy activa durante la secundaria y tomé muchos roles de liderazgo. También practicaba tres deportes**, lo que me ayudaba a equilibrar todo lo demás.

Cuando llegó el momento de mi último año, tuve que tomar una decisión muy difícil. Se aproximaba la temporada de básquet y era mi último año. Sin embargo, si bien sabía que no podría acceder a una institución muy buena por medio del básquet, creía que sí podría lograrlo con mis calificaciones y mi participación. (#7) **Entonces tomé la decisión de dejar el básquet justo cuando descubrí que había llegado a mi último año. Fue muy difícil en ese momento**, pero sentí que me (#8) **ayudó para enviar las solicitudes para acceder a la educación superior y para las becas**, y también para resolver de qué manera financiaría mi educación.

Fuente número 2: Once ideas para ganar dinero mientras estudias en la universidad

Los pasos

1. (#9) **Trabajar duro para obtener buenas notas. De esta manera podrás mantener las becas que quizá ya tengas.**
2. Compartir tus habilidades y conocimientos con otros por Internet. Podrás ganar dinero y ayudar a otros.

3. Pensar en los trabajos que puedas hacer en casa o en la universidad. Podrás vender por teléfono, llenar sobres para una compañía o procesar datos. Lo bueno es que todos son bastante fáciles de hacer.

4. Si te gustan los niños, tienes un coche y no tienes multas, podrás hacerte niñera/o.

5. (#12) **Pasear a perros**, limpiar casas o servir mesas en un restaurante o preparar comida en un restaurante de comida rápida.

6. Buscar otros trabajos en los anuncios clasificados.

7. Hablar con un/a consejero/a en la universidad. Él/Ella puede informarte acerca de trabajos para estudiantes que necesitan dinero. (#11) **Si ya has declarado tu concentración, habla primero con el/la jefe del departamento porque los trabajos que ofrecen se relacionan con tu campo de estudio.**

8. Hacerte conejo de indias para experimentos en el departamento de psicología. Normalmente pagan algo y son seguros como los experimentos necesitan ser aprobados por el profesorado.

9. Si tienes un servicio que puedes ofrecer a otro, anúncialo. Por ejemplo, si (#10) **puedes reparar computadoras**, bicicletas, cocinar o cualquier otra cosa que sepas hacer.

10. Vender tus viejos libros de texto.

11. Trata de vender los libros por eBay o un servicio parecido.

Questions and Answers

1. La autora no dudaba que iría a la universidad, pero no sabía…
   (B) si tendría el dinero.

2. Podemos decir que la familia de esta señorita… los Estados Unidos.
   (D) lleva bastante tiempo en

3. Para el bisabuelo de la autora, la educación…
   (A) valía la pena.

4. El padre y los tíos de la autora…
   (B) obtuvieron una educación universitaria.

5. La única manera que la autora podría conseguir una educación universitaria era…
   (D) trabajar duro en los estudios para llegar a ser becaria.

6. En la secundaria, la autora…
   (B) se esforzó en los estudios, los deportes y en ser un líder.

7. ¿Cuál fue la decisión difícil que tuvo que tomar la autora en su último año?
   (C) Dejaría un deporte a favor de estudiar.

8. Gracias a su decisión, la autora…
   (B) pudo recibir una beca.

9. Si comparamos la decisión que la estudiante en la primera fuente tuvo que tomar con la lista de once pasos para ganar dinero, el paso que ella escogió fue…
   (C) número 1.

10. Si un estudiante tiene conocimientos de informática, probablemente podría seguir el paso…
    (B) número 9.

11. Una buena manera de avanzar en tu campo de estudio y poder incluir la experiencia en tu curriculum vitae sería tomar el paso…
    (A) número 7.

12. Si te gustan las mascotas, el paso … podría ser divertido.
    (C) número 5

Selección número 3: Repuestas y explicaciones

Tema curricular: La vida contemporánea

Lucha por tu educación

Estoy viviendo mi sueño. (#1) **Pude acceder a la educación superior y también puedes hacerlo tú.** Los estudiantes de secundaria se enfrentan con muchos desafíos al considerar la educación superior. En la actualidad, "llegar al nivel deseado" puede resultar tan desalentador como intentar reunir todo el dinero necesario para ir a la universidad. Tan sólo para comprar los libros debes romper la chanchita. Yo lo sé bien. Vengo de una familia de muy bajos recursos. Mis padres, ambos de México, tienen que mantenerme a mí y a José, mi hermano menor.

Si bien mis padres iban a tomar trabajos extras, (#2) **sentía que iba a ser imposible para ellos solventar el valor de una carrera de cuatro años.** (#3) **Por lo tanto, decidí empezar a buscar de inmediato becas y subvenciones disponibles.** Lo más importante fue que decidí esforzarme sobre lo que podía controlar: mis calificaciones. Aunque no sabía exactamente qué carrera seguir, esperaba que la educación me permitiera hacer grandes contribuciones a la sociedad y enorgullecer a papá y mamá. Nadie en mi familia había llegado nunca a la etapa de la educación superior.

Mantuve un promedio general (GPA) de 3.8 en la secundaria. Además, gané un concurso de ensayos y me ofrecieron una subvención para minorías al presentar las solicitudes. (#4) **Sin embargo, eso equivalía a sólo un año de instrucción.** De todas maneras, estaba sorprendido de ver cómo mis esfuerzos iban a darme resultados.

Pero la historia continúa…

Cuando tenía 5 años de edad, mi familia se trasladó de una villa rural en México a Houston, Texas. (#5) **Mi padre siempre quiso ser boxeador profesional**, y para iniciarme en el deporte, me llevó al Willie Savannah's Boxing Club. Pasé la mayor parte de mi niñez y adolescencia formándome en la escuela y en el gimnasio. Fue una bendición que Savannah me tomara bajo sus alas. Se convirtió en un segundo padre para mí, un mentor. (#6) **La pasión natural y el instinto que tenía por el deporte no sólo llenaron de felicidad a Savannah y a mi padre, sino que además me permitieron aprender lecciones de la vida muy valiosas.** (#7) **El amor y el apoyo que siempre tuve a mi alrededor me ayudaron a aprender la importancia de la esperanza, el respeto y el esfuerzo.** Éstas son las cualidades que representa mi apodo "Baby Bull".

En el año 2000, durante mi último año de escuela secundaria, me convertí en boxeador profesional y (8) **los ingresos que empecé a tener rápidamente me descalificaron para cualquier tipo de asistencia financiera.** Afortunadamente, planifiqué y me organicé. La combinación de subvenciones, becas e ingresos me permitió acceder a la educación superior.

Hoy estoy en mi primer año de esta nueva etapa y soy Campeón Mundial de Peso Liviano de la WBA (Asociación Mundial de Boxeo).

(#9) **Aliento a los estudiantes de escuela secundaria para que no pierdan las esperanzas. Si yo pude hacerlo, tú también puedes.**

Planifica y persevera… vale la pena.

Questions and Answers

1. En el primer párrafo, el autor indica que una educación universitaria…
(B) está al alcance de todos.

2. Para el autor, la ayuda financiera de sus padres…
(D) era imposible.

3. Lo más importante para el autor era…
(B) conseguir el dinero necesario.

4. Aunque mantenía notas altas, ganó un concurso y una subvención para minorías…
(B) tenía sólo suficiente dinero para un año.

5. ¿Cuál era un deseo que tenía el padre del autor?
(A) participar profesionalmente en un deporte

6. La inclusión del boxeo en la vida del autor…
(D) le enseñó cosas útiles sobre la vida.

7. El autor atribuye su éxito…
(C) al respaldo que recibió.

8. Al convertirse en boxeador profesional, el autor ganaba más dinero, …
(A) pero por eso no podía recibir ayuda financiera.

9. Cuando el autor dice a los estudiantes que «no pierdan las esperanzas», él se refiere…
(A) a una educación universitaria. (If he could do it, so could you … get his university education.)

Selección número 4: Repuestas y explicaciones
Tema curricular: Los desafíos mundiales

Fuente número 1: Los Okupas

El movimiento de los okupas comenzó durante los años sesenta y setenta cuando (#1) **hubo un gran éxodo de gente del campo y pueblos hacia las ciudades grandes** (#2) **en busca de una vida mejor.** Al llegar a las ciudades no había donde vivir entonces comenzaron a apoderarse de terrenos no ocupados para construir casuchas donde vivir.

Durante los años ochenta con la llamada Movida Madrileña había otra vez una falta de viviendas en ciudades como Madrid. Entonces, los sin hogar comenzaron a apoderarse de edificios abandonados y los que se encontraban vacíos aún si tenían dueños.

Este movimiento en ciudades por España ha continuado durante los noventa hasta hoy pero desde los ochenta se trata más de jóvenes sin trabajo ni casa que toman posesión de edificios desocupados. En muchos casos los edificios ocupados por los okupas son antiguas casas de apartamento que (#5) **especuladores han comprado y dejado decaer para luego poder derrumbarlos por su mal estado. Esto les permite derrumbar el edificio en vez de restaurarlo y así evitan las leyes que tienen que ver con la preservación histórica.** Estos jóvenes, (#2) **sin trabajo, vivienda, recursos económicos** ni esperanza de conseguirlos en muchos casos (#4) **han abrazado el movimiento anarquista. Como el estado no ha podido ayudarles, ellos han decidido de "abolir" el estado y crear sociedades de hombres y mujeres libres de las normas del estado** y (#3) **crear su propio estado dentro de los edificios okupados,** o sea ocupados.

Los okupas toman posesión de estos edificios y se declaran dueños de éstos por el hecho de habitarlos. De hecho los okupas son colonos usurpadores que entran en estos edificios ilegalmente y rehúsan dejarlos. Los dueños de los edificios, de los que tienen dueños, se encuentran con sus edificios, ocupados ilegalmente, que no les permiten desarrollar estos edificios. Para el gobierno local (#7) **es una cuestión de la salud pública como estos edificios no tienen agua corriente, sanitarios que funcionan, electricidad ni calefacción.** Este fenómeno (#6 + #8 + #9) **se puede ver también en Alemania, Francia, Italia,**

Reino Unido, Argentina, Brasil, Chile, Colombia y Venezuela. Originalmente algunos gobiernos incluso el español lo permitía pero desde los ochenta y noventa han promulgado leyes que favorecen a los dueños.

Fuente número 2: El desempleo entre jóvenes

EUROPA	
Alemania	7,6%
España	59,9%
Francia	23,94%
Holanda	11,1%
Italia	44,1%
Reino Unido	16,2%

(#8 + #9) España
(#8 + #9) Francia
(#8 + #9) Italia
(#8 + #9) Reino Unido

LATINOAMÉRICA	
Argentina	21,3%
Brasil	15,2%
Chile	16,4%
Colombia	18,9%
Venezuela	17,1%

(#8 + #9) Argentina
(#8 + #9) Brasil
(#8 + #9) Chile
(#8 + #9) Colombia
(#8 + #9) Venezuela

Questions and Answers

1. El movimiento de los okupas tiene su origen en…
   (A) un cambio en la distribución de la población.

2. El movimiento siempre ha tenido motivos…
   (D) económicos.

3. Para los okupas, los edificios ocupados se han convertido en…
   (B) su propio país.

4. Los okupas han abrazado el anarquismo porque creen que…
   (B) el gobierno actual no les ha servido.

5. Los dueños de algunos edificios ocupados los han dejado sin usar porque…
   (C) quieren dejarlos hasta que puedan destruirlos y construir algo nuevo sobre el terreno.

6. Éste es un fenómeno…
   (A) por muchas ciudades mundiales.

7. Según la primera fuente, el vivir en un edificio ocupado puede ser peligroso porque…
   (D) no hay servicios públicos.

8. En la segunda fuente, se nota que la raíz del fenómeno de los okupas tiene que ver con…
   (B) el porcentaje de jóvenes parados. (The countries with the largest problems also have a high percentage of unemployed youth.)

9. Se puede deducir de las tablas y del artículo que…
   (C) tanto más parados, tanto más okupas. (The more unemployed, the more squatters.)

Selección número 5: Repuestas y explicaciones

Tema curricular: Los desafíos mundiales

Fuente número 1: Manuel

Manuel era el indio más popular de un pequeño pueblo que se hallaba entre las montañas a unas cien millas al sur de Ciudad Bolívar. Allí vivía con un pequeño grupo de seres humanos (#1) **inconscientes todos de su pobreza,** rodeados de relativa libertad y abundancia de miseria, hablando una mezcla de español e indio, medio desnudos, con el pelo y las uñas largas, los pies grandes y duros como piedras, los labios secos, (#2) **la inteligencia atrofiada** y el instinto tan despierto como el de un animal de la selva.

Todos se parecían, física y psicológicamente, todos menos Manuel, quien tenía algo diferente. (#3) **Había una luz en sus ojos y en su mente.** Parecía menos indio que los demás. Su piel era más blanca. Era más alto. (#4) **Hablaba español mucho mejor. Tenía una imaginación viva.** Manuel tocaba una pequeña guitarra que siempre llevaba consigo, y cantaba canciones que los demás indios jamás habían oído. Había venido al pequeño pueblo cuando tenía unos catorce años. (#5) **¿De dónde? «De allá», era todo, lo que les decía que muy lejos.** ¿Quiénes eran sus padres? No lo sabía. Así fue que el chico vino a formar parte del pequeño grupo de indios que (#6) **lo recibieron con gusto, pues traía una guitarra y cantaba como un ángel.**

Fuente número 2: Países de habla española en las Américas: Porcentaje de la población que habla español

(#9) **Honduras, Salvador, Panamá, Ecuador, Colombia, Venezuela, Chile, Paraguay, Argentina y Uruguay tienen como su lengua oficial el español, o sea el castellano, pero también indican que hay una variedad de otras lenguas que se hablan entre las poblaciones indígenas.** En el caso de Venezuela, hay unos 40 idiomas indígenas entre los cuales se incluyen el wayuu, el warao, el pemon, el mapoyo, el puinave, el pémono, el sapé, el sikiana, el yabarana, el yaruro. (#8) **El castellano se habla principalmente entre los mestizos, los de ascendencia europea y los que han recibido una educación.**

México 92,7%

Nicaragua 97,5%

Guatemala 60%
40% lenguas amerindias

Perú 84,1%
13% quechua
1,7% aymara

Bolivia 60,7%
21,2% quechua
14,6% aymara

Questions and Answers

1. Los indios con quienes vivía Manuel…
   (B) no se daban cuenta de su estado.

2. La inteligencia de estos indios era…
   (B) estancada.

3. ¿Qué tenía Manuel que no tenían los otros?
   (A) una inteligencia viva

4. Parece que Manuel probablemente…
   (A) dominaba el castellano.

5. La mejor palabra para describir el origen de Manuel sería…
   (A) desconocido.

6. El encanto de Manuel para los indios era…
   (B) su talento musical.

7. En la segunda fuente, se puede ver que el castellano se habla en estos países, …
   (A) pero no es la única lengua que se habla. (In no case is Spanish spoken by 100 percent of the population.)

8. El cuento «Manuel» se sitúa en Venezuela. Según lo que el autor nos cuenta y la segunda fuente podemos decir que…
   (C) Manuel es probablemente de ascendencia europea o mestiza.

9. Podemos decir que el castellano…
   (B) es una de las lenguas oficiales de algunos de estos países.

Section I, Part B
Interpretive Communication: Audio Texts and Print and Audio Texts Combined

Within the printed passage and the scripts for the listening passages, the answers are in boldface and follow the question number in parentheses.

Selección número 1: Repuestas y explicaciones

Tema curricular: La vida contemporánea

Fuente número 1: Quinceañeras, Tradición centenaria se combina con la cultura estadounidense

Para las jóvenes latinas, el cumplir los quince años significa, entre otras cosas, (#1) **que las jóvenes latinas comienzan noviazgos formales, empiezan a manejar, se les permite salir por largas horas** y, más importante aun, es la oportunidad de reforzar su compromiso con Dios y la iglesia Católica.

La tradición

Esta celebración tradicional (#2) **se remonta al año 500 a.C., cuando jóvenes mayas y aztecas les daban gracias a sus dioses por el inicio de su juventud con una ceremonia religiosa.**

En nuestros días, la tradición ha adoptado nuevas tendencias. Quinceañeras a lo largo de Latinoamérica celebran este día tan importante de diferentes maneras. En México y Centroamérica, la celebración tiene un significado religioso muy profundo. En la mayoría de los casos, la celebración comienza con una misa, que es seguida de una recepción.

Los símbolos

Ramos de flores: Durante la misa, las quinceañeras suben al altar, rezan una oración especial y le ofrecen a la Virgen María un ramo de flores. (#5) **Recuerdan el momento en que la Virgen María, a los 15 años, dedicó su vida a Dios al concebir a Jesús**, y como ella, las quinceañeras le piden a Dios que las guíe y les dé fuerza en el inicio de su nueva vida.

Muñeca: (#3) **La muñeca simboliza la niñez** que la quinceañera está dejando atrás; en muchos casos, las quinceañeras le ofrecen la muñeca a alguna hermana o prima menor, y hablan acerca de los momentos preferidos de su niñez.

Capia: En algunos lugares como Puerto Rico y la República Dominicana, la quinceañera les agradece a sus invitados por haberla acompañado con el obsequio de una capia, una cinta que lleva su nombre y sirve de recuerdo.

Zapatos de tacón alto: Antes de que la quinceañera baile el vals tradicional con su padre, (#4) / (#11) **él le quita los zapatos bajos y se los cambia por un par de zapatos de tacón alto, reconociendo a su hija como una adulta** y guiándola en su nuevo camino. Después (#6) **ella baila con su padre.** Para muchas quinceañeras, ésta es la parte más importante de la celebración.

Acompañantes de la quinceañera: Normalmente los amigos más cercanos de la quinceañera la acompañan durante la celebración—(#6) **similar a los acompañantes de los novios durante una boda.**

Manteniendo las tradiciones

En la mayoría de los países latinoamericanos, esta tradición se conserva como parte importante de su cultura. Según http://www.quincegirl.com, muchas hispanas de segunda o tercera generación eligen celebrar sus Dulce Dieciséis (*Sweet Sixteen*), mezclando algunas tradiciones de los quince años.

Según una quinceañera, «Sweet Sixteen consiste en compartir la celebración principalmente con tus amigos, pero yo quería compartirlo con mi familia también, por lo que decidí incorporar la tradición de los quince años.»

No importa si decides incluir un número de salsa o sólo un vals tradicional, lo importante es (#7) **mantenerte apegada a tus raíces hispanas, lo cual te ayudara a honrar y compartir lo mejor de la tradición, porque es parte de quien eres y de tu identidad.**

Fuente número 2: Una monografía de radio que trata de la celebración del Sweet Sixteen

Script for Audio Text

Cada cultura tiene sus costumbres y ritos asociados con la madurez o (#8) **la mayoría de edad de sus niños y niñas.** Aunque en muchas partes de los Estados Unidos no se practique tanto, existe la tradición del Sweet Sixteen que celebra la entrada de la chica en la sociedad. El año dieciséis lleva consigo algunos privilegios según el estado. Por ejemplo, en muchos estados dieciséis es el año en que se puede conseguir la licencia de conducir. En algunos estados, tener dieciséis marca el año en que un adolescente puede casarse legalmente.

(#9) **La celebración de los dieciséis años tiene sus raíces en la tradición. En la cultura judía las niñas celebran el bat mitzvah** a la edad de doce años que se considera la edad de la madurez espiritual y los chicos celebran el bar mitzvah a los trece años. Mientras la celebración del bar mitzvah para los chicos es una celebración pública, el bat mitzvah muchas veces no lo era. En la rama judía reformada ellos reconocen la importancia para ambos, chicos y chicas, con una ceremonia de confirmación para los dieciséis años.

También hay raíces de la celebración que remontan a la aristocracia europea y sus bailes de «debutante». La palabra «debutante» viene del verbo francés «debuter» que quiere decir comenzar o (#10) **«hacer su presentación en la sociedad».** Era el momento en que una chica, llegada a su edad de mayoridad, necesitaba ser presentada a la sociedad con motivo de encontrarle a un marido apropiado de acuerdo con su rango social.

En los Estados Unidos la tradición comenzó en Filadelfia, Pensilvania, en 1749 cuando unas familias tenían bailes que eran los antecedentes del Gran Baile Debutante. En los Estados Unidos estos bailes tienen lugar generalmente entre noviembre y enero. Sean lo que sean sus motivos originales, el concepto del Sweet Sixteen continúa con mayor o menor importancia según la región de los Estados Unidos, no tanto como para emparejar a las jóvenes con un chico, (#11) **sino para celebrar el comienzo de una nueva etapa en la vida de la chica.**

Questions and Answers

1. Según la primera selección, la celebración de los quince les concede a las jóvenes…
   (D) los mismos derechos de que los adultos gozan.

2. Aunque, en sentido tradicional, la celebración de los quince se ve involucrada con la iglesia católica, tiene sus orígenes en…
   (A) religiones paganas.

3. Según la primera selección, … simboliza la niñez de la chica.
   (A) la muñeca

4. El símbolo de su mayoría de edad es…
   (C) el zapato de tacón alto.

5. El elemento que conecta con la fe es…
   (A) el ramo de flores.

6. En algunos aspectos, la quinceañera asemeja…
   (C) un casamiento.

7. La quinceañera es hoy en día una manera de…
   (B) venerar sus orígenes.

8. En la selección auditiva se habla del Sweet Sixteen que, como la celebración de los quince, marca…
   (B) la mayoría de edad.

9. El Sweet Sixteen tiene sus raíces en la tradición religiosa…
   (D) hebrea.

10. En su raíz europea, el Sweet Sixteen marcaba…
    (A) la entrada formal de la joven en la sociedad.

11. El Sweet Sixteen tanto como los quince tiene el motivo de…
    (C) celebrar una nueva época de la vida.

Selección número 2

Tema curricular: Las familias y las comunidades

TRACK 48   *Script for Audio Text*

En una reunión donde se planea un evento

Marcos: (#1) **Este año el Círculo Español necesita hacer algo especial para celebrar el Cinco de Mayo.**

Pati: ¿Por qué propones que celebremos esta fiesta? No se la celebra tanto en México como aquí. ¿No habrá otra cosa más que hacer?

Marcos: Ya lo sé, pero aquí es más que la celebración de (#2) **la victoria de las tropas mexicanas en contra de los franceses en Puebla.** Aquí (#3) **es una oportunidad de celebrar nuestra herencia** y compartirla con los que no son de ascendencia mexicana. Ésta es la importancia que tiene el Cinco de Mayo para nosotros que vivimos aquí al norte del río Bravo.

Pati: Sí, de verdad tienes razón. Entonces, ¿qué vamos a proponerles a los otros miembros del club y al señor Santana? Tenemos que tener nuestras ideas bien preparadas porque tú sabes que (#4) **a Elena siempre le gusta llevar la contraria con todos.**

Marcos: Sí, ya lo sé. Pero estoy seguro que podemos convencer aun a Elena. Pensaba que podríamos tener un anuncio cada mañana de la semana en que cae el Cinco de Mayo. El anuncio podría ser algo histórico o cultural que tiene que ver con México. Además (#5) **podríamos tener proyectos de todas las clases de español en la cafetería y en los pasillos** para mostrarles a todos cosas de importancia cultural e histórica.

Pati: Me parece muy buena idea. Estoy segura que el director, el señor Díaz, nos permitirá tener los anuncios y las exhibiciones. Los proyectos ya están hechos, sólo tendríamos que escribir los anuncios.

Marcos: Por supuesto. Además creo que debemos tener algo muy especial el día actual, pero no sé qué hacer.

Pati: ¿Por qué no tener una fiesta en el gimnasio o en la cafetería? Podemos invitar a unos grupos de la escuela que (#6) **tocan canciones mexicanas.**

Marcos: También (#6) **la señorita Morales puede darnos lecciones de baile.** Ella ha estudiado los bailes regionales de México.

Pati: Sí, sí. (#6) **Y los miembros del club podrían preparar comidas típicas** de diferentes zonas de México para compartir.

Marcos: (#6) **Y podríamos invitar a nuestros parientes mayores, como mi abuela, a venir y participar.** A ella le encanta contar la historia de cuando ella era joven.

Pati: ¡Qué divertido! ¿Cuándo vamos a proponer tu idea al club?

Marcos: ¿Por qué no lo hacemos mañana?

Questions and Answers

1. Marcos quiere que el club de español...
   (B) celebre una fiesta mexicana.

2. El Cinco de Mayo recuerda...
   (D) la victoria mexicana en contra de los franceses.

3. En los Estados Unidos esta celebración...
   (C) se ha convertido en una celebración de la herencia mexicana.

4. Va a ser difícil
convencer...
(A) a Elena.

5. La actividad del club español
será...
(A) mostrar proyectos estudiantiles sobre la cultura
mexicana.

6. Ese día, ellos piensan tener...
(B) bailes, comida, cuentos y
música.

Selección número 3
Tema curricular: Las identidades personales y públicos

TRACK 49   *Script for Audio Text*

Las leyendas

Las leyendas originalmente (#1) **eran historias orales contadas de generación en generación.** Estas historias contaban eventos importantes, históricos y fantásticos, de la cultura de su origen. También las leyendas trataban de dar explicaciones para las cosas que las personas de aquel entonces no podían explicar de otra manera. A veces (#2) **es sorprendente comparar las leyendas de una cultura a otra ya que algunas de éstas cuentan una historia muy parecida aunque las culturas estaban muy separadas las unas de las otras.**

Por ejemplo, veamos la historia de la creación del hombre maya-quiché del libro sagrado de los mayas, el *Popol Vuh*; se nota que aunque (#3) **los dioses decidieron por fin hacer al hombre del maíz,** los dioses habían tratado antes de formar al hombre de la tierra, como es la historia contada en la tradición judeocristiana.

Otra historia del *Popol Vah* tiene que ver con la inundación que los dioses hicieron para destruir a los hombres de madera que habían hecho por no tener corazones y no poder hablar con los dioses. En la historia bíblica Dios manda la inundación por las malas acciones del hombre. Lo interesante es ver que (#4) **dos tradiciones, separadas por un mundo entero, contienen una historia de una inundación**. ¿Puede ser que había tal inundación tan desastrosa?

(#5) **Otro paralelo existe con la historia bíblica de Jesús. Existe una leyenda azteca muy parecida a la historia bíblica** donde un hombre muy bueno, con una barba, es traicionado por sus seguidores. Antes de dejar a la tribu él promete volver un día. Es difícil decir qué quiere decir esta leyenda de Quetzalcoatl. Ahora los antropólogos piensan que esta leyenda fue inventada para explicar la conquista de México por Hernán Cortés en 1521. Los aztecas tenían un concepto circular de la vida, no lineal como los europeos; entonces se piensa que la invención de esta leyenda fue una manera, a su modo de ver el mundo, de explicar por qué fueron conquistados.

Esta última idea, la de explicar un fenómeno sin explicación alguna, es la razón de muchas leyendas. Por ejemplo, en la leyenda del quetzal, un loro tropical de Centroamérica, Quetzal fue un príncipe amado de su pueblo que fue asesinado por un tío que le tenía envidia. (#6) **El tío lo mató con una flecha en el pecho, y de hecho este pájaro tiene el pecho bien rojo.**

De Sudamérica viene la leyenda del mate, una infusión, o té, que se hace de la hierba mate. Se dice que (#7) **esta hierba fue un regalo de unas diosas agradecidas por haber sido salvadas por un cazador.** Las diosas habían tomado la forma de mujeres para bajar a la Tierra y jugar. Mientras jugaban, no notaban que un animal feroz estaba a punto de comerlas. De repente el cazador mató la bestia y las diosas desaparecieron dejándole al cazador y sus descendientes esta hierba milagrosa, el mate.

El estudio de las leyendas es muy entretenido, pero también (#8) **puede enseñarnos mucho sobre nuestros ancestros.** En esta edad moderna todavía tenemos nuestras leyendas, basadas muchas veces en la verdad, pero una verdad que se hace más grande que la persona o evento sobre el que se crea. Sería interesante ver cómo generaciones futuras interpretarán nuestras leyendas.

Questions and Answers

1. Las leyendas...
   (A) pasaban de boca en boca.

2. Una cosa curiosa es que las leyendas...
   (D) de distintas culturas lejanas son a veces semejantes.

3. Para los mayas, los dioses hicieron al hombre...
   (A) de maíz.

4. En el *Popol Vuh* y en *la Biblia* hay una historia sobre...
   (C) una inundación.

5. Un cuento parecido a la historia de Jesús se encuentra en las leyendas...
   (B) aztecas.

6. La leyenda del quetzal explica...
   (D) el color de un pájaro.

7. Como regalo por salvarles la vida a unas diosas, el cazador y sus descendientes...
   (C) recibieron una hierba.

8. El valor de las leyendas es que...
   (B) nos enseñan algo sobre nuestros antepasados.

Section II: Free Response

Presentational Writing: Persuasive Essay

Tema curricular: La belleza y la estética

TRACK 50

Fuente número 3

Script for Audio Text

La isla de Pascua

¿Es usted aventurero? ¿Le gustan las cosas exóticas y diferentes? ¿Menosprecia usted el turismo típico con todo comprendido? Pues hay otro tipo de tour que se ofrece. Este verano Exóticotur le ofrece una visita única a la Isla de Pascua. Situada a 2.000 millas de Chile, esta isla misteriosa le ofrecerá unas vacaciones interesantes y educativas.

La isla fue descubierta el Domingo de la Resurrección por el almirante Roggeveen, quien la nombró por la celebración de la Pascua.

En esta isla misteriosa usted va a ver rasgos de una civilización antigua que incluyen estatuas, que se llaman Moai, petroglifos, y una lengua escrita, la única que había en la Oceanía.

Hay algunos que han sugerido que los habitantes eran de la región actual del Perú porque hay semejanzas en cómo trabajaron la piedra. También hay personas que creen que la isla era parte de un continente perdido como la Atlántida. Pero los arqueólogos piensan que la isla fue descubierta por polinesios alrededor de 400 d.C. Lo que nadie sabe a ciencia cierta es qué se les ocurrió a los habitantes. La teoría es que gracias a una combinación de la sobrepoblación y la destrucción de sus ecosistemas la civilización decayó. Todo esto la hará aún más misteriosa e interesante su visita.

Lo cierto es que para turistas como usted esta isla chilena les ofrecerá monumentos impresionantes, cráteres volcánicos, playas y aguas azules. Para recibir más información y un folleto sobre éste y otros viajes, llame al 1-800-210-5678 hoy.

Interpersonal Speaking: Conversation

Tema curricular: La vida contemporánea

TRACK 51   *Script for Audio Text*

[Telephone rings twice and picks up.]

(Sr. López)   Buenas tardes, Compañía Municipal de Autobuses, ¿en qué puedo servirle?

TONE (20 seconds) TONE

(Sr. López)   Éste es el señor López. Usted es la persona que perdió su mochila, ¿no? Hemos encontrado una mochila pero necesito que la identifique. ¿Puede usted describírmela?

TONE (20 seconds) TONE

(Sr. López)   Muy bien. Ahora, ¿podría usted decirme lo que contenía su mochila?

TONE (20 seconds) TONE

(Sr. López)   Bueno, parece que ésta es la suya. ¿Cuándo podría usted pasar por la terminal para recogerla?

TONE (20 seconds) TONE

(Sr. López)   Muy bien. Nos veremos entonces. Y no olvide de llevar identificación con usted, por favor.

TONE (20 seconds) TONE

Scoring and Interpreting Your Results

Once you have taken the Practice Exam, look to see what sections were more difficult for you.

If you found a certain section to be more difficult, do extra practice on those types of questions:

Section I: Multiple Choice
- Part A (Interpretive Communication: Print Texts)—Chapter 5
- Part B (Interpretive Communication: Audio Texts and Print and Audio Texts Combined—Chapter 6

Section II: Free Response
- Interpersonal Writing: E-mail Reply—Chapter 7
- Presentational Writing: Persuasive Essay—Chapter 8
- Interpersonal Speaking: Conversation—Chapter 9
- Presentational Speaking: Cultural Comparison—Chapter 10

Here is a way you can see how you might have done if this had been the actual examination. This is *not* scientific and the results *do not* guarantee that you will do similarly on the actual examination.

Section I: Multiple Choice

Part A: Interpretive Communication: Print Texts

Part B: Interpretive Communication: Audio Texts and Print and Audio Texts Combined

}

_____ (number correct) × 0.65873
(63 possible)

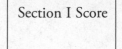

Section I Score

_____

Section II: Free Response
(In computing Section II **do not** round.)

Interpersonal Writing: E-mail Reply   _____ (0 to 5 on the rubric) × 2.075

Presentational Writing: Persuasive Essay   _____ (0 to 5 on the rubric) × 2.075

Interpersonal Speaking: Conversation   _____ (0 to 5 on the rubric) × 2.075

Presentational Speaking: Cultural Comparison _____ (0 to 5 on the rubric) × 2.075

Section II Score
_____

Total for Sections I and II (round to the nearest whole number)
_____

Score		Rubric Score		Letter Grade
65–83	=	5	=	A
53–64	=	4	=	B
48–54	=	3	=	C
39–47	=	2	=	D
0–38	=	1	=	no recommendation

AP Spanish Language and Culture Practice Exam 2

- Take this examination, following all the instructions carefully.
- For the listening comprehension and the directed-response questions, you will find the listening prompts on the accompanying recording.
- Use scrap paper to do this examination so that later, if you wish, you can retest yourself to check your progress.
- Remember to use the strategies presented in Step 3 when taking the examination.
- Correct your work using the keys provided at the end of the test along with the listening and speaking scripts.
- When you have corrected the exam, you might want to look up any words you did not know to add to your personal vocabulary list.
- Keep track of the type of question(s) that you are missing and focus your review on practicing more of these types.

¡Buena suerte!

Section I: Multiple Choice

Section I, Part A
Interpretive Communication: Print Texts

In this section of the test you will need to read some passages and answer some multiple-choice questions about their content. Give yourself 40 minutes.

- Set a timer for 40 minutes.
- Look at the questions first.
- Read through once and underline or star with your pen or pencil where you think the answers are found.
- Reread the questions.
- Reread the passage and answer the questions.

Selección número 1

Fuente número 1

Introducción: Esta selección trata de cómo uno puede tener éxito en la universidad.[1]

Es difícil pasar de la escuela secundaria, donde tienes un grupo sólido de amigos que te apoyan, a una institución de educación superior donde eres un extraño rodeado de extraños. Extrañarás a tus amigos y a tu familia. Extrañarás las salidas con la gente de tu escuela secundaria local. Sin embargo, conocerás a un montón de gente nueva en esta etapa.

Estudiantes y asesores de los recintos universitarios, o sea campus, de todas partes de los Estados Unidos dieron su opinión a *Next Step* sobre cómo adaptarse a este nuevo escenario. Aquí podrás ver lo que nos contaron.

[1] *The Next Step Magazine*, latino edition 2007 por Rachel Sokol, Next Step Publishing, Inc., 2 W. Main St., Suite 200, Victor, New York 14564, www.nextstepmag.com. Used with permission.

Involúcrate

«Conocer a los diferentes administradores y profesores del campus puede abrir las puertas para oportunidades laborales, es un gran recurso y permite generar maravillosas amistades,» afirma Iris Michelle Delgado, estudiante de la Universidad de Cornell. «Nunca tengas miedo de reconocer que no sabes algo. Tu experiencia en esta etapa se va a ver muy debilitada si piensas que hacer preguntas puede hacerte ver incompetente.»

Aprovecha de los profesores

Debra Castillo, miembro del cuerpo de profesores de la Universidad de Cornell, aconseja aprovechar de los profesores y miembros del personal de la institución. «Hay gente maravillosa y comprensiva entre los miembros del personal. Tienen una amplia base de conocimientos y una gran sensibilidad cultural y, por lo general, pueden ser la fuente de consultas esencial de los estudiantes. Los miembros del profesorado nos dedicamos a formar y acompañar a gente joven, por lo tanto, deberían recurrir a nosotros más frecuentemente.»

Escúchate a ti mismo

Durante toda la experiencia de la educación superior, los amigos y la familia seguramente te brindarán muchos consejos sobre las clases, el dinero, los amigos y las relaciones.

«Escucha los consejos de tu familia, pero no olvides que serás tú quien deberás vivir con las decisiones que tomes,» afirma Delgado.

Mantente en contacto

«Mantente en contacto con tu familia y amigos por todos los medios que te parezcan necesarios, pero también debes darle una oportunidad a tu nueva vida en el campus,» sostiene Lourdes Laguna, estudiante de la Universidad de Tufts.

Debes estar abierto a probar cosas nuevas y manejar nuevas experiencias. Después de todo, es parte de tu crecimiento.

Piensa en la profundidad de tus decisiones

Ferry Ortiz, estudiante del Hamilton College comenta que es necesario pensar muy bien las decisiones que uno toma. No te precipites cuando estás enojado. «Debes pensar antes de actuar, porque tus decisiones pueden volverse contra ti y perjudicarte,» recomienda el estudiante.

Aprende cómo actuar en situaciones sociales

El poder desarrollar buenas habilidades sociales en esta etapa tendrá muchas ventajas en el mundo real. Por ejemplo, si quieres ser abogado o trabajar en relaciones públicas, conocerás y trabajarás con toda clase de personas.

¿Te está resultando difícil generar vínculos con la gente nueva en tu entorno? No temas recurrir a otros para que te ayuden.

«Conoce los recursos disponibles y aprende dónde y cuándo buscar ayuda. Muchos de nosotros provenimos de entornos en los que pedir ayuda o reconocer que te sientes estresado y sobrepasado se interpreta como debilidad o no se ve bien,» afirma Benjamín Ortiz, miembro del profesorado y asesor de la Universidad de Cornell.

Participa

Los amigos no caen del cielo. «No te aísles. Trabaja mucho para hacer amigos y generar una comunidad, una familia. La transición será más fácil una vez que sientes tus raíces y comiences a sentir que perteneces a este nuevo lugar,» comenta Ruben Stern, miembro del profesorado de la Universidad de Tufts.

Fuente número 2

Introducción: Esta selección trata de las razones por las cuales muchos estudiantes no tienen éxito en la universidad.

Once factores que pueden contribuir al fracaso en los estudios superiores[2]

La nostalgia	A veces los estudiantes echan de menos a sus familiares tanto que les impide funcionar bien en su nuevo entorno.
El fastidio con los estudios	A veces después de haberse graduado del colegio unos estudiantes se encuentran exhaustos con continuar inmediatamente con los estudios.
La falta de una preparación adecuada	A veces o el colegio no les ha preparado o el/la estudiante no ha trabajado suficientemente duro en el colegio.
Los problemas personales o de familia	A veces algo les ocurre a ellos mismos o a un miembro de la familia que les afecta mucho.
El costo	A veces los estudiantes no tienen suficiente dinero y/o no pueden alcanzar ayuda financiera.
Demasiada juerga	A veces es la primera vez que el/la estudiante se encuentra con una libertad completa y no sabe medir.
El no cuadrar la universidad con los deseos del/de la estudiante	A veces el/la estudiante descubre que la universidad escogida no tiene los cursos que le hacen falta y/o la universidad es demasiado grande o pequeña para él/ella.
El escoger una concentración que no le satisface	A veces después de tomar unos cursos el/la estudiante descubre que de verdad no le interesa la concentración y la universidad no ofrece los cursos necesarios para seguir una nueva concentración.
La falta de asesores/mentores	A diferencia del colegio, muchas veces el/la estudiante no puede recibir la atención individual a que se ha acostumbrado.
Las presiones externas	A veces el/la estudiante necesita trabajar a tiempo parcial o completo mientras está en la universidad.
El deseo de mudarse	A veces el/la estudiante decide que no quiere vivir donde está por el clima o la distancia de la familia o de su pareja.

---

[2]Fuente de consulta: http://blog.gocollege.com/2007/11/23reasons-why-college-dropouts-exist/.

1. Según este artículo, quizá la cosa más difícil en cuanto a la transición a la universidad sea...
   (A) acostumbrarse al nivel de los cursos.
   (B) acostumbrarse a la vida en las residencias estudiantiles.
   (C) acostumbrarse a la falta de apoyo de los familiares.
   (D) acostumbrarse a la comida y las horas.

2. La mejor manera de responder a esta dificultad es...
   (A) participar para mejor conocer a la gente allí.
   (B) tratar de ponerse en contacto con tu compañero de cuarto antes de ir a la universidad.
   (C) averiguar si hay distintos niveles de programas para la comida.
   (D) pedirles a los profesores que te ayuden cuando tengas dificultades.

3. Es importante conocer a los profesores y otros que trabajan en la universidad porque...
   (A) si te conocen, te irá mejor para ti.
   (B) son ellos que te ponen las notas.
   (C) sus padres no estarán al alcance.
   (D) pueden ser recursos para los estudiantes.

4. El conocer bien a la administración y a los profesores también puede ser útil en...
   (A) facilitar el encuentro de trabajo.
   (B) abrir las puertas para mejores notas.
   (C) hacer amigos.
   (D) superar la nostalgia que muchos se sienten al ir a la universidad.

5. Según el artículo, es mejor...
   (A) no hacerles preguntas porque van a pensar que eres débil e incompetente.
   (B) hacer preguntas para poder madurar y avanzar.
   (C) mantener un contacto regular con tu familia y tus antiguos amigos.
   (D) no mantener un contacto regular con tu familia y tus antiguos amigos.

6. Los padres, amigos y profesores pueden darte consejos, pero siempre es importante...
   (A) tener en cuenta lo que te dice tu asesor.
   (B) tener en cuenta lo que tú mismo piensas.
   (C) tener en cuenta quienes te dan el dinero para ir a la universidad.
   (D) tener en cuenta la profesión que sigues.

7. Una cosa esencial para tener éxito en el futuro después de la universidad es...
   (A) desarrollar las destrezas profesionales necesarias.
   (B) establecer vínculos con la gente nueva.
   (C) aprender cómo comportarte en una variedad de situaciones.
   (D) controlar el estrés.

8. Un buen título para este artículo sería...
   (A) Cómo separarse de la familia.
   (B) Cómo buscar ayuda.
   (C) Cómo pensar antes de actuar.
   (D) Cómo adaptarse.

9. En la segunda fuente vemos que una de las razones por el fracaso en los estudios superiores es la nostalgia. Según la primera fuente, es posible combatirla por...
   (A) aprender cómo actuar en situaciones sociales.
   (B) aprovechar de la ayuda de los profesores.
   (C) escucharte a ti mismo/a.
   (D) participar.

10. Otro problema que puede llegar al fracaso es la falta de asesores y mentores en la universidad. La primera fuente sugiere que...
    (A) aproveches de los profesores.
    (B) aprendas cómo actuar en situaciones sociales.
    (C) te escuches a ti mismo.
    (D) te mantengas en contacto.

11. A veces el/la estudiante recibe muchos consejos de miembros de la familia y/o amigos en cuanto a la universidad y la vida futura. Entonces, según la primera fuente, ...
    (A) aprovecha de los profesores.
    (B) involúcrate.
    (C) escúchate a ti mismo/a.
    (D) participa.

12. Otro problema muy grande es que muchos estudiantes no han tenido antes la libertad que ahora les brinde la universidad. Entonces a veces van demasiado de juerga. Según la primera fuente es mejor...
    (A) escucharte a ti mismo.
    (B) involucrarte.
    (C) pensar en la profundidad de tus decisiones.
    (D) aprender cómo actuar en situaciones sociales.

Selección número 2

Fuente número 1

Introducción: En este selección literaria vemos a un hombre viejo naufragado física y psicológicamente.

Un fragmento de *Romance de lobos* por Ramón del Valle-Inclán

El Caballero —¡Mar, tus olas no se abrieron para tragarme!... ¡Quisiste aquellas vidas y no quisiste la mía! ¡Si me tragases, mar, y no arrojases mi cuerpo a ninguna playa!

¡Si me sepultases en tu fondo y me guardases para ti!... ¡No me quisiste aquella noche, y soy más náufrago que esos cuerpos desnudos que bailan en tus olas!... ¡Tengo la pobreza y la desnudez y el frío de un náufrago! ¡No sé adónde ir!... ¡Si la muerte trata, pediré limosna por los caminos!... ¡Y el mar, aquella noche, pudo caer sobre mi cuerpo, como la tierra de la sepultura, y no me quiso!... ¡Ya soy pobre! ¡Todo lo he dado a los monstruos! ¡Mi alma en otra vida, aquella vida de que huyo, también fue un mar, y tuvo tormentas, y noches negras, y monstruos que habían nacido de mí! ¡Ya no soy más que un mendigo viejo y miserable! ¡Todo lo he repartido entre mis hijos, y mientras ellos se calientan ante el fuego encendido por mí, yo voy por los caminos del mundo, y un día, si tú no me quieres, mar, moriré de frío al pie de un árbol tan viejo como yo! ¡Las encinas que plantó mi mano no me negarían su sombra, como me niegan su amor los monstruos de mi sangre!...

Fuente número 2

Introducción: Esta fuente consiste en algunos titulares de periódicos mundiales sobre el abandono de ancianos.

Unos titulares sobre el abandono de los ancianos

«¿Por qué las almas ancianas están abandonadas?»
—*Sydney Morning Herald* (Australia)

«Denuncian que hay más de 600 ancianos abandonados en hospitales del Distrito»
—Santa Fe 1070 AM (Colombia)

«Ministro Lavín visita a ancianos abandonados por sus familias durante fiestas de fin de año»
—http://www.biobiochile.cl (Chile)

«Los ancianos siguen abandonados»
—*La Estrella* (Panamá)

«Más de 800 mil ancianos viven en pobreza extrema: PVEM»
—Grupo Fórmula (México)

«El abandono de los ancianos»
—http://voices.yahoo.com (Estados Unidos)

1. El protagonista de esta selección…
   (A) sobrevivió un naufragio.
   (B) sobrevivió un robo.
   (C) sobrevivió un accidente de caballo.
   (D) sobrevivió un ataque.

2. ¿Por qué preferiría él morir a sobrevivir?
   (A) No tenía nada.
   (B) Los compañeros se le habían muerto.
   (C) Estaba tan mal herido.
   (D) Perdió todo que tenía en el incidente.

3. «Los monstruos» a que se refiere el protagonista eran…
   (A) sus amigos.
   (B) las olas del mar.
   (C) los caminos.
   (D) sus hijos.

4. ¿Por qué se encontraba el protagonista en tal estado de pobreza?
   (A) Había perdido todo en el mar.
   (B) Les había dado todo a sus hijos.
   (C) Había perdido el único trabajo que tenía.
   (D) Se había quedado lastimado.

5. ¿Quiénes serían más fieles al protagonista?
   (A) unos árboles que había plantado
   (B) sus propios hijos que le habían cuidado
   (C) las olas del mar que le habían salvado la vida
   (D) los monstruos que no le habían matado

6. *Romance de lobos* forma parte de una trilogía llamada *Comedias bárbaras*. Se puede ver por el tono que usa, el título y el nombre de la trilogía que Valle-Inclán…
   (A) compadece con los hijos del protagonista.
   (B) no simpatiza con el protagonista.
   (C) critica al protagonista.
   (D) compadece con el protagonista.

7. Aunque la primera fuente viene de una novela de 1908, se puede ver en la segunda selección que el abandono de los ancianos en nuestros días…
   (A) es un problema del mundo hispano.
   (B) es un problema del mundo entero.
   (C) es un problema del hemisferio occidental.
   (D) no es un problema muy extenso.

8. Según los titulares que vemos aquí, junto con el problema del abandono hay el problema de…
   (A) la falta de recursos financieros.
   (B) la salud de los ancianos.
   (C) no tener una familia para cuidarlos.
   (D) no tener donde vivir.

Selección número 3

Fuente número 1

Introducción: En esta selección literaria vemos la llegada de un noble a una ciudad y sus impresiones de ella.

Un fragmento de *Los pazos de Ulloa* por Emilia Pardo Bazán

Y en efecto, le fueron enseñadas al marqués de Ulloa multitud de cosas que no le importaban mayormente. Nada le agradó, y experimentó mil decepciones, como suele acontecer a las gentes habituadas a vivir en el campo, que se forman del pueblo una idea exagerada. Pareciéronle, y con razón, estrechas, torcidas y mal empedradas las paredes, viejos y ennegrecidos los edificios, pequeño de circuito de la ciudad, postrado su comercio y solitarios casi siempre sus sitios públicos; y en cuanto a lo que de un pueblo antiguo puede enamorar a un espíritu culto, los grandes recuerdos, la eterna vida del arte conservada en monumentos y ruinas, de eso entendía don Pedro lo mismo que de griego o latín. ¡Piedras mohosas! Ya le bastaban las de los pazos. Nótese cómo un hidalgo campesino, de muy rancio criterio, se hallaba al nivel de los demócratas más vandálicos y demoledores. A pesar de conocer Orense y haber estado en Santiago cuando niño, discurría y fantaseaba a su modo lo que debe ser una ciudad moderna: calles anchas, mucha regularidad en las construcciones, todo nuevo y flamante, gran Policía, ¿qué menos puede ofrecer la civilización a sus esclavos?

Fuente número 2

Introducción: Esta selección trata del artista colombiano Fernando Botero.

El arte está en el ojo del que mira

Fernando Botero es un artista colombiano que ha alcanzado gran fama en el mundo del arte; también ha sido el eje de una controversia sobre lo que constituye el arte. Se reconocen muy fácilmente obras de Botero por sus sujetos exagerados y corpulentos como se puede ver aquí en la foto de su bronce, «Hombre a caballo». Estos hombres, mujeres, niños y hasta animales gordos viven en un mundo irreal, casi como caricaturas. Quizá esto sea exactamente lo que son, caricaturas de tipos humanos, como el alcalde y la familia rica. Se clasifica su arte como arte expresionista con que él trata de expresar sus ideas por sus sujetos exagerados. Otros han llamado el estilo «boterismo» lo que implica que su estilo es único. Algunos críticos menosprecian su producción artística por creerla infantil y sin valor artístico. Otros lo ven como un genio que ha podido captar arquetipos humanos con sus personajes opulentos. Mientras mucha de su obra es original, Botero también ha interpretado a su manera obras famosas de arte como «La Mona Lisa» de Leonardo Da Vinci y «La infanta Margarita» de Velázquez. Fernando Botero pinta y también es escultor. Sus pinturas se encuentran en museos y colecciones privadas por todo el mundo. Hace pocos años sus estatuas en bronce podían verse en Washington, D.C., a lo largo de la plaza y el estanque detrás de la Casa Blanca enfrente del Congreso. Piensen lo que piensen los críticos, Botero siempre inspira comentario y observaciones, y por eso podemos decir que sí contribuye al mundo artístico.

1. El marqués de Ulloa se quedó…
   (A) muy impresionado con todo lo que veía.
   (B) no muy impresionado con todo lo que veía.
   (C) fastidiado con todo lo que veía.
   (D) muy emocionado con todo lo que veía.

2. El marqués era un señor…
   (A) del campo.
   (B) de la ciudad.
   (C) de la capital.
   (D) del pueblo.

3. Para él, la ciudad parecía…
   (A) noble.
   (B) comercial.
   (C) histórica.
   (D) pobre.

4. La autora indica que el marqués era un hombre…
   (A) instruido.
   (B) torpe.
   (C) curioso.
   (D) refinado.

5. Para el marqués, su ideal de lo que debía ser una ciudad era…
   (A) antigua e histórica.
   (B) nueva.
   (C) como Orense y Santiago.
   (D) tal como la que visitaba.

6. Cuando la autora dice en la primera selección «en cuanto a lo que de un pueblo antiguo puede enamorar a un espíritu culto, …, de esto no entendía don Pedro lo mismo que de griego o latín» ella nos dice que el marqués…
   (A) era bien instruido.
   (B) no era bien instruido.
   (C) tenía buen gusto.
   (D) no tenía buen gusto.

7. Según la segunda selección, las figuras de Botero son…
   (A) flacas.
   (B) gordas.
   (C) altas.
   (D) reales.

8. Se clasifica el arte de Botero como…
   (A) realista.
   (B) impresionista.
   (C) cubista.
   (D) expresionista.

9. Podemos decir que Botero contribuye al mundo artístico porque…
   (A) su arte inspira controversia.
   (B) es aceptado por los críticos.
   (C) tiene fama mundial.
   (D) es pintor y escultor.

10. Por lo visto en la primera selección y en la segunda la apreciación de lo artístico es…
    (A) universal.
    (B) individual.
    (C) cambiante.
    (D) estática.

Selección número 4

Introducción: En este selección literaria vemos la llegada de un señor a una ciudad vieja y triste y sus impresiones de ella.

Un fragmento de *Doña Perfecta* por Benito Pérez Galdós

Después de media hora de camino, durante la cual el señor don José no se mostró muy comunicativo, ni el señor Licurgo tampoco, apareció a los ojos de entrambos apiñado y viejo caserío asentado en una loma, del cual se destacaban algunas negras torres y la ruinosa fábrica de un despedazado castillo en lo más alto. Un amasijo de paredes deformes, de casuchas de tierra pardas y polvorosas como el suelo, formaba la base, con algunos fragmentos de almenadas murallas, a cuyo amparo mil chozas humildes alzaban sus miserables frontispicios de adobes, semejantes a caras anémicas y hambrientas que pedían una limosna al pasajero. Pobrísimo río ceñía, como un cinturón al pasar algunas huertas, única frondosidad que alegraba la vista. Entraba y salía la gente en caballerías o a pie, y el movimiento humano, aunque escaso, daba cierta apariencia vital a aquella gran morada, cuyo aspecto arquitectónico era más bien de ruina y muerte que de prosperidad y vida. Los repugnantes mendigos que se arrastraban a un lado y otro del camino pidiendo el óbolo del pasajero, ofrecían lastimoso espectáculo. No podían verse existencias que mejor encajaran en las grietas de aquel sepulcro donde una ciudad estaba, no sólo enterrada, sino también podrida. Cuando nuestros viajeros se acercaban, algunas campanas, tocando desacordemente, indicaron con su expresivo son que aquella momia tenía un alma.

1. Durante la primera parte del viaje, los dos viajeros...
   (A) se hablaban mucho.
   (B) el señor Licurgo hablaba mucho.
   (C) don José hablaba mucho.
   (D) no se hablaban el uno al otro.

2. El pueblo que apareció a sus ojos...
   (A) tenía un aspecto pintoresco.
   (B) tenía un aspecto vivo.
   (C) tenía un aspecto pobre.
   (D) tenía un aspecto real.

3. Lo que daba vida a este poblado era...
   (A) las huertas.
   (B) el río.
   (C) su aspecto de prosperidad.
   (D) las personas que salían y venían.

4. La gente de este pueblo parecía ser...
   (A) pobre.
   (B) rica.
   (C) adinerada.
   (D) contenta.

5. El latido del corazón de este pueblo venía...
   (A) de las campanadas de las iglesias.
   (B) del ir y venir de la gente.
   (C) del sonido del río.
   (D) de los caballos.

6. «La momia» que se menciona al final es...
   (A) el campo.
   (B) la ciudad.
   (C) el camino.
   (D) el señor Licurgo.

7. Se puede decir que la escena descrita es...
   (A) alegre.
   (B) deprimida.
   (C) rica.
   (D) noble.

Selección número 5

Fuente número 1

Introducción: Este anuncio trata de cuestiones concernientes a la comunidad hispana en una ciudad estadounidense. El autor pide contribuciones para artículos sobre ellas.

¿Te molesta esto? Entonces di algo.[3]

¿Te molesta que muchos jóvenes hispanos de nuestra ciudad abandonen la escuela?

¿Te molesta que tus propios hijos sean estudiantes con honores pero aún así son clasificados junto con la mayoría como estudiantes de bajo rendimiento cuando no lo son?

¿Te molesta ser nombrado hispano cuando las raíces y cultura de tus antepasados tienen nombres específicos?

¿Crees que necesitamos líderes jóvenes o liderazgo veterano?

Si una persona más asume que eres experto en salsa sólo porque tu apellido es Rodríguez, ¿gritarías?

Si alguno de estos temas origina alguna opinión en tu mente, entonces compártela. Nuestra edición de enero marca la llegada de nuestra nueva sección de conversaciones comunitarias llamada «Tu voz», y todos en la comunidad pueden enviar sus cartas al editor.

El debate de inmigración y las elecciones mostraron a la nación que nuestra opinión cuenta. El número de temas depende de ti porque todos los asuntos son asuntos latinos.

---

[3]«¿Te molesta esto? Entonces di algo» por Julio Sáenz, editor y gerente de ConXion, la edición mensual en español del *Democrat and Chronicle*, Rochester, New York. Used with permission.

Fuente número 2

Introducción: Este artículo trata del concepto «hispano» en relación a hispanohablantes en los Estados Unidos.[4]

¿Es el termino "hispano" un termino adecuado?

Es difícil hablar de la comunidad hispana como un ente en general cuando trata de términos médicos. Existen numerosas características que hacen a sus miembros diferentes de acuerdo al país de procedencia.

Cada país hispanohablante tiene sus propias características y necesidades dependiendo del área geográfica y de su historia, por lo que nos hace diferentes e incomparables en muchos aspectos.

"Todos (hispanos) somos diferentes, y lo único que nos mantiene unidos es el idioma, con todas sus variaciones", menciona Carlos Jiménez-Rueda médico general quien vino de Paraguay en 1957. "Nosotros (hispanos) no somos una comunidad monolítica, es lo más heterogéneo que puedes encontrar".

1. Este anuncio tiene que ver con…
   (A) suposiciones erróneas.
   (B) los estudiantes que dejan sus estudios.
   (C) estudiantes con problemas académicos.
   (D) el seguimiento académico.

2. El tercer párrafo refiere al hecho de que la denominación «hispana»…
   (A) es adecuada.
   (B) es inadecuada.
   (C) es precisa.
   (D) es útil.

3. Este anuncio anima a la gente a expresar su opinión en…
   (A) un programa de radio.
   (B) un programa de televisión.
   (C) un periódico.
   (D) un foro.

4. En el último párrafo, cuando dice «nuestra opinión cuenta», ¿a qué se refiere?
   (A) a la comunidad hispana
   (B) a la opinión del editor
   (C) a la comunidad en general
   (D) a la opinión de «Tu voz»

5. La voz de la comunidad se ha mostrado importante en…
   (A) los debates nacionales.
   (B) los debates de la comunidad.
   (C) el voto.
   (D) los asuntos latinos.

6. El número de temas que se tratarán depende…
   (A) de las cuestiones más importantes del momento.
   (B) de las cuestiones propuestas por la comunidad.
   (C) de las cuestiones que tienen que ver con la inmigración.
   (D) del tiempo y espacio disponibles.

7. En cuanto a la medicina, la comunidad hispana es…
   (A) homogénea.
   (B) heterogénea.
   (C) igual en todos los aspectos.
   (D) muy parecida en todos los aspectos.

8. Lo que puede influir en las condiciones médicas de la gente tiene mucho que ver con…
   (A) su origen.
   (B) su dieta.
   (C) su origen y su historia médica.
   (D) su origen y su nacionalidad.

9. Lo que sí une a la comunidad hispana es…
   (A) su origen.
   (B) su raza.
   (C) su historia.
   (D) su lengua.

10. La comunidad hispana en los EE.UU.…
    (A) no es muy diversa.
    (B) es muy diversa.
    (C) es más semejante que diferente.
    (D) es mayormente del Caribe.

---

[4]Adoptado del artículo «La salud de los hispanos, mezcla de tradiciones y genética» por Diana Chapoy-Callahan, prensa, ConXion, la edición mensual en español del *Democrat and Chronicle*, Rochester, New York. Used with permission.

Selección número 6

Fuente número 1

Introducción: Este artículo trata de la Guerra Civil española y de los que apoyaron a la Segunda República.

La Brigada Abraham Lincoln

En el año 1936, la Guerra Civil española estalló en España cuando Francisco Franco y sus partidarios se levantaron en contra del gobierno en Madrid. Esa guerra, una sin prisioneros, se luchó entre 1936 y 1939. La banda de Franco se llamaba los nacionalistas y querían que España volviera a su grandeza anterior. Fue un grupo bastante conservador que recibió el apoyo de Adolph Hitler y de los fascistas. El gobierno de España en aquel entonces era un gobierno socialista que era más bien liberal y reformista. Fueron precisamente sus reformas las que provocaron a Franco y a sus partidarios. Los republicanos, como se llamaban los que apoyaban al gobierno, recibieron su apoyo de la Unión Soviética. El gobierno español había pedido ayuda al resto del mundo, pero todos los demás países, incluso los Estados Unidos, se habían declarado neutrales. Pero había muchas personas que respondieron a la llamada del gobierno español para ir y luchar como voluntarios. Uno de estos grupos se llamaba la Brigada Abraham Lincoln, en nombre del presidente americano. Muchos jóvenes americanos, incluso Ernest Hemingway, fueron a España para luchar por la causa republicana con la Brigada. Esos valientes lo hicieron bajo la amenaza de perder su ciudadanía norteamericana por romper con la posición neutral que había tomado el Congreso de los Estados Unidos. Desafortunadamente, sus esfuerzos no dieron resultado y las tropas franquistas ganaron, pero siguen en la memoria española la valentía y el sacrificio de estos jóvenes americanos.

Fuente número 2

Introducción: Este artículo trata de un evento de la Guerra de Tejas, o sea la Guerra Mexicana-Americana.

El Batallón de San Patricio

Después de la Guerra de Tejas, que se llama *the Mexican-American War* en los Estados Unidos, Tejas recibió su libertad de México para establecer la República de Tejas en 1836. Pero cuando la República se incorporó como estado de los Estados Unidos, el gobierno mexicano lo vio como una amenaza y mandó tropas a la frontera entre los Estados Unidos y México. En la primavera de 1846 las tropas mexicanas atacaron a las tropas americanas y recomenzó el conflicto otra vez entre los dos países. Entre esas fechas había habido una ola de inmigración de Irlanda. El gobierno norteamericano alistó a muchos inmigrantes irlandeses para luchar por su nuevo país con la promesa de recibir la ciudadanía más fácilmente y de ganar dinero. Pronto, como lo que ha pasado con muchos inmigrantes recién llegados, los irlandeses comenzaron a encontrar la discriminación. Ellos eran mayormente pobres y católicos, y no podían avanzar por los rangos militares. Poco después de entrar en el conflicto, los reclutas irlandeses descubrieron que tenían más en común con los mexicanos que con los americanos. Algunos de ellos, incluso John Riley, abandonaron el ejército americano y se alistaron en el mexicano formando el batallón de San Patricio. Mientras en México esos ex soldados americanos fueron recibidos como héroes, en los Estados Unidos se les consideraban traidores. Después de ganar la guerra los Estados Unidos, los miembros del batallón fueron castigados en la plaza de San Ángel y allí, cada 12 de septiembre, todavía se celebra su memoria.

1. Según la primera fuente, los nacionalistas fueron partidarios…
   (A) del gobierno.
   (B) de Francisco Franco.
   (C) de Hitler.
   (D) de la Unión Soviética.

2. La República Española recibió ayuda…
   (A) de la Unión Soviética.
   (B) de los Estados Unidos.
   (C) de Alemania.
   (D) de Francia.

3. … formaron la Brigada Abraham Lincoln.
   (A) Jóvenes españoles
   (B) Jóvenes rusos
   (C) Jóvenes alemanes
   (D) Jóvenes norteamericanos

4. Los miembros de la Brigada lucharon al costo de…
   (A) la posibilidad de ser capturados.
   (B) la pérdida de su ciudadanía.
   (C) la posibilidad de ser mandados a la Unión Soviética.
   (D) la pérdida de su trabajo.

5. La segunda fuente trata de…
   (A) la Guerra de Tejas.
   (B) la fundación de la República de Tejas.
   (C) un grupo de soldados americanos.
   (D) un grupo de soldados de Irlanda.

6. En la segunda fuente, los soldados se alistaron para luchar en esa guerra…
   (A) para ganar dinero.
   (B) por la aventura.
   (C) por sentimientos patrióticos.
   (D) para ganar fama y gloria.

7. Cambiaron de alianza…
   (A) para ganar más dinero.
   (B) por la discriminación.
   (C) para hacerse héroes.
   (D) por la religión.

8. En ambos casos, vemos a personas que lucharon por…
   (A) su patria.
   (B) un país que no era el suyo.
   (C) en contra de una dictadura.
   (D) la independencia de un país.

9. La diferencia principal entre El Batallón de San Patricio y La Brigada Abraham Lincoln es…
   (A) los de San Patricio cambiaron de alianza.
   (B) los de Abraham Lincoln cambiaron de alianza.
   (C) los de Abraham Lincoln sufrieron de la discriminación.
   (D) los de San Patricio quedaron fieles.

10. Los dos grupos tienen en común … de los países a favor de que lucharon.
    (A) ser traidores
    (B) ser héroes
    (C) ser nacionales
    (D) ser antagonistas

STOP. END OF SECTION I, Part A.

Section I, Part B
Interpretive Communication: Audio Texts and Print and Audio Texts Combined

In this part of the examination, you will hear several audio selections. One or more selections will also be accompanied by a written text. You will be asked questions about each selection. The questions and the answer choices will be printed in your test booklet. The total time allowed for this part of the examination is approximately 55 minutes. For this part of the practice examination, you will find the listening track on the accompanying recording. (Scripts for the passages can be found on pages 293–297.) Mark your answers by circling the letter of your choice.

> The timing will be done for you on the actual exam. However, for this part of the diagnostic test, you will need a stopwatch or timer. Allow yourself the specific time intervals stated in the instructions to read the introductions, read the printed texts, and answer the questions. You will also need to time the 1-minute interval between hearing the audio selection the first time and replaying it. You do not need to run the timer while you are listening to the audio passages.

- Use the time before the audio selection begins to read the introduction and the questions to get an idea of what you should listen for.
- While the narrator is speaking, give your full attention to what is being said.
- After the first listening, you will have 1 minute to start to answer the questions. Then you will hear the audio selection again.
- As with any multiple-choice test, if the answer does not come to you, try to eliminate some of the answer choices. This increases your chances of choosing the right answer.
- Once you have completed the practice exam, you may wish to read over the scripts and make a list of words that you did not know. Look these up, make flash cards for them, and review them during the months leading up to the examination.
- You may wish to use scrap paper; that way, you can later come back to this test and redo it to check your progress.
- If you have a particularly difficult time with this part of the exam, you should be sure to practice Chapter 6 very carefully, taking notes from the scripts after each practice.

Print and Audio Texts Combined: You will read one source and listen to another. Then you will answer questions on both. You will have approximately 4 minutes to read the introduction and printed text. Then you will be instructed to go on to the audio selection and you will be given 2 minutes to read the printed introduction and preview the questions. After listening once to the audio selection, you will have 1 minute to start to answer the questions. Then you will hear the audio selection again. After the second listening you will have 15 seconds per question to finish answering.

Audio Texts Only: You will hear an audio selection that will be about 5 minutes in length. You will have 1 minute to read the introduction and preview the questions prior to listening the first time. At the end of the passage you will have 1 minute to begin to answer the multiple-choice questions based on what you heard. Then you will hear the selection again, after which you will have 15 seconds per question to finish answering the questions.

Selección número 1 (Print and Audio Texts Combined)

*Primero tienes **4 minutos** para leer el artículo impreso.*

Fuente número 1

Introducción: El artículo trata de una institución que existió en Toledo durante la convivencia entre árabes, judíos y cristianos.

La escuela de Traductores de Toledo, fuente de entendimiento y comprensión[5]

Al leer los periódicos y revistas, y oír el noticiero de televisión y radio, muchos desesperan por la violencia en nuestro mundo. A veces parece que la paz es algo verdaderamente inalcanzable. Pero, ¿de verdad lo es? Para los que no lo crean, sólo hace falta ver la historia para ver lo que sí puede ser.

En 711 los árabes del norte de África invadieron la Península Ibérica derrotando a los reyes visigodos. Para el año 718 habían conquistado toda la península. Pero, en vez de la destrucción total de las comunidades judías y cristianas, en la península reinaba un período denominado «la convivencia» en que coexistían los árabes, cristianos y judíos. Aquella época produjo filósofos como Maimónides, un filósofo judío, y Averroes, un filósofo árabe, universidades y bibliotecas. También produjo en el siglo XII una escuela de traductores en la ciudad de Toledo. Esta escuela fue fundada por Don Raimundo, el arzobispo cristiano de Toledo. Don Raimundo fue convencido de la importancia de traducir los textos de los filósofos árabes para comprender a los clásicos como Aristóteles. Él reunió en Toledo a un grupo de sabios árabes, cristianos y judíos para traducir del árabe y hebreo al castellano y latín la sabiduría del mundo antiguo.

Gracias al trabajo hecho por los traductores, los conocimientos del mundo oriental, griego y latín fueron conservados y transmitidos al resto de Europa.

Aquel período puede servir de ejemplo al mundo moderno de cómo tres culturas y religiones pueden vivir en paz, y como esta «convivencia» puede servir a alzar la raza humana. Gracias a esta escuela de traductores, conocemos hoy las obras de los grandes filósofos, matemáticos, doctores y astrónomos del mundo antiguo y del oriente. Aquel intercambio de información ayudó a esclarecer las tinieblas de la Edad Media. ¿Podría algo así esclarecer hoy día nuestras tinieblas de guerra y terrorismo?

*Deja de leer. Ahora pasa a la fuente número 2. Tienes **2 minutos** para leer la introducción y prever las preguntas.*

Fuente número 2

Introducción: Esta monografía de radio describe un intento moderno de promover la comprensión entre los vecinos mediterráneos.[6]

Ahora escucha la fuente número 2.

---

[5]Este artículo se informó de «The Toledo school – translators in Toledo, Spain under Moorish rule – Al-Andalus: where three worlds met», UNESCO Courier, http://findarticles.com/p/articles/mi_m110/9s_1991_Dec/ai_11864007/print.

[6]Ésta se informó de la página Web Al-Ahram, «Spirit of Toledo» por Serene Assir, http://www.weekly.ahram.org.eg/2006/782/cu6.htm.

PLAY Track 52 on the accompanying audio CD. (The script for Track 52 appears on page 293.)

*Ahora tienes **1 minuto** para empezar a contestar las preguntas para esta selección. Después de 1 minuto vas a escuchar la selección de nuevo.*

PLAY Track 52 again.

*Ahora tienes **2 minutos y 15 segundos** para terminar de responder a las preguntas de esta selección.*

1. El autor de la primera fuente piensa que la paz…
   (A) no se puede realizar en el mundo de hoy.
   (B) se puede realizar en el mundo de hoy.
   (C) se puede realizar en el Medio Oriente de hoy.
   (D) es sólo un sueño inalcanzable.

2. La conquista árabe de la Península Ibérica…
   (A) resultó en la asimilación completa de las culturas existentes.
   (B) resultó en la destrucción completa de las culturas existentes.
   (C) resultó en la cooperación entre las culturas existentes y la árabe.
   (D) resultó en el aislamiento de las culturas existentes y la árabe.

3. La palabra «convivencia» quiere decir…
   (A) vivir juntos.
   (B) vivir separados.
   (C) tolerar los unos a los otros.
   (D) no tolerar los unos a los otros.

4. El propósito de la Escuela de Traductores era…
   (A) preservar los conocimientos del mundo antiguo en árabe.
   (B) preservar los conocimientos del mundo antiguo en castellano.
   (C) preservar los conocimientos del mundo antiguo en hebreo.
   (D) preservar los conocimientos del mundo antiguo en castellano y latín.

5. Gracias a esta escuela de traductores, hemos preservado…
   (A) la sabiduría de los cristianos peninsulares.
   (B) la sabiduría de los romanos, griegos y orientales.
   (C) la sabiduría de los judíos peninsulares.
   (D) la sabiduría de los árabes peninsulares.

6. En la segunda selección, vemos que la nueva escuela de traductores tiene como misión…
   (A) la traducción de obras del mundo antiguo.
   (B) la traducción de literatura árabe al castellano.
   (C) la traducción de literatura castellana al árabe.
   (D) la traducción de literatura árabe al hebreo.

7. Los nuevos traductores piensan que por comprender la literatura se puede…
   (A) mejor comprender los clásicos árabes.
   (B) mejor comprender las religiones del mediterráneo.
   (C) mejor comprender los clásicos europeos.
   (D) mejor comprenderse.

8. Se puede decir que los traductores quieren captar … en sus traducciones.
   (A) la riqueza lingüística del texto original
   (B) la precisión lingüística del texto original
   (C) una aproximación a la precisión lingüística del texto original
   (D) una traducción exacta del texto original

9. Se puede decir que la Escuela de Traductores de los siglos XII y XIII y la nueva…
   (A) tienen el mismo propósito.
   (B) tienen fines diferentes.
   (C) quieren preservar la antigüedad.
   (D) quieren promover la comprensión cultural.

Selección número 2 (Audio Text)

*Primero tienes **1 minuto** para leer la introducción y prever las preguntas.*

Introducción: Este diálogo es una conversación entre un cliente y un dependiente de una tienda sobre un problema con algo que se había comprado.

Ahora escucha la selección.

TRACK 53

PLAY Track 53 on the accompanying audio CD. (The script for Track 53 appears on page 294.)

*Ahora tienes **1 minuto** para empezar a contestar las preguntas para esta selección. Después de 1 minuto vas a escuchar la selección de nuevo.*

PLAY Track 53 again.

*Ahora tienes **1 minuto y 45 segundos** para terminar de responder a las preguntas de esta selección.*

1. ¿Cuál es el problema?
   (A) Compró un producto que no quiere.
   (B) Quiere devolver algo.
   (C) Quiere cambiar algo.
   (D) Lo que compró no funciona como se debe.

2. ¿Con qué tiene problema?
   (A) con la recepción
   (B) con el color
   (C) con la marca
   (D) con la música que toca

3. ¿Por qué no puede ayudarle a la cliente el dependiente?
   (A) La chica lo rompió.
   (B) No se vende este modelo en la tienda.
   (C) No hacen las reparaciones allí.
   (D) Costará más repararlo que comprar otro.

4. ¿Cuál es el problema si la muchacha quiere que la tienda lo repare?
   (A) No tiene suficiente dinero para pagarlo.
   (B) No puede esperar tanto tiempo para las reparaciones.
   (C) No será posible repararlo.
   (D) No hacen reparaciones ni ofrecen este servicio.

5. ¿Por qué no puede prestarle el dependiente otro a la muchacha?
   (A) El artículo prestado puede ser dañado donde ella quiere llevarlo.
   (B) Lo necesita para una fiesta.
   (C) No hay electricidad donde ella va a estar.
   (D) Vuelve a su país este fin de semana.

6. ¿Cómo se resuelve la situación?
   (A) La chica compra otro.
   (B) El dependiente le devuelve el dinero.
   (C) El dependiente lo arregla.
   (D) Con el recibo el dependiente puede cambiar el uno por el otro.

7. ¿Qué va a hacer la tienda con el producto defectuoso?
   (A) repararlo
   (B) devolverlo a la compañía
   (C) echarlo a la basura
   (D) mandarlo a un taller de reparaciones

Selección número 3 (Audio Text)

*Primero tienes **1 minuto** para leer la introducción y prever las preguntas.*

Introducción: Este monografía trata del cine español y de un director y su obra.

Ahora escucha la selección.

TRACK 54

PLAY Track 54 on the accompanying audio CD. (The script for Track 54 appears on page 295.)

*Ahora tienes **1 minuto** para empezar a contestar las preguntas para esta selección. Después de 1 minuto vas a escuchar la selección de nuevo.*

PLAY Track 54 again.

*Ahora tienes **2 minutos** para terminar de responder a las preguntas de esta selección.*

1. ¿Cuál fue el gran empuje para el desarrollo del cine español?
   (A) la inversión de dinero de Hollywood
   (B) la dirección de la dictadura
   (C) la restauración de la democracia
   (D) el gran número de actores de talento

2. ¿Quién era Antonio Gades?
   (A) el primer bailarín clásico español
   (B) el primer bailarín flamenco español
   (C) un director de cine español
   (D) un escritor de cine español

3. ¿Qué historia cuenta en parte la película *Bodas de sangre*?
   (A) la historia de la vida de Gades
   (B) la historia de la vida de Saura
   (C) la historia de la vida de un autor francés
   (D) la historia de la vida de Manuel de Falla

4. ¿Cuál es la historia contada por medio de música y baile sin diálogo?
   (A) *El amor brujo*
   (B) *Carmen*
   (C) *Bodas de sangre*
   (D) *Tango*

5. ¿Cuál es una historia psicológica donde la vida de los actores paralela la vida de los protagonistas?
   (A) *El amor brujo*
   (B) *Tango*
   (C) *Bodas de sangre*
   (D) *Carmen*

6. ¿Qué es lo que pasa al final de *Carmen*?
   (A) Gades mata a la bailarina Carmen de verdad.
   (B) No sabemos si el asesinato de Carmen es real o parte del ensayo.
   (C) Don José mata a la protagonista Carmen como parte del ensayo.
   (D) Nadie se muere.

7. ¿En qué película transcurre la acción en el mundo de los gitanos?
   (A) *El amor brujo*
   (B) *Bodas de sangre*
   (C) *Tango*
   (D) *Carmen*

8. ¿Qué es lo genial de la obra de Carlos Saura?
   (A) Superó a la censura española.
   (B) Ha trabajado en España y en la Argentina.
   (C) Ha ganado un Premio Óscar.
   (D) Cuenta una historia por medio de música y baile.

9. ¿Cuáles son las dos películas en que la vida amorosa de los protagonistas se mezcla con la obra?
   (A) *Tango* y *Carmen*
   (B) *Carmen* y *Bodas de sangre*
   (C) *Bodas de sangre* y *Tango*
   (D) *El amor brujo* y *Carmen*

STOP. END OF SECTION I.

Section II: Free Response

You are given a total of approximately 1 hour and 35 minutes to do Section II of the examination (15 minutes for interpersonal writing, approximately 55 minutes for presentational writing, approximately 10 minutes for interpersonal speaking, and finally approximately 6 minutes for presentational speaking). Section II is worth 50 percent of the examination.

Interpersonal Writing: E-mail Reply

In this part of the examination, you will need to write an e-mail message. You are given 15 minutes to read the e-mail and write your response.

- Read the prompt carefully to see what type of message you need to write.
- Decide in what tense to write the passage (present, past, future, and so on).
- Determine to whom the communication is directed; is it familiar (*tú, ustedes, vosotros*) or formal (*usted, ustedes*)?
- Keep in mind the TYPE of communication.
- Do not forget the salutation (**Familiar:** *Querido[a], Muy amigo[a] mío[a];* **Formal:** *Estimado[a] Señor[a]*).
- Do not forget an appropriate closing (**Familiar:** *Un abrazo de, Un abrazo fuerte de, Recibe un abrazo fuerte de, Con cariño;* **Formal:** *Atentamente*).
- Be sure to look over the rubric at the end of Chapter 7 to see how you will be graded.

Instructions: You are to write a reply to the following e-mail that you have received. You will have a total of 15 minutes to read the e-mail and to write your reply. Your reply should include an appropriate greeting and closing. Be sure to answer all questions posed in the e-mail. You also should ask for more information/details about what is mentioned in the e-mail. Do not forget to use the appropriate form of address, formal or informal, depending on to whom you are writing.

Instrucciones: Tienes que escribir una respuesta al mensaje electrónico que has recibido. Tendrás 15 minutos en total para leer el mensaje electrónico y responder a este mensaje. La respuesta debe incluir un saludo y una despedida apropiados. Está seguro/a que contestas todas las preguntas en el mensaje electrónico. Debes también de pedir más información / más detalles sobre lo que se menciona en el mensaje electrónico. No olvides de usar el registro adecuado, formal o informal, según la persona a quien escribes.

Introducción: Este mensaje electrónico es de una organización ecológica de tu comunidad. Has recibido este mensaje porque tú les había escrito para hacerte voluntario/a.

De: Magdalena Muñoz, presidente de AMA

Asunto: ¿Cómo hacerte voluntario/a?

Estimado/a amigo/a del medio ambiente,

Soy Magdalena Muñoz, presidente de AMA, Amigos del Medio Ambiente. Recibí su e-mail en el cual expresó su deseo de hacerse voluntario/a en nuestra organización.

Como Ud. sabe, nos enfrentamos con varios problemas en nuestra comunidad y siempre agradecemos cualquier ayuda que se pueda prestarnos. He aquí algunas preguntas para Ud. Hágame el favor de contestármelas para ayudarme ver mejor como podría Ud. ayudarnos.

¿Ha trabajado Ud. de voluntario/a antes? ¿Para qué tipo de organizaciones? ¿Cuáles son algunas de las actividades que Ud. ha hecho para éstas? ¿Qué tipos de actividades o entrenamiento ha tenido Ud. en el campo de la preservación y/o restauración del medio ambiente?

También si Ud. tiene unas preguntas para mí sobre nuestras actividades, por favor no deje de hacérmelas.

Atentamente,

Magdalena Muñoz, presidente de AMA

Presentational Writing: Persuasive Essay

In this part of the examination, you will need to write a persuasive essay based on three sources, two printed and one audio. You will have 6 minutes to read the printed material. Then you will hear the audio material, on which you should take notes. After you have heard the audio source twice, you will have 40 minutes to write your essay.

- Read the introduction carefully to see what your essay topic will be about.
- Decide in what tense to write the passage (present, past, future, and so on).
- While reading the two printed prompts you may wish to underline key ideas.
- Be sure to take notes while you listen to the audio source.
- You must **cite all three sources** appropriately in your essay.
- Be sure to discuss the different points of view in the three sources.
- Clearly indicate *your own* viewpoint and defend it.
- Be sure to organize your essay.
- The timing will be done for you on the actual exam. However, for this diagnostic test you will need a stopwatch or timer. Allow yourself the specific time intervals stated in the instructions to read the printed texts, read the introduction to the audio passage, and write your essay.
- Look over the rubric at the end of Chapter 8 to see how you will be rated.

Tema del ensayo: Las celebraciones: ¿Son las celebraciones serias más importantes para la gente que las puramente divertidas?

*Tienes **6 minutos** para leer la fuente número 1 y la fuente número 2.*

Fuente número 1

Introducción: Este texto trata de una celebración nacional mexicana y su origen.

El grito de Dolores Hidalgo[7]

Casi a lo largo de la historia del ser humano hemos tenido varias fiestas y festivales para celebrar una variedad de cosas. Originalmente éstos tenían que ver con el hombre y su relación con la naturaleza y el universo. Los antiguos celebraban los equinoccios que tenían que ver con el cambio de las estaciones y el movimiento del sol y de los astros. Luego los griegos y los romanos continuaron estas celebraciones ampliándolas y asociándolas con varios dioses que representaban elementos esenciales de la naturaleza y el deseo de explicar el origen del ser humano. Al llegar a la época cristiana, la iglesia, para facilitar la conversión de los «paganos» a la nueva fe, adoptaron ciertas celebraciones paganas que celebraban la naturaleza y las convirtieron en celebraciones de aspecto religioso. Con el advenimiento de reinos y naciones, algunas fiestas se establecieron con motivos políticos, como para celebrar la independencia, los héroes nacionales y las victorias en la guerra. Una de este índole es «El grito de Dolores Hidalgo».

En el año 1810, cuando el territorio mexicano todavía se llamaba «Nueva España», un cura católico en el poblado de Dolores hizo tocar las campanas para llamar a la gente a la iglesia. En vez de ser para la misa de la mañana, la había llamado para declarar la independencia de México con gritos de «¡Viva México!» y «¡Viva la Virgen de Guadalupe!». Y así es cómo comenzó la guerra de independencia mexicana.

Desgraciadamente el sueño de Hidalgo y otros no se realizó hasta después de su muerte. Hidalgo y sus seguidores fueron fusilados el 30 de julio de 1811 pero con ellos se plantó la semilla que iba a dar el fruto de una nación nueva e independiente. En memoria de Hidalgo y sus partidarios, cada 16 de septiembre la República Mexicana comienza su celebración de la independencia en el Zócalo de la Ciudad de México, enfrente del Palacio Nacional, cuando el presidente sale al balcón y da el grito que dio Miguel Hidalgo aquella madrugada de 1810… ¡Viva México! Y todos en el Zócalo lo repitan. En honor de Miguel de Hidalgo, el poblado de Dolores se llamó Dolores Hidalgo para recordar y reconocer su hazaña.

Fuente número 2

Introducción: Este texto trata de una celebración española muy rara que tiene lugar en un pueblo cada agosto.

La tomatina, fiesta de Buñol[8]

Quizás una de las fiestas españolas más extrañas sea la Tomatina que se celebra el último miércoles de agosto en el pueblo valenciano de Buñol. Esta fiesta nació en 1945 de un evento inverosímil.

Durante un desfile de «gigantes y cabezudos» un grupo de jóvenes que querían participar comenzó a empujar a los manifestantes en disfraz, uno de los cuales se cayó. Al levantarse ése comenzó a dar golpes a los cerca de él. Por casualidad había cajas de vegetales que un vendedor iba a vender, entre las cuales había cajas de tomates. Durante la «batalla»

---

[7]Ésta se informó de «El grito de Dolores Hidalgo», http://www.ensubasta.com/ mx/el_grito_de_dolores_hidalgo.htm.

[8]Ésta se informó en parte de la página Web latomatina.es, http://www.latomatina.es.

que siguió, la gente comenzó a tirarse los tomates. Las autoridades intervinieron e hicieron que los causantes pagaran. El año próximo los jóvenes vinieron otra vez pero con sus propios tomates. Otra vez las autoridades tuvieron que poner fin a la batalla. Pero, sin autorización oficial, esta repetición de la batalla con tomates continuaba año tras año convirtiéndose en una celebración popular.

Al comenzar la década de los 50 el Ayuntamiento de Buñol prohibió la celebración. Los que trataron de continuar la «tradición» se encontraron encarcelados por las autoridades. No importaba, cada año más gente acudía a la celebración con sus tomates y la desobediencia civil continuaba. En 1955, en plan de protesta, los participantes tuvieron «el entierro del tomate» con una procesión fúnebre con música y un ataúd que llevaba un tomate grande adentro.

Por fin, en el año 1957 las autoridades permitieron la celebración. Comenzando en 1980 el Ayuntamiento de Buñol empezó a proveer los tomates y en 2002 la Secretaría General de Turismo le dio al festival el título de «Fiesta de Interés Turístico».

Y así es cómo nació la Tomatina, no de una celebración religiosa, ni de una patriótica, ni de una tradicional, sino de una pelea callejera que se convirtió en protesta popular en contra de las autoridades del Ayuntamiento de Buñol y su intento de represar esta fiesta popular.

*Deja de leer. Ahora tienes **30 segundos** para leer la introducción de la fuente número 3.*

Fuente número 3

Introducción: Esta monografía de radio trata de una tradición española de la Nochevieja.[9]

Ahora escucha la fuente número 3.

TRACK 55

PLAY Track 55 on the accompanying audio CD. (The script for Track 55 appears on page 297.)

Ahora escucha de nuevo.

PLAY Track 55 again.

Now you have **40 minutes** to complete your essay.

Interpersonal Speaking: Conversation

In this part of the examination, you will need to participate in a conversation. The situation will be a role-playing simulated telephone conversation. You will have 1 minute to read a preview of the conversation. Then the telephone call will begin. Each time it is your turn to speak, you will have 20 seconds in which to respond. You should participate as fully and appropriately as possible. You will find the listening prompt on the accompanying recording. The script appears on page 297.

- Read the introduction and conversation outline carefully to see what the conversation will be about.
- Decide in what tense(s) you might need to respond (present, past, future, and so on).
- While reading the introduction and conversation outline you may wish to jot down some verbs, nouns, and other words that you may wish to use.

---

[9]Este anuncio sobre las doce uvas de la Nochevieja se informó en http://www.enforex.com/culture/nochevieja.html.

- While you listen to each line of the dialogue, try to pick out words, expressions, or phrases that might be able to be used. (BE CAREFUL, though, to not just restate what you have heard!)
- Higher scores are awarded for conversations where complex structures and rich vocabulary are used.
- Be sure to look over the rubric at the end of Chapter 9 to see how you will be rated.

*Tienes **1 minuto** para leer la introducción y el esquema de la conversación.*

Introducción: Tu amigo Juan te llama para hablarte sobre una invitación que ha recibido.

[*The shaded lines below reflect what you will hear on the recording.* Las líneas en gris reflejan lo que escucharás en la grabación.]

Juan:	• *[El teléfono suena.] Contesta el teléfono.*
Tú:	• *Salúdalo.* • *Pregúntale el por qué de su mensaje.*
Juan:	• *Te explica por qué te había llamado.*
Tú:	• *Expresa tu reacción.*
Juan:	• *Te hace una pregunta.*
Tú:	• *Responde a la pregunta.*
Juan:	• *Continúa la conversación y te hace otra pregunta.*
Tú:	• *Dale consejos.*
Juan:	• *Continúa la conversación.*
Tú:	• *Expresa tu reacción.*
Juan:	• *Continúa la conversación.*
Tú:	• *Expresa tu reacción.* • *Despídete de él.*

En este momento va a empezar la conversación. Ahora presiona el botón record.

TRACK 56

PLAY Track 56 on the accompanying audio CD. (The script for Track 56 appears on page 297.)

Presentational Speaking: Cultural Comparison

In this part of the examination, you will make a 2-minute oral presentation to your class on the following topic. You will have 4 minutes to read the topic and prepare your presentation. Once the 4 minutes have passed, you will record your 2-minute presentation.

- Be sure to have a timer.
- Read the topic carefully.
- In your presentation be sure to compare your own community to an area of the Spanish-speaking world that you have studied or about which you have knowledge.
- Be sure to demonstrate your understanding of certain cultural features of the area you have chosen.
- Be sure to have a clear organization for your presentation.

Tema de la presentación: ¿Cómo es el cuidado médico de la comunidad en que vives o has vivido? ¿Qué posibilidades existen para recibir tratamientos médicos y medicinas? ¿Cómo se paga?

Compara tus observaciones del cuidado médico de la comunidad en que has vivido con tus observaciones del cuidado médico de una región del mundo hispanohablante con que te sea familiar. En la presentación, puedes mencionar lo que has estudiado, vivido y/u observado.

Listening Scripts, Answers, and Explanations for Practice Exam 2

Section 1, Part A
Interpretive Communication: Printed Texts

Within the printed texts, the answers are in boldface and follow the question number in parentheses.

Selección número 1: Repuestas y explicaciones

Tema curricular: La vida contemporánea

Fuente número 1

(#1) **Es difícil pasar de la escuela secundaria, donde tienes un grupo sólido de amigos que te apoyan, a una institución de educación superior donde eres un extraño rodeado de extraños. Extrañarás a tus amigos y a tu familia. Extrañarás las salidas con la gente de tu escuela secundaria local.** Sin embargo, conocerás a un montón de gente nueva en esta etapa.

Estudiantes y asesores de los recintos universitarios, o sea campus, de todas partes de los Estados Unidos dieron su opinión a *Next Step* sobre cómo adaptarse a este nuevo escenario. Aquí podrás ver lo que nos contaron.

(#2) **Involúcrate**
(#4) «**Conocer a los diferentes administradores y profesores del campus puede abrir las puertas para oportunidades laborales,** es un gran recurso y permite generar maravillosas amistades,» afirma Iris Michelle Delgado, estudiante de la Universidad de Cornell. (#5) «**Nunca tengas miedo de reconocer que no sabes algo. Tu experiencia en esta etapa se va a ver muy debilitada si piensas que hacer preguntas puede hacerte ver incompetente.**»

Aprovecha de los profesores

Debra Castillo, miembro del cuerpo de profesores de la Universidad de Cornell, (#3 + #10) **aconseja aprovechar de los profesores y miembros del personal de la institución. «Hay gente maravillosa y comprensiva entre los miembros del personal. Tienen una amplia base de conocimientos y una gran sensibilidad cultural y, por lo general, pueden ser la fuente de consultas esencial de los estudiantes.** Los miembros del profesorado nos dedicamos a formar y acompañar a gente joven, por lo tanto, deberían recurrir a nosotros más frecuentemente.»

Escúchate a ti mismo

Durante toda la experiencia de la educación superior, los amigos y la familia seguramente te brindarán muchos consejos sobre las clases, el dinero, los amigos y las relaciones.

(#6 + #11) **«Escucha los consejos de tu familia, pero no olvides que serás tú quien deberás vivir con las decisiones que tomes,»** afirma Delgado.

Mantente en contacto

«Mantente en contacto con tu familia y amigos por todos los medios que te parezcan necesarios, pero también debes darle una oportunidad a tu nueva vida en el campus,» sostiene Lourdes Laguna, estudiante de la Universidad de Tufts.

Debes estar abierto a probar cosas nuevas y manejar nuevas experiencias. Después de todo, es parte de tu crecimiento.

Piensa en la profundidad de tus decisiones

Ferry Ortiz, estudiante del Hamilton College comenta que es necesario pensar muy bien las decisiones que uno toma. No te precipites cuando estás enojado. (#12) **«Debes pensar antes de actuar, porque tus decisiones pueden volverse contra ti y perjudicarte,»** recomienda el estudiante.

Aprende cómo actuar en situaciones sociales

(#7) **El poder desarrollar buenas habilidades sociales en esta etapa tendrá muchas ventajas en el mundo real.** Por ejemplo, si quieres ser abogado o trabajar en relaciones públicas, conocerás y trabajarás con toda clase de personas.

¿Te está resultando difícil generar vínculos con la gente nueva en tu entorno? No temas recurrir a otros para que te ayuden.

«Conoce los recursos disponibles y aprende dónde y cuándo buscar ayuda. Muchos de nosotros provenimos de entornos en los que pedir ayuda o reconocer que te sientes estresado y sobrepasado se interpreta como debilidad o no se ve bien,» afirma Benjamín Ortiz, miembro del profesorado y asesor de la Universidad de Cornell.

(#2 + #9) Participa

(#8 + #9) **Los amigos no caen del cielo. «No te aísles. Trabaja mucho para hacer amigos y generar una comunidad, una familia. La transición será más fácil una vez que sientes tus raíces y comiences a sentir que perteneces a este nuevo lugar,»** comenta Ruben Stern, miembro del profesorado de la Universidad de Tufts.

Fuente número 2

Once factores que pueden contribuir al fracaso en los estudios superiores

La nostalgia	A veces los estudiantes echan de menos a sus familiares tanto que les impide funcionar bien en su nuevo entorno.
El fastidio con los estudios	A veces después de haberse graduado del colegio unos estudiantes se encuentran exhaustos con continuar inmediatamente con los estudios.
La falta de una preparación adecuada	A veces o el colegio no les ha preparado o el/la estudiante no ha trabajado suficientemente duro en el colegio.
Los problemas personales o de familia	A veces algo les ocurre a ellos mismos o a un miembro de la familia que les afecta mucho.
El costo	A veces los estudiantes no tienen suficiente dinero y/o no pueden alcanzar ayuda financiera.
Demasiada juerga	A veces es la primera vez que el/la estudiante se encuentra con una libertad completa y no sabe medir.
El no cuadrar la universidad con los deseos del/de la estudiante	A veces el/la estudiante descubre que la universidad escogida no tiene los cursos que le hacen falta y/o la universidad es demasiado grande o pequeña para él/ella.
El escoger una concentración que no le satisface	A veces después de tomar unos cursos el/la estudiante descubre que de verdad no le interesa la concentración y la universidad no ofrece los cursos necesarios para seguir una nueva concentración.
La falta de asesores/mentores	A diferencia del colegio, muchas veces el/la estudiante no puede recibir la atención individual a que se ha acostumbrado.
Las presiones externas	A veces el/la estudiante necesita trabajar a tiempo parcial o completo mientras está en la universidad.
El deseo de mudarse	A veces el/la estudiante decide que no quiere vivir donde está por el clima o la distancia de la familia o de su pareja.

Questions and Answers

1. Según este artículo, quizá la cosa más difícil en cuanto a la transición a la universidad sea…
   (C) acostumbrarse a la falta de apoyo de los familiares.

2. La mejor manera de responder a esta dificultad es…
   (A) participar para mejor conocer a la gente allí.

3. Es importante conocer a los profesores y otros que trabajan en la universidad porque…
   (D) pueden ser recursos para los estudiantes.

4. El conocer bien a la administración y los profesores también puede ser útil en…
   (A) facilitar el encuentro de trabajo.

5. Según el artículo, es mejor…
   (B) hacer preguntas para poder madurar y avanzar.

6. Los padres, amigos y profesores pueden darte consejos, pero siempre es importante…
   (B) tener en cuenta lo que tú mismo piensas.

7. Una cosa esencial para tener éxito en el futuro después de la universidad es…
   (C) aprender cómo comportarte en una variedad de situaciones.

8. Un buen título para este artículo sería…
   (D) Cómo adaptarse.

9. En la segunda fuente vemos que una de las razones por el fracaso en los estudios superiores es la nostalgia. Según la primera fuente, es posible combatirla por…
(D) participar.

10. Otro problema que puede llegar al fracaso es la falta de asesores y mentores en la universidad. La primera fuente sugiere que…
(A) aproveches de la ayuda de los profesores.

11. A veces el/la estudiante recibe muchos consejos de miembros de la familia y/o amigos en cuanto a la universidad y la vida futura. Entonces, según la primera fuente…
(C) escúchate a ti mismo.

12. Otro problema muy grande es que muchos estudiantes no han tenido antes la libertad que ahora les brinde la universidad. Entonces a veces van demasiado de juerga. Según la primera fuente es mejor…
(C) pensar en la profundidad de tus decisiones.

Selección número 2: Repuestas y explicaciones
Tema curricular: Los desafíos mundiales

Fuente número 1
Un fragmento de Romance de lobos por Ramón del Valle-Inclán

El Caballero —(#1) **¡Mar, tus olas no se abrieron para tragarme!… ¡Quisiste aquellas vidas y no quisiste la mía! ¡Si me tragases, mar, y no arrojases mi cuerpo a ninguna playa!**

¡Si me sepultases en tu fondo y me guardases para ti!… ¡No me quisiste aquella noche, y soy más náufrago que esos cuerpos desnudos que bailan en tus olas!… ¡Tengo la pobreza y la desnudez y el frío de un náufrago! (#2) **¡No sé adónde ir!… ¡Si la muerte trata, pediré limosna por los caminos!…** ¡Y el mar, aquella noche, pudo caer sobre mi cuerpo, como la tierra de la sepultura, y no me quiso!… ¡Ya soy pobre! (#6) **¡Todo lo he dado a los monstruos!** ¡Mi alma en otra vida, aquella vida de que huyo, también fue un mar, y tuvo tormentas, y noches negras, (#3) **y monstruos que habían nacido de mí!** ¡Ya no soy más que un mendigo viejo y miserable! (#4)**¡Todo lo he repartido entre mis hijos**, y (#6) **mientras ellos se calientan ante el fuego encendido por mí, yo voy por los caminos del mundo,** y un día, si tú no me quieres, mar, moriré de frío al pie de un árbol tan viejo como yo! (#5) **¡Las encinas que plantó mi mano no me negarían su sombra**, como me niegan su amor los monstruos de mi sangre!…

Fuente número 2
Unos titulares sobre el abandono de los ancianos

«**¿Por qué las almas ancianas están abandonadas?**»
—*Sydney Morning Herald* (#7) (**Australia**)

«**Denuncian que hay más de 600 ancianos abandonados en hospitales del Distrito**»
—Santa Fe 1070 AM (#7) (**Colombia**)

«**Ministro Lavín visita a ancianos abandonados por sus familias durante fiestas de fin de año**»
—http://www.biobiochile.cl (#7) (**Chile**)

«**Los ancianos siguen abandonados**»
—*La Estrella* (#7) (**Panamá**)

«**Más de 800 mil ancianos viven en** (#8) **pobreza extrema: PVEM**»
—Grupo Fórmula (#7) (**México**)

«**El abandono de los ancianos**»
—http://voices.yahoo.com (#7) (**Estados Unidos**)

Questions and Answers

1. El protagonista de esta selección…
   (A) sobrevivió un naufragio.

2. ¿Por qué preferiría él morir a sobrevivir?
   (A) No tenía nada.

3. «Los monstruos» a que se refiere el protagonista eran…
   (D) sus hijos.

4. ¿Por qué se encontraba el protagonista en tal estado de pobreza?
   (B) Les había dado todo a sus hijos.

5. ¿Quiénes serían más fieles al protagonista?
   (A) unos árboles que había plantado

6. *Romance de lobos* forma parte de una trilogía llamada *Comedias bárbaras*. Se puede ver por el tono que usa, el título y el nombre de la trilogía que Valle-Inclán…
   (D) compadece con el protagonista. (lobos = *wolves* / bárbaras = *barbaric* / los monstruos = *monsters*)

7. Aunque la primera fuente viene de una novela de 1908, se puede ver en la segunda selección que el abandono de los ancianos en nuestros días…
   (B) es un problema del mundo entero. (Note where the various headlines are from.)

8. Según los titulares que vemos aquí, junto con el problema del abandono hay el problema de…
   (A) la falta de recursos financieros.

Selección número 3: Repuestas y explicaciones

Tema curricular: La belleza y la estética

Fuente número 1
Un fragmento de Los pazos de Ulloa por Emilia Pardo Bazán

(#1) **Y en efecto, le fueron enseñadas al marqués de Ulloa multitud de cosas que no le importaban mayormente. Nada le agradó**, y experimentó mil decepciones, como suele acontecer a (#2) **las gentes habituadas a vivir en el campo**, que se forman del pueblo una idea exagerada. (#3) **Pareciéronle, y con razón, estrechas, torcidas y mal empedradas las calles, fangoso el piso, húmedas las paredes, viejos y ennegrecidos los edificios, pequeño de circuito de la ciudad, postrado su comercio y solitarios casi siempre sus sitios públicos**; y (#4) **en cuanto a lo que de un pueblo antiguo puede enamorar a un espíritu culto, los grandes recuerdos, la eterna vida del arte conservada en monumentos y ruinas, de eso entendía don Pedro lo mismo que de griego o latín**. ¡Piedras mohosas! Ya le bastaban las de los pazos. Nótese cómo un hidalgo campesino, de muy rancio criterio, se hallaba al nivel de los demócratas más vandálicos y demoledores. A pesar de conocer Orense y haber estado en Santiago cuando niño, discurría y fantaseaba a su modo (#5) **lo que debe ser una ciudad moderna: calles anchas, mucha regularidad en las construcciones, todo nuevo y flamante**, gran Policía, ¿qué menos puede ofrecer la civilización a sus esclavos?

Fuente número 2

Fernando Botero es un artista colombiano que ha alcanzado gran fama en el mundo del arte; también ha sido el eje de una controversia sobre lo que constituye el arte. Se reconocen muy fácilmente obras de Botero por sus sujetos exagerados y (#7) **corpulentos como se puede ver aquí en la foto de su bronce, «Hombre a caballo».** Estos hombres, mujeres, niños y hasta animales gordos viven en un mundo irreal, casi como caricaturas. Quizá esto sea exactamente lo que son, caricaturas de tipos humanos, como el alcalde y la familia rica. Se clasifica su arte como arte (#8) **expresionista con que él trata de expresar sus ideas por sus sujetos exagerados.** Otros han llamado el estilo «boterismo» lo que implica que su estilo es único. Algunos críticos menosprecian su producción artística por creerla infantil y sin valor artístico. Otros lo ven como un genio que ha podido captar arquetipos humanos con sus personajes opulentos. Mientras mucha de su obra es original, Botero también ha interpretado a su manera obras famosas de arte como «La Mona Lisa» de Leonardo Da Vinci y «La infanta Margarita» de Velázquez. Fernando Botero pinta y también es escultor. Sus pinturas se encuentran en museos y colecciones privadas por todo el mundo. Hace pocos años sus estatuas en bronce podían verse en Washington, D.C., a lo largo de la plaza y el estanque detrás de la Casa Blanca enfrente del Congreso. Piensen lo que piensen los críticos, (#9) **Botero siempre inspira comentario y observaciones, y por eso podemos decir que sí contribuye al mundo artístico.**

Questions and Answers

1. El marqués de Ulloa se quedó…
   (B) no muy impresionado con todo lo que veía.

2. El marqués era un señor…
   (A) del campo.

3. Para él, la ciudad parecía…
   (D) pobre.

4. La autora indica que el marqués era un hombre…
   (C) torpe.

5. Para el marqués, su ideal de lo que debía ser una ciudad era…
   (B) nueva.

6. Cuando la autora dice en la primera selección «en cuanto a lo que de un pueblo antiguo puede enamorar a un espíritu culto, …, de esto no entendía don Pedro lo mismo que de griego o latín» ella nos dice que el marqués…
   (B) no era bien instruido.

7. Según la segunda selección, las figuras de Botero son…
   (B) gordas.

8. Se clasifica el arte de Botero como…
   (D) expresionista.

9. Podemos decir que Botero contribuye al mundo artístico porque…
   (A) su arte inspira controversia.

10. Por lo visto en la primera selección y en la segunda, la apreciación de lo artístico es…
    (B) individual. (Some agree and some disagree on the artistic value of certain things: Ulloa does not value the appearance of the old city and some art critics do not value Botero's work.)

Selección número 4: Repuestas y explicaciones

Tema curricular: La belleza y la estética

Un fragmento de Doña Perfecta por Benito Pérez Galdós

Después de media hora de camino, durante la cual (#1) **el señor don José no se mostró muy comunicativo, ni el señor Licurgo tampoco, (#2) apareció a los ojos de entrambos apiñado y viejo caserío asentado en una loma, del cual se destacaban algunas negras torres y la ruinosa fábrica de un despedazado castillo en lo más alto. Un amasijo de paredes deformes, de casuchas de tierra pardas y polvorosas como el suelo, formaba la base, con algunos fragmentos de almenadas murallas, a cuyo amparo mil** chozas humildes alzaban sus miserables frontispicios de adobes, semejantes a caras anémicas y hambrientas que pedían una limosna al pasajero. Pobrísimo río ceñía, como un cinturón al pasar algunas huertas, única frondosidad que alegraba la vista. (#3) **Entraba y salía la gente en caballerías o a pie, y el movimiento humano, aunque escaso, daba cierta apariencia vital a aquella gran morada**, cuyo aspecto arquitectónico era más bien de ruina y muerte que de prosperidad y vida. (#4) **Los repugnantes mendigos que se arrastraban a un lado y otro del camino pidiendo el óbolo del pasajero, ofrecían lastimoso espectáculo. No podían verse existencias que mejor encajaran en las grietas de aquel** (#6) **sepulcro donde una ciudad estaba**, no sólo enterrada, sino también podrida. Cuando nuestros viajeros se acercaban, (#5) **algunas campanas, tocando desacordemente, indicaron con su expresivo son que** (#6) **aquella momia tenía un alma.**

Questions and Answers

1. Durante la primera parte del viaje, los dos viajeros…
   (D) no se hablaban el uno al otro.

2. El pueblo que apareció a sus ojos…
   (C) tenía un aspecto pobre.

3. Lo que daba vida a este poblado era…
   (D) las personas que salían y venían.

4. La gente de este pueblo parecía ser…
   (A) pobre.

5. El latido del corazón de este pueblo venía…
   (A) de las campanadas de las iglesias.

6. «La momia» que se menciona al final es…
   (B) la ciudad.

7. Se puede decir que la escena descrita es…
   (B) deprimida. *(given the description of the city, its buildings and surroundings)*

Selección número 5: Repuestas y explicaciones

Tema curricular: Las identidades personales y públicas

Fuente número 1

¿Te molesta esto? Entonces di algo.

¿Te molesta que muchos jóvenes hispanos de nuestra ciudad abandonen la escuela?

¿Te molesta que tus propios hijos sean estudiantes con honores pero aún así son clasificados junto con la mayoría como estudiantes de bajo rendimiento cuando no lo son?

(#2) **¿Te molesta ser nombrado hispano cuando las raíces y cultura de tus antepasados tienen nombres específicos?**

¿Crees que necesitamos líderes jóvenes o liderazgo veterano?

Si una persona más asume que eres experto en salsa sólo porque tu apellido es Rodríguez, ¿gritarías?

Si alguno de estos temas origina alguna opinión en tu mente, entonces compártela. Nuestra edición de enero marca la llegada de nuestra nueva sección de conversaciones comunitarias llamada "Tu voz", y todos en la comunidad pueden (#3) **enviar sus cartas al editor.**

(#5) **El debate de inmigración y las elecciones mostraron a la nación que nuestra opinión cuenta.** (#6) **El número de temas depende de ti** porque (#4) **todos los asuntos son asuntos latinos.**

Fuente número 2

(#7) **Es difícil hablar de la comunidad hispana como un ente en general** cuando trata de términos médicos. Existen numerosas características que hacen a sus miembros diferentes de acuerdo al país de procedencia.

(#8) **Cada país hispanohablante tiene sus propias características y necesidades dependiendo del área geográfica y de su historia, por lo que nos hace diferentes e incomparables en muchos aspectos.**

"Todos (hispanos) somos diferentes, y (#9) **lo único que nos mantiene unidos es el idioma, con todas sus variaciones"**, menciona Carlos Jiménez-Rueda médico general quien vino del Paraguay en 1957. (#7 + #10) **"Nosotros (hispanos) no somos una comunidad monolítica, es lo más heterogéneo que puedes encontrar".**

Questions and Answers

1. Este anuncio tiene que ver con…
   (A) suposiciones erróneas.

2. El tercer párrafo refiere al hecho de que la denominación «hispana»…
   (B) es inadecuada.

3. Este anuncio anima a la gente a expresar su opinión en…
   (C) un periódico

4. En el último párrafo, cuando dice «nuestra opinión cuenta», ¿a qué se refiere?
   (A) a la comunidad hispana

5. La voz de la comunidad se ha mostrado importante en…
   (C) el voto.

6. El número de temas que se tratarán depende…
   (B) de las cuestiones propuestas por la comunidad.

7. En cuanto a la medicina, la comunidad hispana es…
   (B) heterogénea.

8. Lo que puede influir en las condiciones médicas de la gente tiene mucho que ver con…
   (A) su origen.

9. Lo que sí une a la comunidad hispana es…
   (D) su lengua.

10. La comunidad hispana en los EE.UU. …
    (B) es muy diversa.

Selección número 6: Repuestas y explicaciones

Tema curricular: Las identidades personales y públicas

Fuente número 1

La Brigada Abraham Lincoln

En el año 1936, la Guerra Civil española estalló en España cuando Francisco Franco y sus partidarios se levantaron en contra del gobierno en Madrid. Esa guerra, una sin prisioneros, se luchó entre 1936 y 1939. (#1) **La banda de Franco se llamaba los nacionalistas** y querían que España volviera a su grandeza anterior. Fue un grupo bastante conservador que recibió el apoyo de Adolph Hitler y de los fascistas. El gobierno de España en aquel entonces era un gobierno socialista que era más bien liberal y reformista. Fueron precisamente sus reformas las que provocaron a Franco y a sus partidarios. (#2) **Los republicanos, como se llamaban los que apoyaban al gobierno, recibieron su apoyo de la Unión Soviética.** El gobierno español había pedido ayuda al resto del mundo, pero todos los demás países, incluso los Estados Unidos, se habían declarado neutrales. Pero había muchas personas que respondieron a la llamada del gobierno español para ir y luchar como voluntarios. Uno de estos grupos se llamaba la Brigada Abraham Lincoln, en nombre del presidente americano. (#3) **Muchos jóvenes americanos,** incluso personajes como Ernest Hemingway, **fueron a España para luchar por la causa republicana con la Brigada.** (#4) **Esos valientes lo hicieron bajo la amenaza de perder su ciudadanía norteamericana** por romper con la posición neutral que había tomado el Congreso de los Estados Unidos. Desafortunadamente, sus esfuerzos no dieron resultado y las tropas franquistas ganaron, pero (#10) **siguen en la memoria española la valentía y el sacrificio de estos jóvenes americanos.**

Fuente número 2

El Batallón de San Patricio

Después de la Guerra de Tejas, que se llama *the Mexican-American War* en los Estados Unidos, Tejas recibió su libertad de México para establecer la República de Tejas en 1836. Pero cuando la República se incorporó como estado de los Estados Unidos, el gobierno mexicano lo vio como una amenaza y mandó tropas a la frontera entre los Estados Unidos y México. En la primavera de 1846 las tropas mexicanas atacaron a las tropas americanas y recomenzó el conflicto otra vez entre los dos países. Entre esas fechas había habido una ola de inmigración de Irlanda. (#5) **El gobierno norteamericano alistó a muchos inmigrantes irlandeses para luchar por su nuevo país** (#6) **con la promesa de recibir la ciudadanía más fácilmente y de ganar dinero.** Pronto, como lo que ha pasado con muchos inmigrantes recién llegados, (#7) **los irlandeses comenzaron a encontrar la discriminación. Ellos eran mayormente pobres y católicos, y no podían avanzar por los rangos militares. Poco después de entrar en el conflicto, los reclutas irlandeses descubrieron que tenían más en común con los mexicanos que con los americanos.** (#9) **Algunos de ellos, incluso John Riley, abandonaron el ejército americano y se alistaron en el mexicano formando el batallón de San Patricio.** Mientras en México esos ex soldados americanos fueron recibidos como héroes, en los Estados Unidos se les consideraban traidores. Después de ganar la guerra los Estados Unidos, los miembros del batallón fueron castigados en la plaza de San Ángel y allí, cada 12 de septiembre, (#10) **todavía se celebra su memoria.**

Questions and Answers

1. Según la primera fuente, los nacionalistas fueron partidarios…
   (B) de Francisco Franco.

2. La República Española recibió ayuda…
   (A) de la Unión Soviética.

3. … formaron la Brigada Abraham Lincoln.
   (D) Jóvenes norteamericanos

4. Los miembros de la Brigada lucharon al costo de…
   (B) la pérdida de su ciudadanía.

5. La segunda fuente trata de…
   (D) un grupo de soldados de Irlanda.

6. En la segunda fuente, los soldados se alistaron para luchar en esa guerra…
   (A) para ganar dinero.

7. Cambiaron de alianza…
   (B) por la discriminación.

8. En ambos casos, vemos a personas que lucharon por…
   (B) un país que no era el suyo. (The Irish fought for the Americans, then the Mexicans, and Americans fought for the Spanish Republic.)

9. La diferencia principal entre El Batallón de San Patricio y La Brigada Abraham Lincoln es…
   (A) los de San Patricio cambiaron de alianza.

10. Los dos grupos tienen en común … de los países a favor de que lucharon.
    (B) ser héroes

Section I, Part B
Interpretive Communication: Audio Texts and Print and Audio Texts Combined

Within the printed passage and the scripts for the listening passages, the answers are in boldface and the question number follows in parentheses.

Selección número 1: Repuestas y explicaciones

Tema curricular: Los desafíos mundiales

Fuente número 1

La Escuela de Traductores de Toledo, fuente de entendimiento y comprensión

Al leer los periódicos y revistas, y oír el noticiero de televisión y radio, muchos desesperan por la violencia en nuestro mundo. (#1) **A veces parece que la paz es algo verdaderamente inalcanzable. Pero, ¿de verdad lo es? Para los que no lo crean, sólo hace falta ver la historia para ver lo que sí puede ser.**

En 711 los árabes del norte de África invadieron la Península Ibérica derrotando a los reyes visigodos. Para el año 718 habían conquistado toda la península. Pero, (#2) **en vez de la destrucción total de las comunidades judías y cristianas, en la península reinaba un período denominado «la convivencia»** (#3) **en que coexistían los árabes, cristianos y judíos.** Aquella época produjo filósofos como Maimónides, un filósofo judío, y Averroes, un filósofo árabe, universidades y bibliotecas. También produjo en el siglo XII una escuela de traductores en la ciudad de Toledo. Esta escuela fue fundada por Don Raimundo, el arzobispo cristiano de Toledo. Don Raimundo fue convencido de la importancia de traducir los textos de los filósofos árabes para comprender a los clásicos como Aristóteles. Él reunió en Toledo a un grupo de sabios árabes, cristianos y judíos (#4) **para traducir del árabe y hebreo al castellano y latín la sabiduría del mundo antiguo.**

(#5) **Gracias al trabajo hecho por los traductores, los conocimientos del mundo oriental, griego y latín, fueron conservados y transmitidos al resto de Europa.**

Aquel periodo puede servir de ejemplo al mundo moderno de cómo tres culturas y religiones pueden vivir en paz, y como esta «convivencia» puede servir a alzar la raza humana. Gracias a esta escuela de traductores, conocemos hoy las obras de los grandes filósofos, matemáticos, doctores y astrónomos del mundo antiguo y del oriente. Aquel intercambio de información ayudó a esclarecer las tinieblas de la Edad Media. ¿Podría algo así esclarecer hoy día nuestras tinieblas de guerra y terrorismo?

Fuente número 2

TRACK 52

Script for Audio Text

Mientras haya guerras y actos de terrorismo, existe un grupo en Toledo, España, que trata de cambiar la mente y el corazón de la gente. En 1994 se estableció de nuevo la Escuela de Traductores de Toledo en colaboración con la Fundación Cultural Europea. Esta escuela tiene sus raíces en los siglos XII y XIII en Toledo. La escuela nueva, ubicada en la Universidad de Castilla —La Mancha, (#6) **tiene como misión la traducción de textos árabes al castellano** y también ofrece clases y talleres en la traducción de textos hebreos. (#7) **El motivo principal es la comprensión mutua entre las principales culturas de la región mediterránea** para romper quizá las barreras más grandes entre estos pueblos, la de la lengua y la de la cultura.

El trabajo realizado por la Escuela de Traductores no se dirige a profesionales, sino a las masas para que todos puedan conocer mejor la cultura árabe por el arte de su literatura y no entrar en discusiones sobre la religión. No se empeñan tanto en hacer traducciones exactas, sino que (#8) **tratan de captar lo artístico del lenguaje para**

que la versión española sea tan rica como el texto original. El enfoque es más bien cultural.

Al momento actual, sólo se traducen unas diez obras por año, pero es un comienzo. Quizá por entenderse mejor a través del arte literario, haya una mejor oportunidad para lograr el respeto y la paz entre estos pueblos mediterráneos. (#9) **La Escuela de Traductores original difundió la sabiduría del mundo antiguo y oriental a la Europa de la Edad Media, puede ser que la nueva difundirá la comprensión y la paz?**

Questions and Answers

1. El autor de la primera fuente piensa que la paz…
   (B) se puede realizar en el mundo de hoy.

2. La conquista árabe de la Península Ibérica…
   (C) resultó en la cooperación entre las culturas existentes y la árabe.

3. La palabra «convivencia» quiere decir…
   (A) vivir juntos.

4. El propósito de la Escuela de Traductores era…
   (D) preservar los conocimientos del mundo antiguo en castellano y latín.

5. Gracias a esta escuela de traductores, hemos preservado…
   (B) la sabiduría de los romanos, griegos y orientales.

6. En la segunda selección, vemos que la nueva escuela de traductores tiene como misión…
   (C) la traducción de literatura árabe al castellano.

7. Los nuevos traductores piensan que por comprender la literatura se puede…
   (D) mejor comprenderse.

8. Se puede decir que los traductores quieren captar … en sus traducciones.
   (A) la riqueza lingüística del texto original

9. Se puede decir que la Escuela de Traductores de los siglos XII y XIII y la nueva…
   (B) tienen fines diferentes.

Selección número 2

Tema curricular: La vida contemporánea

TRACK 53 **Script for Audio Text**

En la tienda de aparatos eléctricos

Cliente:	Buenos días, señor.
Dependiente:	Buenos días, ¿en qué puedo servirle?
Cliente:	Compré este radio aquí la semana pasada y (#1) **no funciona muy bien**. Espero que Ud. pueda repararlo o reemplazarlo.
Dependiente:	Bueno, ¿cuál es el problema con él?
Cliente:	(#2) **Es que cuando lo pongo hay interferencias,** tantas que no oigo bien ni la música ni el comentario de los locutores.
Dependiente:	Me parece que habrá un problema con la antena interna. (#3) **Lo que pasa es que no hacemos reparaciones aquí en esta tienda. Tenemos que mandarlo a un taller de reparaciones** y normalmente tardan dos semanas en devolverlo.
Cliente:	Eso es imposible. (#4) **Me voy de vacaciones este fin de semana. Quería llevarlo conmigo a la playa para poder escuchar música mientras tomo el sol.** ¿No hay algo más que Uds. puedan hacer?

Dependiente:	Podría prestarle otro radio mientras que se reparara el suyo si no lo llevara a la playa. (#5) **En la playa sería posible que el radio prestado fuera dañado por la arena, el agua o el sol.**
Cliente:	¡Qué problema! Parece que no podré tener mi radio para estas vacaciones.
Dependiente:	¿Tendría Ud. el recibo para el radio?
Cliente:	Sí, está en casa. ¿Por qué?
Dependiente:	(#6) **Si Ud. me trae el recibo, podré darle otro radio nuevo por el radio que no funciona.** Entonces (#7) **puedo devolverle el que no funciona a la compañía** y Ud. tendrá un radio para las vacaciones.
Cliente:	Excelente idea. Bueno, vuelvo a casa ahora por el recibo y volveré en media hora.
Dependiente:	Muy bien. Cuando Ud. vuelva, pregunte por mí y podremos cambiar los radios.
Cliente:	Mil gracias, señor. Ud. ha sido muy amable.

Questions and Answers

1. ¿Cuál es el problema?
   (D) Lo que compró no funciona como se debe.

2. ¿Con qué tiene problema?
   (A) con la recepción

3. ¿Por qué no puede ayudarle a la cliente el dependiente?
   (C) No hacen las reparaciones allí.

4. ¿Cuál es el problema si la muchacha quiere que la tienda lo repare?
   (B) No puede esperar tanto tiempo para las reparaciones.

5. ¿Por qué no puede prestarle el dependiente otro a la muchacha?
   (A) El artículo prestado puede ser dañado donde ella quiere llevarlo.

6. ¿Cómo se resuelve la situación?
   (D) Con el recibo el dependiente puede cambiar el uno por el otro.

7. ¿Qué va a hacer la tienda con el producto defectuoso?
   (B) devolverlo a la compañía

Selección número 3

Tema curricular: La belleza y la estética

TRACK 54 *Script for Audio Text*

El cine español contemporáneo

En los años ochenta (#1) **el cine español gozó de una producción fenomenal con la restauración de la democracia española**. Los directores españoles, con nuevos derechos y la eliminación de la censura, pudieron desarrollar su arte. Uno de éstos es Carlos Saura. Durante los años ochenta Carlos Saura en colaboración con (#2) **Antonio Gades, el primer bailarín flamenco español de aquella época**, hizo tres películas que recibieron aclamación internacional y hasta nominaciones para el Premio Óscar: *Bodas de sangre* (en 1981), *Carmen* (en 1983) y *El amor brujo* (en 1987).

Bodas de sangre es una adaptación del drama del mismo nombre escrito por Federico García Lorca en 1933. (#3) **En esta película, en parte autobiográfica, Antonio Gades habla de cómo** se hizo bailarín, cómo y por qué comenzó a bailar y su contacto con el famosísimo bailarín Escudero. La acción pasa en el estudio de baile en un ensayo para una producción del drama *Bodas de sangre*, escrito por Federico García Lorca. Al comienzo los actores llegan, se maquillan, se visten y se hablan de sus proyectos. Mientras se pone su maquillaje Gades nos habla de su formación y vida profesional. Después vemos a los bailarines ensayando su adaptación flamenca del drama. (#4) **No hay diálogo. La historia se cuenta por medio de la música y el baile.**

Carmen se hizo después, en 1983, y es la historia famosa de Mérimée y la ópera de Bizet. Otra vez Gades monta una representación de esta historia por medio del baile y la música flamenca. Esta vez Saura juega con la realidad. (#5) **La historia de *Carmen* se mezcla con la de Gades y la bailarina principal que se llama Carmen, el mismo nombre que el de la protagonista. La historia de Carmen y don José, el soldado español que se enamora de Carmen, y la de Gades y Carmen la bailarina se convierten en la misma, un hombre enamorado de una mujer que lo traiciona y decepciona.** ¿Es que al final Gades mata a la bailarina Carmen, o es que es sólo la parte del ensayo en que don José mata a Carmen el personaje de la obra? (#6) **Es el espectador quien tiene que decidir.**

El amor brujo se basa en una obra clásica española del mismo nombre por el gran compositor español Manuel de Falla. Al comienzo vemos los portones de un estudio en el momento en que se cierran. Adentro vemos las luces y el escenario en el estudio pero pronto (#7) **Saura nos lleva al mundo gitano donde transcurre la acción.** Estamos ahora en un pueblo pequeño de gitanos y los vemos en su vida diaria y vemos también sus viejas tradiciones. Esta historia cuenta el poder del amor, de la honra y hasta la cuestión de la honra y el amor después de la muerte. De las tres películas de Saura y Gades ésta es la más tradicional en cuanto a la trama de la historia. La historia se basa en los modales, las creencias y las tradiciones de los gitanos españoles, un grupo que vive fuera de la sociedad. Cuenta la historia también del amor verdadero que puede superarlo todo y triunfar al final.

Estas tres colaboraciones de Saura el director y Gades el bailarín han llevado a la pantalla historias, música, baile y tradiciones españolas y han ayudado a lograr mucha atención y prestigio para la industria cinematográfica de España.

(#8) **Carlos Saura ha continuado con su visión de contar la historia de un pueblo por medio de su música y baile con la película *Tango***, que él realizó en la Argentina. En esta película, (#9) **algo parecida a *Carmen*, él combina la vida amorosa del bailarín principal con la de su bailarina principal, novia de un hombre peligroso,** quienes montan una producción que usa el baile y la música del tango para contar la historia de la Argentina desde su independencia hasta la Guerra Sucia de los años setenta y ochenta. El uso de la música y del baile nacionales por Saura para contar la historia continúa a ser genial y a captar la atención del mundo entero.

Questions and Answers

1. ¿Cuál fue el gran empuje para el desarrollo del cine español?
   (C) la restauración de la democracia

2. ¿Quién era Antonio Gades?
   (B) el primer bailarín flamenco español

3. ¿Qué historia cuenta en parte la película *Bodas de sangre*?
   (A) la historia de la vida de Gades

4. ¿Cuál es la historia contada por medio de música y baile sin diálogo?
   (C) *Bodas de sangre*

5. ¿Cuál es una historia psicológica donde la vida de los actores paralela la vida de los protagonistas?
   (D) *Carmen*

6. ¿Qué es lo que pasa al final de *Carmen*?
   (B) No sabemos si el asesinato de Carmen es real o parte del ensayo.

7. ¿En qué película transcurre la acción en el mundo de los gitanos?
   (A) *El amor brujo*

8. ¿Qué es lo genial de la obra de Carlos Saura?
   (D) Cuenta una historia por medio de música y baile.

9. ¿Cuáles son las dos películas en que la vida amorosa de los protagonistas se mezcla con la obra?
   (A) *Tango* y *Carmen*

Section II: Free Response
Presentational Writing: Persuasive Essay
Tema curricular: Las familias y las comunidades

TRACK 55

Fuente número 3

Script for Audio Text

Las doce uvas de la Nochevieja

En España, como en muchas partes del mundo, la Nochevieja se celebra con la familia y los amigos. Normalmente hay una cena después de la cual o deciden ver la celebración en la televisión o salen de sus casas para celebrarla. Para celebrar hay también las botellas de champaña para brindar el Año Nuevo después del toque de la medianoche. Pero en España hay otra costumbre que parezca un poco extraña.

En muchas ciudades españolas la Nochevieja la gente se congrega en las plazas y al comenzar a tocar las doce ellos se empeñan en comer una uva por cada toque hasta comer las doce. La tradición dice que los que pueden comer las doce uvas con los toques del reloj tendrán suerte en el Año Nuevo.

¿Cómo nació esta celebración que se ha hecho tan española? Lo curioso es que no tiene nada que ver con las razones por las cuales la gente normalmente celebra la Nochevieja, tales como para despedirse del año pasado y sus problemas y dar la bienvenida al Año Nuevo con la esperanza de mejorar sus vidas. La razón por la existencia de esta celebración no tenía que ver con las razones tradicionales que ahora se asocian con el comer las doce uvas. Tenía que ver con la economía y el comercio. En el año 1909 hubo una cosecha enorme de uvas y los agricultores de Alicante se encontraron en la posición de tener una sobreabundancia de ellas. Los productores necesitaban una manera de vender sus uvas y así es como nació lo que se ha convertido en una parte esencial de la celebración de la Nochevieja y el Año Nuevo.

Interpersonal Speaking: Conversation
Tema curricular: Las familias y las comunidades

TRACK 56

Script for Audio Text

(Juan)	Aló, ¿quién habla? TONE (20 Seconds) TONE
(Juan)	Gracias por llamarme. ¡Tengo unas noticias fantásticas! ¡María me ha invitado a su quinceañera! TONE (20 Seconds) TONE
(Juan)	Estoy muy emocionado, pero no sé qué llevarle. ¿Tienes unas ideas? TONE (20 Seconds) TONE
(Juan)	Nunca he asistido a una quinceañera. ¿Cómo debo vestirme? TONE (20 Seconds) TONE
(Juan)	Sí, parece ser una buena idea. Creo que va a ser una fiesta muy divertida. TONE (20 Seconds) TONE
(Juan)	Pues, mil gracias por tus consejos. Yo te llamaré después para contarte todo. TONE (20 Seconds) TONE

Scoring and Interpreting Your Results

Once you have taken the Practice Exam, look to see what sections were more difficult for you.

If you found a certain section to be more difficult, do extra practice on those types of questions:

Section I: Multiple Choice
- Part A (Interpretive Communication: Print Texts)—Chapter 5
- Part B (Interpretive Communication: Audio Texts and Print and Audio Texts Combined)—Chapter 6

Section II: Free Response
- Interpersonal Writing: E-mail Reply—Chapter 7
- Presentational Writing: Persuasive Essay—Chapter 8
- Interpersonal Speaking: Conversation—Chapter 9
- Presentational Speaking: Cultural Comparison—Chapter 10

Here is a way you can see how you might have done if this had been the actual examination. This is *not* scientific and the results *do not* guarantee that you will do similarly on the actual examination.

Section I: Multiple Choice

Part A: Interpretive Communication:
    Print Texts

Part B: Interpretive Communication:
    Audio Texts and Print and
    Audio Texts Combined

} _____ (number correct) × 0.62195
(82 possible)

Section I Score

_____

Section II: Free Response
(In computing Section II **do not** round.)

Interpersonal Writing: E-mail Reply   _____ (0 to 5 on the rubric) × 2.55

Presentational Writing: Persuasive Essay   _____ (0 to 5 on the rubric) × 2.55

Interpersonal Speaking: Conversation   _____ (0 to 5 on the rubric) × 2.55

Presentational Speaking: Cultural Comparison _____ (0 to 5 on the rubric) × 2.55

Section II Score

_____

Total for Sections I and II (round
to the nearest whole number)

_____

Score		Rubric Score		Letter Grade
80–102	=	5	=	A
68–79	=	4	=	B
60–67	=	3	=	C
50–59	=	2	=	D
0–49	=	1	=	no recommendation

Appendixes

ORDERING AND CONNECTING WORDS FOR SMOOTH WRITING

In order to make your ideas flow more fluently, you should also make a point of using connecting or ordering words. You may choose to make your own personal list of these from below and commit to using them in all essays you prepare for class or practice on your own. If you make the commitment to use these regularly, by the day of the examination you should be able to incorporate them into your writing to make the transitions between ideas and paragraphs smooth.

- You may also wish to make flash cards in order to practice them.
- The best way to learn the expressions is to use them in the following ways:
  - Try to actively use the expressions in all six appendix sections in your written work.
  - Try to actively use the expressions orally.
  - Try to actively recognize them in written passages.
  - Try to actively listen for them in spoken language.

Creo que

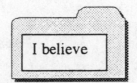

I believe

primero:	*first*
luego:	*then*
después:	*afterward* (después de + *noun / infinitive*)
antes:	*before* (antes de + *noun / infinitive*)
finalmente:	*finally*
por fin:	*finally*
entonces:	*then; therefore*
sin embargo:	*nevertheless*
no obstante:	*nevertheless*
por consiguiente:	*therefore*
pues:	*then, well, therefore*
a causa de:	*because of*
por + *noun:*	*because of* (No vengo a la fiesta **por** el trabajo que tengo.)

porque + *verb:*	*because* (No vengo a la fiesta **porque** no puedo.)
pero:	*but*
sino:	*but* (**No** es blanco **sino** negro. [**sino** = the negative *but*] = *rather*
aunque:	*even though*
mientras tanto:	*meanwhile*
mientras:	*while*
por eso:	*for that reason, because of that*
por lo tanto:	*therefore*
y:	*and* (**Y** becomes **e** before words beginning in **hi-** or **i-: español e inglés**.)
o:	*or* (**O** becomes **u** before words beginning in **ho-** or **o-: siete u ocho**. **O** may also be

written with an accent mark, **ó,** to distinguish it from the number 0 [zero] when it appears with numbers: **9, 7, 6 ó 5.**)

que:	*that, which, who*
si:	*if*
al principio:	*at first*
al fin:	*at the end*
érase una vez / había una vez:	*once upon a time*
comieron perdices y vivieron felices:	*they lived happily ever after*
colorín, colorado, este cuento se ha acabado:	*they lived happily ever after*
también:	*also, too*
tampoco:	*neither, not either*
o … o:	*either … or*
ni … ni:	*neither … nor*
en aquel entonces:	*back then*
por un lado:	*on the one hand*
por otro lado:	*on the other hand*
nunca jamás:	*never, ever*
cuando:	*when*
hasta que:	*until*
tan pronto como:	*as soon as*
así que:	*so, as soon as*
luego que:	*as soon as*
en cuanto:	*as soon as*
después de que:	*after*
mientras que:	*while*
de modo que:	*in a way that*
de manera que:	*in a manner that*

Use the subjunctive *only if the action has not yet taken place:* Te hablaré cuando tú **vengas.** *Use the indicative if the action has taken place or usually takes place:*

Siempre te hablo cuando tú **vienes.**

para que:	*so that, in order that*
a fin de que:	*so that, in order that*
a menos que:	*unless*
a no ser que:	*unless*
a condición de que:	*on the condition that*
con tal (de) que:	*provided that*
antes de que:	*before*
en caso de que:	*in case*
sin que:	*without*
de hecho:	*as a matter of fact*
hoy día:	*nowadays, today*
por lo general:	*generally*
además:	*furthermore*
por ejemplo:	*for example*
a pesar de:	*in spite of*
en vez de:	*instead of*
es decir:	*in other words, that is to say*
sobre todo:	*above all*
o sea:	*in other words, that is to say, that is*
o sea que:	*in other words, so, that is to say (in conclusion)*

Always use the subjunctive: Yo no voy a menos que tú **vayas.**

COMMON MISTAKES

This appendix provides a list of common errors made by English-speaking students learning Spanish.

1. *Because of* is translated in Spanish as **a causa de** or **por**: No vienen a la fiesta **a causa de / por** la nieve. Only use **porque** if followed by a conjugated verb = *because:* No vino **porque** está enfermo.

2. Many words ending in **-ma** in Spanish are masculine: **el problema, el drama, el poema**, and so on. Notable exceptions include **la trama** (*the plot*) and **la forma** (*the form*).

3. **Probar** (**o → ue**) means *to try on* clothing or *to taste* food. **Tratar de** means *to try to do* something: Yo quiero **probar** la sopa. Yo **traté de** hacer la tarea.

4. **Tratar de** also means *to be about, to deal with:* El programa **trata de** la Guerra Civil Española.

5. **Hablar de** means *to talk about* something or someone: Ellos **hablan de** la fiesta de anoche. María **hablaba de** su nuevo amigo Juan.

6. The verb **decir** means *to say* or *to tell;* **hablar** means *to speak:* Yo siempre **digo** la verdad. ¿Me **hablas** a mí?

7. The accent mark falls on the **o** in words that end in **-ión**: la nac**ió**n.

8. The noun **cuento** means *story* or *short story:* Me gustan los **cuentos** de García Márquez.

9. The noun **cuenta** means *bill* or *check,* usually used in a restaurant: Camarero, me gustaría pagar la **cuenta,** por favor.

10. The Spanish word for *major* or *main* is **principal**: Ésta es la idea **principal**.

11. To express the idea *most of* in Spanish, use **la mayoría de** or **la parte principal de: La mayoría de** mis amigos asisten a la escuela conmigo.

12. To express the idea of *major,* as in a college major, use **concentración**: Como Juan quiere hacerse médico, tiene su **concentración** en las ciencias.

13. **Todo** and **todos** mean *all of,* and therefore are not followed by **de: Todas** mis clases este año son difíciles.

14. To express the idea of *some of,* use **algunos/ algunas de: Algunos de** sus amigos lo visitaron en el hospital.

15. To express the idea of *character,* as in a story or play, use **personaje**: Don Juan es el **personaje** principal de *El Burlador de Sevilla.*

16. The word **carácter** is used to express personality traits: Ella tiene un **carácter** muy fuerte.

17. *Himself, herself, oneself* may be expressed in Spanish with **sí mismo** or **sí misma**: Él sólo piensa en **sí mismo**.

18. *Himself, herself, oneself* may also be expressed with the reflexive pronoun **se**: Él siempre **se habla**.

19. To express the idea of *each other* in Spanish, you may use the reflexive **se** as well: Los dos amigos **se** abrazaron fuertemente.

20. The idea of *each other* may also be expressed **el uno al otro, la una a la otra, el uno a la otra, los unos a los otros, las unas a las otras.**

21. To express *another* in Spanish, use **otro** or **otra**: Yo quiero **otra** limonada, por favor. Never use "un / una with otro / a".

22. *To pretend* to do something is expressed in Spanish with the verb **fingir**: El chico **fingió** estar enfermo porque tenía un examen hoy.

23. In Spanish, **pretender** means *to seek, try for, be after, apply for, aspire to, to claim, to woo,* or *to want.* Él **pretende** llegar a la cima de la montaña. **Pretender** may also mean *to pretend.* Juan **pretende** no saber la respuesta.

24. *To realize* something mentally, the verbal expression **darse cuenta de** is used: Al pagar la cuenta, Miguel **se dio cuenta** de que no tenía su cartera.

25. *To realize* a dream, or *to carry out* something is expressed in Spanish with the verb **realizar**: Él **realizó** todo lo que quería hacer.

26. To express parts of the day, you should use **por la mañana, por la tarde,** and **por la noche: Por la mañana** corro con mi perro.

27. When the hour is mentioned with the parts of the day, we use **de la mañana, de la tarde**, and **de la noche:** Siempre me levanto a las cinco y media **de la mañana.**

28. To express existence, use the verb **haber.** Remember that the forms of the verb **haber** used in this way are *both* singular and plural: **hay** = *there is / there are,* **había** = *there was / there were,* **hubo** = *there was / there were,* **habrá** = *there will be,* **habría** = *there would be:* **Había** cien personas en la cola para comprar entradas para el concierto.

29. To remember when to use **ser** and **estar** you may think of these two mnemonic devices: For **ser** think **C-NOTE** (**C**haracteristic, **N**ationality, **O**rigin, **T**ime, **E**vents location); for **estar**, think **TLC** (**T**emporary; **L**ocation of people, places, and things; **C**ondition): El partido de béisbol **es** en el colegio y el colegio **está** en la calle Seis.

30. Remember that with **gustar** and verbs like **gustar** the person is expressed using the indirect object pronoun: **me, te, le, nos, os, les: Me** gusta el fútbol.

31. Remember also that **gustar** and similar verbs agree with the thing liked, not with the person: Me **gustan** las hamburguesas. (The hamburgers [*they*] are pleasing to me.)

32. The adverb **encima de** means *above* (as in *hovering*) and **sobre** means *on top of:* El libro está **sobre** la mesa, y la lámpara **encima de** la mesa no funciona.

33. For a corner of the room, use **rincón**; for a street corner, use **esquina:** La chica mala tenía que sentarse en **el rincón** por media hora. La parada del autobús está en **la esquina** de la calle.

34. The word for *fact,* as in *the fact is,* is **hecho: El hecho** de que él no está aquí quiere decir que tenía que trabajar hoy.

35. A specific *fact,* as in something you looked up or discovered, is **un dato:** Ahora yo tengo todos los **datos** que necesito para escribir mi ensayo para la clase de sociología.

36. To express the idea of *to,* or *in order to,* use **para** before an infinitive: **Para** recibir buenas notas, hay que estudiar.

37. When using an adjective as a noun, use the neuter **lo** for *the* before the adjective: **Lo bueno** es que no tenemos clase hoy por el mal tiempo; **lo malo** es que perderemos un día de vacaciones.

38. **Vacaciones** is always plural in Spanish even if it is only one day: El lunes tenemos **vacaciones** por una conferencia de profesores.

39. **Pensar en** is to think *about* something or someone: ¿**En qué piensas**, Miguel? No me escuchas.

40. **Pensar de** is to have an *opinion about:* ¿**Qué piensas de** María?

41. To express the idea of *to leave behind / abandon,* use **dejar.** Yo **dejé** mi tarea en casa. El inmigrante **dejó** su país natal para ir a un nuevo país.

42. To express the idea of *to let / allow,* use **dejar.** Su madre le **deja** a María usar su coche.

43. To express the idea of *to drop off,* use **dejar.** El autobús la **dejó** a la chica en la esquina.

44. To express the idea of *to stop doing something,* use **dejar de** + an infinitive. Ya **ha dejado** de llover.

45. To express the idea of *to leave / go out* use **salir.** Yo **salgo** de casa a las seis. María **sale** con Juan este fin de semana.

46. To express the idea of *to do well / do poorly* on a test, use **salir bien / mal.** El examen fue tan difícil que hasta Juan **salió mal** en él.

47. To express the idea *to know / be familiar with* a person, body of knowledge, or place, use **conocer.** Mi padre **conoce** muy bien esa ciudad. Yo conozco bien el arte español.

48. To express *to meet a person* (for the first time), use **conocer.** Mi amigo **conoció** a Maricarmen en la fiesta anoche.

49. To express the idea of *to know* (a fact), use **saber.** Yo **sabía** todas las respuestas en el examen.

50. To express the idea of *to know how to,* use **saber** + an infinitive. ¿**Sabes** hacer la tarea?

51. When referring to the *outer ear,* use **la oreja.** María hizo agujeros en sus **orejas** ayer. Ahora le puedo comprar aretes.

52. When referring to the *inner ear,* use **el oído.** Ay, tengo un mal dolor de **oído** hoy.

53. When referring to something as being *broken* or *ripped,* use **roto.** La ventana está **rota.**

54. When referring to something mechanical or electrical as being *broken,* use **descompuesto.** Mi computadora está **descompuesta.**

55. **quedarle** (*to have left*): **Me quedan** dos dólares.

56. **quedar** (*to remain, to stay*): La chica decidió **quedar** en casa.

57. **quedarse** (*to stay, to remain*): Ella se **queda** en el hotel central.

58. **quedarse** (*to go, to become, to be left*): Depués del accidente mi amigo **se quedó** cojo. Él **se quedó** sin hablar.

59. **quedarse con** (*to keep*): El camarero **se quedó con** las monedas.

60. **quedar con** (*to arrange to*): Ellos **quedan con** volver mañana.

61. **quedar bien / mal** (*to look good / bad on, to turn out good / bad*): La blusa te **queda** bien. Su actuación **quedó** muy mal.

62. **perder** (*to lose, to miss a plane, train, class, etc.*): **Perdí** mi libro. Llegué tarde y **perdí** el tren.

63. **perderse** (*to get lost*): Él no conocía la ciudad y **se perdió**.

64. **echar de menos** (*to miss a person or place*): Cuando ella estaba en México **echaba de menos** a sus padres.

65. **equivocarse** (*to be mistaken, to make a mistake*): **Me equivoqué** en la respuesta.

COMMON VERBAL EXPRESSIONS

In this appendix, you will find common verbal expressions.

Expressions with *dar*

dar a:	*to look out on*
dar a luz:	*to give birth, to have a baby*
dar asco:	*to disgust*
dar carta blanca a:	*to give free rein to*
dar con:	*to run into, to find, to come upon*
dar de beber:	*to give water to*
dar de comer:	*to feed*
dar en:	*to strike against, to hit*
dar gritos:	*to shout*
dar la hora:	*to chime the hour*
dar las gracias a:	*to thank*
dar lata a:	*to give grief to, to cause problems for*
dar por + *adjective*:	*to consider something (done)*
dar recuerdos a:	*to give regards to*
dar un abrazo:	*to hug*
dar un paseo:	*to take a walk*
dar un paseo en coche:	*to take a ride in the car*
dar una vuelta:	*to take a walk / to take a spin / to ride in a car*
darse cuenta de:	*to realize*
darse la mano:	*to shake hands*
darse por:	*to consider oneself (+ adjective)*
darse por vencido:	*to give up*
darse prisa:	*to hurry*

Expressions with *echar*

echar al correo:	*to mail*
echar a perder:	*to spoil (like milk)*
echar de menos:	*to miss (someone/some place)*
echar la culpa:	*to blame*
echarse a:	*to begin to*

Expressions with *estar*

estar al tanto:	*to be up-to-date/informed*
estar de moda:	*to be in style*
estar despejado:	*to be totally clear (the sky)*
estar agotado:	*to be worn out, exhausted*
estar en la luna:	*to be daydreaming*
estar en las nubes:	*to have one's head in the clouds / to be daydreaming*
estar fuera de sí:	*to be beside oneself*
estar hecho polvo:	*to be exhausted/worn out*
estar listo:	*to be ready*
estar nublado:	*to be cloudy*

Expressions with *haber*

haber de + *infinitive*:	*to have to (do something)*
hay + *noun* + que + *infinitive*:	*there is (something) to (do)*
hay que + *infinitive*:	*it is necessary, one must (do something)*

Forms of *haber* to express existence

hay:	*there is / there are*
había:	*there was / there were*
hubo:	*there was / there were*
habrá:	*there will be*
habría:	*there would be*
ha habido:	*there has been*
había habido:	*there had been*
habrá habido:	*there will have been*
habría habido:	*there would have been*
haya:	*there is / there are*
hubiera:	*there was / there were*
haya habido:	*there has been*
hubiera habido:	*there had been*

Expressions with *hacer*

hace + *time* +
que + *preterit*: *ago*

hace + *time* +
que + *present*: *How long something has been going on*

hacía + *time* +
que + *imperfect*: *How long something had been going on*

hace poco: *a short time ago*

hacer caso a: *to pay attention (to a person)*

hacer caso de: *to pay attention to (something)*

hacer daño a: *to hurt, injure, damage*

hacer de: *to work as*

hacer el papel de: *to play the role of*

hacer juego con: *to match (go with)*

**hacer la vista
gorda**: *to turn a blind eye, to pretend not to notice*

hacer las paces: *to make peace*

hacer pedazos de: *to tear to pieces/shreds*

**hacer una
pregunta**: *to ask a question*

hacer una visita: *to visit, make a visit*

hacer un viaje: *to take a trip*

hacerse: *to become (profession, religion, etc.)*

hacerse tarde: *to grow / get late*

hacerse daño: *to hurt/injure oneself*

**hacérsele
agua a la boca**: *to make one's mouth water*

Expressions with *ir*

ir al grano: *to go straight to the point*

ir de juerga: *to go out on the town, to paint the town*

ir sobre ruedas: *to run smoothly*

irse tirando: *to be getting along*

Expressions with *llevar*

llevar + *period
of time*: *to have been doing something for a certain amount of time / to have been somewhere for a certain period of time*

llevar a cabo: *to carry out (to the end)*

llevar la contraria: *to disagree with*

**llevarse como
perro y gato**: *to get along like cats and dogs*

Expressions with *meter*

meter la pata: *to stick one's foot in one's mouth*

meter las narices: *to stick one's nose into someone else's business*

meterse en: *to get involved in*

**meterse en un
callejón sin salida**: *to have no way out*

Expressions with *poner*

poner en ridículo: *to embarrass*

poner pleito: *to sue*

ponerse: *to become (+ adjective: sick, angry, etc.)*

ponerse a: *to begin to (do something)*

**ponérsele a uno
la carne de gallina**: *to get goose bumps*

**ponérsele los
pelos de punta**: *to make one's hair stand up on end*

Expressions with *quedar*

**quedar
boquiabierto**: *to be shocked, to be left with your mouth open*

quedar en: *to agree on/to*

quedarle bien/mal: *to look good/bad on*

quedarse con: *to keep, to hold on to*

Expressions with *ser*

**ser de buena
pasta**: *to be good-natured*

ser el colmo: *to be the limit*

ser listo: *to be smart*

**ser para chuparse
los dedos**: *to be finger-licking good*

ser todo oídos: *to be all ears*

ser una lata: *to be a drag/nuisance/bore*

ser una perla: *to be a gem / a good person*

ser uña y carne: *to be very close (like twins)*

Expresions with *tener*

tener corazón de piedra:	*to have a cold heart*
tener cuidado de:	*to be careful of*
tener dolor de:	*to have a _____ache*
tener en la punta de la lengua:	*to have (something) on the tip of one's tongue*
tener éxito:	*to be successful*
tener ganas de:	*to feel like (doing something)*
tener inconveniente:	*to mind, to object*
tener la culpa de:	*to be to blame*
tener líos:	*to have problems (with someone/something)*
tener lugar:	*to take place*
tener miedo de:	*to be afraid of*
tener por + *adjective*:	*to consider to be (+ adjective)*
tener prisa:	*to be in a hurry*
tener que ver con:	*to have to do with*
tener razón:	*to be right*
tener sueño:	*to be tired/sleepy*
tener suerte:	*to be lucky*
tener vergüenza:	*to be ashamed*
no tener arreglo:	*to have no solution*
no tener pies ni cabeza:	*to not make any sense (a composition, puzzle, etc.)*

Expressions with *tomar*

tomar a broma:	*to take as a joke*
tomar algo a bien/mal:	*to take something well/badly*
tomar a pecho:	*to take to heart*
tomar en serio:	*to take seriously*
tomar la palabra:	*to have the floor, to speak*
tomar partido por:	*to take sides with someone*
tomarle el pelo:	*to pull someone's leg*

CONVINCING/PERSUADING; GIVING/RECEIVING INFORMATION; EXPRESSING FEELINGS

Convincing and Persuading

Creo que
+ *indicative mood* = *I believe that . . .*

Pienso que
+ *indicative mood* = *I think that . . .*

No creo que
+ *subjunctive mood* = *I do not believe that . . .*

No pienso que
+ *subjunctive mood* = *I do not think that . . .*

Es verdad que
+ *indicative mood* = *It is true that . . .*

Es evidente que
+ *indicative mood* = *It is evident that . . .*

Es obvio que
+ *indicative mood* = *It is obvious that . . .*

Es cierto que
+ *indicative mood* = *It is certain that . . .*

Es seguro que
+ *indicative mood* = *It is sure that . . .*

No hay duda que
+ *indicative mood* = *There is no doubt that . . .*

No cabe duda que
+ *indicative mood* = *There is no doubt that . . .*

A mi parecer
+ *indicative mood* = *In my opinion . . .*

Es importante que
+ *subjunctive mood* = *It is important that . . .*

Es menester que
+ *subjunctive mood* = *It is important that . . .*

Es preciso que
+ *subjunctive mood* = *It is important that . . .*

Es imprescindible que
+ *subjunctive mood* = *It is imperative that . . .*

Es posible que
+ *subjunctive mood* = *It is possible that . . .*

Es imposible que
+ *subjunctive mood* = *It is impossible that . . .*

Es probable que
+ *subjunctive mood* = *It is probable that . . .*

Es improbable que
+ *subjunctive mood* = *It is improbable that . . .*

Más vale que
+ *subjunctive mood* = *It is better that . . .*

Es mejor que
+ *subjunctive mood* = *It is better that . . .*

Basta que
+ *subjunctive mood* = *It is enough that . . .*

Insistir en que
+ *subjunctive mood* = *To insist on . . .*

Suplicar que
+ *subjunctive mood* = *To beg that . . .*

Rogar que
+ *subjunctive mood* = *To beg that . . .*

Permitir que
+ *subjunctive mood* = *To allow that . . .*

Dejar que
+ *subjunctive mood* = *To allow . . .*

No permitir que
+ *subjunctive mood* = *To not allow . . .*

No dejar que
+ *subjunctive mood* = *To not allow . . .*

Negar que
+ *subjunctive mood* = *To deny that . . .*

Recomendar que
+ *subjunctive mood* = *To recommend that . . .*

Aconsejar que

+ *subjunctive mood* = *To advise that . . .*

Advertir que

+ *subjunctive mood* = *To warn that . . .*

Querer/Desear que

+ *subjunctive mood* = *To want/desire that . . .*

Ojalá (que)

+ *subjunctive mood* = *To hope that (God willing) . . .*

Me gustaría + *infinitive*

Querría + *infinitive*

Desearía + *infinitive*

Quisiera + *infinitive*

I would like to . . .

Me gustaría que

+ *imperfect subjunctive*

Querría que

+ *imperfect subjunctive*

Desearía que

+ *imperfect subjunctive*

Quisiera que

+ *imperfect subjunctive*

I would like (someone) to . . .

Si + *present indicative* + *future* = *If you study, you will do well.*

Si + *imperfect subjunctive* + *conditional* = *If you could come, you would come.*

tener que

+ *infinitive* = *to have to do something*

deber (de) + *infinitive* = *must / should do something*

Esperar que

+ *subjunctive mood* = *to hope that . . .*

Me parece que

+ *indicative mood* = *It seems to me that . . .*

Me interesa que

+ *subjunctive mood* = *It interests me that . . .*

Me hace falta que

+ *subjunctive mood* = *I need someone to . . . it's necessary that . . .*

Giving and Receiving Information

¿Cómo?
(¿**Cómo** eras tú de niño?) = *How? / What?*

¿Adónde? = *To where?*

¿Dónde?
(¿**Dónde** es la conferencia?) = *Where?*

¿De dónde?
(¿**De dónde** vino Ud.?) = *From where?*

¿Cuándo?
(¿**Cuándo** piensas venir?) = *When?*

¿Cuánto?
(¿**Cuánto** cuestan los discos?) = *How much?*

¿Cuántos/as?
(¿**Cuántas** personas vienen?) = *How many?*

¿Quién?
(¿**Quién** fue el primer presidente?) = *Who?*

¿De quién?
(¿**De quién** es el directivo?)
(¿**De quién** es el suéter?) = *From whom? / Whose?*

¿A quién?
(¿**A quién** quieres mandarlo?) = *To whom?*

¿Con quién? (¿**Con quién** hablo?) = *With whom?*

¿En quién? (¿**En quién** pensabas?) = *About whom?*

¿Por qué? (¿**Por qué** lo quieres?) = *Why? (reason)*

¿Para qué?
(¿**Para qué** vienes temprano?) = *For what purpose?*

¿Cuál? (¿**Cuál** es la dirección?) = *What? / Which?*

¿Qué? (¿**Qué** es la vida?) = *What? (definition)*

¿Qué? (¿**Qué** camisa quieres?) = *Which?*

Necesito información. = *I need some information.*

Me gustaría saber (dónde vive Juan). = *I would like to know (where John lives).*

¿Puede Ud. / Puedes tú decirme (qué hora es)? = *Can you tell me (what time it is)?*

¿Podría Ud. / Podrías tú ayudarme (con la tarea)? = *Could you help me (with the homework)?*

Yo no sé (la respuesta).	= *I don't know (the answer).*
Le/Te agradezco su/tu ayuda.	= *I thank you for your help.*
Le/Te doy las gracias por su/tu ayuda.	= *I thank you for your help.*
Mándame/Mándeme tu/su respuesta.	= *Send me your answer.*
Contéstame/Contésteme cuanto antes.	= *Answer me as soon as possible.*
Espero que Ud. pueda/tú puedas ayudarme.	= *I hope you can help me.*

Expressing Feelings

Alegrarse (de) que + *subjunctive mood*	= *To be happy that . . .*
Sentir que + *subjunctive mood*	= *To regret that . . .*
Molestarle que + *subjunctive mood*	= *To be bothered that . . .*
Fastidiarle que + *subjunctive mood*	= *To be frustrated that . . .*
Encantarle que + *subjunctive mood*	= *To love that . . .*
Gustarle que + *subjunctive mood*	= *To like that . . .*
Importarle que + *subjunctive mood*	= *To matter that . . .*
Disgustarle que + *subjunctive mood*	= *To displease someone that . . .*
Asustarle que + *subjunctive mood*	= *To frighten someone that . . .*

Sorprenderle que + *subjunctive mood*	= *To surprise someone that . . .*
Dolerle que + *subjunctive mood*	= *To hurt someone that . . .*
Temer que + *subjunctive mood*	= *To fear that . . .*
Esperar que + *subjunctive mood*	= *To hope that . . .*
Tener miedo (de) que + *subjunctive mood*	= *To be afraid that . . .*
Estar contento (de) que + *subjunctive mood*	= *To be content that . . .*
Estar alegre (de) que + *subjunctive mood*	= *To be happy that . . .*

Gustar *and Similar Verbs*

Me importa(n) + *noun*	= *It/They matter(s) to me*
Me gusta(n) + *noun*	= *I like it/them*
Me disgusta(n) + *noun*	= *It/They displease(s) me*
Me encanta(n) + *noun*	= *I love it/them*
Me asusta(n) + *noun*	= *It/They frighten(s) me*
Me sorprende(n) + *noun*	= *It/They surprise(s) me*
Me duele(n) + *noun*	= *It/They hurt(s) me*
Me molesta(n) + *noun*	= *It/They bother(s) me*
Me fastidia(n) + *noun*	= *It/They frustrate(s) me*

Remember that **me, te, le, nos, os,** and **les** are used to indicate the person with **gustar** and similar verbs.

VERBS AND VERBAL EXPRESSIONS REQUIRING PREPOSITIONS

In this appendix, you will find verbs that require a preposition in Spanish, verbs that require a preposition in English but not in Spanish, and some common prepositional phrases.

Verbs requiring prepositions that are *different* from English

acabar de	*to have just*
acordarse de	*to remember*
amenazar con	*to threaten to*
arrepentirse de	*to regret*
cansarse de	*to get tired, fed up with*
casarse con	*to get married to*
cesar de	*to stop doing something*
conformarse con	*to conform to / to agree to*
consentir en	*to agree to*
consistir en	*to consist of*
contar con	*to count on, to rely on*
convenir en	*to agree to*
cuidar a/de	*to take care of*
dar con	*to come across, find*
dejar de	*to stop*
depender de	*to depend on*
disfrutar de	*to enjoy*
dudar en	*to hesitate over*
enamorarse de	*to fall in love with*
encargarse de	*to take charge of*
estar por	*to be in favor of*
fijarse en	*to settle / to take notice*
gozar de	*to enjoy*
informarse de	*to find out about*
interesarse por/en	*to be interested in*
llegar a	*to succeed in*
olvidarse de	*to forget to*
pensar de	*to think about (opinion)*
pensar en	*to think about*
preocuparse por	*to worry about*
presumirse de	*to boast about*

quedar en	*to agree to*
quejarse de	*to complain about*
reírse de	*to laugh (about)*
renunciar a	*to resign, renounce*
soñar con	*to dream about*
tardar en	*to delay in, to be long in*
tener el derecho de	*to have the right to*
tener la impresión de	*to have the impression*
terminar de	*to stop*
tratar de	*to try to*
tropezar con	*to bump into*
vacilar en	*to hesitate over*
volver a	*to return to / to begin again*

Verbs that *do not* use a preposition in Spanish as they do in English

buscar	*to look for*
deber	*ought to, must*
dejar	*to let/allow to*
desear	*to wish/desire to*
escuchar	*to listen to*
esperar	*to hope/expect / to wait for*
lograr	*to succeed in*
mirar	*to look at, to watch*
necesitar	*to need to*
pensar	*to intend to*
poder	*to be able to*
preferir	*to prefer to*
pretender	*to attempt to*
prometer	*to promise to*
querer	*to want/wish to*
saber	*to know how to*
soler	*to be accustomed to*

Common prepositional expressions

a causa de	*because of*
a eso de	*about a certain time*
a fines de	*at the end of*
a fuerza de	*through the effort of*
a la	*in the style or manner*
a pie	*on foot*
a principios de	*at the beginning of*
a tiempo	*on time*
a través de	*through, across*
al + *infinitive*	*upon …*
al aire libre	*outdoors, in the open air*
antes de	*before*
con	*with*
de cuando en cuando	*from time to time*
de hoy en adelante	*from now on*
de otro modo	*otherwise*
de pie	*standing*
de vez en cuando	*from time to time*
desde luego	*of course*
desde luego que no	*of course not*
después de	*after*
en cambio	*on the other hand*
en efecto	*in fact, yes, really, indeed*
en lugar de	*instead / in place of*
en ocho días	*in a week*
en quince días	*in two weeks*
en vez de	*instead / in place of*
hasta	*until*
sin	*without*

Expressions that use *para*

para entonces	*by that time*
para otra vez	*for another time / later*
para siempre	*forever / always*
para variar	*for a change*

Expressions that use *por*

por ahora	*for now*
por aquel entonces	*at that time (past)*
por casualidad	*by chance*
por cierto	*certainly*
por completo	*completely*
por consecuencia	*consequently*
por consiguiente	*consequently*
por culpa de	*the fault of*
por dentro y por fuera	*inside and outside*
por desgracia	*unfortunately*
por ejemplo	*for example*
por esa época	*around that time (past)*
por escrito	*in writing*
por eso	*therefore, that's why*
por excelencia	*par excellence*
por favor	*please*
por fin	*finally*
por lo común	*generally*
por lo demás	*furthermore*
por lo general	*generally*
por lo menos	*at least*
por lo visto	*apparently*
por primera vez	*for the first time*
por supuesto	*of course*

Verbs that use the same or similar prepositions in English

acercarse a	*to approach, to go close to*
acertarse a	*to succeed in, to manage to*
acostumbrarse a	*to become accustomed to*
acudir a	*to come to*
alegrarse de	*to be glad about*
animar a	*to encourage to*
aprender a	*to learn to*
apresurarse a	*to hurry to*
arrepentirse de	*to repent, to be sorry about, regret*
aspirarse a	*to aspire to*
atreverse a	*to dare to*
avergonzarse de	*to be ashamed of*
ayudar a	*to help to*
caber en	*to fit into*
comenzar a	*to begin to*
convertirse en	*to change into*
convidar a	*to invite to*
correr a	*to run to*
decidirse a	*to decide to*
dedicarse a	*to dedicate oneself to*
disponerse a	*to get ready to*
dudar de, sobre, acerca de	*to doubt something about*
echarse a	*to begin to*
empeñarse en	*to insist on*
empezar a	*to begin to*
encargarse de	*to take charge of*
enseñar a	*to teach to*
enseñarse a	*to learn to*
enterarse de	*to find out about*
estar para	*to be ready to*
insistir en	*to insist on*
interesarse en/por	*to be interested in*
invitar a	*to invite to*

ir a	*to go to*	precipitarse a	*to rush to*
jactarse de	*to boast about*	prepararse a	*to get ready to*
llegar a	*to get to, succeed in*	regresar a	*to return to / to start again*
llevar a	*to lead to*	resignarse a	*to be resigned to*
meterse a	*to start to*	salir a	*to go out to / into*
meterse en	*to meddle in, to get involved in*	sufrir de	*to suffer from*
negarse a	*to refuse to*	tener ganas de	*to want to*
obligar a	*to force, to compel to*	tener miedo de	*to be afraid of*
oponerse a	*to be opposed to*	venir a	*to come to*
persuadir a	*to persuade to*	volver a	*to return to / to start again*
ponerse a	*to begin to*		

MORE USEFUL EXPRESSIONS

In this appendix, expressions and phrases are provided to help you better express yourself in your writing.

a beneficio de / en beneficio de	*on behalf of / for the benefit of*	costarle + *infinitive*	*to take a lot / to pay dearly for*
a causa de	*because of*	dar/hacer un paseo	*to take a walk / to ride in a car*
a corto plazo	*in the short term*		
a fondo	*thoroughly*	dar con	*to come across or to find something*
a la hora en punta	*punctually, on time*		
a largo plazo	*in the long run*	dar la bienvenida	*to welcome*
a lo largo de	*throughout / along / all through*	dar los buenos días	*to say good day*
		dar pie a	*to give cause for*
a partir de	*from this point forward, starting from*	darse a conocer	*to make known*
		darse cita	*to arrange to meet / to make a date*
a paso de tortuga	*at a snail's pace*		
a pesar de	*in spite of*	darse cuenta de	*to realize*
a primera vista	*at first sight*	darse por vencido	*to give up / to admit defeat*
a principios de	*at the beginning of*	de acuerdo con/a	*in accordance with*
a través de	*across/through*	de buena / mala gana	*willingly/unwillingly*
abrir de par en par	*to open wide*	de habla española	*Spanish-speaking*
al + *infinitive*	*upon … (entering, etc.)*	de hecho	*in fact / as a matter of fact / actually*
al borde de	*on the edge of*		
al cabo de	*at the end of / after*	de más	*extra/spare*
al fin y al cabo	*after all / when all is said and done*	de nuevo	*again*
		de segunda mano	*second hand*
algo de	*some (in a question = any?)*	del mismo modo	*in the same way*
alrededor de	*around*	dentro de pocas horas	*within a few hours*
asunto de / cuestión de	*a question of*	dentro de poco	*in a little while*
aumentar de peso	*to gain weight*	echar de menos	*to miss (a person or place)*
como si / cual si	*as if (+ imperfect, pluperfect subj.)*	echar en falta	*to miss (a person or place)*
		el final	*the end*
con brazos abiertos	*with open arms*	el mundo de	*the world of*
con disimulo / sin disimulo	*furtively/plainly*	el primer piso	*the first floor (above ground)*
con escala / sin escala	*with/without a stop over (flying)*	la planta baja	*the ground floor*
		el resto de	*the rest of*
con fines / para fines	*with the purpose*	en busca de	*in search of*
con una misión	*on a mission*	en contra de	*against*
cosa de	*(it's) a matter of*	en cuanto	*as soon as*

en efecto	*in fact / as a matter of fact / really*	no obstante	*nevertheless*
en forma de	*shaped / in the shape of*	oler a	*to smell like*
en medio de	*in the middle of*	otra vez	*again*
entrar en calor	*to get warm*	perder la pista	*to lose the trail*
entre otros	*among others*	poco a poco	*little by little*
estar a la moda	*to be in style / fashion / fashionable*	poner en duda	*to put in doubt*
		poner en evidencia	*to show / to make obvious / demonstrate*
estar de acuerdo	*to be in agreement*		
estar de moda	*to be in style/fashion / fashionable*	poner en riesgo	*to put at risk*
		ponerse a	*to begin to do something*
estar molesto con	*to be bothered by*	ponerse de acuerdo	*to come to agreement*
estar seguro	*to be sure*	por cosa de magia / arte de magia	*as if by magic / by magic*
fijarse en / poner los ojos en	*to notice / to look at*	por/de/en todo el mundo	*everywhere*
frente a / ante	*facing*	por/durante un fin de semana	*for/during the weekend*
hace + *time* + *preterite*	*ago*		
hace más de + *time*	*(for) more than*	por eso	*for that reason / therefore*
hacer, dormir, echar, tomar una siesta	*to take a nap*	por lo visto	*apparently*
		por primera vez	*for the first time*
hacerle caso a	*to pay attention to*	por supuesto	*of course*
hasta la fecha	*so far*	por vía marítima	*by sea*
hoy día	*today*	primera plana	*front page*
hoy en día	*nowadays*	punto de partida	*starting point*
ir de compras	*to go shopping*	punto de vista	*point of view*
ir/estar de vacaciones	*to go / to be on vacation*	recibir lo suyo	*to get what s/he deserves*
junto a	*next to / along with*	rumbo a / camino a	*on the way to*
la falta de	*the lack of / shortage of*	sacar/tomar fotos	*to take pictures*
la luna de miel	*honeymoon*	salir al mercado	*to come out on the market*
la primera vez	*the first time*	salirse con la suya	*to get away with it*
llevar de la mano	*to lead / to take by the hand*	salírsele / escapársele el corazón por la boca	*to get a lump in one's throat*
lo antes posible	*as soon as possible*		
lo curioso	*the curious/strange thing*	sí mismo(a)	*himself / herself / itself*
lo más raro de todo	*the strangest (thing) of all*	sin duda	*without a doubt*
lo que	*what (indefinite: that which)*	sin duda alguna	*without any doubt*
los demás	*the rest*	sin embargo	*nevertheless*
luego de	*after/when*	sin más ni más	*without further ado*
manos a la obra	*"Let's get down to work!"*	sobre/ante todo	*above all*
más de + *a number*	*more than*	tener en cuenta	*to take into account*
mayor de edad	*of age / elderly*	tener éxito	*to be successful*
menor de edad	*underage*	un comunicado de prensa/radio	*a news report*
nada / no / nunca más	*nothing / no more / never again*		
		una vez más	*again / once more*
no caber duda / no quedar duda	*there is no doubt*	viajar en	*to travel by (people)*
		viajar por	*to travel by (things)*

SUGGESTED RESOURCES FOR CULTURAL REVIEW

The AP Spanish Examination Committee has identified six major themes. These are the themes around which all questions on the examination have been developed. While these themes inform all questions on the examination, they are of particular importance on the last part of the examination, presentational speaking. On this section of the examination, you will be asked a question which will require you to compare some Hispanic area's cultural practice to a similar cultural practice from your own background. This list is not exhaustive but it does give you some possible resources to help you review big *C* culture and small *c* culture.

- Try a variety of these sources to see what might be of more use to you.
- Use a search engine such as Google to look up the countries.
- Try to review the countries suggested in the study plans.
- As you see specific cultural practices of a Hispanic culture, make a mental note of a similar practice from your own cultural background.

Here is a list of the themes that will inform the questions on the AP Spanish Language and Culture exam:

Global Challenges	Personal and Public Identities
Science and Technology	Families and Communities
Contemporary Life	Beauty and Aesthetics

You should view the full sections "Themes, Recommended Contexts" and "Overarching Essential Questions" on pages 27–32 of the *AP Spanish Language and Culture Curriculum Framework 2013–2014* available on the College Board website (http://www.collegeboard.com) for more details and examples.

Here are some possible sources where you can study or review the cultures of Hispanic countries:

- "CultureGrams": Many school and public libraries subscribe to these. They give brief summaries of important information about each country in the world. Check with your local or school librarian or go to http://www.culturegrams.com.
- AMSCO *Workbooks in Spanish:* This four-year workbook series is often available in schools and for purchase at bookstores and online. The last sections of these workbooks take a look at various cultural aspects of Spain and Latin America. Check with your teacher or go to http://www.amscopub.com.
- *Repaso: A Complete Review Workbook for Grammar, Communication, and Culture* (McGraw-Hill). This workbook is often available in schools and can be purchased at bookstores and online. The last sections of this workbook take a look at various cultural aspects of Spain and Latin America. Check with your teacher.
- *El Sol, Hoy Día, Ahora,* and *¿Qué Tal?* These magazines are published by Scholastic. Many schools subscribe to these. Check with your teacher and/or librarian.

- *Authentik.* This magazine also comes with a CD for listening. Many schools subscribe to it; check with your teacher.
- Wikipedia. Go to Wikipedia online and enter the name of the country about which you want information. It will take you to a page that summarizes many cultural points. But be aware that Wikipedia may not always be accurate.
- Also check with your teacher/school librarian to see if your school receives popular magazines in Spanish such as *People en español, ¡Hola!, Novedades,* etc.
- The *World Almanac* also contains summaries of essential cultural facts.

WEBSITES

Here are a few websites that might be of interest to you as you prepare for the AP Spanish Language and Culture exam. You may find additional reading material and listening practice through these sites.

http://www.collegeboard.org
This site provides information on all of the Advanced Placement Examinations and any changes in them.

http://www.radio-directory.com
This site can link you to Spanish-language radio stations.

http://www.icom.museum/vlmp
This site can link you to virtual museum tours.

http://www.mae.es
This is the Spanish embassy site in Washington, D.C. You may find additional reading and cultural materials here as well.

http://www.wordreference.com
This is an electronic dictionary.

http://radio.un.org/es
This is a good site for listening practice as it has an extensive archive of audio clips.

http://abacus.bates.edu/lrc/spanish.html
This is a good site for links to Spanish-language radio, newspapers and television stations.

http://abcnews.go.com/Technology/podcasting
In the "Exclusiva" section you can listen to podcasts of headline news from the Spanish-speaking world.

http://podcast.com
At this site you can find a directory of Spanish-language podcasts on a variety of topics.

http://www.bbc.co.uk/spanish
This is a good site for world news, along with articles on economy, science and technology, and arts, in Spanish from the BBC.

Newspapers in Latin America

Argentina: El Clarín: *http://www.clarin.com*

Bolivia: El Diario: *http://www.eldiario.net*

Chile: El Mercurio: *http://www.elmercurio.cl* and La Tercera: *http://www.latercera.cl*

Colombia: El Tiempo: *http://www.eltiempo.com*

Costa Rica: La Nación: *http://www.nacion.com*

Cuba: Granma: *http://www.granma.cubaweb.cu*

Ecuador: El Comercio: *http://www.elcomercio.com*

Guatemala: Prensa Libre: *http://www.prensalibre.com*

Honduras: La Prensa: *http://www.laprensahn.com*

México: El Heraldo de México: *http://www.heraldo.com.mx* and Reforma: *http://www.reforma.com*

Nicaragua: El Nuevo Diario: *http://www.elnuevodiario.com.ni*

Panamá: Critica: *http://www.critica.com.pa*

Paraguay: Diario ABC: *http://www.abc.com.py*

Perú: El Comerico: *http://www.elcomercioperu.com.pe*

Puerto Rico: El Nuevo Día: *http://www.endi.com*

La República Dominicana: Listín Diario: *http://www.listin.com.do* and Hoy: *http://www.hoy.com.do*

Uruguay: El Observador: *http://www.observa.com.uy*

Venezuela: El Universal: *http://www.eluniversal.com*

Grammar practice

http://www.colby.edu/~bknelson/SLC/index.php
This site offers free grammatical practice exercises. For a fee, more exercises are available.

http://www.studyspanish.com/tutorial.html

http://spanish.about.com/od/tipsforlearningspanish/u/continue.html

NOTES